审协湖北中心专利审查丛书

通信领域热点技术
专利检索快速入门

COMMUNICATION

国家知识产权局专利局专利审查协作湖北中心

—

组织编写

知识产权出版社
全国百佳图书出版单位
—北 京—

图书在版编目（CIP）数据

通信领域热点技术专利检索快速入门/国家知识产权局专利局专利审查协作湖北中心组织编写. —北京：知识产权出版社，2022.9

ISBN 978-7-5130-8322-5

Ⅰ.①通… Ⅱ.①国… Ⅲ.①通信技术–专利–信息检索–研究 Ⅳ.①G254.97

中国版本图书馆 CIP 数据核字（2022）第 156859 号

内容提要

本书重点介绍了目前通信领域热门技术分支，如 5G、物联网、区块链、量子通信、视频直播、移动终端、视频监控和即时通信等领域的专利检索快速入门技巧。对于每个技术子分支，分别介绍了该分支的技术概况、分类号使用特点、检索策略选择、关键词的提取与扩展，并以实际案例为基础，演示检索过程，归纳总结不同技术分支的检索方式特点及其有效做法。

本书可作为通信领域专利代理师、企业专利管理人员、科研人员的参考用书。

责任编辑：许　波　　　　　　　　责任印制：孙婷婷

通信领域热点技术专利检索快速入门

TONGXIN LINGYU REDIAN JISHU ZHUANLI JIANSUO KUAISU RUMEN

国家知识产权局专利局专利审查协作湖北中心 组织编写

出版发行：知识产权出版社有限责任公司		网　　址：http://www.ipph.cn		
电　　话：010－82004826			http://www.laichushu.com	
社　　址：北京市海淀区气象路 50 号院		邮　　编：100081		
责编电话：010－82000860 转 8380		责编邮箱：xubo@cnipr.com		
发行电话：010－82000860 转 8101		发行传真：010－82000893		
印　　刷：北京中献拓方科技发展有限公司		经　　销：新华书店、各大网上书店及相关专业书店		
开　　本：720mm×1000mm　1/16		印　　张：31.25		
版　　次：2022 年 9 月第 1 版		印　　次：2022 年 9 月第 1 次印刷		
字　　数：492 千字		定　　价：138.00 元		

ISBN 978-7-5130-8322-5

前　言

专利文献是一种数据资源，同时它还承载了技术信息，是技术情报的重要载体。根据世界知识产权组织的相关研究，专利文献中记载了世界上90%以上的技术信息，并且80%的技术信息仅在专利文献中记载，这些专利文献无疑是巨大的宝藏。随着我国建设创新型国家目标的确立和创新驱动发展战略的实施，专利越来越受到社会各界的关注和各类创新主体的重视，这也带来了专利文献检索的巨大需求。做好专利查新和专利文献检索有助于创新主体了解技术发展趋势，把握竞争态势，预警潜在侵权风险，指明发展方向。目前社会上介绍专利检索技巧、检索工具、检索策略的书籍较多，但是对于社会公众而言，面对一个具体技术领域的检索项目时，即使掌握了上述检索工具、策略和技巧，由于其可能缺乏相关技术领域的技术背景或者检索经验，对于该领域具体检索时该采用什么数据库、什么分类号、什么关键词、什么样的检索策略等并不清晰，导致其仍然无法快速有效地实施检索。

通信领域属于战略新兴技术，技术更新迭代快，是我国的优势产业，专利在产业竞争中的作用也越来越大，其中5G、物联网、区块链、量子通信等热点技术对其他产业起到了越来越重要的支撑作用，进而上述热点技术的专利检索需求日益增加。本书正是为满足上述通信领域热点技术的专利查新和专利文献检索需求，从而帮助不具备较多检索经验和技术背景的用户快速检索并提升检索质量。

参加本书撰写的人员如下：秦声（第2章第2.3节，第3章第3.1节，第4章第4.2节，第5章第5.3节），王宇锋（第2章第2.4节、第2.5节，第3章第3.3节），龚思来（第1章，第6章第6.1节，第7章第7.3节、第8章第8.6节，第9章第9.2节），李静（第2章第2.1节、第2.2节，第3章第3.2节），叶慧芬（第3章第3.4节，第8章第8.1节、第8.2节），翁平（第4章第4.3至4.5节，第6章第6.2节），张俊锋（第4章第4.1节，第5章第

5.1节、第5.2节、第5.4节、第5.5节，第6章第6.5节），曹珊珊（第6章第6.3节、第6.4节、第6.6节、第6.7节，第7章第7.2节，第9章第9.4节），陈孟奇（第7章第7.1节、第7.4节，第9章第9.1节、第9.5节），夏团兵（第7章第7.6节，第8章第8.3节至8.5节），李晴晴（第4章第4.6节，第7章第7.5节，第9章第9.3节、第9.6节）。

本书统稿人员为秦声、王宇锋和龚思来。

希望本书的出版能够为需要运用检索入门技能的通信领域各界人士，如专利代理师、企业专利管理人员、科研人员等提供帮助与参考。由于编者水平有限，书中难免有疏漏之处，恳请广大读者批评指正。

目 录

第 **1** 章　通信领域检索基础

1.1　通信领域检索需求

当下，5G、区块链、量子通信技术的发展引领了时代的潮流，移动终端领域的技术创新也格外令人瞩目，屏下摄像头、屏下指纹解锁、折叠手机等新技术不断涌现，通信领域始终活跃在技术创新的舞台上。技术的创新离不开专利的保驾护航，而专利检索是专利相关程序中必不可少的一个环节。专利检索应用广泛，如企业的技术研发布局、专利申请文件的撰写、专利审查确权、授权专利的无效和专利侵权诉讼等，都离不开专利检索这项工作。

企业的竞争就是知识产权的竞争，专利是高新科技企业强而有力的竞争武器。在国内，以华为技术有限公司（以下简称华为）、OPPO 广东移动通信有线公司（以下简称 OPPO）、维沃移动通信有限公司（以下简称 vivo）为代表的通信领域的高科技企业，普遍具有极强的专利保护意识，不断加大在专利保护、运营和布局上的投入。以华为为例，2007—2016 年，华为连续十年稳居全球企业 PCT 专利排行榜前四强，2017—2019 年，更是连续三年居于全球 PCT 专利申请量世界首位。与此同时，社会公众对专利的关注度逐年增高，利益相关人士的专利维权意识不断增强，专利纠纷成为互联网上的热点话题。因此，在这种大背景下，除了专利相关从业人员之外，知识产权法律从业者，新技术的初创研发人员，以及进行海外布局的市场人员等，都应具有一定的专利基础知识，而专利检索则是其中非常基础的一个环节。为了给行业外人员提供快速有效的检索入门指导，本书将分为5G、物联网、区块链、量子通信、视频直播、移动终端、视频监控和即时通信几个部分来介绍通信领域热门技术分支的检索要点。

本章将介绍专利的检索入口、专利分类体系、检索基本方法等基础知识，旨在帮助社会公众初步掌握专利检索的技巧。

1.2　检索入口介绍

"工欲善其事，必先利其器"，专利检索离不开稳定可靠的检索平台。目前，世界各国或地区的知识产权机构为了方便社会公众获取专利文献信息，均提供了相应的专利检索工具服务，如国家知识产权局的专利检索及分析系统，欧洲专利局的检索系统，美国专利商标局网上检索系统等，各检索系统各有特色。此外，还有一些优秀的商业专利检索系统，如 Patentics 专利智能检索分析平台，incoPat 专利检索平台，patsnap 智慧芽专利检索平台等，为有检索需求的社会公众提供了多样性的检索入口选择。本节主要介绍以国家知识产权局的专利检索及分析系统为代表的常用检索入口，本书中相关案例的检索全部基于国家知识产权局的专利检索及分析系统进行。

1.2.1　系统简介

专利检索及分析（Patent Search and Analysis，PSS）系统是国家知识产权局面向公众提供的集专利检索与专利分析于一体的综合性专利服务系统。系统主要提供门户服务、专利检索服务、专利分析服务，其中专利检索服务、专利分析服务是核心功能，公众可以进入国家知识产权局官网（https://www.cnipa.gov.cn/），在官网下方的"政务服务"栏目中具有专利检索功能，点击"专利检索"图标可以进入专利检索及分析入口，检索功能包括常规检索、高级检索、导航检索、药物检索、热门工具、命令行检索、专利分析，分析功能包括快速分析、定制分析、高级分析、生成分析报告等。用户需要先进行注册，才能使用专利检索及分析功能。其中，用户注册又分为普通用户注册和高级用户注册，高级用户注册需要填写申请表，并由地方知识产权局提交国家知识产权局备案登记后方可获得账户，高级用户能够使用的功能更为全面。

1.2.2　检索核心功能介绍

该系统检索核心功能主要包括常规检索、高级检索、导航检索、药物检索、热门工具、命令行检索和专利分析七大版块，在导航检索下有 A 到 H 部的分类表，能够逐个进行分类号中文含义及英文含义的查询，或者根据中文、英文含义关键词进行相关分类号的查询；专利检索下分为常规检索、高级检索、药物检索、命令行检索。

1.2.2.1　常规检索

常规检索主要提供了一种方便、快捷的检索模式，帮助用户快速定位检索对象（如一篇具体的专利文献或一个专利申请人/发明人的专利申请等）。如果用户的检索目的十分明确，或者初次接触专利检索，可以以常规检索作为检索入口进行检索。为了便于用户进行检索操作，在常规检索中还提供了基础的、智能的检索入口，主要包括自动识别、检索要素、申请号、公开（公告）号、申请（专利权）人、发明人及发明名称。常规检索界面如图 1-1 所示。

图 1-1　常规检索界面

1.2.2.2　高级检索

高级检索根据收录数据范围提供了丰富的检索入口及智能辅助的检索

功能。用户可以根据自身的检索需求，在相应的检索表格项中输入相关的检索要素，每一个检索表格项，针对的都是一个特定的字段进行的检索，并确定这些检索项目之间的逻辑运算，进而拼成检索式进行检索。如果用户希望获取更加全面的专利信息，或者用户对技术关键词掌握得不够全面，可以利用系统提供的"智能扩展"功能辅助扩展检索要素信息，以及"跨语言"功能辅助进行中外文专利文献的检索。为了保证检索的全面性，充分体现数据的特点，系统根据专利数据范围的不同提供了不同的检索表格项，高级检索界面如图1-2所示，从该检索界面可以看出高级检索提供了丰富的字段入口，如发明名称、IPC分类号、摘要、权利要求、说明书、关键词等，只要在对应的表格项中输入对应的内容，点击检索就可以获得相应的检索结果。

![高级检索界面截图]

图1-2　高级检索界面

1.2.2.3　其他检索核心功能

导航检索与分类导航部分内容相同，实质就是分类号的查询与获取，在此不作赘述。而命令行检索则是与专利局审查员审查专利时采用的专利检索与服务系统（S 系统）完全相同的检索方式，只有高级用户才能够使用。对于常规检索、高级检索、导航检索、药物检索、命令行检索，在专利检索及分析系统的右上角的帮助中心均有详细的操作样例和注意事项及更多与检索相关的其他内容，用户可以根据需要从帮助中心获得更多信息。

1.2.3　运算符介绍

常规检索当中，主要支持"AND""OR"运算符，而在高级检索的检索式编辑区域，支持丰富的运算符对检索要素的组合，如布尔运算符"AND""OR""NOT"，邻近运算符"W""nW""=nW""D""nD""=nD"，同在运算符"F""P""S""NOTF""NOTP"等，这些运算符可通过检索式编辑区点击显示，按照提示操作输入即可，上述运算符的具体含义说明见表 1–1、表 1–2、表 1–3。

表 1–1　布尔运算符

算符	由算符连接的两个检索项的关系	例子
OR	A 和 B 的"并"集	相机 OR 摄像机
AND	A 和 B 的"交"集	滤波 AND 边缘检测
NOT	从 A 中排除 B 的内容	滤波 NOT 横向滤波

表 1–2　邻近运算符

算符	由算符连接的两个检索项的关系	例子
W	A 和 B 紧接着，先 A 后 B，且词序不能变化	均值 W 滤波
nW	A 和 B 之间有 0~n 个词，且词序不能变化	反 3W 光
=nW	A 和 B 之间只能有 n 个词，且词序不能变化	反 =3W 光
D	A 和 B 紧接着，但 A 与 B 的词序可以变化	抖动 D 校正
nD	A 和 B 之间有 0~n 个词，词序可以变化	变 2D 焦
=nD	A 和 B 之间只能有 n 个词，词序可以变化	相机 =3D 镜头

表 1-3　同在运算符

算符	由算符连接的两个检索项的关系	例子
F	A 和 B 在同一字段中	图像 F 校正
P	A 和 B 在同一段落中	PTZ P 变焦
S	A 和 B 在同一句子中	滤波 S 横向
NOTF	A 和 B 不在同一字段中	变焦 NOTF 变倍
NOTP	A 和 B 不在同一段落中	聚焦 NOTP 放大

需要说明的是不同的运算符同时使用嵌套检索，需要对同一运算符组合的若干要素加圆括号后再与其他运算符涉及的要素进行组合检索，分类号和关键词均可以用布尔运算符进行运算，邻近运算符和同在运算符针对的是关键词之间的运算。

1.2.4　检索结果浏览

通过各种检索模式获得检索结果之后，就开始进入检索结果浏览阶段，浏览方式包括概要浏览和详细浏览，其中概要浏览是常规检索、高级检索等默认的检索结果展现方式。

1.2.4.1　概要浏览

当用户通过某种检索方式检索之后，系统按照默认的配置以概要浏览搜索列表的方式展现检索结果信息。用户可通过概要浏览快速了解专利文献的基本信息，为了便于用户深入了解指定专利文献信息，系统还提供了丰富多样的辅助工具。下面进行具体介绍，用户首先在"常规检索"页面构建检索式，对于"高级检索"等其他检索方式也是类似的，如在检索框内直接输入"变焦"，执行检索后则进入如图 1-3 所示的浏览界面。

此外用户可以根据需要通过辅助工具按钮"搜索式""列表式""多图式"选择切换显示模式为搜索式、列表式、多图式中的一种；概要浏览页面的列表式和多图式，具体如图 1-4、图 1-5 所示。

1.2.4.2　详细浏览

详细浏览是一种全面浏览专利文献信息的浏览模式。通过该浏览模式，用户可以全面掌握专利文献的技术实现原理。用户在详细浏览中可以查看到文献的著录项目、全文文本及全文图像信息。为了便于用户快速定位文献的核心价值，系统还提供有多种详览辅助工具。用户在"概要浏览"页面浏览概要信息的过程中，如果需要查看文献的详细信息，可以通过点击"详览"按钮查看指定文献的详细信息；也可利用页面中提供的多选功能浏览多篇文献的详细信息，具体详细浏览界面如图 1-6 所示。

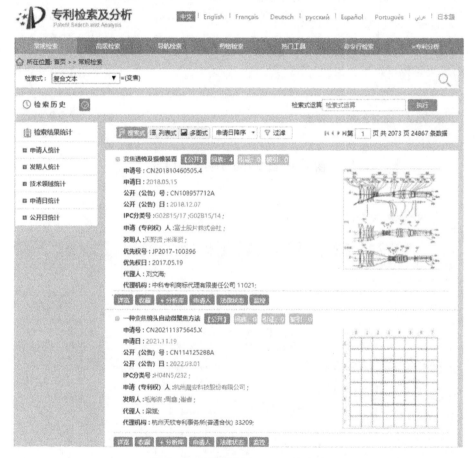

图 1-3 概要浏览页面——搜索式

通过该详细浏览界面，用户可以获得更多的专利文献信息，如详尽的著录项目信息、全文文本信息及全文图像信息，还可以使用文献下载服务。

图1-4　概要浏览页面——列表式

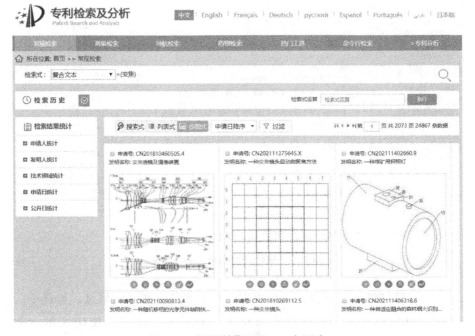

图1-5　概要浏览页面——多图式

图 1-6　详细浏览界面

1.3　专利分类体系介绍

　　利用专利分类体系对专利文献进行分类并给出相应的分类号，可以有针对性地缩小检索对象的范围，方便人们从浩如烟海的专利文献中提取目标信息。为了对文献进行分类，采用了以下主流分类系统：世界知识产权组织（WIPO）使用的是国际专利分类体系（IPC）；美国专利商标局（USPTO）使用的主要是美国专利分类体系（USPC）；欧洲专利局（EPO）使用的主要是基于 IPC 的欧洲专利分类体系（ECLA/ICO）；日本专利局（JPO）使用的主要是基于 IPC 的日本专利分类体系（FI/FT）；韩国知识产权局（KIPO）和中国国家知识产权局（CNIPA）使用的均为国际专利分类

（IPC）。近年来，联合专利分类（CPC）这一用于专利文件的全球分类系统正在逐渐成为除 IPC 之外的另一全球主流专利分类体系。本节主要介绍以 IPC 和 CPC 为代表的常用分类体系。

1.3.1　国际专利分类

1.3.1.1　简介

国际专利分类表代表了适合于发明专利领域的知识体系，具有部、大类、小类、组依次降低的等级结构。

部：部是分类表等级结构的最高级别，共 8 个，部的类号分别由 A 至 H 中的一个大写字母表示，每一个部均有一个类名，如 A 部的类名为人类生活必需，该部被认为内容非常宽泛。每个部还可能有若干分部。

大类：每一个部又被细分为若干大类，大类是分类表的第二等级，由部的类号加上两个阿拉伯数字构成，如 H04 即是一个大类的类号。大类的类名表示该大类所包含的技术内容，如 H04 电通信技术，其类名所包含的技术内容就是电通信技术。某些大类可能有一个索引，它只是给出该大类内容总括的信息性概要。

小类：每个大类包括若干小类，小类是分类表的第三等级，小类类号由大类类号加上一个大写字母组成，例如 H04M。小类的类名尽可能确切地表明该小类的内容，如 H04M 电话通信（通过电话电缆控制其他设备，但不包括电话交换设备的电路入 G08）。此外，大多数小类都有一个索引，用于给出该小类技术内容总结的信息性概要。

组：每一个小类又被细分为若干组，组既可以是大组（即分类表的第四等级），也可以是小组（即依赖于分类表大组等级的更低等级），组的类号由小类类号加上斜线分开的两个数组成，每一个大组的类号由小类类号、1~3 位数字、斜线及 00 组成，例如 H04M1/00。小组是大组的细分类，每一个小组的类号由其小类类号、1~3 位数字、斜线及除 00 以外的至少两位数字组成，例如 H04M1/02，任何斜线后面的第三位或随后数字应该理解为其前面数字的十进制细分数字，例如 H04M1/215 可在 H04M1/21 下面找到。小组类名在其大组范围之间确切限定了某一技术主题领域，并被认为有利于检索，该类名前加一个或几个圆点指明该小组的等级位置，即指明每一个小组是它上面离它最近的又比它少一个圆点的小组的细分类，小组类名必须解读为依赖并且受限于其所缩排的上位组的类名。大组和小组之间包含专利文献的关系，可以用图 1-7 来理解。

从图 1-7 可以看出，大组 3/00 所包含的内容是未被分在其下任意更低等级小组而只能被给出该大组分类号的专利文献，对于小组而言，其包含的内容是未被分在其下任意更低等级小组而只能被给出该小组分类号的专利文献，依次类推。

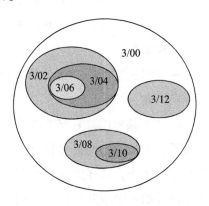

图 1-7　大组和小组之间包含专利文献的关系示意图

一个完整的分类号由代表部、大类、小类和大组或小组的类号构成，各部分代表的位置具体如图 1-8 所示。

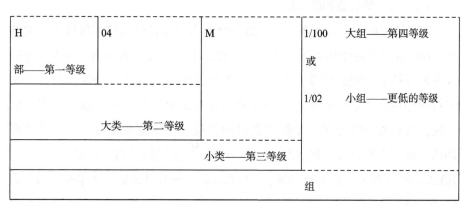

图 1-8　一个完整分类号各部分代表的位置

此外，在分类表的一些位置还有附注和参见信息，附注可以与部、分部、大类、小类、导引标题或组相结合，附注定义或者解释特定词汇、短语或分类位置的范围，或者指明怎样将技术主题进行分类。如 H04M 大类结合有以下附注：

(1) 本小类包括内容

——与其他电气系统相结合的电话通信系统；

——电话通信系统的专用测试设备。

（2）在本小类中下列名词术语的含义

——"用户"是对终端设备的统称，例如公用电话；

——"分局"是无须用户选择就可以把单个用户接续到线路上的用户设备或监控设备；

——"卫星交换局"是一种交换局，它根据接收来自监视交换局的控制信号而工作；

——"交换中心"包括交换局和卫星交换局。

大类、小类或组的类名或附注，可以包括一个涉及分类表另一位置的在括号中的短语，这样的短语称为"参见"，说明由参见指明的技术主题包括在所涉及的一个或几个位置。例如 H04M1/00·分局设备，例如用户使用的（交换机提供的用户服务或设备入 H04M3/00；预付费电话硬币箱入 H04M17/00；电流供给装置入 H04M19/08）〔1，7〕〔2006.01〕。

1.3.1.2　等级结构的原理

IPC 是一种等级分类系统，较低等级的内容是其所属较高等级内容的细分。IPC 分类表是使用等级，即部、大类、小类、大组和小组，按等级递降顺序划分技术知识的体系。各小组的等级仅仅由其类名前的圆点数，即其缩排的等级来决定，而不是由小组的编号来决定，相同圆点数的小组等级相同，圆点数少的等级高于圆点数多的等级。为了避免重复，小组类名前的圆点也用来替代其等级更高（缩排较少）的小组的类名。例如：

H04N1/00 文件或类似物的扫描、传输或重现，如传真传输；其零部件〔3，4〕〔2006.01〕

H04N1/024·扫描头的零部件〔3，4〕〔2006.01〕

H04N1/028··用于拾取图像信息〔3，4〕〔2006.01〕

H04N1/028 是其所属较高等级 H04N1/024 内容下的细分，H04N1/024 则是其所属较高等级 H04N1/00 内容下的细分，整体实际涉及的是"文件或类似物的扫描、传输或重现的扫描头的用于拾取图像信息的零部件"。分类尽可能分到最低等级的小组，若小组类名与技术内容不相适应，则可以分到大组。

1.3.2　联合专利分类

1.3.2.1　简介

在各专利分类体系中，IPC 被广泛使用，但其存在更新速度慢、单一分类号下文献量大的缺点。为此，由欧洲专利局和美国专利商标局共同开发了双边系统——联合专利分类体系（CPC），自 2013 年 1 月 1 日起投入使用。CPC 按照国际分类体系的标准和结构进行开发，以欧洲专利分类（ECLA）作为整个分类体系的基础，融入了美国专利分类（UC）中主要涉及商业方法的内容。CPC 与 IPC 结构近似，但分类更加详细和准确。

1.3.2.2　CPC 分类号的内容

CPC 分类表与 IPC 分类表同样包括 A~H 部，类名均无变化，同样具有附注、参见、导引标题等内容。在 CPC 分类表中，包括先前的欧洲专利局 ELCA 分类号的大约 16 000 个条目，并将美国专利商标局 USPC 分类号中涉及商业方法的 375 个条目引入 G06Q 小类；还增加了大约 7300 个条目的 Y 部新兴技术的分类（例如新能源），Y10S 引入了 USPC 的参照技术收集（XRACs）和摘要小类；还增加了大约 82 000 个条目的 CPC2000 系列，共计大约 260 000 个条目，CPC 各部的内容如表 1-4 所示。文献分类范围主要涉及最低 PCT 文献和具有英国、法国、德国、荷兰同族专利的文献，以及其他国家局分配 CPC 的专利文献。

表 1-4　CPC 各部内容

类号	类名
A	人类生活用品
B	作业、运输
C	化学、冶金
D	纺织、造纸
E	固定建筑物
F	机械工程、照明、加热、武器、爆破
G	物理
H	电学
Y	新技术；IPC 跨部交叉技术；来自 USPC 交叉引用技术集和摘要的技术

1.3.2.3　CPC 分类表的编号体系

CPC 分类表的编号体系包括主干分类号和 2000 系列引得码分类号。

CPC 主干分类号与 IPC 分类号形式上基本一致。在主干分类号中，CPC 每个层级的类名通常都与相应的 IPC 层级相同（如果存在 IPC 层级），如表 1-5 所示。

表 1-5　CPC 分类表的主干分类号

IPC 分类号	CPC 分类号
··H04M1/725	··H04M1/725
	···H04M1/72502
	····H04M1/72505
	⋮
	···H04M1/72519
	⋮
···H04M1/733	···H04M1/733

CPC 中的 2000 系列分类表，主要由 IPC 引得码转入以及细分 ICO、垂直 ICO 转入的分类号，如 IPC 中的引得码 F21W101/00，则通过在 101 前直接添加数字 2 的方式对应转换为 CPC2000 系列分类号 F21W2101/00，对于细分 ICO 分类号 S02F1/01C4，则依据一定的规则转换为 G02F2001/0113，作为 CPC2000 系列的分类号，而对于垂直 ICO 分类号 S02F201/02，则通过在 201 前直接添加数字 2 的方式对应转换为 CPC2000 系列分类号 S02F2201/02。通过上述编号规则，形成的 CPC 分类表如表 1-6 所示。

表 1-6　CPC2000 系列分类号

	CPC 分类号
2000 系列引得码	H04L2001/0092
	H04L2001/0093
	H04L2001/0094
	H04L2001/0095
	H04L2001/0096
	H04L2001/0097
	H04L2001/0098

1.3.2.4　CPC 分类表的获取

获取 CPC 分类表可以进入网站 http://worldwide.espacenet.com，点击"Classification search"，则页面显示如图 1-9 所示。

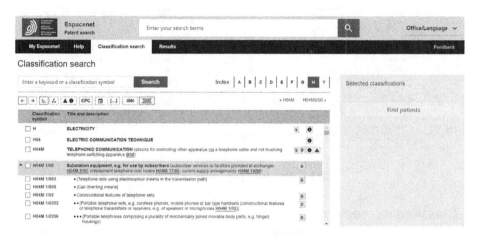

图 1-9　获取 CPC 分类表页面

在图 1-10 页面"search"前方的输入框内，输入相应的关键词及分类号，就可以查询对应的 CPC 分类号信息，点击图标 S 操作，就可以下载 PDF 版本的该部的 CPC 分类号信息，用于离线分类号的查询。最值得向用户推荐的是点击图标 D 的操作，通过该操作可以获得详细的分类定义信息，有助于用户对分类号的理解和掌握，并为检索时扩展分类号提供方向。对于每一个分类号的部、大类、小类、组都可以进行点击操作，逐级获得详细的 CPC 分类号信息。如在依次点击 H、H04、H04M、H04M1/00 之后，可以获得如图 1-10 所示的操作页面，在该页面中可以看到详细的 CPC 分类号信息。

点击 H04M1/00 后部的图标 D，则可以得到分类定义信息，如图 1-11 所示，分类定义给出了该大组的相关信息，对于该分类号下文献信息的检索是非常有帮助的。

对于 CPC 分类号的检索格式，在专利互联网检索工具中并无特别之处，只需要将完整的分类号输入检索框即可，当然也可以输入部分分类号，如大类、小类等，但会失去检索的准确性。

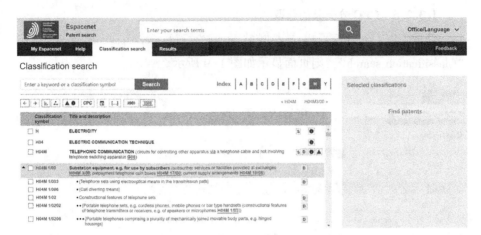

图 1-10　CPC 分类号信息操作页面

图 1-11　CPC 分类号分类定义信息页面

以上是 CPC 分类体系知识的简单介绍，并非 CPC 分类体系的全部内容，希望用户通过上述内容的学习，根据相应的 IPC 分类号，找到与技术主题图更为相关的 CPC 分类号，达到更加精准高效地获得目标文献的目的。

1.4　检索方法简介

如何从海量的专利文献中快速地检索目标文献，需要遵循一定的流程和方法。虽然不同的技术领域的检索策略有所不同，但通用的检索流程和方法可以在一定程度上保证检索的准确性和全面性。

1.4.1　检索要素

在确定了发明构思之后，可以从中提取检索要素，即确定能够体现发明技术构思的可检索的要素。一般地，确定基本检索要素时需考虑技术领域、技术问题、技术手段、技术效果等方面。

在确定检索要素后，结合检索的技术领域的特点，确定这些检索要素中每个要素在计算机系统检索中的表达形式，如关键词、分类号等。为了全面检索，通常需要尽可能地以关键词、分类号等多种形式表达这些检索要素，并将不同表达形式检索到的结果合并作为针对该检索要素的检索结果。

在选取关键词时，一般需要考虑相应检索要素的各种同义或近义表达形式，而且在必要时还需要考虑相关的上位概念、下位概念、其他相关概念及其各种同义或近义表达形式。例如，对于检索要素"移动终端"，可以选取其同义或近义的表达方式，例如"便携式终端""移动设备"等，还需要考虑其上位概念"终端装置""电子设备"等，以及其下位概念"手机""平板电脑"等。

1.4.2　具体检索方式

进行计算机检索时，为尽可能全面地检索，对于每个检索要素，应当尽可能地从多个角度进行表达，如用关键词、分类号等。例如，对于一个包含两个检索要素 A 和 B 的权利要求，基本的检索思路可以表示为将涉及检索要素 A 的分类号和关键词的两种检索结果以逻辑"或"的关系合并，作为针对检索要素 A 的检索结果；将涉及检索要素 B 的分类号和关键词的两种检索结果以逻辑"或"的关系合并，作为针对检索要素 B 的检索结果；然后将上述针对检索要素 A、B 的检索结果以逻辑"与"的关系合并，作为针对该权利要求的检索结果。

在实际检索过程中，可以根据案件的具体情况采用不同组合方式进行检索，例如：

①将涉及检索要素 A 的分类号和涉及检索要素 B 的关键词的两种检索结果以逻辑"与"的关系合并。例如，使用"H04M1/725"作为表示检索要素 A 的分类号在"IPC 分类号"入口中进行检索，使用"振铃""响铃""铃声"作为表示检索要素 B 的关键词在"关键词"入口中进行检索，然后将两个检索结果进行逻辑与运算，如图 1-12 所示。如果采用上述方式未检索到合适的文献，考虑到"关键词"入口仅在发明标题、摘要和权利要求中检索，还可以将涉及检索要素 B 的关键词扩展到"说明书"入口中进行检索，如图 1-13 所示。

图 1-12　分类号+关键词检索示例 1

图 1-13　分类号+关键词检索示例 2

②将涉及要素 A 的分类号和涉及检索要素 B 的分类号的两种检索结果以逻辑"与"的关系合并。例如，使用"H04M1/725"作为表示检索要素 A 的分类号在"IPC 分类号"入口中进行检索，使用"G06F1/16"作为表示检索要素 B 的分类号在"IPC 分类号"入口中进行检索，然后将两个检索结果进行逻辑"与"运算，如图 1-14 所示。

☑ 检索式编辑区

(AND) (OR) (NOT) ({}) ⊕　　　　　　　　　　　　扩展　精简☐

IPC分类号=(H04M1/725 AND G06F1/16)

Q 生成检索式　　　清空检索式　　Q 检索

图 1-14　分类号+分类号检索示例

③将涉及要素 A 的关键词和涉及检索要素 B 的关键词的两种检索结果以逻辑"与"的关系合并。例如，使用"移动终端""手机""移动电话"作为表示检索要素 A 的分类号在"关键词"入口中进行检索，使用"振铃""响铃""铃声"作为表示检索要素 B 的关键词在"关键词"入口中进行检索，然后将两个检索结果进行逻辑与运算，如图 1-15 所示。如果采用上述方式未检索到合适的文献，考虑到"关键词"入口仅在发明标题、摘要和权利要求中检索，还可以将涉及检索要素 A 和/或检索要素 B 的关键词扩展到"说明书"入口中进行检索，如图 1-16、图 1-17、图 1-18 所示。

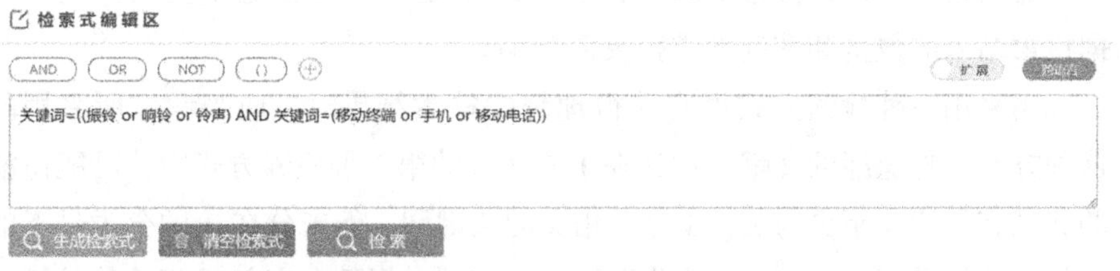

☑ 检索式编辑区

(AND) (OR) (NOT) ({}) ⊕　　　　　　　　　　　　扩展　精简☐

关键词=(振铃 or 响铃 or 铃声) AND 关键词=(移动终端 or 手机 or 移动电话))

Q 生成检索式　　　清空检索式　　Q 检索

图 1-15　关键词+关键词检索示例 1

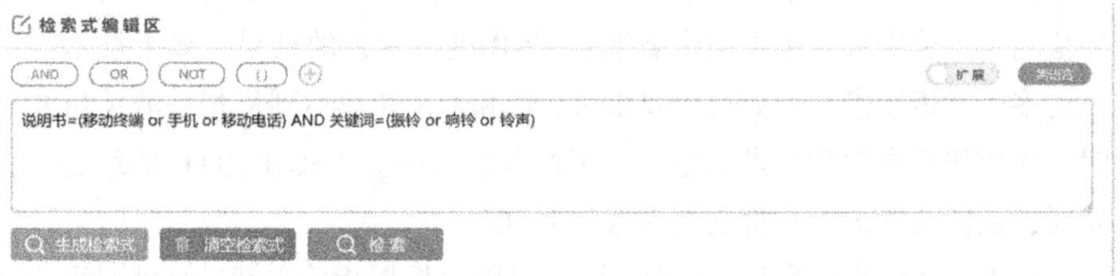

☑ 检索式编辑区

(AND) (OR) (NOT) ({}) ⊕　　　　　　　　　　　　扩展　精简☐

说明书=(移动终端 or 手机 or 移动电话) AND 关键词=(振铃 or 响铃 or 铃声)

Q 生成检索式　　　清空检索式　　Q 检索

图 1-16　关键词+关键词检索示例 2

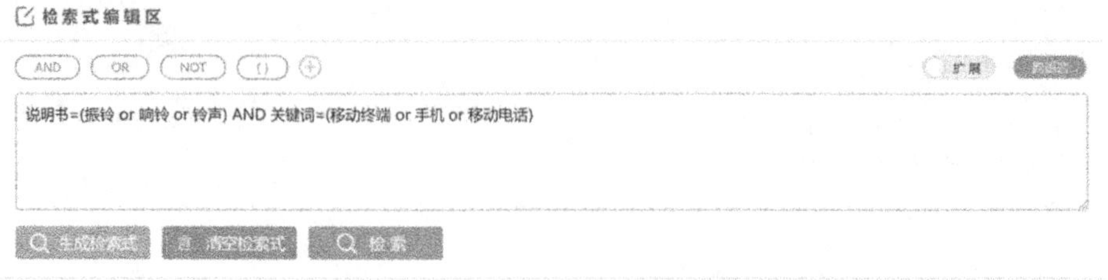

图 1-17　关键词+关键词检索示例 3

图 1-18　关键词+关键词检索示例 4

1.4.3　检索方式的调整

需要指出的是，检索要素和检索方式不是唯一和固定不变的，应当根据检索结果的数量和准确性进行灵活调整。

当采用一种检索方式没有获得理想的检索结果时，应当考虑所采用的这种方式可能遗漏的文献。比如在 1.4.2 节的第 1 种检索方式中，可能遗漏的文献有：含有至少与 A、B 之一相关的关键词，但未分在 A 的分类号下的文献；分类号至少与 A、B 的分类号之一相同，但不含有与 B 相关的关键词的文献。对于可能遗漏的文献，应当调整检索方式进行针对性的检索。

如果针对检索要素 A、B 的结合没有检索到最相关的单份文件时，一般还应当考虑分别针对单独检索要素 A 或 B 进行检索的结果。如果技术方案包含多个检索要素，例如检索要素 A、B 和 C，在找不到最相关的单份文献时，还应该考虑检索要素的组合，例如考虑 A+B、A+C 和 B+C 的组合；必要时，还需要考虑单独检索要素 A、B、C。

此外，在计算机检索过程中，还可以随时根据相关文献进行针对引用文献、被引用文献、发明人、申请人的跟踪检索，以便找到进一步相关的文献。

第 2 章　5G 移动通信领域检索指引

随着移动通信技术的发展，人类进行信息交互的手段更加高效便利，也对现有的通信技术提出了更高的要求，5G 技术应运而生。5G 的愿景与需求是为了应对未来爆发式移动数据流量增长、海量的设备连接、不断涌现的各类新业务和应用场景，同时与行业深度融合，满足垂直行业终端互联多样化需求，实现真正的"万物互联"，是构建社会经济数字化转型的基石。5G 技术的应用落地对于深化供给侧结构性改革，把发展经济的着力点放在实体经济上，提高供给体系质量，显著增强我国经济质量优势具有重大意义。

2.1　5G 标准的演进

5G 移动通信技术，已经成为移动通信领域的全球性研究热点。与以往通信技术相比，5G 可以更好地满足多样化、差异化业务的巨大挑战，因此，5G 相关的研究工作正在各标准组织中进行。

2015 年 6 月，国际电信联盟（ITU）完成了 5G 愿景的研究。2017 年 6 月，ITU 发布了 5G 标准草案，完成 IMT-2020（5G）最小技术指标要求的制定，确定了满足 IMT-2020 技术门槛的 14 项性能指标的详细定义、适用场景、最小指标值等。2020 年底确定第三代合作伙伴计划（Third Generation Partnership，3GPP）系列标准成为唯一被 ITU 认可的 5G 标准，并开展 5G 技术标准建议书的制定。

　　3GPP 作为 5G 标准化工作的核心机构，早在 R14 阶段就进行了 5G 情境和需求、5G 新的无线接入技术、空口界面框架的研究项目，并于 2018 年 6 月完成的 R15 标准，是独立组网和非独立组网方案的基础版本 5G 标准，2020 年 7 月 3GPP 完成了针对 5G 的第二个增强版本 R16，完善了 R15 标准在三大场景中的关键能力。目前正在讨论和制定阶段的 R17 和 R18 将更加关注 5G 技术在垂直行业中的应用。5G 标准演进过程如图 2-1 所示。

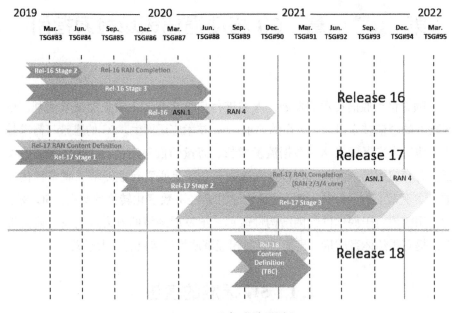

图 2-1　5G 标准演进过程

　　ITU 为 5G 定义了三大应用场景，分别是增强移动宽带（eMBB）、海量机器类通信（mMTC）、超高可靠低时延通信（URLLC），能够满足人们在居住、工作、休闲和交通等领域的多样化业务需求，即便在密集住宅区、办公室、体育场、露天集会、地铁、快速路、高铁和广域覆盖等具有超高流量密度、超高连接数密度、超高移动性特征的场景，也可以为用户提供超高清视频、虚拟现实、增强现实、云桌面、在线游戏等极致业务体验。为了实现 5G 网络在上述三大应用场景的应用，3GPP 也提出了多项关键技术，如图 2-2 所示。

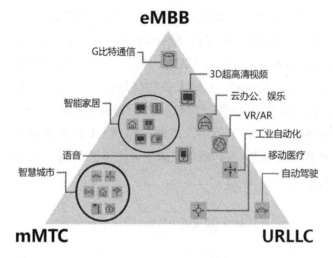

图 2-2　5G 三大应用场景

2.2　第三代合作伙伴计划介绍

2.2.1　第三代合作伙伴计划简介

第三代合作伙伴计划是一个成立于 1998 年 12 月的标准化组织，目前其成员包括欧洲的欧洲电信标准化委员会（European Telecommunications Standards Institute，ETSI）、日本的无线行业企业协会（Association of Radio Industries and Business，ARIB）和电信技术委员会（Telecommunications Technology Committee，TTC）、中国的中国通信标准化协会（China Communications Standards Association，CCSA）、韩国的电信技术协会（Telecommunications Technology Association，TTA）和北美的世界无线通信解决方案联盟（The Alliance for Telecommunications Industry Solution，ATIS）。

2.2.2　第三代合作伙伴计划组织结构

3GPP 组织中包括项目合作组（Project Cooperation Group，PCG）和技术规范组（Technology Standards Group，TSG）。其中，PCG 主要负责 3GPP

总的管理、时间计划、工作分配等，而技术方面的工作则由 TSG 完成。

目前，3GPP 包括四个 TSG，分别负责核心网和终端（Core Network and Terminal，CT）、系统和业务方面（Service and System Aspects，SA）、无线接入网（Radio Access Network，RAN），以及 GSM EDGE 无线接入网（GSM EDGE Radio Access Network，GERAN）方面的工作。其中，每一个 TSG 又进一步可以分为多个不同的工作组（WG，Work Group），每个 WG 分别承担具体的任务，如图 2-3 所示。例如，SA WG1 负责业务需求指定，SA WG2 负责业务架构制定、SA WG3 负责安全方面的问题，SA WG4 负责编解码方面的工作。

Project Co-ordination Group (PCG)		
TSG RAN Radio Access Network	**TSG SA** Service & System Aspects	**TSG CT** Core Network & Terminals
RAN WG1 Radio Layer 1 (Physical layer)	SA WG1 Services	CT WG1 User Equipment - Core Network protocols
RAN WG2 Radio layer 2 and Radio layer 3 Radio Resource Control	SA WG2 System Architecture and Services	CT WG3 Interworking with External Networks & Policy and Charging Control
RAN WG3 UTRAN/E-UTRAN/NG-RAN architecture and related network interfaces	SA WG3 Security and Privacy	CT WG4 Core Network Protocols
RAN WG4 Radio Performance and Protocol Aspects	SA WG4 Multimedia Codecs, Systems and Services	CT WG6 Smart Card Application Aspects
RAN WG5 Mobile Terminal Conformance Testing	SA WG5 Management, Orchestration and Charging	
	SA WG6 Application Enablement and Critical Communication Applications	
RAN AH1 RAN ad hoc group on ITU-R		

图 2-3　3GPP 组织架构

2.2.3　第三代合作伙伴计划文档编码规则

3GPP 工作组并不制定标准，而是提供技术规范（TS）和技术报告（TR），并由 TSG 批准，一旦 TSG 批准了，就会提交到组织的成员，再进行各自的标准化处理流程。

3GPP TS 和 TR 使用四位或者五位的编号，即"xx.yyy"，前两位数字"xx"代表序列号，后 2 位或 3 位数字"yy"或"yyy"代表一个系列中的一个特定规范。如图 2-4 所示，3GPP TS38.321 就描述了 NR 的 MAC 协议。3GPP TS 和 TR 还包括一个版本号，其格式为"x.y.z"，其中"x"代表 3GPP Release，"y"代表版本号，"z"是子版本号。如，3GPP TS38.321 V15.12.0 表示 TS38.321 的 R15 版本。

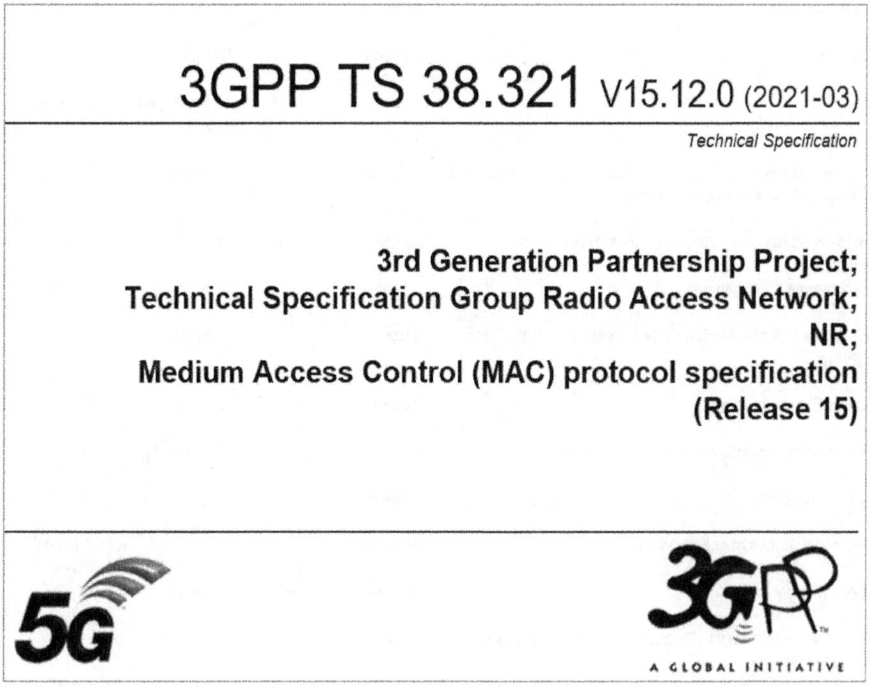

3GPP TS 38.321 V15.12.0 (2021-03)

Technical Specification

**3rd Generation Partnership Project;
Technical Specification Group Radio Access Network;
NR;
Medium Access Control (MAC) protocol specification
(Release 15)**

A GLOBAL INITIATIVE

图 2-4　3GPP 技术规范编码

3GPP 各个系列协议编号（即"xx.yyy"中 xx）和协议内容的对应关系如图 2-5 所示。以 38 系列协议为例，部分协议编号与协议内容的对应关系如图 2-6 所示。

3GPP 还保存形成技术规范和技术报告过程中各成员公司提出的各项提案文档，提案根据文档内容涉及的 TSG 和 WG 进行命名，如图 2-7 为例，编号 RP-1812114 提案是 RAN WG1 工作组的关于接入网物理层的提案。

Subject of specification series	3G and beyond / GSM (R99 and later)	GSM only (Rel-4 and later)	GSM only (before Rel-4)
General information (long defunct)			00 series
Requirements	21 series	41 series	01 series
Service aspects ("stage 1")	22 series	42 series	02 series
Technical realization ("stage 2")	23 series	43 series	03 series
Signalling protocols ("stage 3") - user equipment to network	24 series	44 series	04 series
Radio aspects	25 series	45 series	05 series
CODECs	26 series	46 series	06 series
Data	27 series	47 series (none exists)	07 series
Signalling protocols ("stage 3") -(RSS-CN) and OAM&P and Charging (overflow from 32.- range)	28 series	48 series	08 series
Signalling protocols ("stage 3") - intra-fixed-network	29 series	49 series	09 series
Programme management	30 series	50 series	10 series
Subscriber Identity Module (SIM / USIM), IC Cards. Test specs.	31 series	51 series	11 series
OAM&P and Charging	32 series	52 series	12 series
Access requirements and test specifications		13 series (1)	13 series (1)
Security aspects	33 series	(2)	(2)
UE and (U)SIM test specifications	34 series	(2)	11 series
Security algorithms (3)	35 series	55 series	(4)
LTE (Evolved UTRA), LTE-Advanced, LTE-Advanced Pro radio technology	36 series	-	-
Multiple radio access technology aspects	37 series	-	-
Radio technology beyond LTE	38 series	-	-

图 2-5 3GPP 各系列协议内容对照表

 The Mobile Broadband Standard

 A Global Partnership

| About 3GPP | Specifications Groups | Specifications | 3GPP Calendar | Technologies | News & Events | | Home | Sitemap | Contact |

3GPP Specification series

Go to spec numbering scheme page

Click on spec number for details

spec number	title	notes
TS 38.101	NR; User Equipment (UE) radio transmission and reception	SPECIFICATION WITHDRAWN
TS 38.101-1	NR; User Equipment (UE) radio transmission and reception; Part 1: Range 1 Standalone	
TS 38.101-2	NR; User Equipment (UE) radio transmission and reception; Part 2: Range 2 Standalone	
TS 38.101-3	NR; User Equipment (UE) radio transmission and reception; Part 3: Range 1 and Range 2 Interworking operation with other radios	
TS 38.101-4	NR; User Equipment (UE) radio transmission and reception; Part 4: Performance requirements	
TS 38.104	NR; Base Station (BS) radio transmission and reception	
TS 38.106	NR repeater radio transmission and reception	
TS 38.113	NR; Base Station (BS) ElectroMagnetic Compatibility (EMC)	
TS 38.114	NR; Repeaters ElectroMagnetic Compatibility (EMC)	
TS 38.124	NR; Electromagnetic compatibility (EMC) requirements for mobile terminals and ancillary equipment	
TS 38.133	NR; Requirements for support of radio resource management	
TS 38.141	NR; Base Station (BS) conformance testing	SPECIFICATION WITHDRAWN
TS 38.141-1	NR; Base Station (BS) conformance testing Part 1: Conducted conformance testing	
TS 38.141-2	NR; Base Station (BS) conformance testing Part 2: Radiated conformance testing	
TS 38.151	NR; User Equipment (UE) Multiple Input Multiple Output (MIMO) Over-the-Air (OTA) performance requirements	
TS 38.171	NR; Requirements for support of Assisted Global Navigation Satellite System (A-GNSS)	
TS 38.173	TDD operating band in Band n48	SPECIFICATION WITHDRAWN
TS 38.174	NR; Integrated Access and Backhaul (IAB) radio transmission and reception	
TS 38.175	NR; Integrated Access and Backhaul (IAB) Electromagnetic Compatibility (EMC)	
TS 38.176-1	NR; Integrated Access and Backhaul (IAB) conformance testing; Part 1: Conducted conformance testing	
TS 38.176-2	NR; Integrated Access and Backhaul (IAB) conformance testing; Part 2: Radiated conformance testing	
TS 38.201	NR; Physical layer; General description	
TS 38.202	NR; Services provided by the physical layer	
TS 38.211	NR; Physical channels and modulation	
TS 38.212	NR; Multiplexing and channel coding	
TS 38.213	NR; Physical layer procedures for control	
TS 38.214	NR; Physical layer procedures for data	
TS 38.215	NR; Physical layer measurements	
TS 38.300	NR; NR and NG-RAN Overall description; Stage-2	
TS 38.304	NR; User Equipment (UE) procedures in idle mode and in RRC Inactive state	
TS 38.305	NG Radio Access Network (NG-RAN); Stage 2 functional specification of User Equipment (UE) positioning in NG-RAN	
TS 38.306	NR; User Equipment (UE) radio access capabilities	
TS 38.307	NR; Requirements on User Equipments (UEs) supporting a release-independent frequency band	
TS 38.314	NR; Layer 2 measurements	
TS 38.321	NR; Medium Access Control (MAC) protocol specification	
TS 38.322	NR; Radio Link Control (RLC) protocol specification	
TS 38.323	NR; Packet Data Convergence Protocol (PDCP) specification	
TS 38.331	NR; Radio Resource Control (RRC); Protocol specification	
TS 38.340	NR; Backhaul Adaptation Protocol (BAP) specification	
TS 38.351	NR; Sidelink Adaptation Layer Protocol	
TS 38.401	NG-RAN; Architecture description	
TS 38.410	NG-RAN; NG general aspects and principles	

图 2-6　3GPP 38 系列协议编号和内容对照表

TS 38.411	NG-RAN; NG layer 1	
TS 38.412	NG-RAN; NG signalling transport	
TS 38.413	NG-RAN; NG Application Protocol (NGAP)	
TS 38.414	NG-RAN; NG data transport	
TS 38.415	NG-RAN; PDU session user plane protocol	
TS 38.420	NG-RAN; Xn general aspects and principles	
TS 38.421	NG-RAN; Xn layer 1	
TS 38.422	NG-RAN; Xn signalling transport	
TS 38.423	NG-RAN; Xn Application Protocol (XnAP)	
TS 38.424	NG-RAN; Xn data transport	
TS 38.425	NG-RAN; NR user plane protocol	
TS 38.455	NG-RAN; NR Positioning Protocol A (NRPPa)	
TS 38.460	NG-RAN; E1 general aspects and principles	
TS 38.461	NG-RAN; E1 layer 1	
TS 38.462	NG-RAN; E1 signalling transport	
TS 38.463	NG-RAN; E1 Application Protocol (E1AP)	
TS 38.470	NG-RAN; F1 general aspects and principles	
TS 38.471	NG-RAN; F1 layer 1	
TS 38.472	NG-RAN; F1 signalling transport	
TS 38.473	NG-RAN; F1 Application Protocol (F1AP)	
TS 38.474	NG-RAN; F1 data transport	
TS 38.475	NG-RAN; F1 interface user plane protocol	SPECIFICATION WITHDRAWN
TS 38.508-1	5GS; User Equipment (UE) conformance specification; Part 1: Common test environment	
TS 38.508-2	5GS; User Equipment (UE) conformance specification; Part 2: Common Implementation Conformance Statement (ICS) proforma	
TS 38.509	5GS; Special conformance testing functions for User Equipment (UE)	
TS 38.521-1	NR; User Equipment (UE) conformance specification; Radio transmission and reception; Part 1: Range 1 standalone	
TS 38.521-2	NR; User Equipment (UE) conformance specification; Radio transmission and reception; Part 2: Range 2 standalone	
TS 38.521-3	NR; User Equipment (UE) conformance specification; Radio transmission and reception; Part 3: Range 1 and Range 2 Interworking operation with other radios	
TS 38.521-4	NR; User Equipment (UE) conformance specification; Radio transmission and reception; Part 4: Performance	
TS 38.522	NR; User Equipment (UE) conformance specification; Applicability of radio transmission, radio reception and radio resource management test cases	
TS 38.523-1	5GS; User Equipment (UE) conformance specification; Part 1: Protocol	
TS 38.523-2	5GS; User Equipment (UE) conformance specification; Part 2: Applicability of protocol test cases	
TS 38.523-3	5GS; User Equipment (UE) conformance specification; Part 3: Protocol Test Suites	
TS 38.533	NR; User Equipment (UE) conformance specification; Radio Resource Management (RRM)	
TR 38.716-01-01	NR intra band Carrier Aggregation (CA) Rel-16 for xCC Down Link (DL) / yCC Up Link (UL) including contiguous and non-contiguous spectrum (x >= y)	
TR 38.716-02-00	NR inter-band Carrier Aggregation (CA) / Dual Connectivity (DC) Rel-16 for 2 bands Down Link (DL) / x bands Up Link (UL) (x = 1, 2)	
TR 38.716-03-01	NR inter-band Carrier Aggregation (CA) / Dual Connectivity (DC) Rel-16 for 3 bands Down Link (DL) / 1 bands Up Link (UL)	
TR 38.716-03-02	NR inter-band Carrier Aggregation (CA) / Dual Connectivity (DC) Rel-16 for 3 bands Down Link (DL) / 2 bands Up Link (UL)	
TR 38.716-04-01	NR inter-band Carrier Aggregation (CA) Rel-16 for 4 bands Down Link (DL) / 1 bands Up Link (UL)	
TR 38.717-01-01	Rel-17 NR intra band Carrier Aggregation for xCC DU/yCC UL including contiguous and non-contiguous spectrum (x>=y)	
TR 38.717-02-01	Rel-17 NR inter-band Carrier Aggregation/Dual Connectivity for 2 bands DL with x bands UL (x=1,2)	
TR 38.717-03-01	Rel-17 NR inter-band Carrier Aggregation for 3 bands DL with 1 band UL	
TR 38.717-03-02	Rel-17 NR inter-band Carrier Aggregation/Dual Connectivity for 3 bands DL with 2 bands UL	
TR 38.717-04-01	Rel-17 NR inter-band Carrier Aggregation for 4 bands DL with 1 band UL	
TR 38.717-04-02	Rel-17 NR inter-band Carrier Aggregation/Dual connectivity for DL 4 bands and 2UL bands	
TR 38.717-05-01	Rel-17 NR inter-band Carrier Aggregation for 5 bands DL with x bands UL (x=1, 2)	
TR 38.786	User Equipment (UE) radio transmission and reception for enhanced NR sidelink	
TR 38.801	Study on new radio access technology: Radio access architecture and interfaces	
TR 38.802	Study on new radio access technology Physical layer aspects	
TR 38.803	Study on new radio access technology: Radio Frequency (RF) and co-existence aspects	
TR 38.804	Study on new radio access technology Radio interface protocol aspects	
TR 38.805	Study on new radio access technology: 60 GHz unlicensed spectrum	
TR 38.806	Study of separation of NR Control Plane (CP) and User Plane (UP) for split option 2	
TR 38.807	Study on requirements for NR beyond 52.6 GHz	
TR 38.808	Study on supporting NR from 52.6 GHz to 71 GHz	
TR 38.809	NR; Background for integrated access and backhaul radio transmission and reception	
TR 38.810	NR; Study on test methods	
TR 38.811	Study on New Radio (NR) to support non-terrestrial networks	
TR 38.812	Study on Non-Orthogonal Multiple Access (NOMA) for NR	

（续图1）

图 2-6　3GPP 38 系列协议编号和内容对照表

TR 38.813	New frequency range for NR (3.3-4.2 GHz)	
TR 38.814	New frequency range for NR (4.4-5.0 GHz)	
TR 38.815	New frequency range for NR (24.25-29.5 GHz)	
TR 38.816	Study on Central Unit (CU) - Distributed Unit (DU) lower layer split for NR	
TR 38.817-01	General aspects for User Equipment (UE) Radio Frequency (RF) for NR	
TR 38.817-02	General aspects for Base Station (BS) Radio Frequency (RF) for NR	
TR 38.818	General aspects for Radio Resource Management (RRM) and demodulation for NR	
TR 38.819	LTE Band 65 for NR (n65)	
TR 38.820	Study on the 7 to 24 GHz frequency range for NR	
TR 38.821	Solutions for NR to support Non-Terrestrial Networks (NTN)	
TR 38.822	NR; User Equipment (UE) feature list	
TR 38.823	Study of further enhancement for disaggregated gNB	
TR 38.824	Study on physical layer enhancements for NR ultra-reliable and low latency case (URLLC)	
TR 38.825	Study on NR industrial Internet of Things (IoT)	
TR 38.826	Study on evaluation for 2 receiver exception in Rel-15 vehicle mounted User Equipment (UE) for NR	
TR 38.827	Study on radiated metrics and test methodology for the verification of multi-antenna reception performance of NR User Equipment (UE)	
TR 38.828	Cross Link Interference (CLI) handling and Remote Interference Management (RIM) for NR	
TR 38.829	Study on Narrow-Band Internet of Things (NB-IoT) / enhanced Machine Type Communication (eMTC) support for Non-Terrestrial Networks (NTN)	SPECIFICATION WITHDRAWN
TR 38.830	Study on NR coverage enhancements	
TR 38.831	User Equipment (UE) Radio Frequency (RF) requirements for Frequency Range 2 (FR2)	
TR 38.832	Study on enhancement of Radio Access Network (RAN) slicing for NR	
TR 38.833	Further enhancement on NR demodulation performance	
TR 38.834	Measurements of User Equipment (UE) Over-the-Air (OTA) performance for NR FR1; Total Radiated Power (TRP) and Total Radiated Sensitivity (TRS) test methodology	
TR 38.836	Study on NR sidelink relay	
TR 38.838	Study on XR (Extended Reality) evaluations for NR	
TR 38.840	Study on User Equipment (UE) power saving in NR	
TR 38.841	High power UE for NR inter-band Carrier Aggregation with 2 bands downlink and x bands uplink (x =1,2)	
TR 38.842	High power User Equipment (UE) (power class 2) for NR inter-band Carrier Aggregation (CA) and Supplementary Uplink (SUL) configurations with x (x>2) bands DL and y (y=1, 2) bands UL	
TR 38.844	Study on Efficient utilization of licensed spectrum that is not aligned with existing NR channel bandwidth	
TR 38.845	Study on scenarios and requirements of in-coverage, partial coverage, and out-of-coverage NR positioning use cases	
TR 38.847	New frequency range for NR (47.2 – 48.2 GHz)	
TR 38.849	Introduction of lower 6GHz NR unlicensed operation for Europe	
TR 38.851	User Equipment (UE) Further enhancements of NR RF requirements for frequency range 2 (FR2)	
TR 38.854	NR support for high speed train scenario in frequency range 2 (FR2)	
TR 38.855	Study on NR positioning support	
TR 38.856	Study on local NR positioning in NG-RAN	
TR 38.857	Study on NR positioning enhancements	
TR 38.860	Study on extended 600MHz NR band	
TR 38.861	Study on high power UE (power class 2) for one NR FDD band	
TR 38.862	Study on band combination handling in RAN4	
TR 38.865	Study on remote interference management for NR	
TR 38.873	Time Division Duplex (TDD) operating band in Band n48	
TR 38.874	NR; Study on integrated access and backhaul	
TR 38.875	Study on support of reduced capability NR devices	
TR 38.883	Study on support of NR downlink 256 Quadrature Amplitude Modulation (QAM) for frequency range 2 (FR2)	
TR 38.884	Study on enhanced test methods for Frequency Range 2 (FR2) NR User Equipment (UE)	
TR 38.885	Study on NR Vehicle-to-Everything (V2X)	
TR 38.886	V2X Services based on NR, User Equipment (UE) radio transmission and reception	
TR 38.887	TDD operating band in Band n259	
TR 38.888	Adding wider channel bandwidth in NR band n28	
TR 38.889	Study on NR-based access to unlicensed spectrum	
TR 38.890	Study on NR QoE (Quality of Experience) management and optimizations for diverse services	
TR 38.900	Study on channel model for frequency spectrum above 6 GHz	
TR 38.901	Study on channel model for frequencies from 0.5 to 100 GHz	
TR 38.903	NR; Derivation of test tolerances and measurement uncertainty for User Equipment (UE) conformance test cases	
TR 38.905	NR; Derivation of test points for radio transmission and reception User Equipment (UE) conformance test cases	
TR 38.912	Study on New Radio (NR) access technology	
TR 38.913	Study on scenarios and requirements for next generation access technologies	
TR 38.918	Study on 5G NR UE full stack testing for Network Slicing	
TR 38.921	Study on International Mobile Telecommunications (IMT) parameters for 6.425 - 7.025 GHz, 7.025 - 7.125 GHz and 10.0 - 10.5 GHz	

（续图 2）

图 2-6　3GPP 38 系列协议编号和内容对照表

3GPP TSG RAN WG1 Meeting #95　　　　　　　　　　　**R1-1812114**
Spokane, USA, November 12th – 16th, 2018

SA WG2 Meeting #S2-129　　　　　　　　　　　　　**S2-1811555**
15 - 19 October, 2018, Dongguan, China　　　　**revision of S2-1811441**

图 2-7　3GPP 提案编码规则

2.2.4　第三代合作伙伴计划检索方法

（1）网站检索

3GPP 网站 www.3gpp.org/ 提供了协议、提案的检索入口，用于对 3GPP FTP 服务器的文档进行检索，检索界面如图 2-8 所示。

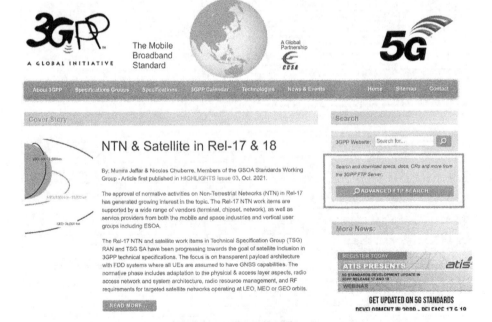

图 2-8　3GPP 网站检索入口

进入高级搜索后，右侧可以选择不同的检索界面，对应不同的检索表达。在 Advanced Search 界面，有多种关键词输入方式，还可以选择搜索的 TSG 和 WG 及对文档日期进行限定，如图 2-9 所示。

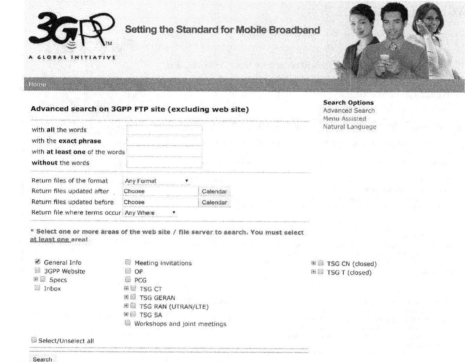

图 2-9　3GPP Advanced Search（1）

在对关键词、日期、数据库设定后进行检索，得到检索结果默认按照匹配度进行排序，还可以选择日期排序。检索结果数量很大，不利于阅读，检索结果页面右侧还提供根据检索主题、协议版本、协议编号、文档类型等多个角度的进一步筛选，缩小文献浏览范围，如图 2-10 所示。

由于可能导致文献量较大，Advanced Search 界面检索无法对多个关键词进行复杂运算，因此可以使用 Menu Assisted 界面进行检索，利用同段、间隔 10 个词以内等表达方式限定关键词的组合，表达更加准确，缩小文献量，如图 2-11 所示。

（2）FTP 检索

可以根据专利的申请人、申请日期、申请主题或者根据经验确定目标工作组及相关会议进行检索。例如，某专利在 2018 年 10 月提出的 NR 中 HARQ 反馈机制，那么可以将目标会议初步锁定在 2017—2018 年的 RAN 的

WG1 会议，如图 2-12 所示。

Setting the Standard for Mobile Broadband

A GLOBAL INITIATIVE

Home　　Search Results

Your search **"beam AND measurement AND report"** found 329,894 hits in 3,408 documents. (95.67 seconds)

Sort By: Best Match | Date　　　　　　　　　　Results 1 to 10 of 3,408

3GPP TS 38.300　　　　　　　　　　　　**06 Dec 2018**
Stage 2 CR on **Measurement** gap configuration scenarios ...UE
capability for the need for **measurement** gaps is not needed. ...is
agreed that the network configures **measurement** gaps when the UE
RP-182660.zip -> 38300_CR0133r1 (Rel-15)_R2-1818870.doc - 06 Dec 2018 - Details

3GPP Change Request　　　　　　　　　　**06 Dec 2018**
CR to avoid unnecessary L3 filtered **beam measurements** ...1, **beam**
measurements for serving cells based on both SS/PBCH block ...
However, CSI-RS based **beam measurements** for serving cells are
unnecessary
RP-182654.zip -> 38331_CR0282r1_(Rel-15)_R2-1817867.doc - 06 Dec 2018 - Details

3GPP Change Request　　　　　　　　　　**06 Dec 2018**
Clarification of **measurement** object for **beam** reporting for NR cells
...2, when reporting **beam measurements**, absThreshSS-
BlocksConsolidation/absThreshCSI-RS-Consolidation of the "
corresponding ...When reporting **beam measurements** of serving cell,
there are two possible
RP-182660.zip -> 38331_CR0772r1_(Rel-15)_R2-1818868.doc - 06 Dec 2018 - Details

Source:　　　　　　　　　　　　　　　　**14 Feb 2003**
Title: Beamforming and UTRAN **measurements** in TR25.887
...currently defined a number of specific **measurements** for radio
resource management (...a modifications to some of those
measurements to be compliant with beamforming.
R4-030046.zip -> R4-030046.doc - 14 Feb 2003 - Details

3GPP Contribution　　　　　　　　　　**03 Dec 2018**
Title: UE support for NR **Beam** Correspondence ...contribution we
discuss UE support for **Beam** Correspondence is essential functionality
for ...FR2 NR operations using **beams** for achieving sufficient
coverage.
RP-182580.zip -> RP-182580 UE support for NR Beam Correspondence.docx - 03 Dec 2018 - Details

Total Presentation Template Overview　　03 Dec 2018

Are you looking for:
Beam Correspondence (90)
Single Beam (28)
Beam Per (24)
Beam Selection (24)
CSI Report (23)

Content Size:
100kb - 500kb (1,219)　　×
1Mb - 5Mb (1,149)　　　×
500kb - 1Mb (524)　　　×
1kb - 100kb (355)　　　×
5Mb - 10Mb (108)　　　×
1 more...

Content Type:
Microsoft Word (2,800)　　×
Microsoft Excel (298)　　×
Adobe Acrobat (PDF) (182)　×
HTML Raw Codes (78)　　×
Microsoft PowerPoint (34)　×
1 more...

isys:SubType:
2003 (986)　　　　×
Word 97 (927)　　　×
Word 2007 (328)　　×
Excel 2007 (116)　　×
Excel 97 (36)　　　×
4 more...

Company:
ETSI (497)　　　　　×
ETSI-MCC (313)　　　×
3GPP Support Team (250)　×
ITU (143)　　　　　×
Huawei Technologies Co.,Ltd. (135)　×

图 2-10　3GPP Advanced Search（2）

　　再通过浏览会议报告的方式判断会议是否讨论了相关内容并形成 WI，并且后续可以直接根据 WI 信息通过查阅会议报告了解讨论进展和结论，如图 2-13 所示。

（3）追踪

　　在技术规范和技术报告中会记录修改历史，通过修改历史查找相关记录，修改记录中通常会记录修改草案的提案号，而修改草案的提案号通常会记录该内容中重要的若干次讨论的提案号，进而根据提案号追踪讨论过程及提案。

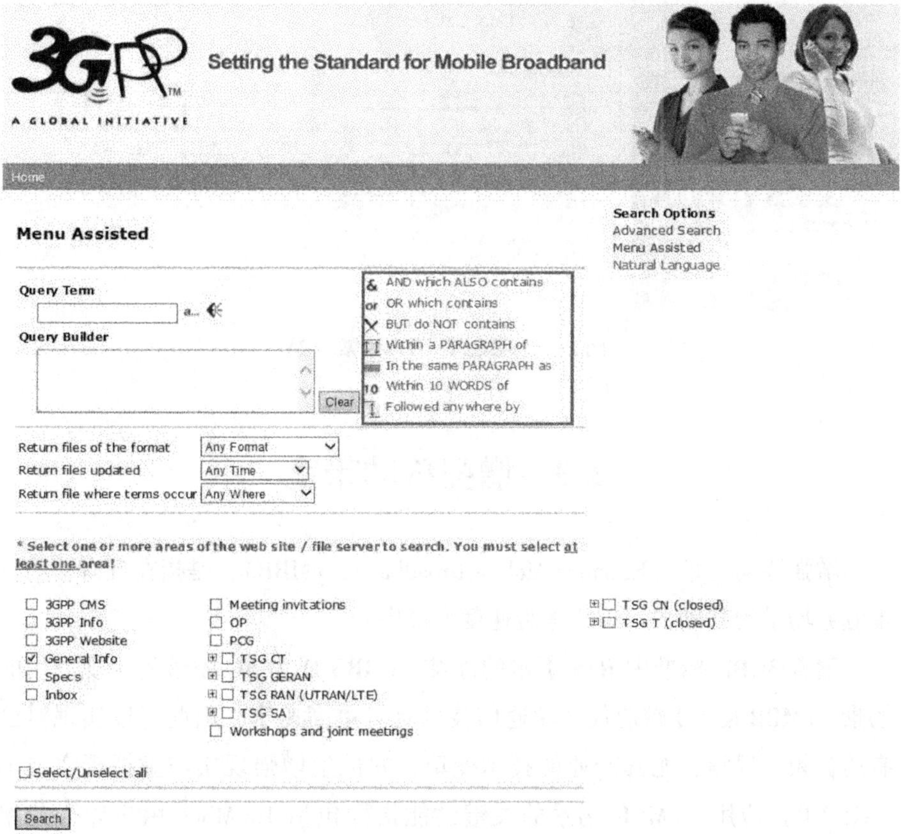

Setting the Standard for Mobile Broadband

A GLOBAL INITIATIVE

Home

Menu Assisted

Search Options
Advanced Search
Menu Assisted
Natural Language

Query Term

a... ⟨⟨

Query Builder

Clear

&	AND which ALSO contains
or	OR which contains
✕	BUT do NOT contains
	Within a PARAGRAPH of
	In the same PARAGRAPH as
10	Within 10 WORDS of
	Followed any where by

Return files of the format　　Any Format

Return files updated　　Any Time

Return file where terms occur　Any Where

* Select one or more areas of the web site / file server to search. You must select at least one area!

☐ 3GPP CMS
☐ 3GPP Info
☐ 3GPP Website
☑ General Info
☐ Specs
☐ Inbox

☐ Meeting invitations
☐ OP
☐ PCG
⊞☐ TSG CT
⊞☐ TSG GERAN
⊞☐ TSG RAN (UTRAN/LTE)
⊞☐ TSG SA
☐ Workshops and joint meetings

⊞☐ TSG CN (closed)
⊞☐ TSG T (closed)

☐ Select/Unselect all

Search

图 2-11　3GPP Menu Assisted

📁	TSGR1_92b	2018/01/23 1:36
📁	TSGR1_93	2018/06/07 16:32
📁	TSGR1_94	2018/01/29 10:13
📁	TSGR1_94b	2018/06/05 15:49
📁	TSGR1_95	2018/06/05 15:49
📁	TSGR1_96	2018/09/24 9:29
📁	TSGR1_96b	2018/09/24 9:35
📁	TSGR1_97	2018/09/24 9:36

图 2-12　3GPP FTP 检索（1）

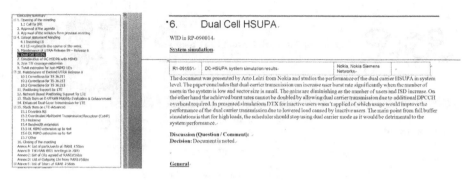

图 2-13　3GPP FTP 检索（2）

2.3　增强移动带宽

增强移动宽带（Enhance Mobile Broadband，eMBB），是指在现有移动宽带业务场景的基础上，用户体验速度大幅提升。

随着 3GPP 标准中 R15 版本的冻结，eMBB 成为 5G 中最先实现商用的场景。eMBB 使 5G 较前代移动通信技术具有更高速率，因此可以实现对已有的音频、视频、尤其产业的技术变革，并催生增强现实与虚拟现实技术（AR/VR）应用。eMBB 场景的关键性能指标包括 100Mbps 用户体现速率（热点场景可达 1Gbps）、数十 Gbps 峰值速率、每平方千米数十 Tbps 的流量密度、每小时 500km 以上的移动性等。

在影视音像方面，5G 网络的高速率给超清视频发展提供了更大的发展空间。在娱乐方面，超高速率的数据传输可以承载 4K 乃至 8K 的超清视频播放，人们能够随时随地观看超清影视。

在远程医疗方面，5G 的高速率和低延时也使得远程医疗成为现实，相隔千里的专家们通过 5G 网络获取医疗影像进行会诊，延时不到 100ms；同时还可以实现移动查房、移动护理、移动监测、远程手术等智慧医疗。

在数字游戏方面，5G 对数字游戏尤其是云游戏、VR 游戏等起到了极大的技术支持作用，并提供了更加优质的移动端体验。在传统数字游戏中，5G 将以更高的网络速率支持画质等方面要求更高的游戏与改善游戏时延，云游戏以云计算为基础的游戏模式，使玩家在云端助力下摆脱硬件的限制，体验高配游戏，VR 游戏使游戏从平面真正走向立体，带来玩家身临其境的代入感。

eMBB 场景的应用，主要涉及毫米波、大规模天线和双连接技术。

2.3.1　毫米波

毫米波通常是指频率在 30～300GHz、波长在 1～10mm 之间的电磁波，目前在民用移动通信领域还没有得到广泛应用。依托 5G 强大的能力和丰富的连接场景，其在行业应用方面势必激发出广阔的需求空间，而满足这些需求仅仅依靠目前分配的中低频段是根本无法实现的。全频谱接入是 5G 关键技术之一，通过高中低频协同工作，在满足覆盖的同时解决系统容量问题。低频段是 5G 的核心频段，用于无缝覆盖；高频段作为辅助频段，用于热点区域的速率提升。目前 6GHz 以下频谱资源稀缺，基本已经分配完毕，见表 2-1。6GHz 以上频谱资源相对丰富，尤其是 30GHz 以上，能够为 5G 系统提供连续大带宽频段。

表 2-1　毫米波通信频段

频段号	上行（MHz）	下行（MHz）	带宽（MHz）	双工模式
n257	26 500～29 500	26 500～29 500	3000	TDD
n258	24 250～27 500	24 250～27 500	3000	TDD
n260	37 000～40 000	37 000～40 000	3000	TDD

结合毫米波的特性，毫米波在 5G 中主要做小范围覆盖、热点覆盖和容量补充，除此之外，在家庭宽带和无线回传方面也有应用。

（1）*热点覆盖*

超密集组网是 5G 关键技术之一，其原理为通过减少小区半径和密集部署传输节点，提高同样覆盖范围的小区数，达到满足 5G 系统流量密度和连接密度的目的。超密集组网网络架构对应分为布局层、补盲层、吸热层和室内层，进而形成了以宏站为骨架，杆站、微站和室分为主要覆盖手段的密集城区覆盖解决方案。毫米波基站在超密集组网中有大量应用，以微基站形态出现，主要分布在吸热层和室内层。通过在 3.5GHz 网络上叠加部署，利用带宽优势解决热点容量需求。

（2）基站回传

在超密集组网架构下且物与物连接也接入网络，异构网络（HetNet）基站的密度将会进一步增加。如果全部采用光纤回传必然会铺设大量光纤，会增加高昂的传输成本，而且有些场景有线传输路由根本走不通。在此背景下，无线回传的概念应运而生。由于5G微站大量采用毫米波，毫米波有足够的带宽同时满足接入与回传，并且大规模天线和多波束系统的部署，使得集成无线接入和回传的方案成为可能。

（3）无线家庭带宽

通过5G无线传输技术实现无线家庭宽带（WTTx）的应用，同样是利用了毫米波大带宽的优势。由于中国光纤资源相对丰富，所以在中国应用并不普遍，但在美国和南非等地广人稀的国家，WTTx比光纤接入成本要低很多。

2.3.1.1　毫米波的常用分类号

分类号中并没有针对毫米波的分类号，但可以根据申请具体内容，使用相关的应用场景、关键技术的分类号进行限定。

（1）超密集组网相关分类号

超密集组网、异构网的方案部分会涉及网络规划、网络优化，因此会分入以下分类号，见表2-2、表2-3。

表2-2　毫米波 IPC 分类号（1）

IPC 下分类	点组	含义
H04W16/00		网络规划，如覆盖或业务量规划工具；网络配置，如资源划分或小区结构〔2009.01〕
H04W16/24	•	小区结构〔2009.01〕
H04W16/32	• •	分层小区结构〔2009.01〕
H04W24/00		监督，监控或测试装置〔2009.01〕
H04W24/02	•	用于优化操作环境的装置〔2009.01〕

表2-3　毫米波 CPC 分类号（1）

CPC 下分类	点组	含义
H04W16/00		网络规划，如覆盖或业务量规划工具；网络配置，例如资源划分或小区结构〔2009.01〕

续表

CPC 下分类	点组	含义
H04W16/24	•	小区结构〔2009.01〕
H04W16/32	••	分层小区结构〔2009.01〕
H04W24/00		监督，监控或测试装置〔2009.01〕
H04W24/02	•	用于优化操作环境的装置〔2009.01〕

（2）波束相关分类号

波束相关的方案部分会涉及波束的选择、波束的处理，因此会分入以下分类号，见表2-4、表2-5。

表2-4　毫米波 IPC 分类号（2）

IPC 下分类	点组	含义
H04W16/00		网络规划，如覆盖或业务量规划工具；网络配置，例如资源划分或小区结构〔2009.01〕
H04W16/24	•	小区结构〔2009.01〕
H04W16/28	••	使用波束控制
H04W24/00		监督，监控或测试装置〔2009.01〕
H04W24/02	•	用于优化操作环境的装置〔2009.01〕
H04B7/00		无线电传输系统，即使用辐射场的（H04B10/00，H04B15/00 优先）
H04B7/02	•	分集系统
H04B7/04	••	使用多个空间上分开的独立天线
H04B7/08	•••	在接收站

表2-5　毫米波 CPC 分类号（2）

CPC 下分类	点组	含义
H04W16/00		网络规划，如覆盖或业务量规划工具；网络配置，例如资源划分或小区结构〔2009.01〕
H04W16/24	•	小区结构〔2009.01〕
H04W16/28	••	使用波束控制
H04W24/00		监督，监控或测试装置〔2009.01〕

CPC 下分类	点组	含义
H04W24/02	•	用于优化操作环境的装置〔2009.01〕
H04B7/00		无线电传输系统，即使用辐射场的（H04B10/00，H04B15/00 优先）
H04B7/02	•	分集系统
H04B7/04	• •	使用多个空间上分开的独立天线
H04B7/08	• • •	在接收站
H04B7/0802	• • • •	使用天线选择的（H04B7/0868 优先；天线射束方向性转换入 H01Q3/24）
H04B7/0868	• • • •	混合系统，如转换和合并
H04B7/088	• • • • •	使用波束选择

（3）无线回传相关分类号

无线回传主要涉及通信路由的选择，因此会分入以下分类号，见表2-6、表2-7。

表2-6 毫米波 IPC 分类号（3）

IPC 下分类	点组	含义
H04W40/00		通信路由或通信路径查找
H04W40/02	•	通信路由或路径选择，如基于功率的或最短路径路由
H04W40/04	• •	基于无线节点资源
H04W40/06	• • •	基于可用天线的特性
H04W40/08	• • •	基于传输功率
H04W40/10	• • •	基于可用功率或能量
H04W40/22	• •	使用选择性的中继，用于到达 BTS［基站收发信机］或接入点

表2-7 毫米波 CPC 分类号（3）

CPC 下分类	点组	含义
H04W40/00		通信路由或通信路径查找
H04W40/02	•	通信路由或路径选择，如基于功率的或最短路径路由

续表

CPC 下分类	点组	含义
H04W40/04	••	基于无线节点资源
H04W40/06	•••	基于可用天线的特性
H04W40/08	•••	基于传输功率
H04W40/10	•••	基于可用功率或能量
H04W40/22	••	使用选择性的中继，用于到达 BTS［基站收发信机］或接入点

（4）随机接入相关分类号

随机接入主要涉及下列分类号，如表 2-8 和 2-9 所示。

表 2-8　毫米波 IPC 分类号（4）

IPC 下分类	点组	含义
H04W74/00		无线信道接入，如调度接入或随机接入
H04W74/02	•	混合接入技术
H04W74/04	•	调度或无争用接入
H04W74/06	••	使用轮询
H04W74/08	•	非调度接入，如随机接入，ALOHA 或 CSMA［载波检测多路接入］

表 2-9　毫米波 CPC 分类号（4）

CPC 下分类	点组	含义
H04W74/00		无线信道接入，如调度接入或随机接入
H04W74/002	•	信道接入控制信息的传输
H04W74/004	••	在上行链路，即从终端到网络
H04W74/006	••	在下行链路，即从网络到终端
H04W74/008	••	在接收侧利用随机接入相关信息的附加处理
H04W74/02	•	混合接入技术
H04W74/04	•	调度或无争用接入
H04W74/06	••	使用轮询
H04W74/08		非调度接入，例如，随机接入，ALOHA 或 CSMA［载波检测多路接入］

CPC 下分类	点组	含义
H04W74/0833	••	使用随机接入过程
H04W74/0808	••	使用载波检测，例如，CSMA
H04W74/0816	•••	利用冲突避免的载波检测
H04W74/0825	•••	利用冲突检测的载波检测
H04W74/0833	••	使用随机接入过程
H04W74/0841	•••	用冲突处理
H04W74/085	••••	冲突避免
H04W74/0858	••••	冲突检测
H04W74/0866	••	使用专用信道接入
H04W74/0875	•••	基于已分配优先权的接入
H04W74/0883	•••	用于异步接入
H04W74/0891	•••	用于同步接入

（5）连接建立相关分类号

连接建立流程涉及 RRC 连接建立、释放、重建等，因此会分入以下分类号，见表 2-10、表 2-11。

表 2-10　毫米波 IPC 分类号（5）

IPC 下分类	点组	含义
H04W76/00		连接管理，例如连接建立，操作或释放
H04W76/02	•	连接建立
H04W76/04	•	连接操作
H04W76/06	•	连接释放

表 2-11　毫米波 CPC 分类号（5）

CPC 下分类	点组	含义
H04W76/00		连接管理，例如连接建立，操作或释放
H04W76/02	•	连接建立
H04W76/021	••	连接标示符的分配或使用

CPC 下分类	点组	含义
H04W76/022	••	传送隧道的设置
H04W76/023	••	直连方式设置
H04W76/025	••	多重无线链路连接的设置
H04W76/026	•••	涉及毗邻核心网络技术
H04W76/027	••	设置拒绝或者故障的管理
H04W76/028	••	连接重建
H04W76/04	•	连接操作
H04W76/045	••	已建立连接的维护
H04W76/046	••	RRC［无线资源控制］状态间的转变
H04W76/06	•	连接释放
H04W76/064	••	进行中连接的选择性释放
H04W76/066	•••	为了重新分配已经释放连接的资源
H04W76/068	••	定时器触发的连接释放

2.3.1.2　毫米波的检索策略选择

对于毫米波关键词扩展，最常规的扩展方式是对方案中技术手段关键词的扩展，如对波束 ID，可以扩展为波束编号、波束标识、波束索引等常用表达；除了对技术手段进行扩展，还可以从其他角度进行扩展，如应用场景、手段目的、技术效果等。正如在毫米波技术介绍中所讲的，毫米波的主要应用场景包括超密集组网、无线回传和无线家庭宽带，在确定应用场景后可进一步对应用场景进行常规表达方式扩展，例如超密集组网还可扩展为异构网的表达方式，其他应用场景的也可进行同样扩展，具体关键词在下一节内容中具体介绍；手段目的的扩展是根据这一手段在整个流程中的效果确定的，如指示波束 ID，其目的在于进行波束选择，那么可以扩展为波束选择，波束配置等关键词。在实际检索过程中，手段目的的确定可以通过阅读相应实施例来获取，也可以通过对整个方案流程详尽分析后总结得到。从技术效果方面扩展时，需要从实际解决方案的技术问题入手，分清解决该技术问题采用的关键技术手段，从而确定技术手段对应的技术效果。

对于毫米波相关的技术方案，分类号大多只能从应用场景方面进行限定，例如网络规划、天线波束、随机接入等，而无法对技术手段进行准确分类。因此，在涉及网络规划、天线波束、随机接入方面的文献量较大时可以使用分类号进行限定来缩小文献量，具体技术手段一般还是结合关键词进行限定。而对于涉及其他毫米波内容的方案，分类号限定效果有限，通常使用关键词进行检索。

对于5G技术，3GPP组织进行了深入讨论并形成了相应规范文档。因此，还应该利用3GPP网站检索入口或者直接在FTP服务器中对相关技术文档进行检索。

在3GPP网站检索，检索工具较为简单，表达方式灵活性较差，无法像专利库中对关键词进行详尽的扩展，因此，关键词的选择尤为重要。对于具有缩写形式的关键词，通常全文中一定会出现缩写形式，而不一定会出现全称表达，因此使用缩写可以避免漏检。对于常见的表达方式使用同段、10字符以内等算符，可以有效降低检索结果文献量。毫米波涉及的协议标准主要是38系列协议，因此，毫米波相关的3GPP文献主要集中在38协议及相应的提案中。

2.3.1.3　毫米波的关键词提取和扩展

毫米波的中英文表达方式单一，但是在使用毫米波段通信后，要根据毫米波特性对其他技术进行相应的改进，因此可以从应用场景、其他关键技术两方面进行关键词扩展，见表2-12。

表2-12　毫米波关键词扩展

扩展角度		中文关键词	英文关键词
应用场景	毫米波	毫米波、新空口、新载波	millimeter wave，mmW，mm-W，NR，new radio
	超密集组网	异构网、超密集组网、超密集网络	heterogeneous Network，HeNet，UDN，Ultra Dense Network
	无线回传	无线回传、自回传、中继	self-backhaul，backhaul，relay
	无线家庭带宽	无线家庭带宽	WTTx
其他关键技术	波束	波束、波束搜索、波束赋形、波束追踪	beam，beamform，beam detect，beam track

扩展角度		中文关键词	英文关键词
流程	随机接入	随机接入、初始接入、前导	random access, RACH, PRACH, preamble
	连接建立	建立、释放、切换、重建	RRC, establish, restablish, release, handover, reselect

2.3.1.4 毫米波的案例实践

（1）技术构思简介

随着分组业务和智能终端的迅速发展，高速、大数据量的业务对频谱的需求不断增加，现有的蜂窝通信可利用的频谱有限，为了满足业务对频谱的需求，考虑将毫米波应用于蜂窝通信中。现有的毫米波频段的衰减严重，导致传输距离较短，无法满足蜂窝通信环境下 UE 的数据通信需求。

因此，针对现有技术中的不足提出了一种毫米波蜂窝通信的波束配置方法。技术要点为：基站将为用户设备分配的毫米波频段的初始波束的初始波束索引信息发送给所述用户设备，所述用户设备发送无线资源管理 RRM 测量报告，所述 RRM 测量报告是所述用户设备对所述初始波束索引信息所指示的所述初始波束进行 RRM 测量后得到的，所述基站根据所述 RRM 测量报告确定与所述用户设备进行通信的所述初始波束索引信息。

（2）检索策略分析

该申请的技术构思在毫米波通信领域中，通常会使用采用波束传输，基站为了给用户配置信道条件好的波束，需要根据终端提供的测量报告为终端配置相应的波束，即基于用户反馈的信道信息选择波束。因此，该技术构思的要点在于根据用户设备发送的测量报告进行波束配置。因此，从技术领域和技术手段角度形成检索要素表，见表2-13。

表 2-13 检索要素表

检索要素	检索要素 1	检索要素 2
关键词	毫米波	根据测量报告选择配置的波束

基于上述技术构思和检索要素表提取关键词。技术领域关键词为毫米波，技术手段涉及的关键词包括测量报告、波束、配置，都是本领域的专有名词，无须进行过多的扩展。该申请的目的是选择波束，其表达方式多样，可以扩展为选择波束、确定波束、波束配置等。利用关键词检索时，可以优先选择该申请中的关键词和表达方式在常规检索中进行检索，以便提高检索效率。在未得到有效检索结果的情况下，可以选择在高级检索中使用扩展关键词进行检索，进一步还可以选择限定"摘要""权利要求""说明书"字段进行检索，在一定程度上避免遗漏相关文献。

除了利用关键词进行检索，还可以采用关键词结合分类号的方式进行检索，通过前面章节相关分类号的介绍可知，H04W16/00 主要用于网络规划，H04W24/00 主要用于网络配置，与本方案中波束配置内容相关。结合上述关键词和分类号分析，对检索要素表进行中英文关键词和分类号的扩展表达见表 2-14。

表 2-14　扩展的检索要素表

检索要素		检索要素 1	检索要素 2
关键词	中文	毫米波	测量报告，波束，选择，确定，配置，索引
	英文	mmW, NR	Measurement report, beam, configure, select
分类号	IPC	—	H04W16/00, H04W24/00
	CPC	—	H04W16/00, H04W24/00

（3）检索过程及结果分析

①专利库简单检索。在确定了发明构思和关键词扩展后，开始利用国家知识产权局检索网站进行检索。常规检索中只支持"AND""OR"和"（）"运算符，检索"毫米波""波束"和"索引"进行检索，如图 2-14 所示常规检索结果有 208 条，其中有相关文献申请号为 CN2019109004068 的专利文献，发明名称：一种毫米波系统的波束和功率分配方法。其也是为了解决 5G 毫米波中用户波束的合理配置问题，根据采用用户传输速率、功率等信息建立传输模型，基于模型为用户选择波束。

通过阅读发现，该发明中采集用户速率、功率等信息的方式并不是通过用户测量报告获取的，并且本领域技术人员也知晓用户上报的测量报告中也不会包含用户速率信息。该方案中进行波束选择的条件是不同的，方案之间存在差异，因此调整关键词"测量报告"进行补充检索。

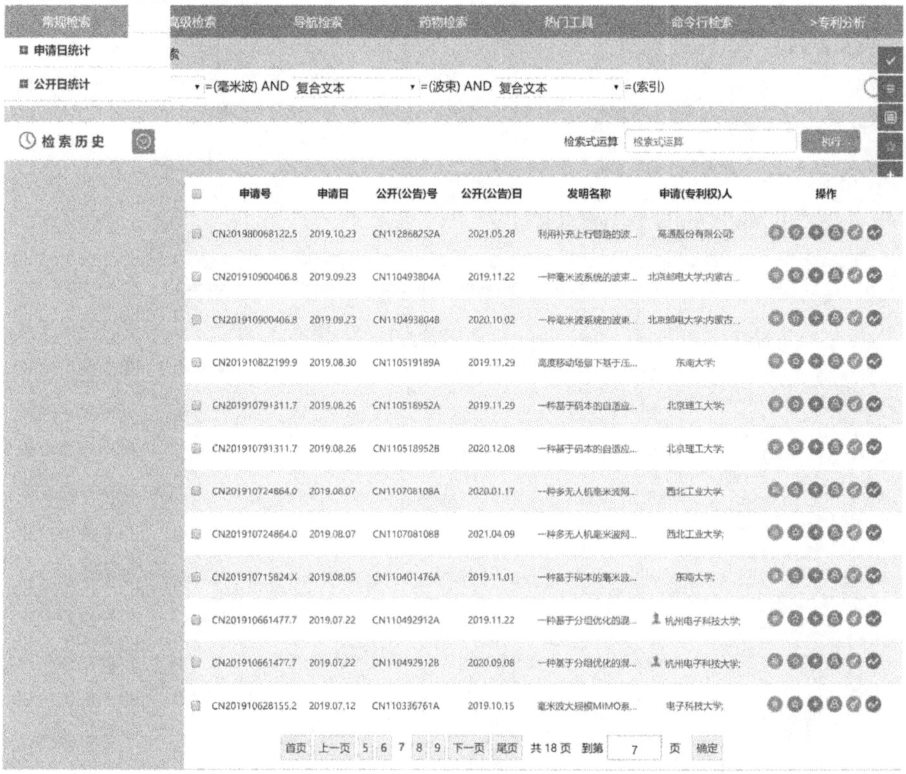

图 2-14　常规检索

同时，通过阅读上述检索结果发现，使用"波束"和"索引"并不能准确表达配置波束这一技术特征，因此将"索引"扩展为常用表达"配置"和"选择"，同时考虑本领域的表达习惯，"波束"和"选择""配置"具有关联性，通常限定为一句话内，可以准确表达这一技术手段。由于高级检索中扩展了关键词检索的运算符，增加了"S""P""nW""nD"等运算符，可以将关键词限定为同句、同段、间隔 n 个字，更有利于表现关键词之间关联性。因此，选择高级检索页面进行检索，结果如图 2-15 所示。

在 23 条检索结果中，有 2 篇相关文献。文献申请号为 CN201480035926.2 的专利文献，发明名称：波束配置方法、基站及用户设备，其与上述技术构思具有相同的技术问题，均是为解决毫米波中波束配置不合适的问题，解决手段是用户根据测量结果进行测量上报，基站根据测量报告选择配置的波束索引。

图 2-15　高级检索

　　文献申请号为 CN202010124602.3 的专利文献，发明名称：终端、基站、基站控制器及毫米波蜂窝通信方法，其与上述技术构思具有相同的技术问题，均是为了解决毫米波中波束配置不合适的问题，技术手段也是用户根据测量结果进行测量上报，测量报告中携带 RSRP/RSRQ 最好的波束索引值，基站根据测量报告中的波束索引值为用户配置相应波束。因此，上述两篇文献公开了与上述技术构思一样的技术方案。

　　②3GPP 检索。该申请中涉及毫米波场景下波束的配置流程，与 3GPP 相关性较高，因此还可以对 3GPP 协议、提案进行相关检索。

　　进入高级搜索后，右侧可以选择不同的检索界面，对应不同的检索表达。在 Advanced Search 界面，可以利用关键词 beam，measurement，report 对文档内容进行检索，网站默认使用"AND"将上述关键词进行运算后得到检索结果，还可以使用日期和数据库进行限定。日期通常选择申请文献申请日当年或者申请日后几个月进行限定，数据库的选择则要根据方案内容进行选择，该申请涉及波束配置过程，是 RAN 组 WG2 的研究内容，因此数据库选择 WG2 RL2，如图 2-16 所示。

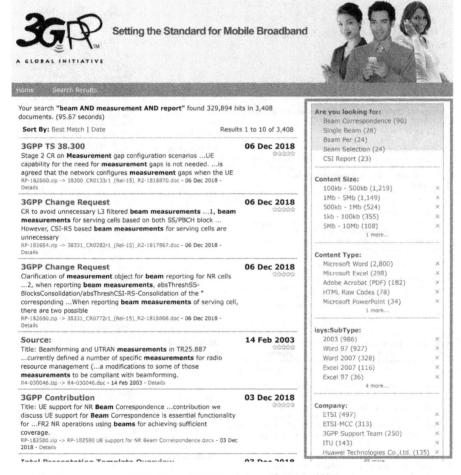

图 2-16　3GPP Advanced Search 检索

　　阅读部分文献后发现，由于 3GPP Advanced Search 检索界面默认使用

"AND"逻辑运算，检索结果中仅仅涉及测量、发送报告等内容，而不是与用户"测量报告"和"波束配置"相关，究其原因，与专利库中常规检索中体现关键词之间关联性是类似的。因此可以采用其他检索方式，体现关键词中关联性。

在 Menu Assisted 检索页面中包含多种检索运算符，包括同段、10 个词以内、前后词顺序表达等，使用运算符使得测量报告、波束索引的表达更加准确，检索文献量可读，如图 2-17 所示。

图 2-17　3GPP Menu Assisted 检索结果

当文献量减少后，检索结果页面右侧的检索结果分类也更加精细，可以利用合适的分类缩小阅读范围。在检索结果中，有多篇相关文献。文献（D）：RP_ 180301 提到对候选波束进行测量后上报，以便网络侧能够根据测量结果选择新的候选波束。作为同一次会议上提出的提案，文献（E）：RP_ 180538 也公开了上述内容。协议 38.331 中也提及测量报告中携带最好的波束相关的索引值信息。

2.3.2　大规模天线

大规模天线无线传输技术是通信系统中的关键技术，同时也是 5G 通信技术的核心技术，其可以满足海量通信业务需求，如为增强移动宽带搭建时对频谱的要求比较高的情况而应用大规模天线无线传输技术，能够大大削弱用户干扰和噪声，并且有效提升信号发射功率，从而实现能量效率的最大化。此外，提高峰值速率，则要求高频段大宽带，通过运用大规模天线无线传输技术，则可以实现赋形增益提高，为路径损耗提供充分补偿，从而实现高频段移动通信应用。

对于 5G 通信来说，重要基础是频谱效率。只有确保频谱频率的高质高效、安全稳定，才能保障数据传输的顺畅。因此，技术人员需要确保频谱频率波动的稳定性。技术人员通过对信道容量分析实现频谱频率变化的监控，从而实时掌握 5G 通信系统的各项参数，并根据其进行大规模天线无线传输网络的搭建。因此，提高信道容量分析效率，也是实现大规模天线无线传输网络建设的重要基础。

在 5G 的大规模天线技术中，存在多项关键无线传输技术，包括导频技术、信道估计技术、信道状态反馈。

（1）导频技术

在移动通信系统中，保障信号传输稳定是通信顺畅的基础，而信号传输的稳定性受到参数信号设计的直接影响，而导频技术的运用则可以保障信号传输稳定。在 4G 通信系统中导频技术的应用主要有两种，分别是获取信号与调节数据。获取数据主要是收集信道信号与信号质量测试，调节数据则是对数据进行调节，通过预编码实现导频，导频技术也是由此而来。5G 通信技术相较于 4G 通信技术来说，其复杂性极大提升，因此，导频技术应用变化也更加多样化，导频技术逐步细化为正交导频技术与非正交导频技术，而正交导频技术又可分为频分、时分以及码分，各天线的资源映射也更加复杂。

（2）信道估计

信道估计技术在 5G 通信系统中的作用主要是为了提高信号处理精准度。5G 通信系统实际运行中，受导频污染的影响，信号数据计算精确度可能会出现一定幅度的波动，出现计算误差的情况，甚至可能会影响数据传输处理稳定性。为了避免上述情况的出现，在 5G 通信系统中可以采用信道估计技术。信道估计技术的应用可以使其直接参与通信系统中导频分配，然后借助多重路径对通信系统中的延时进行实时预估。与此同时，通过多径分量提取实现延迟功率分配效率的提升，而延迟功率分布能够有效维护通信数据传输全过程的稳定性，并且保证最终数据计算的精确度和稳定性。

（3）信道状态反馈

4G 中终端向基站上报包括 CQI、PMI、PTI、RI 等信道状态信息，便于基站根据信道状态进行用户调度和资源分配，提高传输效率和准确性。在 5G 大规模天线技术中，随着天线数量的增加，为了保证信息传递的效率和质量，需要对信道状态信息反馈进行合理的改造，确保信道测量和反馈具有一定的复杂度。具体来说，信道状态反馈又涉及多信道状态信息的组合反馈方式、反馈占用的信道资源等方面。

2.3.2.1 大规模天线的常用分类号

（1）多天线相关分类号

大规模天线分类号见表 2-15、表 2-16。

表 2-15　大规模天线 IPC 分类号

IPC 下分类	点组	含义
H04B7/02	•	分集系统
H04W16/24	•	小区结构〔2009.01〕
H04W16/32	• •	分层小区结构〔2009.01〕
H04W24/00		监督，监控或测试装置〔2009.01〕
H04W24/02	•	用于优化操作环境的装置〔2009.01〕

表 2-16　大规模天线 CPC 分类号

CPC 下分类	点组	含义
H04B7/02	•	分集系统（用于定向的入 G01S3/72；天线阵或天线系统入 H01Q；减少扩频系统中的多路干扰的入 H04B1/707F3；专用于人造卫星系统的入 H04B7/18534；用于电报或数据传输的入 H04L1/02）
H04B7/022	• •	站址分集，如宏分集（用于并置在同一地点的相互独立的天线的入 H04B7/04）
H04B7/024	• • •	几个节点中天线的协作使用，如在协作多点或协作多输入多输出［MIMO］中
H04B7/026	• • •	协作分集，例如使用固定或移动站作为中继（协作编码入 H04L1/0077，协作多点［CoMP］中的中继本身入 H04B7/15592）
H04B7/028	•	在发射机中使用单天线的空间发射分集
H04B7/0404	• • •	移动站包含多天线（如上行分集方面）
H04B7/0408	• • •	使用多个波束的，如波束分集
H04B7/0413	• • •	多输入多输出［MIMO］系统
H04B7/0421	• • • • •	使用隐式反馈的，如受控制的导频信号
H04B7/0452	• • • •	多用户 MIMO 系统
H04B7/06	• • •	在发射站，如时间分集
H04B7/0602	• • • •	使用天线切换（H04B7/0686 优先；天线射束 方向转换入 H01Q3/24）
H04B7/061	• • • • • •	使用来自接收端的反馈
H04B7/0613	• • • •	使用同时传输（H04B7/0686 优先）
H04B7/0615	• • • • •	同一信号的加权型式
H04B7/0617	• • • • • •	用于波束成形
H04B7/0619	• • • • • •	使用来自接收端的反馈（用于自适应调制/编码的反馈信号入 H04L1/0001）
H04B7/0621	• • • • • • • • •	反馈内容
H04B7/0623	• • • • • • • • • •	辅助参数，如功率控制（PCB）与否定确认（NACK），作为反馈信息使用
H04B7/0626	• • • • • • • • • • •	信道系数，如信道状态信息（CSI）

CPC 下分类	点组	含义
H04B7/0632	· · · · · · · · · ·	信道质量参数，如信道质量指标（CQI）
H04B7/0658	· · · · · · · · · ·	反馈减少
H04B7/066	· · · · · · · · · ·	合并许多信道的反馈，如像正交频分复用（OFDM）系统中的若干个副载波
H04B7/0678	· · · · ·	在天线间使用不同的扩频码（码分配入T04J11/00B4 和 T04J13/00B4）

2.3.2.2 大规模天线的检索策略选择

在专利库中对大规模天线领域的申请进行检索时，主要针对方案改进点涉及的具体技术进行扩展，例如导频技术、信道估计技术和信道状态反馈技术。

导频技术与无线通信系统中多种参考信号都有关联，而参考信号可以分为上行参考信号，下行参考信号，从作用方面又包括信道估计、定位，从技术效果方面又可分为功率控制、资源分配等，除了和参考信号相关主题之外，导频技术涉及的主题还包括多天线下参考信号的资源分配。信道估计涉及的主题主要包括信道估计内容、信道估计算法、信道均衡，其中信道估计内容包括时偏估计和频偏估计；信道估计算法主要涉及多天线情况下各天线信道估计结果的联合处理；信道均衡中经典的均衡算法包括MRC、IRC。信道反馈涉及的主题主要包括反馈信息的资源分配、信道反馈信息，其中下行信道反馈的资源分配主要由物理上行控制信道（Physical Uplink Control Channel，PUCCH）指示，上行信道反馈的资源分配主要由PUCCH 指示，因此对于信道反馈的资源分配，多与控制信道、控制信息相关，关键词扩展时可从上述角度进行扩展；信道反馈信息包括信道质量指示（Channel Quality Indicator，CQI）、信道状态指示（Channel Status Indicator，CSI）、预编码矩阵指（Precoding Matrix Indicator，PMI）、秩指示（Rank Indicator，RI）等。

信道反馈的 CPC 分类号划分较细，包括从发射端、接收端进行分类，也包括从具体的反馈信号内容进行分类，因此在使用分类号检索过程中，可以从多种角度选择分类号，例如涉及 CQI 反馈的方案，可以从发送端或接收端选择分类号，也可以根据反馈的 CQI 选择分类号，或者选择上位点组以及多个下位点组组合的方式，避免遗漏文献。资源分配 IPC 分类号分组较少，但是 CPC 划分很细，包含下位点组多，但是主要根据资源分配的条件进行分组，例如基于业务量、优先级等，并没有涉及资源分配对象的相关分类号，例如反馈信号或者参考信号。因此，使用资源分配分类号进行限定时，通常使用上位点组 H04W72/00 或者 H04W72/04 进行限定以缩小文献量。

对于 5G 技术，3GPP 组织进行了深入讨论并形成了相应规范文档，因此还应该利用 3GPP 网站检索入口或者直接在 FTP 服务器中对相关技术文档进行检索。

在 3GPP 进行检索时，导频信号的设计和资源映射方法主要涉及协议 36.211 和 36.213 及对应的提案；信道估计的方法在协议中并没有统一的限定，各厂商采用各自的算法进行信道估计准确性和复杂度的改进；信道状态反馈中多信道状态信息的组合反馈方式、反馈占用的信道资源方法主要涉及协议 36.213 及相应的提案。

在 3GPP 的关键词检索过程中，信道估计、资源分配的关键词在 3GPP 文献中出现频率较高，使用上述关键词检索往往带来很大噪声，而使用具体参考信号、反馈信号的缩写进行检索，往往可以有效滤除噪声。使用上述关键词检索时，关键词关联性稍弱，通常使用"AND"或者同段算符就可以，只有在文献量很大的情况下才会使用 10 字符的邻近算符，因此需要根据文献量逐步调整算符，避免漏检。

2.3.2.3　大规模天线的关键词提取和扩展

大规模天线的中英文表达方式单一，可以从大规模天线涉及的各项关键技术方面进行关键词扩展，如表 2-17 所示。

表 2-17　大规模天线关键词扩展

关键技术	中文关键词	英文关键词
大规模天线	大规模天线，天线阵列，虚拟天线	massive MIMO, massive multiple input multiple output
导频	导频，参考信号 功率控制，资源分配 定位，信道估计	Pilot, reference signal, CRS, DRS, DMRS, SRS Power control, resource allocate Channel estimate, position

关键技术	中文关键词	英文关键词
信道估计	信道估计，信道矩阵，信道系数 时偏估计、频偏估计 信号均衡，最大比合并，干扰抑制合并	Channel estimate, channel matrix Time offset, frequency offset, CTO, CFO Channel equalization, MRC, IRC
信道状态反馈	信道状态，反馈，上报，信道质量指示，预编码矩阵指示，预编码矩阵指示，秩	channel state, CSI, feedback, report, CQI, PMI, PTI, RI

2.3.2.4　大规模天线的案例实践

（1）技术构思简介

在 5G 无线网络中，将利用毫米波（Millimeter-Wave，MMW）频带以在诸如低延迟、视距（Line of Sight，LOS）和非视距（Non-Line of Sight，NLOS）传输情景下提供超过吉比特每秒（Gbps）的数据率。当前还没有能够有效支持高频段传输的最佳的用户信息反馈方案。

针对现有技术的不足，设计提供一种针对毫米波场景下使用大规模天线的反馈机制。技术要点为：UE 向毫米波基站发送 UE 的用户信息，包括预编码的信道质量指示 CQI、优选的波束索引和相关联的资源索引及用户状态信息，其中所述预编码的 CQI 是所述 UE 基于来自所述 MMW 基站的预编码的参考信号而获取的，所述优选的波束索引和相关联的资源索引，分别指示所述 UE 能够从所述 MMW 基站接收到的优选传输波束的波束索引以及所述优选传输波束的时频位置，所述用户状态信息包括用户资源利用状态、链接的其他 UE 的信息以及所述 UE 的接收机类型中的至少一项。

（2）检索策略分析

现有技术中 UE 向基站发送信道状态反馈信息，以便基站根据信道反馈信息执行资源分配，提高传输效率。在毫米波中引入大规模天线技术，基站使用多个波束进行下行传输，相应的 UE 需要对多个波束的信道状态进行反馈。

基于上述分析，该技术构思的要点在于：在大规模天线系统中，以波束为单位进行信道反馈，反馈信息中携带波束的标识以便区分不同的波束。因此，根据上述技术要点形成检索要素表（表 2-18）。

表 2-18　检索要素表

检索要素	检索要素 1	检索要素 2
关键词	大规模天线	信道反馈携带波束标识

　　基于上述技术构思和检索要素表，可以看出主要检索思路是大规模天线中信道反馈携带波束标识。先使用准确的关键词进行常规检索。当没有得到合适的检索结果时，需要对关键词进行扩展，大规模天线的常用表达方式还有天线阵列，同时大规模天线的使用通常是通过控制波束避免干扰。因此，大规模天线和波束虽然表达方式不同，但波束通常是伴随着大规模天线出现的，因此这两个可以作为同一个检索要素的不同表达形式；CQI 反馈在扩展时还可以上位化为信道反馈。

　　在检索时还可以结合分类号进行检索，IPC 中 H04B7/02 主要用于分集系统，没有进行细分，CPC 中对天线系统进行细分后涉及的分类号还包括 H04B7/0408 用于使用多个波束的天线分级系统，同时对天线系统反馈信号也进行了细分，其中 H04B7/0632 主要用于 CQI 的反馈。

　　根据以上分析，检索要素表扩展见表 2-19。

表 2-19　扩展的检索要素表

检索要素		检索要素 1	检索要素 2
关键词	中文	大规模天线，天线阵列	信道反馈，CQI；波束，索引，标识，ID；
	英文	Massive mimo，antenna array	CSI，channel feedback，CQI；Beam，ID，index
分类号	IPC	H04B7/02	—
	CPC	H04B7/02　H04B7/0408	H04B7/0417　H04B7/0632

　　(3) 检索过程及结果分析

　　①专利库简单检索。首先，在 PSS 系统的常规检索中使用准确的关键词检索，如图 2-18 所示。检索结果共有 14 篇，其中文献申请号为 CN201510600183.5 的专利文献，发明名称：在 MMW 网络中执行用户信息反馈的方法和装置。该申请也是为了解决使用大规模天线系统后信道反馈的问题，提出了终端向基站发送的反馈信息中包括 CQI 和波束信息，以便基站区别不同波束的信道信息。该申请与本方案的技术构思相同。

文献申请号为 CN201780000141.5 的专利文献，发明名称：大规模 MI-MO 通信系统中报告信道状态信息（CSI）的方法和装置。该申请公开了在大规模天线中基站发送的每个波束携带参考信号，终端根据参考信号进行信道状态估计后向基站反馈每个波束的信道质量信息。

图 2-18　常规检索结果（1）

通过检索结果分析检索结果数量较少的原因，本方案的技术构思是终端以波束为单位进行信道质量反馈，发明点在于以波束为单位，因此，可以将反馈内容进行上位化或者扩展为其他反映信道质量的参数，以避免遗漏相关文献。

在常规检索中使用扩展关键词进行检索，如图 2-19 所示。

图 2-19　常规检索（2）

检索结果文献量为 130 篇，其中文献申请号为 CN201611176086.9 的专利文献，发明名称：获取信道信息的方法以及相应的系统和终端。该申请也是为了解决使用大规模天线系统后信道反馈出现反馈不及时、信令开销大等问题，提出了终端根据基站配置的波束上报配置信息，将波束的信道质量等信息以及波束信息上报给基站。

②3GPP 检索。选择在 Menu Assisted 页面进行检索，CQI 上报表达方式多样，因此仅限定波束和 CQI 在同段进行检索，得到检索数不可读，如图 2-20 所示。

Your search **"beam // cqi"** found 1,901 hits in 322 documents. (0.49 seconds)

Sort By: Best Match | Date   Results 1 to 10 of 322

图 2-20　3GPP Menu Assisted 检索（1）

进一步使用更加邻近的算法缩小文献量，检索结果如图 2-21 所示。

Setting the Standard for Mobile Broadband

A GLOBAL INITIATIVE

Home　　Search Results

Your search **"CQI Feedback" AND beam /10/ CQI"** found 939 hits in 75 documents. (5.15 seconds)

Sort By: Best Match | Date   Results 1 to 10 of 75

R1-061954　　　　　　　　　　　　　　　　　　　　　**23 Aug 2006**
we discuss some details of the **CQI feedback** for D-TxAA. ...**CQI feedback** ... Information content of **CQI feedback**
R1-061954.zip -> R1-061954.doc · 23 Aug 2006 - Details

3GPP TSG RAN WG1 #56bis R1-091179　　　　　　　**18 Mar 2009**
Title: **CQI feedback** schemes for coordinated beamforming ...Especially **CQI feedback** schemes are focused on. ... Regarding the **CQI feedback**, Huawei had provided a text proposal[2]
R1-091179.zip -> R1-091179.doc · 18 Mar 2009 - Details

Slide 1　　　　　　　　　　　　　　　　　　　　　　　**13 Nov 2009**
Extension of Rel-8 **CQI feedback** to support Coordinated **Beam** Switching / Interference ...Extension of Rel-8 **CQI feedback** to support Coordinated **Beam** Switching / Interference
R1-095052.zip -> R1-095052.ppt · 13 Nov 2009 - Details

Slide 1　　　　　　　　　　　　　　　　　　　　　　　**05 Nov 2009**
Extension of Rel-8 **CQI feedback** to support Coordinated **Beam** Switching / Interference ...UE measures **CQI** according to a configured pattern. Different **beam** cyclic patterns
R1-094712.zip -> R1-094712.ppt · 05 Nov 2009 - Details

3GPP TSG RAN WG1 #56 R1-090600　　　　　　　　**04 Feb 2009**
In another contribution [2], Huawei proposed **beam** cyclic pattern for easy **CQI** measurement ...ICI between channel quality indicated by **CQI** and realistic channel quality if ... each eNB outputs arbitrary **beams** independently.Thus we consider beam cyclic pattern
R1-090600.zip -> R1-090600.doc · 04 Feb 2009 - Details

3GPP TSG RAN WG1 Meeting #62bis R1-105656　　**06 Oct 2010**
So far, rank-1 PMI and **CQI feedback** calculated based on SU-MIMO transmission have ...MU-MIMO scheduling is available if PMI/**CQI feedback** is configured.However, the ...For MU-MIMO PMI/**CQI** calculation, a UE find a preferred **beam**
R1-105656.zip -> R1-105656 LG CQI enhancement.doc · 06 Oct 2010 - Details

3GPP TSG RAN WG1　　　　　　　　　　　　　　　　**09 Jan 2008**
assume that the granularity of the **CQI feedback** is one resource block (...various feedback schemes, we consider the **CQI feedback** of both rank-1 and rank-2. ...not taking into account the interfering **beam** of the other UE,
R1-080251.zip -> R1-080251 DL MU-MIMO.doc · 09 Jan 2008 - Details

Are you looking for:
CQI Feedback Scheme (18)
CQI Reporting (11)
Feedback for Downlink MU (10)
CQI Feedback Period (9)
CQI Feedback Range (9)

Content Type:
Microsoft Word (72)　　　　×
Microsoft PowerPoint (2)　　×
Adobe Acrobat (PDF) (1)　　×

Content Size:
100kb - 500kb (55)　　　　×
1kb - 100kb (8)　　　　　　×
1Mb - 5Mb (6)　　　　　　　×
500kb - 1Mb (5)　　　　　　×
5Mb - 10Mb (1)　　　　　　×

Company:
Huawei Technologies (14)　　×
Alcatel (7)　　　　　　　　　×
DoCoMo Beijing Labs (7)　　×
ETSI (7)　　　　　　　　　　×
Hitachi (4)　　　　　　　　　×
18 more...

Author:
Huawei (8)　　　　　　　　　×
Alcatel (7)　　　　　　　　　×
She Xiaoming, Liu Jingxiu, Zhu Jianchi, Chen Lan (7)　　×
Patrick Merias (4)　　　　　　×
F.Berggren and B.M.Popovic (4)　×
25 more...

Title:
Standardization contribution (7)　×
3GPP TSG RAN WG1 (7)　　×
3GPP TSG RAN1 (5)　　　　×
TSG RAN WG1 (5)　　　　　×

图 2-21　3GPP Menu Assisted 检索（2）

　　结果中包含多篇相关文献，还可以进一步通过右侧词条选项筛选文献，例如选择 CQI feedback，可以快速定位 R1_ 091179C：公开了波束赋形协作场景下 UE 基于波束的 CQI 反馈方案，在不同预设条件下选择不同波束进行 CQI 反馈，反馈信息中指示对应的波束信息。

　　在浏览多篇文献过程中发现，多篇文献都是在邻近的会议中被讨论的，并且通过右侧分类信息可知，多篇文献都在第 54-56bis 会议中讨论，因此可以直接通过 FTP 服务器查找相应会议报告，集中阅读，提高效率。

　　通过网址 https：//www. 3gpp. org/ftp/进入 3GPP FTP 服务器，所有文档根据技术规范组进行分类，如图 2-22 所示。

 www.3gpp.org / ftp

sort by name/desc	sort by date/desc	sort by size/desc
3guInternal	2019/02/21 10:39	
Email_Discussions	2020/07/02 14:16	
Inbox	2021/05/27 9:36	
Information	2021/01/12 19:11	
Invitation	2012/09/26 16:03	
Joint_Meetings	2016/11/08 14:18	
Meetings_3GPP_SYNC	2017/11/28 5:07	
MembersOnly	2018/07/31 12:56	
Op	2021/05/12 6:39	
PCG	2021/05/12 6:40	
Specs	2021/03/02 13:36	
TdocListDefault	2021/05/29 4:13	
tsg_cn	2008/11/04 18:53	
tsg_ct	2018/10/23 16:11	
tsg_geran	2016/02/10 14:55	
tsg_ran	2018/01/23 13:34	
tsg_sa	2020/02/07 15:35	
tsg_t	2008/11/04 21:08	
webExtensions	2018/12/17 9:28	
workshop	2021/01/14 9:45	

图 2-22　3GPP FTP 服务器文档分类（1）

通过路径 www. 3gpp. org/ftp/tsg_ ran/WG1_ RL1/TSGR1_ 56b 可以找到会议报告、提案列表和下载链接，如图 2-23 所示。可以先阅读会议报告后锁定相关提案，根据提案号下载相应提案。

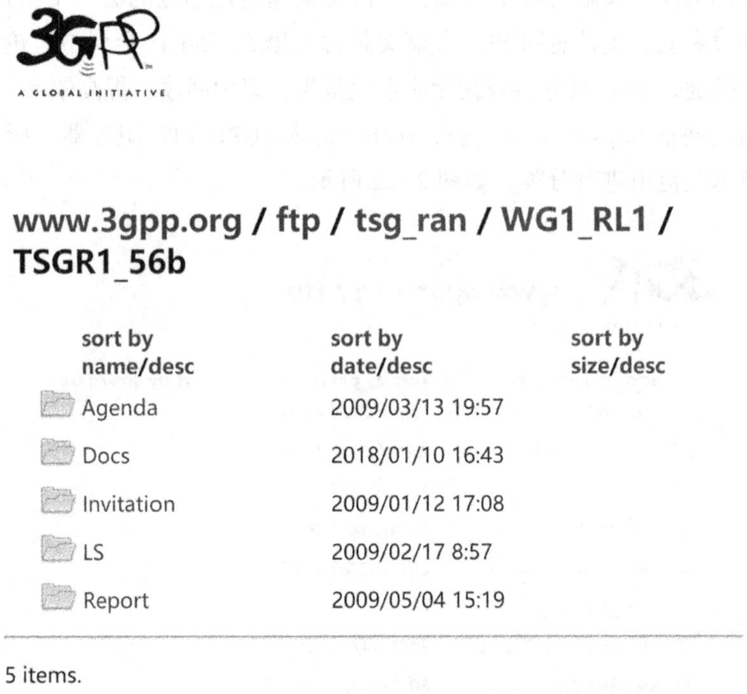

www.3gpp.org / ftp / tsg_ran / WG1_RL1 / TSGR1_56b

sort by name/desc	sort by date/desc	sort by size/desc
📁 Agenda	2009/03/13 19:57	
📁 Docs	2018/01/10 16:43	
📁 Invitation	2009/01/12 17:08	
📁 LS	2009/02/17 8:57	
📁 Report	2009/05/04 15:19	

5 items.

图 2-23　3GPP FTP 服务器文档分类（2）

2.4　海量机器类通信

机器类通信（MTC）是无线通信非常广阔的应用领域，通信主体包括传感器、传动装置、物理实体及其他人们并不直接使用的各类设备。在长期演进（Long Term Evolution，LTE）中，MTC 作为一种重要的演进方向，通过不断的研究和开发，LTE 增强版本可以支持 MTC，并且随着 MTC 技术在终端领域的广泛应用，人们在 5G 研究初期就将 MTC 的演进和发展作为重要的研究方向。海量机器类通信（mMTC）应运而生。

mMTC 的设计原理是采用 mMTC 业务对业务不敏感和数据量小的特点。这些宽松的要求允许对终端采用更长的休眠周期以延长电池续航能力，定义低复杂度的发送模式以降低终端成本，并且定义稳定且低速率传输以延长传输距离。由于 mMTC 的数据总量很小，即使大量终端产生流量，对于为移动宽带业务设计的移动网络而言，仍然是可以满足的。

在监控方面，mMTC 技术能够实现道路、港口等地区的监控、智能停车、物流财产跟踪等，还可以通过远程地域监控实现智慧农业。

在传感器管理方面，mMTC 技术能够实现智慧城市、智能家居、智能电表，实现城市的交通、家居电器的控制及电力信息采集功能。

由于系统中存在大量终端，多个终端接入的负载均衡及信息传输时，多终端的资源分配都是需要考虑的问题。

2.4.1　随机接入

在传统蜂窝网中用户设备要接入蜂窝网进行数据传输，首先需要完成无线资源管理连接建立过程。由于 mMTC 业务设备规模巨大，并且通常以小数据传输为主，如果使用传统接入机制，信令开销过大则会影响系统性能。

传统蜂窝网的随机接入过程如图 2-24 所示。

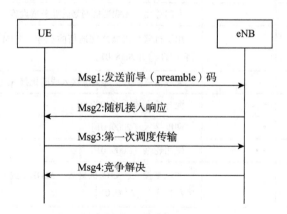

图 2-24　随机接入过程

由于 mMTC 设备规模巨大，为了提高同时接入设备数量、减少冲突，5G 中对 mMTC 随机接入的研究内容涉及前导资源分配和接入控制方面。

（1）前导资源

随机接入的前导资源包括前导码资源、前导发送时频资源。传统的随机接入中包括 64 个随机接入前导根序列，随着 mMTC 设备数量的增加，为了提高同时接入网络的设备数量，对前导序列的数量和扩展可用时频资源也提出了更高的要求。

（2）接入控制技术

虽然扩充了前导资源，但是多设备之间的随机接入冲突的可能性还是存在的。为了进一步避免随机接入冲突，网络侧会通过接入控制技术对 mMTC 设备接入资源分配方法进行优化，包括分类接入 ACB、分时接入、RACH 资源分配、退避机制等方法；同时网络侧还可以通过负载均衡技术提高网络资源利用率。

2.4.1.1 随机接入的常用分类号

mMTC 的分类号主要涉及 H04W4/70，IPC 分类号和 CPC 分类号相同；无线接入的分类号主要涉及 H04W74/00 和 H04W28/00，CPC 分类号进行了细分，见表 2-20、表 2-21。

表 2-20　随机接入 IPC 分类号

IPC 下分类	点组	含义
H04W4/00		专门适用于无线通信网络的业务或设施〔2009.01〕
H04W4/70	•	用于机器与机器之间通信的业务〔M2M〕或机器类型通信〔MTC〕〔2018.01〕
H04W74/00		无线信道接入，如调度接入或随机接入〔2009.01〕
H04W74/02	•	混合接入技术〔2009.01〕
H04W74/04	•	调度接入〔2009.01〕
H04W74/06	• •	使用轮询〔2009.01〕
H04W74/08	•	非调度接入，如随机接入，ALOHA 或 CSMA〔载波检测多路接入〕〔2009.01〕
H04W28/00		网络业务量或资源管理〔2009.01〕
H04W28/02	•	业务量管理，如流量控制或拥塞控制〔2009.01〕
H04W28/08	• •	负载均衡或负载分配〔2009.01〕
H04W28/10	• •	流量控制〔2009.01〕

表 2-21　随机接入 CPC 分类号

CPC 下分类	点组	含义
H04W4/00		专门适用于无线通信网络的业务或设施〔2009.01〕
H04W4/70	•	用于机器与机器之间通信的业务〔M2M〕或机器类型通信〔MTC〕〔2018.01〕
H04W74/00		无线信道接入，如调度接入或随机接入〔2009.01〕
H04W74/002	•	信道接入控制信息的传输
H04W74/004	• •	在上行链路，即从终端到网络
H04W74/006	• •	在下行链路，即从网络到终端
H04W74/008	• •	在接收侧利用随机接入相关信息的附加处理
H04W74/04	•	调度接入〔2009.01〕
H04W74/06	• •	使用轮询〔2009.01〕
H04W74/08	•	非调度接入，如随机接入，ALOHA 或 CSMA〔载波检测多路接入〕〔2009.01〕
H04W74/0808	• •	使用载波检测，如 CSMA
H04W74/0816	• • •	利用冲突避免的载波检测
H04W74/0825	• • •	利用冲突检测的载波检测
H04W74/0833	• •	使用随机接入过程
H04W74/0841	• • •	用冲突处理
H04W74/085	• • • •	冲突避免
H04W74/0858	• • • •	冲突检测
H04W74/0866	• •	使用专用信道接入
H04W74/0875	• • •	基于已分配优先权的接入
H04W74/0883	• • •	用于异步接入
H04W74/0891	• • •	用于同步接入
H04W28/00		网络业务量或资源管理〔2009.01〕
H04W28/02	•	业务量管理，如流量控制或拥塞控制
H04W28/0215	• •	基于用户或者设备属性，例如能够进行机器类通信的设备（专门适应于无线通信网络机器间通信的移动应用服务或设施入 H04W4/005；基于终端或者设备属性的无线资源选择或者分配方案的定义入 H04W72/048

续表

CPC 下分类	点组	含义
H04W28/0289	• •	拥塞控制（为处理业务量的执行重选入 H04W36/22；网络规划中降低负载的装置入 H04W16/08；动态无线业务量调度入 H04W72/12）
H04W28/04	• •	差错控制，例如处理差错、冲突、噪声或干扰（在信息接收时，检测或者防止差错的装置入 H04L1/00）
H04W28/042	• • •	处理冲突
H04W28/044	• • • •	冲突避免
H04W28/046	• • • •	冲突检测
H04W28/048	• • •	处理噪声或干扰（为了限制或抑制由传输引起的噪声或者干扰的与接收机关联的方法入 H04B1/10；在发射机或者接收机中的基带系统或者整形网络入 H04L25/03）
H04W28/08	• •	负载均衡或负载分配〔2009.01〕
H04W28/10	• •	流量控制〔2009.01〕

2.4.1.2　随机接入的检索策略选择

mMTC 的关键词表达多样，没有统一化，因此扩展时可以使用邻近算符表达，避免固定方式表达造成文献的遗漏，同时使用英文缩写在说明书中检索也可以避免遗漏。mMTC 场景下涉及随机接入的方案，其关键词扩展主要可以从改进的阶段和目的进行扩展。随机接入主要包括前导码发送、随机接入响应、调度请求及冲突解决四个阶段。首先，从改进的阶段进行扩展，在前导码发送阶段涉及前导码资源、前导码时频资源分配，除了对前导码采用前导序列的扩展表达，还可以对构成前导码的过程进行扩展，包括根序列、根索引、循环移位等，对于前导码时频资源分配，可以扩展到时隙、符号、资源块以及随机接入信道。其次，对于随机接入响应，通信协议中通常采用 RAR 的表达方式，也多应用于中英文专利申请。再次，对于冲突解决阶段，可以从冲突解决采取的手段方面进行扩展，例如使用回退指示，其可扩展为延时、退避等表达方式，常见的英文表达 BI 及 Backoff 也常出现在中英文申请中；还可以根据质量分类指示、优先级进行接入控制。最后，对于冲突解决阶段的扩展，还可以从实现的技术效果方面扩展为接入控制、接纳控制。

IPC 和 CPC 分类号中定义了 H04W4/70 表达机器间通信的方案，还在 CPC 分类号中定义了 H04W28/0215 表达机器类通信的网络资源管理，可以对机器类通信相关方案进行限定。

随机接入 IPC 和 CPC 分类号包括 H04W74/00 及其下位点组，其中 CPC 分类号对分类号进行了细分，包括多种接入方式的划分，并且对冲突解决阶段定义了分类号 H04W74/085 和 H04W74/0858，但是对随机接入的其他阶段并未定义分类号小组，因此对随机接入方案使用 H04W74/00 和 H04W74/08 进行随机接入主题的限定，或者使用 H04W74/085 和 H04W74/0858 进行竞争解决的主题限定，对所有检索结果范围有利，而对于其他解决的方案，主要依靠关键词进行检索更为合适。

对于 5G 技术，3GPP 组织进行了深入讨论并形成了相应规范文档，因此，还应该利用 3GPP 网站检索入口或者直接在 FTP 服务器中对相关技术文档进行检索。

在 3GPP 中检索 mMTC 场景的随机接入方案时，前导码、随机接入响应的英文表达都有固定的方式，不需要进行扩展，通常涉及前导码的产生方式的文献都在 WG1 中，协议的相关内容集中在 36.211 和 36.213 协议中，涉及随机接入资源分配、响应、冲突解决的文献在 WG2 中，协议的相关内容集中在 36.331 中。

2.4.1.3　随机接入的关键词提取和扩展

海量机器类通信的表达方式多样，随机接入技术相关表达在通信领域较为统一，见表 2-22。

表 2-22　随机接入关键词扩展

技术名称	中文关键词	英文关键词
海量机器类通信	海量设备，海量机器，大规模设备，大规模机器，物联网，大连接	eMTC，mMTC
随机接入	随机接入	RACH，PRACH
前导码	前导码，前导序列，根序列，根索引，循环移位时隙，符号，资源块	Preamble，root sequence，root index Slot，symbol，RB
接入控制	接入控制，接纳控制质量分类指示，优先级，时延，退避	Access control QCI，priority，delay，BI，backoff

2.4.1.4 随机接入的案例实践

（1）技术构思简介

在容纳多个物联网设备的 5G 通信系统（即蜂窝物联网通信系统）中，将会有大量的终端设备（包括但不限于 UE 设备、物联网设备等）需要通过无线方式同时接入网络。当存在大量的 MTC 设备时，MTC 设备和 UE 设备在随机接入信道上（RACH）将遭受连续的碰撞。现有的冲突解决方法将从步骤 1 开始重新启动随机接入过程，不仅造成很大的延时，终端设备的功耗也会急剧增加。因此需要采用其他方案提高随机接入容量。

针对现有技术的不足，设计提供一种基于大规模 MIMO 技术的物联网设备随机接入方法，提高接入用户数量，减少接入冲突。技术要点为：蜂窝物联网通信系统中，所述基站提供多个波束；多个所述用户使用相同的前导序列接入所述基站，所述基站在所述波束中形成随机接入响应信息，并对所述随机接入响应信息进行扩频，然后发送给所述用户，各所述用户分别在不同的所述波束中接入所述基站。

（2）检索策略分析

该方案中不同用户在不同波束上进行随机接入，对于在不同波束上使用相同随机接入前导的用户，由于在不同波束上接收随机接入响应，因此并不会产生冲突，但是为了使用户区分不同波束，该方案中采用对随机接入响应进行扩频的方式进行区分。

基于以上分析，该技术构思的要点在于：基站提供多个波束为用户执行随机接入，随机接入响应进行扩频。因此，根据上述技术要点形成检索要素表见表 2-23。

表 2-23　检索要素表

检索要素	检索要素 1	检索要素 2
关键词	随机接入	波束上的随机接入响应进行扩频

基于上述技术构思和检索要素表，可以看出主要检索思路是在波束上执行随机接入，并将随机接入响应进行波束标识。在常规检索中使用准确关键词进行初步检索。在未得到合适检索结果的情况下，可以将"扩频"

这一技术手段从技术效果上进行扩展，即进行波束标识。分类号中 H04W74/08 主要用于随机接入，准确地表达了该技术方案的领域。对检索要素表进行中英文关键词和分类号的扩展表达见表 2-24。

表 2-24　扩展的检索要素表

检索要素		检索要素 1	检索要素 2
关键词	中文	随机接入	波束，随机接入响应，扩频，标识，索引
	英文	RACH, RA	Beam；RAR, RA response；Spread, ID, index
分类号	IPC	H04W74/08	
	CPC	H04W74/08	

（3）检索过程及结果分析

①专利库简单检索。

综合以上分析，首先在 PSS 系统常规检索界面进行简单检索，检索结果如图 2-25 所示。

图 2-25　常规检索

在 4 篇检索结果中有文献申请号为 CN201610624544.4 的专利文献，发明名称：基于大规模 MIMO 技术的物联网设备随机接入方法及其系统，其与上述技术构思具有相类似的技术问题，均是为了解决物联网中大量终端接入引发的冲突问题。采用大规模 MIMO 技术，在各个波束上分别允许不同终端接入，并且使用扩频技术区分不同的波束。与本方案的技术构思一致。

上述检索过程命中文献量较少，为了检索更多相关文献，可以考虑将扩频这一技术手段从技术效果角度进行扩展，即标识波束。根据关键词的关联性，选择高级检索的邻近算符进行进一步检索，如图 2-26 所示。

图 2-26　高级检索（1）

检索结果为 73 篇，但是文献中的扩频并不是针对随机接入响应，而是对其他信号的扩频。使用波束标识这一扩展关键词检索，结果如图 2-27 所示。

图 2-27　高级检索（2）

检索结果为 154 篇，其中文献申请号为 201880049809.X 的专利文献，发明名称：使用多个载波的随机接入信道过程。其公开了使用多个载波/波束进行随机接入时，在随机接入响应中携带与随机接入前导码波束相关联的波束信息。

②3GPP 检索。

在 3GPP 网站的 Advanced Search 页面使用关键词 RAR、spread 进行检索，该技术方案涉及随机接入过程属于 WG2，随机接入过程中对信号的改进属于 WG1，因此数据库同时选择 WG1 和 WG2 工作组及协议 Spec。检索结果如图 2-28 所示。

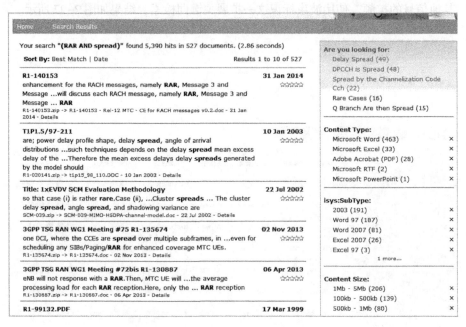

图 2-28　3GPP Advanced Search 检索（1）

文献量较大不可读，同时右侧分类中并无合适的分类，因此选择 Menu Assisted 进行检索，限制 RAR 和 spread 的位置，缩小文献量，如图 2-29 所示。

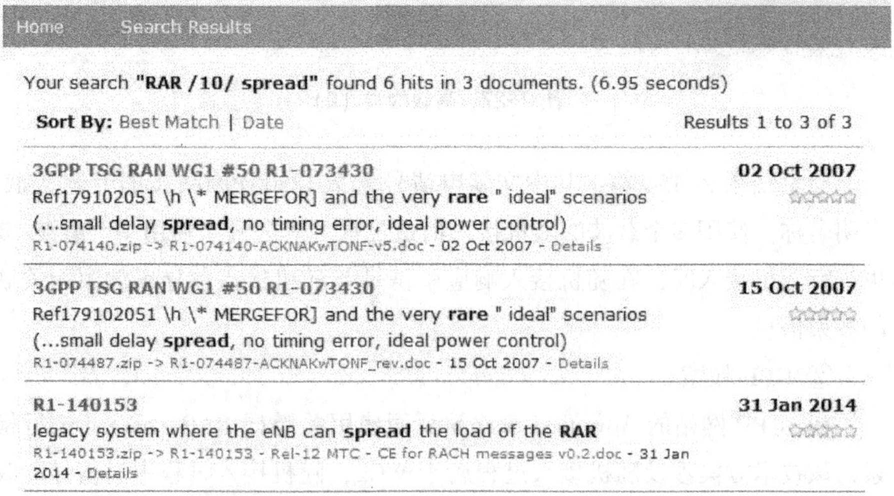

图 2-29　3GPP Advanced Search 检索（2）

上述结果中 R1-140153 是关于 RAR 窗口设置的问题，与本方案不相关。调整关键词运算符，扩大检索范围，如图 2-30 所示。

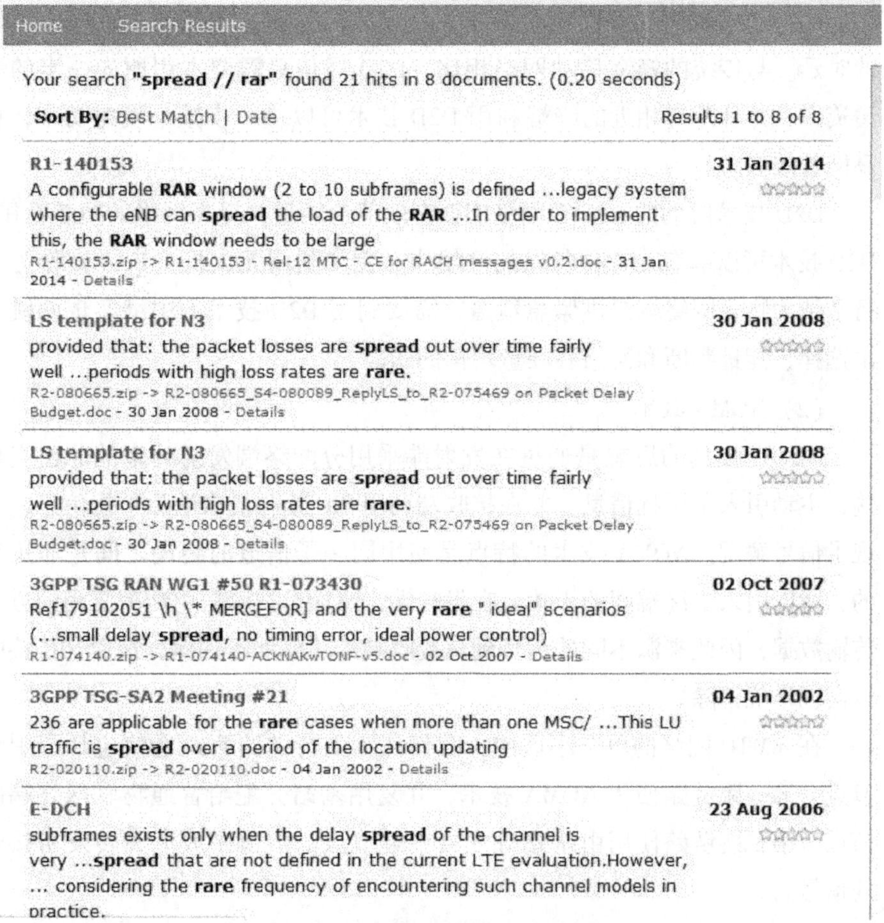
Home　Search Results

Your search **"spread // rar"** found 21 hits in 8 documents. (0.20 seconds)

Sort By: Best Match | Date　　Results 1 to 8 of 8

R1-140153 — **31 Jan 2014**
A configurable **RAR** window (2 to 10 subframes) is defined ...legacy system where the eNB can **spread** the load of the **RAR** ...In order to implement this, the **RAR** window needs to be large
R1-140153.zip -> R1-140153 - Rel-12 MTC - CE for RACH messages v0.2.doc - 31 Jan 2014 - Details

LS template for N3 — **30 Jan 2008**
provided that: the packet losses are **spread** out over time fairly well ...periods with high loss rates are **rare**.
R2-080665.zip -> R2-080665_S4-080089_ReplyLS_to_R2-075469 on Packet Delay Budget.doc - 30 Jan 2008 - Details

LS template for N3 — **30 Jan 2008**
provided that: the packet losses are **spread** out over time fairly well ...periods with high loss rates are **rare**.
R2-080665.zip -> R2-080665_S4-080089_ReplyLS_to_R2-075469 on Packet Delay Budget.doc - 30 Jan 2008 - Details

3GPP TSG RAN WG1 #50 R1-073430 — **02 Oct 2007**
Ref179102051 \h * MERGEFOR] and the very **rare** " ideal" scenarios (...small delay **spread**, no timing error, ideal power control)
R1-074140.zip -> R1-074140-ACKNAKwTONF-v5.doc - 02 Oct 2007 - Details

3GPP TSG-SA2 Meeting #21 — **04 Jan 2002**
236 are applicable for the **rare** cases when more than one MSC/ ...This LU traffic is **spread** over a period of the location updating
R2-020110.zip -> R2-020110.doc - 04 Jan 2002 - Details

E-DCH — **23 Aug 2006**
subframes exists only when the delay **spread** of the channel is very ...**spread** that are not defined in the current LTE evaluation.However, ... considering the **rare** frequency of encountering such channel models in practice.

图 2-30　3GPP Advanced Search 检索（3）

检索结果同样不涉及将随机接入响应进行扩频的处理方式。分析其原因，对随机接入响应的扩频处理方式较为细致，并不适合在协议中进行限定，因此提案中并未对此类方法进行讨论。

2.4.2　资源分配

为了适应 mMTC 场景中面临的高能量效率、高接入效率、覆盖增强需求，同时解决 mMTC 网络的频谱资源受限问题，在 mMTC 网络中需要考虑合理的资源利用方案。

（1）D2D 技术

D2D 技术被引入蜂窝物联网中，可以减轻基站的负载压力，缩小通信的时延。与传统的蜂窝移动网络相比，D2D 通信只需要占用原先一半的频谱资源。并且距离相近的终端利用 D2D 技术可以进一步减小发射功率，提高能量效率。

D2D 技术协助的 mMTC 网络能够有效节约能量，提高网络的覆盖范围。D2D 技术可以部署在各种各样的环境中，例如利用无人机（UAV）作为飞行基站为物联网终端提供紧急覆盖，需要利用 D2D 技术的中继实现两跳路由选择、能量判断和网络吞吐量均衡的功能。

（2）NOMA 技术

NOMA 技术的思想是通过在发射端采用分配终端发射功率的非正交传输，主动引入了干扰信息，并在接收端利用 SIC 接收机来消除干扰信息，实现了信号解调。NOMA 技术的特点是使用同一子信道的终端之间是非正交的，所以引入了终端间的干扰。在发送端，NOMA 技术采用功率复用的方式传输数据，因此来源不同的信号到达接收端的功率都不一样，最后 SIC 接收机实现干扰消除。

在 mMTC 网络的单个小区中，我们认为上行链路两跳通信包括了中继节点。第一跳链路使用 NOMA 技术，并复用基站分配给普通物联网终端的信道。第二跳链路使用由基站分配给中继节点的信道来放大和转发所接收的信号。

2.4.2.1　资源分配的常用分类号

mMTC 的分类号主要涉及 H04W4/70，IPC 分类号和 CPC 分类号相同；资源分配的分类号主要涉及 H04W72/00 和 H04W28/00，CPC 分类号进行了细分；分址接入技术的分类号主要涉及 H04J11/00，CPC 分类号进行了细分，见表 2-25、表 2-26。

表 2-25　资源分配 IPC 分类号

IPC 下分类	点组	含义
H04W4/00		专门适用于无线通信网络的业务或设施〔2009.01〕

IPC 下分类	点组	含义
H04W4/70	•	用于机器与机器之间通信的业务〔M2M〕或机器类型通信〔MTC〕〔2018.01〕
H04W72/00		本地资源管理，如无线资源的选择或分配或无线业务量调度〔2009.01〕
H04W72/02	•	通过用户或终端选择无线资源〔2009.01〕
H04W72/04	•	无线资源分配〔2009.01〕
H04W72/06	••	基于无线资源的等级标准〔2009.01〕
H04W72/08	••	基于质量标准〔2009.01〕
H04W72/10	••	基于优先权标准〔2009.01〕
H04W72/12	•	无线业务量调度〔2009.01〕
H04W72/14	••	使用授权的信道〔2009.01〕
H04W28/00		网络业务量或资源管理〔2009.01〕
H04W28/02	•	业务量管理，如流量控制或拥塞控制〔2009.01〕
H04W28/08	••	负载均衡或负载分配〔2009.01〕
H04W28/10	••	流量控制〔2009.01〕
H04J11/00		正交多路复用系统（H04J13/00 优先）

表 2-26　资源分配 CPC 分类号

CPC 下分类	点组	含义
H04W4/00		专门适用于无线通信网络的业务或设施〔2009.01〕
H04W4/70	•	用于机器与机器之间通信的业务〔M2M〕或机器类型通信〔MTC〕〔2018.01〕
H04W72/00		本地资源管理，如无线资源的选择或分配或无线业务量调度〔2009.01〕
H04W72/005	•	广播业务的资源管理
H04W72/02	•	通过用户或终端选择无线资源〔2009.01〕
H04W72/04	•	无线资源分配〔2009.01〕
H04W72/0406	••	涉及在节点之间的控制信息交换
H04W72/044	••	基于待分配资源类型确定资源分配方案
H04W72/048	••	使用专用信道接入

CPC 下分类	点组	含义
H04W72/0486	••	基于已分配优先权的接入
H04W72/0493	••	用于异步接入
H04W72/06	•	基于无线资源的等级标准〔2009.01〕
H04W72/08	••	基于质量标准〔2009.01〕
H04W72/10	••	基于优先权标准〔2009.01〕
H04W72/12	•	动态，无线业务量调度；在共享信道上动态调度分配
H04W72/1205	••	调度的定义，设置或建立
H04W72/1263	••	调度的使用，即调度业务量的实际映射；一个或多个数据流的多路复用；映射方面；调度的分配
H04W72/1278	••	调度控制信息的传输
H04W72/14	••	使用授权或特殊的信道
H04W28/00		网络业务量或资源管理〔2009.01〕
H04W28/02	•	业务量管理，如流量控制或拥塞控制
H04W28/0205	••	在空中接口上（动态无线业务调度入 H04W72/12）
H04W28/0215	••	基于用户或者设备属性，如能够进行机器类型通信的设备（专门适应于无线通信网络机器间通信的移动应用服务或设施入 H04W4/005；基于终端或着设备属性的无线资源选择或者分配方案的定义入 H04W72/048
H04W28/0226	••	基于位置或移动性（切换或者重选入 H04W36/00；利用用户或者终端位置信息的移动应用服务入 H04W4/02）
H04W28/0231	••	基于通信条件（基于信道质量等级的无线业务量调度的定义入 H04W72/1226）
H04W28/0268	••	使用针对无线网络的特定服务质量参数，如服务质量等级标识符〔QCI〕或者保证比特率〔GBR〕（协商 SLA 或者 QoS 入 H04W28/24）
H04W28/0289	••	拥塞控制（为处理业务量的执行重选入 H04W36/22；网络规划中降低负载的装置入 H04W16/08；动态无线业务量调度入 H04W72/12）
H04W28/04	••	差错控制如处理差错、冲突、噪声或干扰（在信息接收时，检测或者防止差错的装置入 H04L1/00）
H04W28/08	••	负载均衡或负载分配〔2009.01〕

续表

CPC 下分类	点组	含义
H04W28/10	• •	流量控制〔2009.01〕
H04W28/16	•	中央资源管理；资源协商或通信参数协商，如协商带宽或 QoS〔服务质量〕
H04W28/18	• •	协商无线通信参数
H04J11/00		正交多路复用系统（H04J13/00 优先）
H04J2011/0003	•	和其他复用技术结合使用
H04J11/0023	•	干扰合并或协作
H04J11/0026	• •	多用户干扰
H04J11/005	• •	小区间干扰
H04J11/0063	• •	多径干扰，如瑞可接收机
H04J11/0066	• •	窄带干扰

2.4.2.2　资源分配的检索策略选择

mMTC 场景下的资源分配主要涉及大量用户情况下的资源分配问题，具体的资源分配涉及多种信号，包括数据信号、参考信号、反馈信号等，其中参考信号从类型方面扩展包括小区参考信号（Cell Reference Signal，CRS），解调参考信号（Demodulation Reference Signal，DMRS），探测参考信号（Sounding Reference Signal，SRS）等，反馈信号从类型方面扩展为 CQI，PMI，RI，PTI 等；资源分配从分配的资源类型方面可以扩展为时域、频域和空域。但是资源分配方案中出现上述关键词的概率是极大的，因此使用上述关键词进行检索的文献量极大。为缩小检索结果文献量，一方面可以使用方案中的具体技术手段，利用邻近算符准确表达技术手段；另一方面，可以利用物联网这一场景或者物联网中常使用的非正交多址技术，使用 D2D 技术或者非正交多址接入（Non-Orthgonal Multiple Access，NOMA）相关表达以区分蜂窝网资源分配相关方案。

IPC 和 CPC 分类号中定义了 H04W4/70 表达机器间通信的方案，还在 CPC 分类号中定义了 H04W28/0215 表达机器类通信的网络资源管理，可以对机器类通信相关方案进行限定。资源分配的分类号没有以调度信号进行分类，而是以调度的原则进行了细分，如果方案的技术手段和分类号匹配，可以使用分类号替代关键词进行检索，否则可以使用 H04W72/00 这一大组分类号进行资源分配主题的过滤，较为准确。

对于 5G 技术，3GPP 组织进行了深入讨论并形成了相应规范文档，因此还应该利用 3GPP 网站检索入口或者直接在 FTP 服务器中对相关技术文档进行检索。

3GPP 中 resource allocate 出现频率较高，但是 resource allocate 并不常作为固定表达方式使用，因此即使使用邻近算符表达也容易造成漏检。因此对于资源分配的方案，通常直接使用分配涉及的信号，例如 CQI、A/N 等，和资源分配的目的，例如反馈、功率控制等进行检索，结合邻近算符的表达，往往能够得到相关文献。

2.4.2.3　资源分配的关键词提取和扩展

资源分配可以从分配资源的类型、分配方式等方面提取关键词，但是这类关键词作为资源分配的基础内容，在文献中出现频率很高，难以过滤噪声且表达方式多样，因此主要从场景方面提取关键词，见表 2-27。

表 2-27　资源分配关键词扩展

	中文关键词	英文关键词
大规模物联网业务	海量设备，海量机器，大规模设备，大规模机器，物联网，大连接	eMTC, mMTC
D2D	设备到设备，机器到机器，设备间通信，机器间通信	D2D, device to device, M2M, machine to machine
NOMA	非正交多址接入	NOMA, non-orthogonal multiple access
资源分配	时隙，符号，资源块，扩频码参考信号反馈	Slot, symbol, RB, codeRS, CRS, DMRS, SRSFeedback, CQI, CSI, PMI, RI, A/N

2.4.2.4　资源分配的案例实践

（1）技术构思简介

为了满足日益增长的通信需求，5G 中采用 NOMA 技术，两个或更多 UE 可以共用相同的无线电资源（例如，时间资源、频率资源和/或代码资源）。然而，NOMA 技术的性能增益在很大程度上取决于显著影响 UE 配对、波束形成和功率分配的信道状态信息（CSI）的可用性。但是所有 UE 配置 CSI 资源会消耗大量时频资源。

　　针对现有技术的不足，设计提供一种在 NOMA 网络中对用户分组的方法，基于所述第一 UE 的速率需求和所述第二 UE 的速率需求确定所述第一 UE 和所述第二 UE 进行配对作为候选的用户对；确定候选用户对后，估计 1）所述第一 UE 和所述网络节点之间的第一信道的第一信道质量和 2）所述第二 UE 和所述网络节点之间的第二信道的第二信道质量；在估计所述信道质量之后，基于估计的所述信道质量确定应当调度所述第一 UE 和所述第二 UE 使用相同的时间和频率资源传送上行链路数据；并且调度所述第一 UE 和所述第二 UE 使用所述相同的时间和频率资源传送上行链路数据。

　　（2）检索策略分析

　　该申请的发明构思是针对目前所有 UE 都需要反馈 CSI 而导致 CSI 占用过多资源的问题，提出了以 NOMA 方式对 UE 进行分组。对于同一组内的 UE 分配相同的时频资源进行 CSI 反馈，从而实现了减少 CSI 信令资源分配的效果。

　　基于以上分析，该技术构思的要点在于：以 NOMA 方式进行用户分组，以组为单位进行 CSI 资源分配。因此，根据上述技术要点形成检索要素表，见表 2-28。

表 2-28　检索要素表

检索要素	检索要素 1	检索要素 2
关键词	资源分配	NOMA 分组反馈 CSI

　　基于上述技术构思和检索要素表，可以看出主要检索思路是 NOMA 分组后分配 CSI 资源。先在常规检索中使用准确关键词进行检索，在未获得合适检索结果时，在高级检索中选择合适字段，对关键词扩展后利用邻近算符进行检索。资源调度主要涉及分类号 H04W72/00 及其下位点组，结合关键词的扩展，对检索要素表进行中英文关键词和分类号的扩展表达见表 2-29。

　　（3）检索过程及结果分析

　　①专利库简单检索。在常规检索中进行初步检索，结果如图 2-31 所示。

表 2-29 扩展的检索要素表

检索要素		检索要素 1	检索要素 2
关键词	中文	资源分配，调度	配对，UE 对，UE 组，非正交码分多址；信道质量指示，信道状态指示，信道反馈；速率
	英文	resource allocate，schedule	match，group，NOMA；CQI，CSI，feedback；rate
分类号	IPC	H04W72/00，H04W72/04	
	CPC	H04W72/00，H04W72/04	

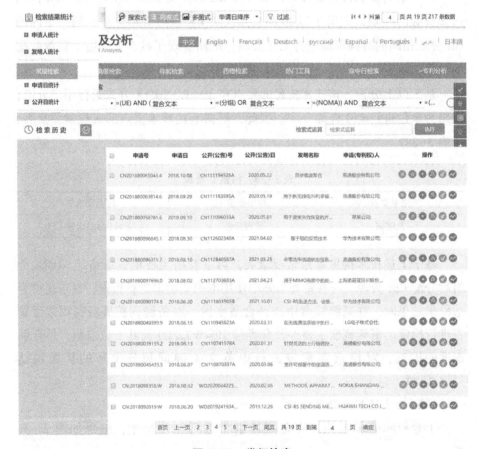

图 2-31 常规检索

检索结果 217 篇，其中有多篇相关文献。文献申请号为 CN201880096845.1 的专利文献，发明名称：基于组的反馈技术。其技术构思与本方案相似，也是为了节省反馈信息占用的传输资源，根据多个用户的信道信息对用户进行分组，组内用户聚合发送 CSI 信息，以节省资源。

相关文献申请号为 CN201880089565.5 的专利文献，发明名称：基于组的反馈技术。其技术构思与本方案相似，也是为了节省反馈信息占用的传输资源，根据多个用户的信道信息对用户进行分组，组内用户聚合发送上行信息，以节省资源。

阅读检索结果过程中发现，有许多文献属于 D2D 技术通信领域，由于 D2D 技术通信领域中用户分组是重要研究方向，因此此类文献较多，但是主题不涉及资源调度，因此在"用户分组"引入噪声过大的情况下，可以使用更加准确的关键词：NOMA，滤除一部分噪声，但是也有遗漏文献的风险。

使用 NOMA 检索结果如图 2-32 所示。

图 2-32　常规检索结果（3）

检索结果有 11 篇，其中有文献申请号为 201880097696.0 的专利文献，发明名称：用于 MIMO 系统中的处理方法、装置和计算机产品。该方案也是为了在 MTC 通信中节省反馈信息占用的传输资源，对用户进行分组后传输 CSI-RS 信息，并以组为单位进行 CSI 反馈。与本方案的技术构思一致。

但是使用 NOMA 检索导致检索结果数量大幅度减少，遗漏相关文献可能性较大，因此还可以通过分类号限定资源分配领域。

②专利库分类号结合关键词检索。通过上述检索要素表，在 PSS 系统中使用 IC 分类号结合关键词进行检索，结果如图 2-33 所示。

图 2-33　高级检索结果

检索结果为 133 篇，有效缩小了浏览数量，检索结果中包含上述文献（A）和（B），提高检索效率。

③3GPP 检索。首先使用 Advanced Search 检索，资源和分配的表达在提

案中出现频率较高，对检索结果限定作用有限，因此使用关键词 ue、feed-back、noma 检索，检索结果如图 2-34 所示。

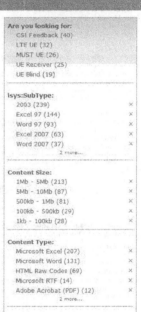

图 2-34　3GPP Advanced Search 结果

通过相关性排序后阅读靠前的文献，多篇文献分别提到根据 UE 类别/能力分组进行资源分配。使用 Menu Assisted 中运算法进一步检索，从 UE 对使用 NOMA 技术反馈信息及多波束反馈信息时使用 NOMA 技术角度进行检索，结果如图 2-35、图 2-36 所示。

检索结果中多篇文献提及多 UE 反馈的资源分配方案，但是并未公开以 UE 配对方式进行资源分配的发明构思。提案中未涉及此类方案，分析原因可能在于对用户进行分组的调度主要关注点集中在数据信道，能够简化调度复杂性，但是对于控制信道，尤其是反馈信息的处理，由于反馈数据类型多样，并且包含多种组合，分组调度可能增加复杂度，因此关注度较低。

Your search **"(UE /10/ (pair OR group)) \\ NOMA"** found 107 hits in 14 documents. (42.97 seconds)

Sort By: Best Match | Date 　　　　　　　　　　　　Results 1 to 10 of 14

[Bookmark: _Hlk531430562] 3GPP TSG RAN meeting #82　　04 Dec 2018
In **NOMA** SI, different transmitter side processing schemes have been proposed, ...without sparsity and with cell or **UE group** specific symbol level scrambling ...without sparsity and with cell or **UE group** specific symbol level scrambling
RP-182410.zip -> RP-182410 Observations on NOMA.docx - 04 Dec 2018 - Details

TDoc list　　13 Dec 2018
...discussion Yes Yes YesProposal 1: WI for **NOMA** should be supported in RAN1 ...DMRS enhancement should be specified in **NOMA** WI, to support UE ... Proposal 3: A **NOMA** data transmission scheme based on Rel-15 modulation, ...
AgendaWithTdocAllocation_2018-12-11_07h22.zip -> AgendaWithTdocAllocation_2018-12-11_07h22.htm - 13 Dec 2018 - Details

TDoc list　　13 Dec 2018
...Incorporated discussion Yes YesProposal 1: WI for **NOMA** should be supported in RAN1 ... YesProposal 1: WI for **NOMA** should be supported in RAN1 and RAN2,...DMRS enhancement should be specified in **NOMA** WI, to support UE ...
AgendaWithTdocAllocation_2018-12-12_06h57.zip -> AgendaWithTdocAllocation_2018-12-12_06h57.htm - 13 Dec 2018 - Details

TDoc list　　13 Dec 2018
...Incorporated discussion Yes YesProposal 1: WI for **NOMA** should be supported in RAN1 ...DMRS enhancement should be specified in **NOMA** WI, to support UE ... Proposal 3: A **NOMA** data transmission scheme based on Rel-15 modulation, ...
AgendaWithTdocAllocation_2018-12-12_14h05.zip -> AgendaWithTdocAllocation_2018-12-12_14h05.htm - 13 Dec 2018 - Details

Are you looking for:
UE Group (2)
In NOMA (1)
NOMA Include (1)
NOMA SI (1)
NOMA Transmission (1)

Content Size:
1Mb - 5Mb (11)　　×
100kb - 500kb (3)　　×

Content Type:
HTML Raw Codes (10)　　×
Text (ASCII) (2)　　×
Microsoft Word (1)　　×
Microsoft RTF (1)　　×

isys:SubType:
Word 2007 (1)　　×

Template:
3gpp_70 (1)　　×

Last Printed:
2018-11-28T00:16:00Z (1)　　×

AppName:
Microsoft Office Word (1)　　×

Author:
Jing Lei (1)　　×

图 2-35　3GPP Menu Assisted 检索结果（1）

Your search **"(beam \\ (feedback OR CSI)) AND NOMA"** found 1,154 hits in 57 documents. (10.69 seconds)

Sort By: Best Match | Date 　　　　　　　　　　　　Results 1 to 10 of 57

Inter-RAT　　02 Dec 2014
Justification for **NOMA** in New Study on Enhanced Multi-User Transmission and Network Assisted Interference ...2 Non-Orthogonal Multiple Access (**NOMA**) ...**NOMA** MIMO
RP-141936.zip -> RP-141936 Justification for NOMA.pdf - 02 Dec 2014 - Details

Inter-RAT　　02 Sep 2014
Justification for **NOMA** in New Study on Enhanced MU-MIMO and Network Assisted Interference Cancellation ...2 Non-Orthogonal Multiple Access (**NOMA**) ...**NOMA** MIMO
RP-141165.zip -> RP-141165 Justification for NOMA.pdf - 02 Sep 2014 - Details

Page 1　　29 May 2017
to inherently support advanced radio concepts like **NOMA**, non-linear precoding, JT ...Channel prediction to overcome **CSI** aging and to relax backhaul, Detailed study of ...hybrid MIMO implementations, venturing into the **beam** based operation in high frequency
RP-171171.zip -> RP-171171.pdf - 29 May 2017 - Details

Slide 1　　02 Dec 2014
the exiting systems　　Due to the limited **CSI feedback** in FDD and low-resolution ... **beam**, pairing-UE will introduce non- negligible inter-user interference, which will degrade ...coding (usually called Non-Orthogonal Multiple Access, **NOMA**)
RP-141917.zip -> RP-141917.pdf - 02 Dec 2014 - Details

3GPP TSG RAN Meeting #65 RP-141406　　02 Sep 2014
based on limited UE codebook based **feedback** in FDD.The residual MU ...of a large number of non-orthogonal **beams**/layers with the possibility of ...layer of data transmission in a **beam**. Note that such joint Tx/
RP-141406.zip -> RP-141406 New SID on enh MU and NAICS.docx - 02 Sep 2014 - Details

Are you looking for:
CSI Feedback (8)
Feedback in FDD (7)
NOMA + SU (7)
UE Codebook Based Feedback (7)
CSI Reporting (6)

Content Size:
500kb - 1Mb (20)　　×
1Mb - 5Mb (18)　　×
100kb - 500kb (9)　　×
1kb - 100kb (8)　　×
5Mb - 10Mb (2)　　×

Content Type:
Microsoft Word (22)　　×
HTML Raw Codes (19)　　×
Microsoft Excel (8)　　×
Adobe Acrobat (PDF) (6)　　×
Microsoft RTF (2)　　×

isys:SubType:
Word 2007 (16)　　×
Excel 2007 (8)　　×
2003 (6)　　×
Word 97 (6)　　×

Author:
MediaTek (9)　　×
3GPP Portal (8)　　×
R5-184917 (8)　　×
Joern Krause (4)　　×
DOCOMO (2)　　×
3 more...

图 2-36　3GPP Menu Assisted 检索结果（2）

2.5　超高可靠低时延通信

超高可靠低时延通信（URLLC）作为 5G 三大典型应用场景之一，广泛存在于多种行业中，如实时性 VR/AR、自动驾驶、工业控制、智能电网、远程医疗、智能家居等。这些场景对时延和可靠性提出了更高的需求。原则上只要对时延保障有可靠性要求的业务都属于 URLLC 业务。5G 引入新基站 gNB，为了实现与现有基站 ng-eNB 的兼容，对通信系统构架也进行了调整，如图 2-37 所示。

除了对通信系统架构进行了调整，还提出了新的时频资源划分、边缘部署方案、网络切片技术，以提高传输可靠性以及降低传输延时。

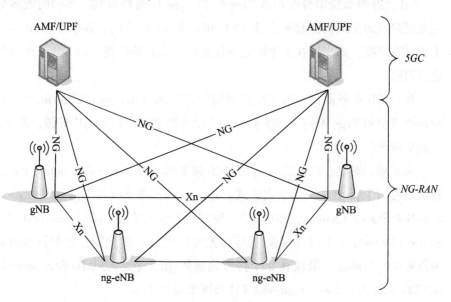

图 2-37　5G 系统架构

2.5.1　时频资源

5G 采用与 4G 相同的 10ms 无线帧（frame）和 1ms 子帧（subframe），但协议定义 NR 可采用不同的子载波间隔（Sub-Carrier Spacing, SCS），不同的 SCS 决定了时隙（slot）的长度。4G 的调度单元是 subframe；对 NR 而言，eMBB 业务的基本调度单元是 slot，而 URLLC 业务的最小调度单元是符号级，即 mini-slot。NR 频段越高，slot 长度越短，且后续版本允许在不同 SCS 间灵活分配时频资源以适配不同业务需求。5G 常用的帧结构为 2.5ms 双周期，但针对 URLLC 业务则可调整为 1ms 或 0.5ms 单周期，见表 2-30。

表 2-30　5G 帧结构

频段	子载波宽度/kHz	每时隙符号数/个	每帧时隙数/个	每子帧时隙数/个
Sub 3G FDD	15	14	10	1
C-Band	30	14	20	2
	60	14	40	4
毫米波	120	14	80	8
	240	14	160	16

NR 无线时域资源分配包括 Type A 和 Type B 两种方式，不同的资源分配类型对应的无线资源起始位置（S）和长度（L）不同。其中 Type B 是基于非时隙调度，即支持在 1 个时隙内任意符号为起始位置，由 2/4/7 个符号进行调度。

对 eMBB 业务而言，为了充分利用资源单元（Resource Element，RE），业务信道使用 Type A 的资源映射方式尽量占满整个时隙的 RE 资源，即 slot 是最小调度单元。

为了缩短时延，URLLC 业务最小的调度单元是 mini-slot。mini-slot 业务信道使用 Type B 的资源映射方式。Type B 的物理下行共享信道（Physical Downlink Shared Channel，PDSCH）/物理上行共享信道（Physical Downlink Shared Channel，PUSCH）起始符号位置可以更加灵活配置，分配符号数量可以更少，时延短，最快在 2 个符号完成数据的发送。30kHz SCS normal-slot TTI 长度为 0.5ms，mini-slot TTI 长度低至约 7μs。

2.5.1.1　时频资源的常用分类号

时频资源并没有相对应的分类号，专利申请多涉及时频资源的分配，分入 H04W72/00 及下位点组中，见表 2-31、表 2-32。

表 2-31　时频资源 IPC 分类号

IPC 下分类	点组	含义
H04W72/00		本地资源管理，如无线资源的选择或分配或无线业务量调度〔2009.01〕

续表

IPC 下分类	点组	含义
H04W72/02	•	通过用户或终端选择无线资源〔2009.01〕
H04W72/04	•	无线资源分配〔2009.01〕
H04W72/06	• •	基于无线资源的等级标准〔2009.01〕
H04W72/08	• •	基于质量标准〔2009.01〕
H04W72/10	• •	基于优先权标准〔2009.01〕
H04W72/12	•	无线业务量调度〔2009.01〕
H04W72/14	• •	使用授权的信道〔2009.01〕

表 2-32　时频资源 CPC 分类号

CPC 下分类	点组	含义
H04W72/00		本地资源管理，例如，无线资源的选择或分配或无线业务量调度〔2009.01〕
H04W72/04	•	无线资源分配〔2009.01〕
H04W72/0406	• •	涉及在节点之间的控制信息交换
H04W72/044	• •	基于待分配资源类型确定资源分配方案
H04W72/048	• •	使用专用信道接入
H04W72/0486	• •	基于已分配优先权的接入
H04W72/0493	• •	用于异步接入

2.5.1.2　时频资源的检索策略选择

无线通信的物理资源通常包括时域、频域、空域和码域，其中时域涉及的划分单位包括帧、子帧、时隙和符号，频域涉及的划分单位包括载波、子载波、载波组，空域涉及的划分单位包括波束，码域涉及的划分单位包括码。因此在重新进行物理资源划分时，常见的是将现有资源单位分组或者进一步细分，在新资源单位的表达方式上也通常会延续现有的表达方式并加以改进，例如迷你时隙、各种频率的子载波等，所以在关键词扩展时，除了方案中提到的命名方式，还可以利用现有的命名方式进行扩展。当检索结果依然较少时，还可以从划分方式、技术效果等角度进行扩展，浏览文献时也可以通过附图进行筛选，提高效率。

对于 5G 技术，3GPP 组织进行了深入讨论并形成了相应规范文档，因此还应该利用 3GPP 网站检索入口或者直接在 FTP 服务器中对相关技术文档进行检索。

对于国内外知名公司的资源划分方案，在 3GPP 协议中不一定会采用方案中相同的表达方式，但是该公司在相关提案中通常会沿用方案中的表达方式，因此在 3GPP 检索时不能仅选择协议数据库，还要包括提案的相关数据库，使用邻近算符表达新资源进行检索。还可以通过在专利库进行扩展后参考相关文献的资源单位表达方式后，在 3GPP 进行检索，避免遗漏。3GPP 中涉及资源划分的文件主要集中在 36.211 协议及相关的 WG1 提案中，也可以通过阅读不同版本的协议确定其准确表达方式后进行检索。

2.5.1.3 时频资源的关键词提取和扩展

物理时频资源划分新增加 mini-slot 单位，在载波上相比传统的子载波也支持多种频率的载波，使得资源的分配更加灵活，见表 2-33。

表 2-33 时频资源关键词扩展

中文关键词	英文关键词
子载波，间隔，时隙，帧，时域资源，频域资源，码资源，波束	Subcarrier, space, gap, slot, mini-slot, frame, time domain resource, frequency domain resource, code, beam

2.5.1.4 时频资源的案例实践

（1）技术构思简介

5G 需要支持超高的数据传输速率，海量的连接数及较低的数据传输的时延以满足对于不同场景的需求。对于 URLLC，高可靠低时延业务，主要是针对时延要求及可靠性较高的业务场景。针对 URLLC 场景，提出一种迷你时隙的配置方法，智能终端接收基站配置的迷你时隙 mini-slot 的起始位置及长度信息；所述智能终端监听 mini-slot 的物理下行控制信道 PDCCH 或增强物理下行控制信道 ePDCCH；所述智能终端依据 PDCCH 或 ePDCCH 监听到属于所述智能终端的控制信息后，依据 mini-slot 的起始位置及长度信息使用所述 mini-slot 收发数据。

（2）检索策略分析

在 URLLC 场景中使用 mini-slot 可以从任意符号位置作为起始位置进行信息传输，因此要解码数据必须要先获得 mini-slot 时域信息以便监听下行控制指示（Downlink Control Indicator，DCI）信息并接收数据。现有技术中监听 DCI 后根据 DCI 信息发送上行数据是现有技术，因此该申请的技术构思的要点在于将上述上行调度过程，即监听 DCI 和 PUSCH 映射应用在 mini-slot 中。因此，根据上述技术要点形成检索要素表，见表2-34。

表 2-34　检索要素表

检索要素	检索要素 1	检索要素 2
关键词	Mini-slot	上行调度

基于上述技术构思和检索要素表，可以看出主要检索思路是检索将上行调度过程应用于 mini-slot 中。在许多文献中都会记载"资源调度"，但是在资源调度为主题的文献中，往往还会详细记录资源调度的具体流程，即解析下行控制信息及上行数据传输，因此在检索过程中可以通过调度流程的关键词滤除噪声。在检索与该技术构思相关的专利申请时，通常还可以采用分类号结合关键词的方式进行检索，利用 H04W72/00 及其下位点组对资源调度主题进行限定。结合关键词的扩展，对检索要素表进行中英文关键词和分类号的扩展表达。见表2-35。

表 2-35　扩展的检索要素表

检索要素		检索要素 1	检索要素 2
关键词	中文	迷你时隙	上行调度；控制信道，控制信息；上行共享信道
	英文	mini-slot, mini slot	resource allocate, schedul ePDCCH, ePDCCH, DCI；PUSCH
分类号	IPC	—	H04W72/04
	CPC	—	H04W72/04

（3）检索过程及结果分析

①专利库简单检索。综合以上分析，首先在 PSS 系统常规检索页面进行简单检索，检索结果如图2-38所示。

在常规检索的结果是 9 篇，其中有文献申请号为 201611265197.7 的专利文献，发明名称：一种迷你时隙配置及使用方法及智能终端。其与上述技术构思具有相类似的技术问题，即降低接入网消息时延以满足 URLLC 业务的超低时延要求。该方案中提出利用更灵活的迷你时隙代替现有技术中的时隙进行资源调度和数据传输，由于迷你时隙长度更短，分配更加灵活，能有效降低系统延时。

图 2-38　常规检索

　　检索结果较少，为了避免遗漏相关文献，采用扩展关键词及上行调度具体流程的关键词在高级检索"摘要"字段检索，结果如图 2-39 所示。

　　检索结果依然较少，因此在全文库中利用扩展字段进行检索，同时利用邻近算符缩小文献量，结果如图 2-40 所示。

　　在全文库中检索结果文献数量较多，因此需要对主题进行限定，资源调度分类号准确，结合分类号检索，提高检索效率。

　　②专利库分类号结合关键词检索。在上文高级检索结果数量较多的情况下，结合分类号检索结果如图 2-41 所示。

　　其中包含文献申请号为 201980028025.3 的专利文献，发明名称：用于迷你时隙的资源分配模式信令。其与上述技术构思具有相类似的技术问题，即利用迷你时隙降低系统时延。该方案中公开了基站为 UE 发送迷你时隙级配置信息后，UE 根据配置信息接收 PDCCH 的控制信息，用于上行数据传输。该发明构思与本方案一致。

图 2-39　高级检索结果（1）

图 2-40　高级检索结果（2）

图 2-41　高级检索结果（3）

③3GPP 检索。在 3GPP 中首先使用 Advanced Search 进行初步检索，使用关键词 mini-slot、DCI 进行 "AND" 运算，结果如图 2-42 所示。

在检索结果右侧对上述文献内容根据主题进行分类，该申请的发明构思是将原有的 slot 级别的上行调度过程应用于 mini-slot 级别，与 "Mini-slot Level" 比较贴合，因此选择右侧 mini-slot 主题，其中文献 RP-180811 中记载了 URLLC UE 采用增强的 mini-slot 级别调度机制，配置 mini-slot 级别的 PDCCH 监控，用于上行数据调度，即公开了该申请的发明构思。

Setting the Standard for Mobile Broadband

A GLOBAL INITIATIVE

Home　　Search Results

Your search "(mini-slot AND DCI)" found 2,430 hits in 72 documents. (8.92 seconds)

Sort By: Best Match | Date　　　　　　　　　　　　Results 21 to 30 of 72

3GPP Contribution　　　　　　　　　　　　　　**04 Jun 2018**
Basic support of **mini-slot** PDCCH monitoring (L1) ...Introduction of a
compact **DCI** format if shown to be beneficial ...Support of **mini-slot**
repetition for improved reliability
RP-180925.zip -> RP-180925 On the scope of NR URLLC enhancements for Rel-
16_v1.docx - 04 Jun 2018 - Details

WID Template　　　　　　　　　　　　　　　**15 Jun 2018**
Study focus on Compact **DCI**, PDCCH repetition, increased PDCCH
monitoring ...explicit HARQ-ACK, ensuring K repetitions and **mini-slot**
repetitions within a slot.(
RP-181477.zip -> RP-181477.doc - 15 Jun 2018 - Details

WID Template　　　　　　　　　　　　　　　**16 Jun 2018**
Study focus on Compact **DCI**, PDCCH repetition, increased PDCCH
monitoring ...explicit HARQ-ACK, ensuring K repetitions and **mini-slot**
repetitions within a slot.(
RP-181477.zip -> RP-181477.doc - 16 Jun 2018 - Details

WID Template　　　　　　　　　　　　　　　**03 Sep 2018**
Study focus on Compact **DCI**, PDCCH repetition, increased PDCCH
monitoring ...explicit HARQ-ACK, ensuring K repetitions and **mini-slot**
repetitions within a slot.(
RP-181678.zip -> RP-181678 SID revision Study on physical layer enhancements for
NR ultra-reliable and low latency case (URLLC).doc - 03 Sep 2018 - Details

WID Template　　　　　　　　　　　　　　　**13 Sep 2018**
Study focus on Compact **DCI**, PDCCH repetition, increased PDCCH
monitoring ...explicit HARQ-ACK, ensuring K repetitions and **mini-slot**
repetitions within a slot.(
RP-182089.zip -> RP-182089.doc - 13 Sep 2018 - Details

WID Template　　　　　　　　　　　　　　　**19 Sep 2018**
Study focus on Compact **DCI**, PDCCH repetition, increased PDCCH
monitoring ...explicit HARQ-ACK, ensuring K repetitions and **mini-slot**
repetitions within a slot.(
RP-182089.zip -> RP-182089.doc - 19 Sep 2018 - Details

3GPP TS ab.cde　　　　　　　　　　　　　　**04 Jun 2018**
1 Search spaces and **DCI** ...3 **DCI** parameters ...1 Search spaces and
DCI
RP-181212.zip -> 38523-3-100.doc - 04 Jun 2018 - Details

Are you looking for:
DCI Format (42)
Compact DCI (32)
Mini-slot Level (18)
For DCI (17)
K Repetitions and Mini-slot (9)

isys:SubType:
2003 (46)　　　　　　　　×
Word 97 (42)　　　　　　　×
Word 2007 (15)　　　　　　×
Excel 2007 (6)　　　　　　×
PowerPoint 97 (3)　　　　　×
　　　　　　2 more...

AppName:
Microsoft Office Word (57)　　×
Microsoft Excel (6)　　　　　×
Microsoft Office PowerPoint (5)　×
Microsoft Macintosh Excel (1)　×

Content Type:
Microsoft Word (57)　　　　×
Microsoft Excel (7)　　　　　×
Microsoft PowerPoint (5)　　×
Adobe Acrobat (PDF) (3)　　×

Content Size:
100kb - 500kb (25)　　　　×
1Mb - 5Mb (14)　　　　　　×
500kb - 1Mb (12)　　　　　×
1kb - 100kb (9)　　　　　　×
5Mb - 10Mb (6)　　　　　　×
　　　　　　1 more...

Template:
3gpp_70.dot (29)　　　　　×
Normal.dotm (8)　　　　　　×
3gpp_70 (8)　　　　　　　　×

图 2-42　3GPP Advanced Search 检索

2.5.2　网络切片

网络切片是提供特定网络能力的、端到端的逻辑专用网络。一个网络切片实例是由网络功能和所需的物理/虚拟资源的集合，可分为无线网、传输网、核心网三部分。

①5G 无线网切片在原有服务质量（Quality of Service，QoS）机制以用户粒度调度的基础上，增强基于网络切片相关标识（如网络切片优先级）的无线资源分配机制，实现无线侧可以按照网络切片的粒度满足用户不同

的服务质量需求。

②5G 传输网切片提供硬隔离和软隔离两种方案，可以适配不同业务需求，包括带宽、时延、抖动、安全性等，通过传输网和无线网、核心网的切片映射［切片 ID 到虚拟局域网（Virtual Local Area Network，VLAN）或 IP 映射］，形成端到端的切片映射方案。

③5G 核心网切片基于服务化架构实现，引入独立的网络切片选择功能（Network Slice Selection Function，NSSF），当用户初次在网络中注册时，携带相应的网络切片标识（Network Slice Selection Assistance Information，NS-SAI）请求 NSSF 获取接入的网络切片选择信息。5G 核心网支持网络切片标识的签约和管理，支持网络切片网元选择和更新流程。

2.5.2.1　网络切片的常用分类号

网络切片技术没有匹配的分类号，但是相关申请涉及网络切片选择、接入和建立连接，因此涉及分类号 H04W48/00、H04W74/00 和 H04W76/00，见表 2-36、表 2-37。

表 2-36　网络切片 IPC 分类号

IPC 下分类	点组	含义
H04W48/00		接入限制；网络选择；接入点选择〔2009.01〕
H04W48/18	•	选择网络或通信业务〔2009.01〕
H04W48/20	•	选择接入点〔2009.01〕
H04W76/00		连接管理，例如连接建立，操作或释放
H04W76/02	•	连接建立

表 2-37　网络切片 CPC 分类号

CPC 下分类	点组	含义
H04W48/00		接入限制；网络选择；接入点选择〔2009.01〕
H04W48/18	•	选择网络或通信业务〔2009.01〕
H04W48/20	•	选择接入点〔2009.01〕
H04W76/00		连接管理，例如连接建立，操作或释放
H04W76/02	•	连接建立
H04W76/021	••	连接标示符的分配或使用
H04W76/022	••	传送隧道的设置

CPC 下分类	点组	含义
H04W76/023	••	直连方式设置
H04W76/025	••	多重无线链路连接的设置
H04W76/026	•••	涉及毗邻核心网络技术
H04W76/027	••	设置拒绝或者故障的管理
H04W76/028	••	连接重建

2.5.2.2　网络切片的检索策略选择

网络切片作为专有名词没有其他扩展方式，因此对相关方案的关键词扩展可以从方案涉及的流程角度进行扩展，例如切片选择、切片接入及建立连接等。在从流程角度进行关键词扩展时，切片选择方案可以从流程交互实体、切片选择的依据等方面进行提取关键词并进行扩展，切片接入方案可以从接入流程的各阶段方面提取关键词并进行扩展，连接建立方案可以从交互流程方面提取关键词并进行扩展。在根据交互实体进行关键词检索过程中，直接使用关键词进行"AND"操作，不容易造成文献遗漏，在根据流程进行关键词检索的过程中，使用邻近算符可以更明确地表达交互流程，提高检索效率。除了从流程角度扩展，还可以从技术效果角度扩展。

网络切片技术本身没有对应的 IPC 和 CPC 分类号，因此使用分类号时只能从网络切片涉及的流程角度对文献进行限定，例如 H04W48 大组涉及网络选择相关主题，H04W74 大组涉及随机接入相关主题，H04W76 大组涉及连接建立相关主题。

对于 5G 技术，3GPP 组织进行了深入讨论并形成了相应规范文档，因此还应该利用 3GPP 网站检索入口或者直接在 FTP 服务器中对相关技术文档进行检索。

在 3GPP 网站检索，对于涉及交互流程实体的方案，可以直接使用各实体的缩写表达进行检索，工作组通常集中在 SA 组。对于涉及流程的其他改进方案，则需要借助邻近算符对改进手段进行准确表达后进行检索，工作组通常集中在 WG2 组。

2.5.2.3　网络切片的关键词提取和扩展

网络切片是 5G 标准中的专有名词，无须进行扩展。网络切片的方案主要涉及切片选择、切片接入和切片连接，在实际检索过程中可以对上述流程进行扩展，见表 2-38。

表 2-38　关键词扩展

	中文关键词	英文关键词
大规模物联网业务	海量设备，海量机器，大规模设备，大规模机器，物联网，大连接	eMTC，mMTC
网络切片	网络切片	slice

2.5.2.4　网络切片的案例实践

（1）技术构思简介

现有技术中，为了能够同时为不同的应用场景（例如车联网应用场景、视频应用场景等）提供通信服务，5G 网络需要将服务于不同应用场景的网络进行隔离。因此，5G 网络中网络切片的概念被提出，其中，网络切片是为特定应用场景或业务模型定制的一系列核心网功能和接入网功能的集合。在专用核心网（Dedicated Core，DECOR）技术中设置核心网节点，各核心网节点可以共享不同专用核心网信息，当接入网节点可以将终端的接入请求转发至默认的核心网节点，该默认的核心网节点可以根据不同的专用核心网的信息，为终端确定其所属的专用核心网。而 5G 中由于不同网络切片之间是相互隔离，互不感知的，因此，接入网节点无法直接通过某个网络切片内的核心网节点，为终端确定其所属的网络切片，进而无法将终端接入其所属的网络切片。

为了解决现有技术中的问题，提出了一种确定终端所属网络切片的方法，网络选择功能（Network Selection Function，NSF）节点获取终端的身份标识；所述 NSF 节点将所述身份标识发送至归属签约用户服务器（Home Subscriber Server，HSS）；所述 NSF 节点接收所述 HSS 发送的网络切片的切片标识，所述切片标识为所述 HSS 根据所述身份标识所确定的；所述 NSF 节点根据所述切片标识，确定所述终端所属的网络切片，如图 2-43 所示。

（2）检索策略分析

首先对需要检索的技术构思进行分析。在上述技术构思中，HSS 存储终端和网络切片的对应关系，接入网无法直接向 HSS 查询网络切片，因此设置 NSF 将接入网的查询请求转发到 HSS 进行查询。

基于以上分析，该技术构思的要点在于：NSF 向 HSS 发送终端标识，查询终端所属的网络切片。因此，根据上述技术要点形成检索要素表见（表 2-39）。

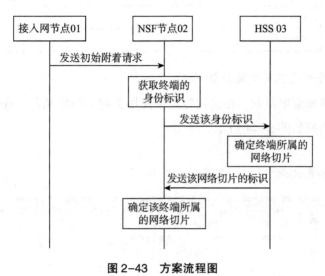

图 2-43　方案流程图

表 2-39　检索要素表

检索要素	检索要素 1	检索要素 2
关键词	网络切片	NSF 向 HSS 发送请求查询网络切片

该申请流程见图设置 NSF 节点，获取终端身份标识后查询 HSS，根据签约网络切片确定终端所属的网络切片后将切片标识返回给基站。该申请的领域是网络切片，关键技术手段确定的基本要素是根据身份标识查询 HSS 签约网络切片。

基于上述技术构思和检索要素表，可以看出主要检索思路是 HSS 存储终端和网络切片对应关系，NSF 发送请求查询。对检索要素表进行中英文关键词和分类号的扩展表达见表 2-40。

表 2-40　扩展的检索要素表

检索要素		检索要素 1	检索要素 2
关键词	中文	网络切片	归属签约用户服务器网络选择功能
	英文	slice	IMSI, TMSI, ID, HSS, NSF

续表

检索要素		检索要素 1	检索要素 2
分类号	IPC	—	—
	CPC	—	—

（3）检索过程及结果分析

①专利库简单检索。在常规检索中使用关键词网络切片、HSS、NSF 进行检索，结果如图 2-44 所示。

图 2-44　常规检索（1）

在常规检索的结果是 7 篇，其中有文献申请号为 201680086086.1 的专利文献，发明名称：一种网络切片的确定方法、装置及系统。其与上述技术构思具有相类似的技术问题，即接入网无法直接确定终端所属的网络切片。该方案提出 NSF 向 HSS 查询终端对应的网络切片。

本方案的发明构思是存在节点执行网络切片查询请求的转发，最终

HSS 查询终端对应切片，因此转发的节点不限于 NSF，调整检索式，结果如图 2-45 所示。

图 2-45　常规检索（2）

检索结果是 28 篇，其中有文献申请号为 201880067922.0 的专利文献，发明名称：实现网络切片与演进型分组核心连接之间的互通的机制。其要解决的技术问题也是接入网、核心网和网络切片之间的互通问题，并且公开了 HSS 中存储终端注册信息，包括网络切片信息，用于选择网络切片，如图 2-45 所示。

②3GPP 检索。在 Advanced Search 页面同样使用 network slicing 和 HSS 进行检索，结果如图 2-46 所示。

检索文献量大，检索式并未体现 HSS 中预存注册网络切片标识这一构思，因此使用 Menu Assisted 界面检索，检索结果如图 2-47 所示。

利用检索结果右侧主题分类可以快速了解每个主题的内容，选择合适主题，缩小阅读范围。锁定 Network Slicing Support 主题，文献 SA-164922 公开了 HSS 中存储终端注册网络服务类型，以及选择网络是否支持网络切片。而该申请正是基于 HSS 中存储终端注册的服务类型这一基础来选择网络切片。

Setting the Standard for Mobile Broadband

A GLOBAL INITIATIVE

Home   Search Results

Your search **"(network AND slicing AND hss)"** found 280,801 hits in 847 documents. (37.41 seconds)

Sort By: Best Match | Date   Results 1 to 10 of 847

SA WG2 Temporary Document   **03 Jul 2015**
Title: Motivation for Core **Network Slicing** Study in SA2 ...was proposed to study the Core **Network Slicing** in SA2 for Rel-14 ...a few problems with today's mobile **network** architecture:
S2-152420.zip -> S2-152420 Motivation for Network Slicing SID in SA2.doc - 03 Jul 2015 - Details

SA WG2 Temporary Document   **29 Feb 2016**
of the key issue "support of **network slicing**" ...the key issue on support of **network slicing**. ...key issue for the support of **network slicing**.
S2-160986.zip -> S2-160986_Network-Slicing-key-issue.doc - 29 Feb 2016 - Details

SA WG2 Temporary Document   **05 Apr 2016**
Title: Distribution of NFs across **Network** Slices ...the NFs that are independent of **network** slices and those that are ...be either shared or non-shared between **network** slices.
S2-161807.zip -> S2-161807.doc - 05 Apr 2016 - Details

3GPP TR 23.799   **11 Oct 2016**
Title: Update of Interim Agreements on **Network Slicing**
...contribution: Update interim agreements on KI#1 **Network Slicing**. ...number of solutions proposed for KI#1 **Network Slicing** this contribution proposes to
S2-165659.zip -> S2-165659 Interim Agreements - Network Slicing v10.doc - 11 Oct 2016 - Details

[Bookmark: OLE_LINK1] [Bookmark: OLE_LINK2]   **02 May 2016**
[Bookmark: page1]
Title: Discussion on security of **network slicing** ...864[1], there are many requirements on **network slicing**.In SA2, TR ...799[3] lists **slicing** as a key issue and has given some solutions
S3-160536.zip -> S3-160536.docx - 02 May 2016 - Details

[Bookmark: OLE_LINK1] [Bookmark: OLE_LINK2]   **02 May 2016**
[Bookmark: page1]
Title: Discussion on security of **network slicing** ...864[1], there are many requirements on **network slicing**.In SA2, TR ...799[3] lists **slicing** as a key issue and has given some solutions
S3-160536.zip -> S3-160536.docx - 02 May 2016 - Details

SA WG2 Temporary Document   **17 May 2016**
Title: Service Triggered **Network Slicing** Selection Procedure ...support of UE attached to multiple **network** slices simultaneously.First of all,...a NextGen **network** architecture with multiple slices is presented.Then the procedures
S2-162636.zip -> S2-162636.doc - 17 May 2016 - Details

Are you looking for:
Network Slice (795)
Network Slicing (244)
Network Slices (201)
Network Functions (144)
Core Network (125)

Content Size:
100kb - 500kb (262)   ×
1Mb - 5Mb (236)   ×
500kb - 1Mb (173)   ×
1kb - 100kb (76)   ×
5Mb - 10Mb (61)   ×
                1 more...

Content Type:
Microsoft Word (622)   ×
Microsoft Excel (159)   ×
HTML Raw Codes (39)   ×
Adobe Acrobat (PDF) (14)   ×
Microsoft PowerPoint (12) ×
                1 more...

Company:
ETSI (151)   ×
ETSI/MCC (115)   ×
3GPP Support Team (48)   ×
ETSI Sophia Antipolis (33) ×
Telecom Italia S.p.A. (31) ×
                23 more...

Author:
Template: M Pope (113)   ×
MCC Support (108)   ×
Maurice Pope, MCC (73)   ×
MCC (55)   ×
Michael Sanders, John M Meredith (46) ×
                45 more...

Title:
SA WG2 Temporary Document (112) ×
Chairman's notes (54)   ×
3GPP Change Request (46)   ×
3GPP TR ab.cde (42)   ×

图 2-46   3GPP Advanced Search 检索

 **Setting the Standard for Mobile Broadband**
A GLOBAL INITIATIVE

Home　Search Results

Your search **"(network slicing) \\ hss"** found 306 hits in 62 documents. (2.15 seconds)

Sort By: Best Match | Date　　　　　　　Results 1 to 10 of 62

SA WG2 Temporary Document　　　　　　**21 Mar 2017**
In many cases the concept of **network slicing** can trace its roots back
...possible to slice IMS as the **HSS** is assumed to hold all ...made there
would be a common **HSS** for a particular user.
S2-172029.zip -> S2-172029 Slicing and IMS.doc - 21 Mar 2017 - Details

SA WG2 Temporary Document　　　　　　**05 Apr 2016**
HSS, HLR.) including the latest improvements agreed by ...issues such
as **network Slicing** , Information repositories.
S2-161829.zip -> S2-161829 rev of S2-161803 rev of 1722-Key issue on
InformationModels .doc - 05 Apr 2016 - Details

SA WG2 Temporary Document　　　　　　**05 Apr 2016**
HSS, HLR.) including the latest improvements agreed by ...issues such
as **network Slicing** , Information repositories.
S2-161803.zip -> S2-161803 rev of 1722-Key issue on InformationModels .doc - 05
Apr 2016 - Details

Presentation to TSG / WG　　　　　　**29 Jul 2016**
the detailed procedures and interface between **HSS** and SSS, including
how ...legacy UEs without any awareness of **network slicing** would
access the next generation ...network with **network slicing** .
S3-161265.zip -> S3-161265 slice security separation revision of S3-160953.doc - 29
Jul 2016 - Details

Presentation to TSG / WG　　　　　　**29 Jul 2016**
the detailed procedures and interface between **HSS** and SSS, including
how ...legacy UEs without any awareness of **network slicing** would
access the next generation ...network with **network slicing** .
S3-161265.zip -> S3-161265 slice security separation revision of S3-160953.doc - 29
Jul 2016 - Details

3GPP Change Request　　　　　　**20 Sep 2016**
the detailed procedures and interface between **HSS** and SSS, including
how ...legacy UEs without any awareness of **network slicing** would
access the next generation ...network with **network slicing** .
S3-161350.zip -> S3-161350_slice_security_separation_solution#8.1_update.doc -
20 Sep 2016 - Details

3GPP TSG SA WG3 (Security) Meeting #86bis S3-　　**20 Mar 2017**
170863
the detailed procedures and interface between **HSS** and SSS, including
how ...legacy UEs without any awareness of **network slicing** would
access the next generation ...network with **network slicing** .
S3-170863.zip -> S3-170863_pCR to TR 33.899_Removal of Editor's Notes of
Solution 8.1.docx - 20 Mar 2017 - Details

Are you looking for:
UDM+HSS (9)
The HSS (8)
HSS and SSS (7)
HSS in Step (7)
Network Slicing Support (5)

Content Type:
Microsoft Word (52)　　×
Microsoft Excel (10)　　×

isys:SubType:
2003 (20)　　×
Word 97 (20)　　×
Word 2007 (13)　　×

Content Size:
10Mb - 50Mb (22)　　×
100kb - 500kb (11)　　×
5Mb - 10Mb (10)　　×
1kb - 100kb (8)　　×
1Mb - 5Mb (7)　　×
1 more...

Company:
Ericsson (21)　　×
ETSI/MCC (12)　　×
ETSI Sophia-Antipolis (7)　　×
Microsoft (4)　　×
chinaunicom (4)　　×
3 more...

Author:
MCC Support (22)　　×
Template: M Pope (11)　　×
Maurice Pope (7)　　×
NEC (4)　　×
China Unnicom (4)　　×
4 more...

Title:
3GPP TR ab.cde (21)

图 2-47　3GPP Menu Assisted 检索

第 3 章 物联网领域检索指引

随着物联网技术（Internet of things，IoT）的持续发展和广泛应用，越来越多的企业、科研院所、个人对物联网技术表现出强大的兴趣，涉及物联网的专利也在不断增加。本章将结合物联网各层关键技术要点，介绍物联网专利文献检索技巧，并且提供各层技术主要的关键词和分类号表达，以助于提高检索效率。

3.1 物联网技术概述

3.1.1 物联网的定义与发展现状

随着人工智能、移动通信技术、网络技术、传感技术、嵌入式等先进技术的发展，人们生活质量的不断提高，人类通过改造物质世界来满足自身需求的能力也相应提高，因此"物联网"的概念也就呼之欲出了。物联网由最初的连接物品到物品的网络来实现物品的智能化识别和管理，逐步发展成了信息空间与物理空间的融合，将一切事物数字化、网络化，在物品之间、物品与人之间、人与现实环境之间实现高效信息交互方式，并通过新的服务模式时各种信息技术融入社会行为，使得信息化在人类社会综合应用达到了一个较高的境界。由于大量的物联网终端设备接入网，到 2020 年连接到网络的无线终端设备数量已达到 500 亿台，其中包括 2120 亿个传感器，生成的数据多达 507.9ZB，预计到 2025 年全球将有大约 1000 亿台设备连接到互联网。据统计，2017—2018 年我国物联网市场规模全年突破 1 万亿。

物联网时代的来临，物联网技术已经应用到人们生产、生活的许多方面，目前物联网行业应用聚焦六个具有代表性的智慧方案，包括智慧的电力（如智能电网的构建与实施）、智慧的医疗（如远程医疗建设，智慧医疗电子手腕的应用）、智慧的城市（实现数字化管理和城市安全的统一监控，如应急指挥、机场防入侵等）、智慧的交通、智慧的供应链及智慧的银行，其实际应用也涉及社会生活的各个层次，物联网的应用领域在不断扩大。

物联网的生产不仅是技术的发展，更是行业发展的新动力，智能化管理深入人们的各个方面，改善人们的生活质量，最终带来人类生活模式的变革，使我们的生活更舒适、更便捷、更安全、更环保，人与自然更和谐。

中国政府也高度重视物联网的研究与发展。根据"十二五""十三五"规划，在各种产业政策的配套下，物联网应用领域不断延伸，"十四五"规划中也明确划定了七大数字经济重点产业，包括云计算、大数据、物联网、工业互联网、区块链、人工智能、虚拟现实和增强现实，这七大产业也将承担起数字经济核心产业增加值占 GDP 超过 10% 目标的重任。一系列重要讲话、报告和相关政策措施表明，大力发展物联网产业将成为今后一项具有国家战略意义的重要决策，这无疑将会引发新一轮"工业革命"，极大地拓展物联网的发展空间，因此物联网具有广阔的发展前景。

3.1.2　物联网工作方式

物联网技术的应用系统一般包括传感设备、数据传输模块和远程数据中心。其中传感设备安装在被控设备上，并于数据传输模块相连，数据传输模块通过网络与数据中心相连。系统工作时，传感设备采集被控设备相关的环境参数和工作状态数据，并通过数据出书模块经由网络传递给远程数据中心，远程数据中心对采集的数据进行分析处理，从而实现对被控设备进行实时监控、管理、预测及诊断等。

3.1.3　物联网基础架构

物联网即"万物相连的互联网"，它将各种信息传感设备与互联网结合，实现在任何时间、任何地点，人、机、物的互联互通。物联网实现了信息空间与物理空间的融合，然而，物联网技术不是所谓的计算机网络技术、通信技术、传感技术等先进技术的简单叠加，而是需要更深层次的将上述技术有机交融，并且添加更多的人性化的设计与配合。

目前，针对物联网体系架构的研究，通常将物联网中的功能进行分层，每一层处理一部分任务，由下至上分别是泛在化末端感知网络，融合化网络通信基础设施与普适用化应用服务支撑体系，简称为感知层、网络层、应用层，如图3-1所示。

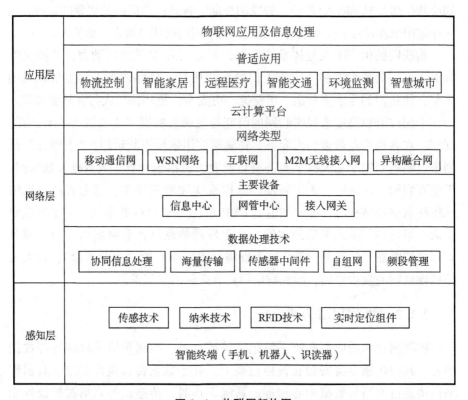

图3-1　物联网架构图

物联网感知层由各种传感器及传感器网关构成，其通过传感器、摄像头、识别码、RFID（射频识别）和实时定位芯片等采集各类标识、物理量及音视频数据，然后通过短距离传输、自组织组网等技术对数据进行传递。感知层的主要任务是实现物联网的全面感知，进行数据采集和数据的初步处理。

网络层是基于网络、通信技术和协议实现信息的数据传输。它包括现有的互联网、通信网、广电网及各种接入网和专用网。它是连接感知层和应用层的纽带，主要任务就是对来自感知层的数据进行传递和进一步加工处理。

应用层是包括各种应用子集成和服务支撑层，功能是对各类业务提供统一实时的信息资源支撑，由各类可重复使用并实施更新的信息库和应用服务资源库做保证，云计算服务使各类业务服务根据用户的需求随需组合。

可见物联网技术的基础架构分为三层，物联网技术的专利布局通常也是围绕这三层展开，下面将分别介绍物联网三层架构中的相关技术，对各层所涉及的典型关键词和分类号进行归纳，并通过案例来说明对物联网技术专利文献的检索。

3.2　感知层

感知层中的感知和标识技术是物联网的基础，感知层作为物联网的神经末梢，负责采集物理世界中发生的物理事件和数据，实现外部世界信息的感知和识别，包括多种发展成熟度差异性很大的技术，如传感器、RFID、二维码等。传感设备、感知设备是否设置恰当及其感知性能的好坏，直接决定了基于物联网技术的应用系统的性能优劣。该层涉及的主要技术如下。

（1）传感技术

传感技术利用传感器和多跳自组织传感器网络，协作感知、采集网络覆盖区域中被感知对象的信息。传感器技术依附于敏感机理、敏感材料、工艺设备和计测技术，对基础技术和综合技术要求非常高。目前，传感器在被检测量类型和精度、稳定性可靠性、低成本、低功耗方面还没有达到规模应用水平，是物联网产业化发展的重要瓶颈之一。

（2）纳米技术

纳米技术是研究结构尺寸在 0.1nm～100.0nm 范围内材料的性质和应用，主要包括纳米体系物理学、纳米化学、纳米材料学、纳米生物学、纳米电子学、纳米加工学、纳米力学等。纳米技术能将微小的物体（如沙粒）也能进入物物相连的网络，进行信息交互，这使得物联网真正意义上做到了万物的互连。可见纳米技术必然在物联网中扮演重要的角色。

（3）识别技术

识别技术涵盖物体识别、位置识别和地理识别，对物理世界的识别是实现全面感知的基础。物联网标识技术是以二维码、RFID 标识为基础的，对象标识体系是物联网的一个重要技术点。从应用需求的角度，识别技术首先要解决的是对象的全局标识问题，需要研究物联网的标准化物体标识体系，进一步融合及适当兼容现有各种传感器和标识方法，并支持现有的和未来的识别方案。

（4）RFID 技术

射频识别（radio frequency identification，RFID）是一种非接触式的自动识别技术，它通过射频信号进行全双工数据通信，从而自动识别目标对象并获取相关数据，识别过程无须人工干预，适用于各种恶劣环境。RFID 技术的突出优点是可识别高速运动物体并可同时识别多个标签，操作快捷方便。将 RFID 技术与互联网、通信等技术有机结合，可实现全球范围内物品跟踪与信息共享。

（5）实时定位组件

日渐成熟的全球定位系统给物联网提供了强大的技术支撑，使物与物之间的准确定位成为可能。以定位技术中的 GPS 技术为例，其高精度、全天候、高效率、多功能、操作简便、应用广泛等特点为物联网中的定位追踪提供了便捷的服务，让物联网的功能更加完备。

（6）智能终端

智能终端是将一个智能化的系统植入终端中，使终端具备一定的"主观能动性"，即智能性，能够进行自主判断或者与用户进行沟通，是物联网的关键技术之一。目前的智能技术研究包括人工智能的理论研究、虚拟现实及各种语言处理的人机交互技术与系统、可准确定位跟踪的智能技术与系统、智能化的信号处理等。

3.2.1　分类号使用特点

感知层多涉及感知组件，因此可以在 PSS 检索系统给出的 IPC 分类号的检索入口，输入感知组件的关键词以查询方式快速获得相关感知组件的分类号。

如图 3-2 所示，用户可在高级检索界面的 IPC 分类号检索框右侧，点击圆形问号按钮，进入 IPC 查询界面。

以感知层的传感器为例，感知层较多涉及对环境参数的感知，因此采用传感器作为关键词，在图 3-3 查询界面的输入框上部选择"中文含义"，然后在输入框中输入"传感器"，点击查询按钮，即可得到与传感器相关的 IPC 分类号。

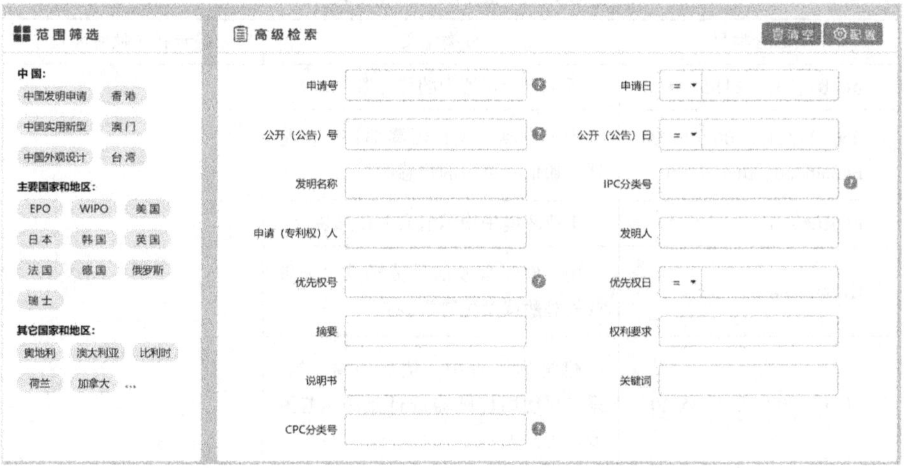

图 3-2　IPC 分类号查询入口

图 3-3　与传感器技术相关的 IPC 分类号查询方法

　　采用上述类似的分类号查询的方法，并进一步对感知层的专利文件进行分析，其涉及的 IPC 分类号及分类号定义如表 3-1 所示。

表 3-1　感知层相关分类号

IPC 分类号	分类定义	感知层专利文献所涉及技术
A61B1/00、A61B5/00	医学诊断仪器中的传感器	应用在特定场景的传感器
B60G17/019、B60L15/00 B62M6/50、B64G1/36	用于车辆、飞行器零部件、控制器、通信线路中的传感器	
B65D90/51	工业环境中指示泄露的传感装置	
C12M1/34	用条件测量或信号传感方法测量或检验酶或微生物学装置	
E05B81/00、E21C35/10	建筑物场景中，例如门窗、锁、采矿机使用传感器进行监测、监测或作为开关	
F02M26/45、F02M69/48 F02P7/00、F15B5/00 F41J5/056	机械工程中适用于监测燃烧、空气、发动机电火花部件的传感器，流体工作系统中的压力传感器，靶指示系统中的传感器	
G01H3/12	乐器领域拾取音调的机电传感器	
H02P21/06、H02P21/12 H02P21/24	控制转子磁通量、控制变压器的传感器	
H04N1/031、H04N5/335 H04N13/207、H04N13/239 H04N13/243、H04N13/25	图像识别传感器	
G01B11/255、G01B11/245	使用多个固定的、同时启动的传感器	特定状态的传感器
G01N29/265、G01N29/27 G01N29/275	通过相对于固定物体移动传感器、通过相对于固定传感器移动物体、通过移动传感器和物体	
G01C17/00、G01C19/00 G01C22/02、G01G11/00 G01G19/00、G01S19/26 G06F3/0346、G07D7/026 H01H35/30、H01H37/34	电传感器、电磁罗盘、振动角速度传感器、转数表传感器、机械称重传感器、电气称重传感器、流体称重传感器、用于辅助或跟踪的传感器、使用陀螺仪或加速度计或倾斜传感器的指示器、采用电容的传感器、压力传感器、热力传感器	不同类型的传感器

IPC 分类号	分类定义	感知层专利文献所涉及技术
H04R	扬声器、送话器、唱机拾音器领域中，传感器的零部件、有特殊结构导致其有相应用途的传感器	传感器的结构
G16H10/65、H04W4/80 G06K17/00	存储数据的载体 RFID 标签、短距离通信业务 RFID、设备之间实现协同作业的方法或装置，例如，结合有传送和读数操作的自动卡片文件	RFID 技术
A63F13/216、B60R25/33 G01S19/01、G01S19/39 G04R20/02	使用地理信息的，如采用 GPS 对游戏设备或玩家进行定位的传感器、全球定位，例如通过提供 GPS 坐标的探测、GPS（全球定位系统）	实时定位组件
H04M1/725	移动终端、手机	智能终端
G06F3/014	手戴的输入/输出装置	
A61B34/00、A63F13/803 B29C64/379、B29C70/38 F16M1/022	适用于外科的操纵器或机器人、用于驾驶的机器人、用于辅助操作的机器人、加工领域的机器人	

可见涉及 RFID 的 IPC 分类号较少，然而，CPC 分类表中对 RFID 技术给出了相当丰富的分类号，读者可参照图 3-4，在 PSS 系统中点击 "热门工具"→"CPC 查询"，并在输入框中输入关键词 RFID，再点击 "查询" 按钮，进行与 RFID 技术相关的 CPC 分类号查询。

在图 3-4 中拖动窗口垂直滚动条浏览相关结果可知，与 RFID 技术相关的 CPC 分类号涵盖了 CPC 表中 A、B、F、G、H 五个大类，这也印证了能作为全局标识的 RFID 标签在生活中得到了极为广泛的应用。类似的，识别技术中常采用 QR 码和二维码存储被采集对象的基本信息，但 IPC 分类体系中未涉及 QR 码和条形码，然而 CPC 分类表中对 QR 码和条形码也给出了大量的分类号，如下图 3-5 和图 3-6 所示，当技术构思涉及相应的码时，可以采用该查询方法获得相应的 CPC 分类号，并用于后续检索。

图 3-4　与 RFID 技术相关的 CPC 分类号查询方式

　　类似的，智能终端技术中包含有各类设备，例如手机、机器人、识读器等，由表 3-1 可知，其在 IPC 分类体系中涉及的分类号较少，但在 CPC 分类体系中涉及的分类号较为丰富，因此可以采用图 3-4、图 3-5、图 3-6 所示的方法在 CPC 查询工具中输入相关的关键词，例如"手机""机器人"，就能获得大量分类号，读者可点击对应的分类号，即可在右侧查看分类号对应的中英文含义，在此不一一赘述。

3.2.2　检索策略选择

　　感知层中的技术构思主要围绕感知设备本身及其应用进行设计，由于感知层设备类型各不相同，检索策略也不尽相同。

　　对于传感技术来说，大多涉及传感器本身的材料、工艺、结构方面的改进，由前述表 3-1 列举可知，对于传感器特定场景、状态、类型、结构均有对应的非常丰富的 IPC 分类号，因此，在对传感器本身进行改进的技术方案中，非常适合从前述表 3-1 中获得对应的分类号，用于将检索结果划定至一个较为合适的范围，进一步地，若检索结果数量较大，可以考虑用与具体应用场景有关的词进行进一步限定。

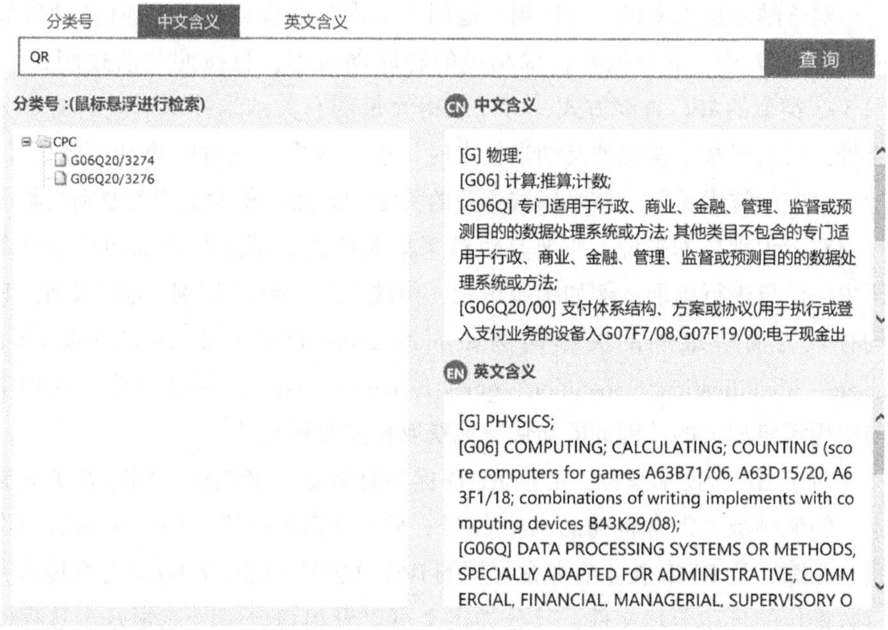

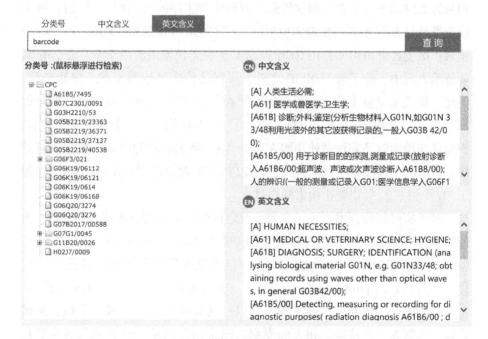

图 3-5　QR 码对应的 CPC 分类号

图 3-6　二维码对应的 CPC 分类号

对于纳米技术来说，可以用关键词"纳米"结合关键词"通信""物联网"即可发现大量与纳米技术相关的物联网技术，且按照与前述图 3-2、图 3-3 类似的 IPC 查询方式，可以获得大量的有关纳米技术对应的 IPC 分类号，可见当技术构思涉及纳米技术时，也可考虑查找对应的 IPC 分类号，加上对应的技术手段、技术领域相关的关键词即能获得大量相关专利文献。

对于识别技术来说，主要是对被采集对象的特征进行识别和对标签条码中的信息进行提取，例如图像识别、声纹识别、红外识别、QR 识别，其均有较为简单准确的关键词例如 picture/facial/infrared/speech/voice/language、Identification/recognition、quick response、barcode 用于检索，在加上与应用场景相关的关键词即能快速地获取相关专利文献。

对于 RFID 技术来说，由于 RFID 标签有数据存储功能，因此在工业制造、物流领域，常常将物品 ID、编号存储于 RFID 标签中用于对物品的识别、跟踪，且 RFID 技术有非常好用的 IPC 分类号 G06K17/00 结合有传送和读数操作的自动卡片文件，其分类定义可以看出该分类号能很好表达存储数据的 RFID 标签。因此对于该技术分支十分适合用该分类号加上技术手段相关的关键词进行检索。例如检索"存储生产工序的 RFID 标签"时，可用该分类号结合"RFID OR 射频识别""［工序 OR（加工 8D 步骤）］"进行检索；由上述分析可知，RFID 标签在工业生产领域内应用十分广泛，在具体技术方案中，除了涉及 RFID 之外，可能还包含其他的生产工序和步骤。因此，相关文献量十分大，若仅用运算符"AND"连接"RFID OR 射频识别"和"［工序 OR（加工 8D 步骤）］"可能无法精准检索到相关技术，因此且在检索时还需注意使用同在算符"S"将关联较为密切的要素进行连接，例如将上述技术手段表达为"（RFID OR 射频识别）S［工序 OR（加工 8D 步骤）］"以防止检索噪声过大。

对于实时定位技术来说，主要涉及定位组件对地理位置信息的获取，由前述表 3-1 可知，该技术有较合适的 IPC 分类号 A63F13/216、B60R25/33、G01S19/01、G01S19/39、G04R20/02，且有较准确的关键词"位置""定位""经纬度""positioning""location""longitude""latitude"用于检索。

对于感知层中的智能设备技术来说，其具体的实现方式为手机、穿戴设备、机器人、识读器，相关的专利文献常用涉及从上述智能设备中获得感知数据用于分析、远程管理，该技术在国外起步较早。因此，充分扩展英文关键词能获得较多相关的外文专利文献。此外，该技术与实际的应用场景关联较为密切，执行主体间的交互过程也略显复杂，因此提取检索要素后，为了快速获得相关文献，可对检索要素和检索字段进行分析，例如，"摘要"字段适合检索与技术领域、技术效果相关的检索要素，"说明书"字段适用于检索技术手段相关的下位表达方式，值得注意的是，"关键词"字段能用于检索出现在包含"标题""摘要""权利要求"，若需检索与关键技术手段相关的实施步骤，例如执行主体间的交互步骤，非常适合在"关键词"字段中检索。

3.2.3 关键词提取和扩展

感知层主要涉及对环境中物理事件、不同数据类型的采集，因此典型关键词的提取和扩展主要围绕采集设备主体、采集时具体采集动作和采集得到的物理事件展开，提取的关键词及其扩展见表 3-2。

感知层解决的是人类世界和物理世界的数据获取问题，感知层的专利文献主要关注如何对状态、环境信息的识别和采集，进一步对采集到的数据进行标记和存储，是物联网的核心，是信息采集的关键部分。

3.2.4 案例实践

【案例 3-1】

物联网作为近年来兴起的新兴信息产业，其最典型的应用场景是通过 RFID、传感器、激光扫描器等信息传感设备，按照预定的协议，把任何物体和互联网连接起来，进行信息交换和通信，以实现智能化识别、跟踪、监控和管理。物联网技术可以为人类提供无所不在的方便快捷的感知和控制能力，极大地提高社会生产效率，为人类生活提供便利。

作为物联网三大结构层次中感知层中的重要技术，RFID 技术在物联网中有着重要地位，它不但是物联网中最重要的感知识别技术之一，而且也是物联网技术的起源之一，是物联网技术的基石。因为物体附着电子标签，通过 RFID 系统联网，从而实现了物联网的物物相连的目标。

RFID 技术目前得到飞速发展，同时也在社会生产生活中得到了广泛的应用。为人们的生活提供了巨大便利，为社会创造了巨大的经济价值。如我们日常生活中的门禁，公交地铁的电子车票，以及我国二代居民身份证等，都是 RFID 技术的应用。

表 3-2　感知层典型关键词

关键词类型	中文扩展	英文扩展
采集主体类型	传感器、感测器、感应器	sensor, transducer
	射频识别卡、射频标签	RFID
	识读器、阅读器、扫描器、扫描仪	scanner, reader
	机器人	robot, machine
	标签	tag, label
	快速响应码 QR 码	QR, quick response
	二维码、条形码	barcode
	陀螺仪	gyroscope
	加速度器	accelerometer
	雷达	radar
采集动作类型	采集、提取	collect, extract
	感知、感测、感应	detect, perceive, sensing
	识别	Identification recognition
	探测	detect
	人机交互、人工智能、拍摄、对话	interaction, AI（artificial intelligence）shoot, dialog
	定位	positioning location GLONASS GPS
	扫描	scan
	监控、监管、监视	monitor
采集得到的物理量类型	环境	environment
	参数	parameter
	语音、话音、声音、声纹	speech, voice, language
	经纬度	longitude latitude
	图像、图片、照片、影像	photo, graph, picture, video
	工作状态	working state
	压力	pressure
	温度、测温	temperature
	湿度	humidity
	烟雾、气体、二氧化碳	Moisture, gas, CO_2

RFID 系统分为读写器、电子标签、高层系统三大组成部分，其中以电子标签最为重要。电子标签是条形码的无线版本，作为数据载体供系统读写。电子标签由电子天线和专用芯片组成，专用芯片用来存储数据信息，RFID 系统通过写入和读取芯片内存信息来识别物体。在实际应用中，用户将电子标签固定在需要识别的物品上，就如同给该物品附上了其专有的身份证。除此之外，为了提高 RFID 标签的利用价值，还可在专用芯片中写入其他物品相关信息，使其在生产系统中发挥更大的作用。

（1）技术构思简介

现有技术中，特别在零件加工制造行业中，一个零件的架构往往涉及多个不同的工序，在进行加工时，通常是采用人工方式对每道工序进行手动记录并汇总，这样，对零件生产进行监管时，无法实时立即查看零件加工到哪一个步骤了，并且，当零件材料相同，但是需要加工的工艺不同时，监管环境更显复杂。因此需要设计一种方案可以实现产品的定制化、工序自动化、生产智能化，以提高生产效率。

针对现有技术中的不足，设计提供一种基于物联网的零件定制智能化加工系统，能以 RFID 射频识别标签作为载体，将已完成的工序存储至 RFID 标签中并通过对 RFID 标签中信息的读取，将工序信息实时显示在用户客户端上，以实现对零件加工制造的实时监管。

具体地，该基于物联网的零件定制智能化加工系统工作流程如下：

用户终端，用户采用该用户终端在线对零件工艺进行选择，进行零件定制，生成在线订单。

服务器端，接收订单，生成订单相应的加工参数和工序，并发送至生产管理系统。

生产管理系统，将加工参数和工序与相应的 RFID 进行绑定，将绑定后的 RFID 标签贴在待加工的零件上，对生产流程进行控制。

生产设备，通过数据采集器扫描 RFID，获取其中的加工参数和工序，按照加工参数和工序对零件进行加工生产，在每完成一道工序后，将指定的工序标记为已完成，并写入所述 RFID 中。

此外，数据采集设备根据预设时间周期，读取所述 RFID 中的工序信息并上传至服务器端，形成加工进度信息，并反馈至用户终端，使得用户能通过终端查看零件的加工进度。

该零件定制智能化加工系统架构图如图 3-7 所示。

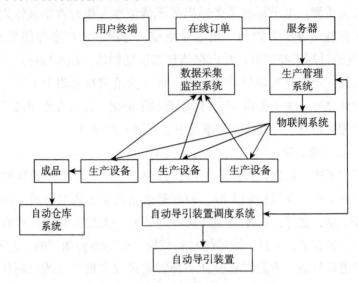

图 3-7　零件定制智能化加工系统架构

（2）检索策略分析

对检索的技术构思进行分析。在上述技术构思中，为了实现实时展示制造工序，采用的关键技术手段是设计可读写的 RFID 标签，存储零件信息、工序信息实现对零件生命周期的管控，并通过采集设备读取工序信息反馈给用户，提高实时性，减轻了人工操作的压力，实现人、机、物的智能互连。基于以上分析，该技术方案的技术要点在于：存储工序的 RFID 标签、向用户反馈进度的机制。向用户反馈的机制是由于设计了服务器向终端反馈实现的，因此，先尝试用体现反馈机制的实体，即用户终端作为关键词进行检索。基于以上分析，列出检索要素见表 3-3。

表 3-3　检索要素表

检索要素	检索要素 1	检索要素 2	检索要素 3
关键词	射频识别标签	工序信息	终端

对以上表 3-3 进行中英文关键词扩展，并且考虑到可能应用的场景，将用户终端进一步扩充为手机、电脑、客户端作为检索要素尝试检索。由前述第 3.2.2 节分析可知，RFID 技术有非常好用的 IPC 分类号 G06K17/00

（协同作业的方法和装置，进一步涉及结合有传送和读数操作的自动卡片文件）能较好地表达工业制造的应用场景及核心技术手段存储数据的 RFID 标签，因此，根据上述技术要点形成扩展后的检索要素表，见表 3-4。

表 3-4　扩展后的检索要素表

检索要素		检索要素 1	检索要素 2	检索要素 3
关键词	中文	射频识别标签	工序、加工步骤	终端，手机，电脑，客户端
	英文	RFID	process procedure step	terminal phone PC client
IPC 分类号		G06K17/00		

由于技术构思涉及感知层中对零件数据的获取，采用了可存储数据的 RFID 标签作为参数、工序数据的载体，对人工读写方式进行了改进，因此上述改进点通常会在摘要中出现，可以优先考虑针对"摘要"字段进行检索以提高检索效率。

（3）检索过程及结果分析

①简单关键词检索。综合以上分析，首先在 PSS 系统中以"摘要"字段进行简单检索，由前述第 3.2.2 节分析可知，若将检索要素 1 和检索要素 2 直接用 AND 运算，则可能导致检索结果过大不易快速获得相关文献。由于检索要素 1 和 2 关系紧密，且需表达"存储加工步骤的 RFID 标签"，因此将检索要素 1 和 2 用同在算符"S"连接，最终构造的表达式为"摘要=（（RFID OR 射频识别）S（工序 OR（加工 8D 步骤）））AND（终端 OR 手机 OR 电脑 OR 客户端）"。

从图 3-8 可以看出，得到的结果有 38 篇，其中有文献 CN11296679A 公开了一种基于 RFID 的生产追溯及动态工序管理系统，其能将产品的工序存储至粘贴在产品上的 RFID 内，每完成一步工序之后即能将该完成步骤存储更新至 RFID 内，且产品展示端能通过网页、App、微信小程序对产品信息进行展示监管。文献 CN109685173A 公开了一种基于 NB-IOT 与射频识别技术的工位监控管理方法，将待加工的产品与射频识别标签进行绑定，产品通过流水线在每个工位上加工时，各个工位将已完成的工序录入到 RFID 中并发送至采集器，采集器会在结束时间达到后将工序信息上传至后台服务器，后台服务器能显示当前节点的加工进度"工序 N 已完成"。

图3-8　"摘要"字段检索式及检索结果

②分类号+简单关键词检索。基于前述分析，IPC 分类号 G06K17/00（协同作业的方法和装置，进一步涉及结合有传送和读数操作的自动卡片文件）能较好地表达技术领域和关键技术手段，但其分类定义给出的"自动卡片"描述较为上位，为了获得更准确的结果，检索时还应当补充更为下位的表达"RFID"用于进一步限定。为了描述"存储加工步骤的 RFID 标签"，考虑到英文表达习惯可能与中文表达习惯的差异性，在构造该检索要素表达时，采用同在算符"P"以期获得更多结果。构造的检索式为：

"IPC 分类号 =（G06K17/00）AND 摘要 =（RFID S（process?? procedure?））AND 摘要 =（terminal? +phone? pc client app）"，在检索式编辑区输入上述检索式，得到结果如图 3-9 所示。

图3-9　分类号加上简单关键词得到的检索式及检索结果

很容易发现其中文献 CN111681069A 公开了能够对珠宝材料进行加工生成定制产品，在完成各个加工工序后，能将完成的加工工序存储至产品的RFID 标签中，通过设备采集珠宝数据，将加工进度通过服务器上传至用户手机上，用户能实时查看订购的珠宝的加工进度。可见该专利文献为与技术构思较为相关的技术内容。

例如文献 KR102006001728A 公开了一种用于跟踪工业产品的系统和方法，其主要针对化妆品的生产和销售步骤进行跟踪。其采用 RFID 标识，将化妆品的生产步骤以及销售步骤进行绑定，每完成一次生产或销售步骤后，将该完成的步骤写入 RFID 卡中，并上传至服务器端，服务器端的管理人员可获知化妆品的生产、分配、销售过程并进行对应管理。

由于上述文献量较大，为了更精确获取相关文献，分析上述 421 篇文献中，有很多噪声文献涉及金融、物流追踪等方面，与本技术构思的应用场景产品加工有较大差异。因此从文献中提取关键词"product"，表达技术领域为产品制造，进一步进行检索，生成的检索式和检索结果如下图 3-10 所示。

图 3-10　采用关键词"product+"进行进一步限定得到的检索式及检索结果

"IPC 分类号 =（G06K17/00）AND 摘要 =（RFID S（process?? procedure?））AND 摘要 =（terminal? +phone? pc client app）AND product+"。

从上述 105 篇结果中也能很容易获得文献 KR1020060003930A 公开了一种条形码阅读器和射频阅读器结合手机和使用它的农牧业生产管理系统，公开了能将存有农产品项目的生产步骤的 RFID 贴于农产品项目的包装上，并能将各个生产处理步骤更新至该 RFID 中，使得能通过远端服务器获取该农产品的生产历史。

文献 JP4574430B2 公开了一种情报的收集方法，并具体公开了能将RFID 标签贴于生产线的零件上，能将工作过程更新至 RFID 标签中，生产控制终端能读取 RFID 中的标识和工作过程信息并反馈至生产管理数据库，用于生产管理。可见上述文献均为与本技术构思相关文献。

【案例 3-2】

人工智能（Artificial Intelligence，AI）是研究、开发用于模拟、延伸和扩展人的智能的理论、方法、技术及应用系统的一门新的技术科学。

　　人工智能是计算机科学的一个分支，它企图了解智能的实质，并生产出一种新的能以人类智能相似的方式作出反应的智能机器，该领域的研究包括机器人、语言识别、图像识别、自然语言处理和专家系统等。人工智能从诞生以来，理论和技术日益成熟，应用领域也不断扩大，可以设想，未来人工智能带来的科技产品，将会是人类智慧的"容器"。人工智能可以对人的意识、思维的信息过程的模拟。人工智能不是人的智能，但能像人那样思考，也可能超过人的智能。

　　人工智能是包括十分广泛的科学，它由不同的领域组成，如机器学习，计算机视觉、心理学和哲学等，人工智能研究的一个主要目标是使机器能够胜任一些通常需要人类智能才能完成的复杂工作。

　　（1）技术构思简介

　　机器人是人们对科学技术不断发展而出现的产物。在现代社会里，机器人大多都出现在生产流水线上，代替人工从事繁重而又重复性的工作，比如搬运机器人、焊接机器人等。这些机器人的特点是，充分利用了机器人的双臂功能进行工作，而头部和双腿技术没有或稍有开发，使得机器人技术含量不高，不能像人类那样感知、思考、判断和行走。进一步地，出于对人自身生命安全的考虑，当面临较为恶劣的环境，如煤矿、火灾等危险场景时，也需要机器人替代人类对环境进行感知、探测并进行紧急处理，例如特别是矿井巡检中，由于矿下环境十分恶劣，传统人工巡检需要克服精神、体力的疲劳。且人工巡逻途中极有可能面临缺氧、塌方等危险和事故，人工巡逻检查存在着各种遗漏错失等现象。因此可以采用可移动远程操控或者自主巡检功能的机器人来代替巡视维护员实现矿井下的维护检查，在一定程度上既可以减少系统故障率，保障了电力网络的稳定运行，又可以节省财务成本，达到减员增效的目的，同时也保证了维护人员的生命安全和身体健康。

　　为了解决以上迫切需求，设计提供一种矿井集成式安防巡检机器人，该机器人具备头部、躯体、手臂等人形外观，具备底座和滑轮用于移动巡检；该机器人头部包括有头部本体、眼睛、鼻子、嘴巴、耳朵，眼睛由双目深度相机及红外热像仪组成，鼻子由传感器组组成，传感器组包括温度传感器、湿度传感器、烟雾传感器、气体传感器，用于周围环境的综合监测。嘴巴设置有扬声器模块，耳朵包括有一组声音探测器；头部本体的后侧内部设置有数据转发模块，能将传感器采集到的数据转发至地面管理人员的移动终端，并与地面管理人员交互，实现自主或半自主巡逻。

机器人具有 4 种工作模式：固定路线巡逻、随机路线巡逻、半自主巡逻及可疑人员检查。

在固定路线巡逻模式中，机器人按照设定好的路线进行巡逻，数据转发模块将传感器采集的相关参数转发至地面管理人员的移动终端。

随机路线巡逻模式的工作模式与固定路线巡逻模式相似，路线是由机器人自动寻迹。

半自主巡逻模式是在巡逻人员的控制下，按照巡逻人员指令进行巡逻的工作方式，与固定路线巡逻和随机路线巡逻的唯一区别就是地面管理人员的移动终端的干预。

可疑人员检查模式中，在巡逻过程中，当机器人发现可疑人员时，或者巡逻人员发送全面检查指令时，机器人进入可疑人员检查模式。在该模式下，机器人提示被检人员进行人证核验，人证核验通过后，机器人启动其机械臂进行金属异物检查，结合人体安防设备的检查结果，判断被检人员是否携带危险物品。

该巡检机器人及其系统架构图如图 3-11 和图 3-12 所示。

（2）检索策略分析

对检索的主题进行分析。在上述技术构思中，为了实现对危险环境的感知和探测，其关键技术手段是设计了集成多种传感器的机器人，并能使得监控室人员知晓矿井中的环境信息并适时对机器人进行控制。遇到可疑人员可以与其人机交互，发出提示。基于以上分析，列出的检索要素见表 3-5。

对以上表 3-5 进行中文关键词扩展，根据前述表 3-2 和第 3.2.3 节的分析，将传感器扩展为“感知”“感测”“感应”。观察上述检索要素 3，其表达为“控制”，而对于人机交互、机器人乃至相关的通信、电学领域，仅“控制”一词难以表达通信对象之间的交互关系，且在表达“控制”关系时，其表达形式十分多样化，作为检索要素难以穷举其常规表达方式。可见单单引入“控制”一词不仅会带来噪声，而且还会存在漏检的可能性，因此考虑尝试扩展检索要素 3。回顾本技术构思可知，为了表达“机器人受到远端控制"，并且检索要素 1 已经涉及其中交互对象之一，即机器人，因此在表达检索要素 3 时可以尝试采用"远程、监控、远端"扩展表达检索要素 3。虽然采用了技术构思中描述的字眼"可疑、安防"表达"对可疑人员进行检测"，但是检索要素 4 中提炼的关键词"可疑、安防"属于比较精确、具体的下位表达方式，考虑到技术构思可能应用的安全检测场景，可以将上述检索要素 4 中的关键词进行上位化扩充，扩充后的检索要素 4 的关键词表达可以为"可疑、安防、安检、安全检测、入侵、外来人员"，扩展之后的检索要素表见表 3-6。

图 3-11   巡检机器人主体

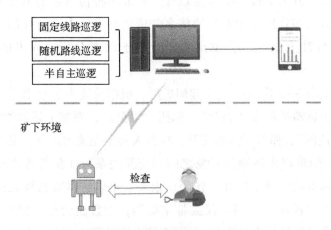

图 3-12   巡检机器人系统架构

表 3-5　检索要素表

检索要素	检索要素 1	检索要素 2	检索要素 3	检索要素 4
关键词（中文）	机器人	传感器	控制	可疑、安防

表 3-6　关键词扩充后的检索要素表

检索要素		检索要素 1	检索要素 2	检索要素 3	检索要素 4
关键词	中文	机器人	传感器、感知、感测、感应	远程、监控、远端	可疑、安防、安检、安全检测、入侵、外来人员

（3）检索过程及结果分析

①中文关键词+混合字段检索。由上述 3.2.2 节检索策略选择的分析可知，本技术构思中的检索要素 1 "机器人"、检索要素 4 通常体现在摘要的技术主题、应用领域中，将检索要素 1 和 4 位于 "摘要" 字段中进行检索；检索要素 2 "传感器" 为执行感知操作的主体，也应放在 "摘要" 字段中检索；而检索要素 3 体现了机器人执行的交互操作往往体现在专利文献的权利要求或实施例部分，因此较适合在 "关键词" 或 "说明书" 字段中检索。基于以上分析，构建的检索式为 "摘要 =（机器人 AND（可疑 安防 安检 安全检测 入侵 外来人员）AND（传感器 感知 感应））AND 关键词 =（远程 监控 远端）"，检索结果如图 3-13 所示。

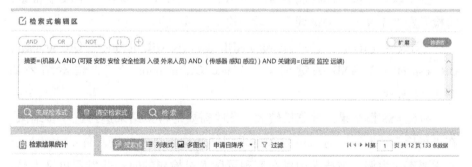

图 3-13　采用中文关键词加上混合字段得到的检索式及检索结果

简单浏览获得的 133 专利文献，其中，专利文献 CN112138314A 公开了一种智能灭火机器人，能通过传感技术获得火灾现场的环境数据并自行做出施救决策，但其无法进行外来人员入侵的安防检测。专利文献

CN212500367U 公开了一种人工智能巡检机器人，能捕获巡检路径中的环境参数，但其未公开机器人采集的环境参数能上报至远程监控端。专利文献 CN112659108A 公开了一种适合易燃易爆场景下的分布式能源仿人机器人，集成了温度传感器、湿度传感器和人工智能系统，并且能通过远程控制端基于 4G/5G 技术对所述分布式能源仿人机器人远程控制，但其未具体公开人工智能能用于与被检测人员进行交互。专利文献 CN212859475U 集成式安防巡检机器人，其不仅能采用传感器对周围环境进行综合检测，上报至远程监控端受到远程监控人员的控制，也能对可疑人员进行安检，进行人机交流。

②英文关键词检索。由上述 3.2.2 节检索策略选择的分析可知，人工智能领域在国外起步较早，为了获得更多相关文献，考虑对检索要素表进行英文关键词扩展以期获得相关结果。

表3-7　进行中英文关键词扩展后的检索要素表

检索要素		检索要素1	检索要素2	检索要素3	检索要素4
关键词	中文	机器人	传感器、感知	远程、监控、远端	可疑、安防、安检、安全检测、入侵、外来人员
	英文	robot?	sensor+	remote monitor+	safety intruder? stranger? suspect?

基于以上分析，同样将检索要素 1、2、4 置于"摘要"字段中检索，将检索要素 3 置于"关键词"字段中检索，形成检索式：

"摘要 =（robot? AND sensor + AND（safety OR intruder? OR stranger? OR suspect?）） AND 关键词 =（remote OR monitor +）"，检索结果如图 3-14 所示。

得到 488 篇结果，浏览量较大，此时需要对检索结果进行进一步缩限。在进行检索结果缩限时，可以考虑采用体现检索要素的更具体的表达。以检索要素 4 为例，该技术构思在实现可疑人员检测的时，若发现可疑人员，能以人工智能手段对可疑人员提示并进行人机交互，进一步根据预存的策略进行核验。根据上述进行安检时采用的技术手段，可进一步提取的关键词为"人工智能、人机交互、互动、提醒、提示"，将其英文表达扩展为"AI OR（artificial 1W intelligence） OR interact????"。考虑到上述检索要素 4

的具体的实施手段为技术构思与发明点密切相关的实施手段，其很有可能出现在摘要或权利要求中，可选择"关键词"字段作为检索入口，构建的检索式为"摘要＝（robot? AND sensor+AND（safety OR intruder? OR stranger? OR suspect?）） AND 关键词＝（remote OR monitor+） AND 关键词＝（AI OR（artificial 1W intelligence） OR interact????）"，其结果如图 3-15 所示。

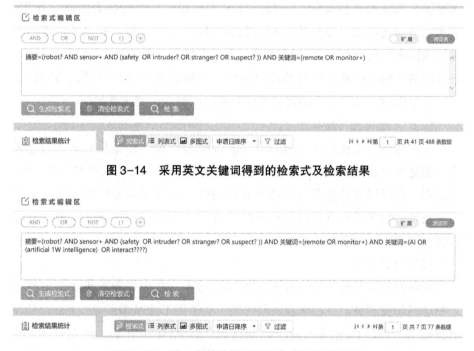

图 3-14　采用英文关键词得到的检索式及检索结果

图 3-15　进一步缩限得到的检索式及检索结果

简单浏览获得的 77 专利文献，专利文献 WO2018/167349A2 公开了一种机器人，其能观察待保护的房间，通过捕获声音、图像信号基于人工智能识别可能的入侵者，当入侵者穿过周边时能控制设备的移动并制止入侵者并发出警告；该机器人还具备传感器检测烟雾、火灾、煤气泄漏等能与其他移动设备或外部警报互连，因此该专利文献公开了本案例的构思。专利文献 US20180154514A1 公开了一种用于个人互动的机器人，该机器人存储有导航和避障装置，能在家中进行巡视通过自身传感器自动检测家庭环境，并将环境状况通知离家在外的主人的移动终端。此外该机器人还能对家中人员进行人机交互，判断是否为可疑人员，并告知在外的主人的移动终端。

因此专利文献也是与技术构思密切相关的文献。

3.3　网络层

网络层主要承担着数据传输的功能，是物联网最重要的基础设施之一。网络层在物联网三层架构中连接感知层和应用层，具有强大的纽带作用，要求网络层能够把感知层感知到的数据无障碍、高可靠、安全的传送。网络层包括无线局域网、无线城域网、无线广域网、无线个域网及互联网等各种网络，网络层是物联网的神经中枢，它解决的是感知层所获得的数据在一定范围内，尤其是远距离的传输问题。网络层关键技术如下：

（1）无线传感网络技术

无线传感网络技术（wireless sensor network，WSN）是将分布式信息采集、信息传输和信息处理技术融合的网络信息系统，以其低成本、微型化、低功耗、自组织等特点受到广泛重视，是推动经济发展和维护国家安全的重要技术。物联网可以通过遍布各处的各式各样的异构传感器组成的无线传感器网络来感知整个物质世界。

（2）频段管理

物联网需要综合各种有线及无线通信技术，其中近距离无线通信技术是物联网研究的重点。由于物联网终端一般使用工业科学医疗（ISM）频段进行通信，频段内包括大量的物联网设备及现有的 WiFi、超宽带 UWB、Zigbee、蓝牙等设备，频谱空间将极其拥挤，制约物联网的实际大规模应用。为了提升频谱资源的利用率，让更多物联网业务能实现共存，应当研究如何提高物联网规模化应用的频谱保障能力，保证异种物联网的共存，并实现其互连、互通、互操作。

（3）传感器中间件技术

物联网中间件处于数据与应用程序之间，相当于物联网整个网络的神经系统。在感知层作业中，采集到的信息还要通过相应的中间件传输到网络节点上，这个时候信息采集中间件技术就派上了用场。它通过标准的程序接口和协议，针对不同的操作设备和硬件接收平台，中间件可以有符合接口和协议规范的多种实现。此外，中间件还需要解决数据过滤、数据聚合和信息传递 3 个关键问题，实现准确互通，以满足物联网在混合组网、异构环境下的高效运行。

（4）海量信息传输

物联网可用于万物互联、海量测量。而海量信息的传输不仅需要建立统一的通信标准使得海量接入的用户能实现有效通信，还需要先进的传输方式来解决信息传输过程中的实时性及由于大量数据传输时不可避免的数据拥塞问题，因此物联网中的海量信息传输技术的研究显得尤为重要。

（5）协同信息处理

目前国内已有公司将物联网系统应用于实际工程环境，达到了物物相连、整体有机结合并交互的目的；然而由于设备众多，经常同时发送数据时，可能会使得对端因压力过大而出现响应迟滞甚至系统瘫痪的状况，因此如何对任务进行分配和各设备之间的协同处理以提高系统整体性能，也是物联网中面临解决的关键问题之一。

3.3.1　分类号使用特点

通过对网络层的专利文件进行分析，其涉及的 IPC 分类号主要集中于 H04W（无线通信网络）和 H04L（数字信息的传输）。表 3-8 中给出了相关技术对应的常用大组和小组，各关键技术对应的常用 CPC 分类号及分类号定义如下表 3-9 所示。

3.3.2　检索策略选择

对于网络层的技术方案来说，其技术性较强，在实际检索过程中，需要尽可能从技术主题中提炼出精准的专业术语用于检索。若技术主题中未涉及准确的专业数据，可用相应的设备加上该设备实现的功能进行检索。此外，由于 IPC/CPC 均能从具体应用以及功能角度给出分类定义，若有合适的分类号，在实际检索中也可以查找相关的分类号进行检索。

例如，对于无线自组网技术，有较为准确的 IPC 分类号 H04W84/18（自组网络，例如，特定网络或传感器网络），因此可尝试采用该 IPC 分类号进行检索。同时，无线自组网技术常以局域网形式存在，因此也可以用 IPC 分类号 H04L12/28（以通路配置为特征的，例如 LAN〔局域网〕）或 CPC 分类号 H04L67/12（适用于专用的或特定目的的网络环境，如医疗网络，传感器网络，汽车中的网络）将检索结果限定至合适的范围内，再根据技术方案中具体的技术手段进行限定，往往能快速定位到相关文献。

表 3-8　网络层常见 IPC 分类号及其分类定义

IPC 分类号	分类定义	网络层专利文献所涉及技术
H04W4/38	收集传感器信息	信息采集
H04W84/18	自组网络,例如,特定网络或传感器网络	无线自组网
H04W40/02	通信路由或路径选择,例如,基于功率的或最短路径路由	
H04W4/70	用于机器与机器之间通信的业务〔M2M〕或机器类型通信〔MTC〕	
H04L12/28	以通路配置为特征的,例如 LAN〔局域网〕或 WAN〔广域网〕	
H04W88/16、H04L12/66	网关装置、用于在不同类型的交换系统网络之间连接的装置,例如网关	异构融合、中间件技术
H04L12/24	用于维护或管理的装置	协同信息处理
H04W72/00、H04W72/04、H04W72/08	无线资源分配	频段管理
H04W28/02	网络业务量或资源管理,业务量管理,例如流量控制或拥塞控制	海量信息传输

　　对于中间件技术,其常存在于混合组网、异构网络应用场景中,因此在试探检索时,可采用"异构""融合""混合""多元"等词将检索结果限定至合适的应用场景中。进一步地,由于中间件技术通常是实现异构数据的转换、多种协议的转换,必然有执行上述转换功能的实体或软件,本领域常用实体设备例如"网关"进行该转换功能,因此也可以用该专业词汇"网关"进行检索。考虑到专利文献撰写者的表达习惯各不相同,有些专利文献还会将"网关"概念化后表达为"集中器""适配器""接入设备"。然而上述设备的表达无法看出设备的特点以及实现的功能。此时,为了表达"具有协议转换功能的网关",可以将"集中器""适配器""接入设备"结合其实现的功能,即"转换"作为检索要素,并采用同在运算符"S"进行连接以避开噪

声。同时 IPC 分类体系中还给出了准确的分类号 H04W88/16（网关装置）、H04L12/66（用于在不同类型的交换系统网络之间连接的装置，如网关），能准确表达网关及其实现的功能，在实际检索过程中也可以采用上述分类号快速定位相关的专利文献。

表 3-9　网络层常见 CPC 分类号及其分类定义

CPC 分类号	分类定义	网络层专利文献所涉及技术
H04L67/12	适用于专用的或特定目的的网络环境，如医疗网络，传感器网络，汽车中的网络	无线自组网
H04W4/005	针对机器与机器之间的通信［M2M，MTC］例如 3GPP M2M、OMA M2M、3GPP MTC 或者无线传感器网络［WSN］	
H04W4/006	利用协作应用捕获、聚合或者转发数据，例如数据融合、数据聚合或者无线传感器网络中数据扩散和主从节点分级协商	协同信息处理
H04L69/08	协议互通或协议转换	异构融合、中间件技术
H04L12/2405	多网络管理协议的映射和转换	
H04W72/00 H04W76/00	本地资源管理，例如无线资源的选择和分配、连接管理	频段管理
H04L67/10	网络中应用任务跨跃网络中的节点进行分配	海量信息传输
H04L67/1097	网络中分布式数据存储器，例如网络文件系统［NFS］，存储区域网络的传输机制［SAN］或网络附加存储［NAS］	

对于协同信息处理、频段管理、海量信息传输技术涉及的技术方案，往往是基于用户更高的需求而设计的技术方案，如协同信息处理技术是为了实现系统中各个处理设备之间的压力分配或负载均衡，以提高系统整体稳定性；频段管理技术往往是为了避免各频段之间的干扰或提高频谱利用率；海量信息传输技术中通常需要解决数据传输的实时性或需要避免数据拥塞。由于上述技术方案实际应用非常广泛，涉及的设备种类具有多样化特点，若对设备类型的关键词扩展不充分，极易造成漏检；若用具体的执行设备及设备之间的交互方式作为检索关键词检索，容易造成检索结果噪声较大，无法准确定位相关文献；因此面对上述类型的技术方案，可尝试从技术构思中挖掘技术效果，提取与技术效果相关的词语与技术手段相结合，即能较为准确定位相关文献。此外，在检索时，还需注意检索字段的选择，由于与技术效果相关的词语往往出现在摘要或说明书中，技术手段相关的词语常常出现在摘要、权利要求中，因此将与技术效果相关的词放入"摘要"或"说明书"字段、将技术手段相关的词放入"关键词"字段中进行检索即能快速命中相关专利文献。

3.3.3　关键词提取和扩展

对于技术性较强的网络层来说，采用准确的技术术语作为关键词，通常能精准地定位相关专利文献。网络层典型关键词见表3-10。

表3-10　网络层典型关键词

关键词		关键词	
中文	英文	中文	英文
异构、混合、融合、多源	heterogeneous hybrid fusion multi-source	簇、群组、集群	cluster, group
汇聚、聚合	aggregate	网关、中继、路由、交换机	Gateway GW relay router switch
自组织	self-organization	发现、感知	discover sensing
协调器	coordinator	中间件、转换	middleware conversion
协议、标准、规程	potocol standard regulation	适配器	adapter adaptor

续表

关键词		关键词	
中文	英文	中文	英文
集中器、接入设备采集器	concentrator access/connection device collector	短距离通信、进场通信、紫蜂、蓝牙	NFC zigbee、WiFi、Z-Wave Wireless HART Bluetooth
机器通信、机器到机器、机器对机器	M2M	实时、时效	real time timeliness
协同、协作、联合	cooperate associate	海量、大规模	massive large-scale

3.3.4　案例实践

【案例 3-3】

（1）技术构思简介

传统电力设备状态监测的方法采用定期预防性检修、试验及人工巡视等方法。为了避免事故发生，在设备运行过程中，值班人员需要经常巡视，凭借外观现象、指示仪表、人工经验等进行判断以便及时发现异常。除此之外，还会定期停止运行来对电力设备例行检查，做机械动作试验或者预防性绝缘试验，及时作出结构缺陷方面的处理等。然而，状态监测系统还处于分散监测阶段，与计算机监控系统相互独立；电力控制中心与各个变电站之间，以及状态监测系统与其他系统之间，在进行通信时的数据信息模型和通信接口高度异构；信息共享性差，难以充分利用不同的信息进行设备的状态评估、故障诊断和状态检修。因此，迫切需要建立一套面向大数据的、统一的、开放的、符合智能电网设备发展需要的变电设备状态监测系统，通过科学有效的总体设计规划，流畅有序地实现状态监测数据的采集、汇聚、融合、集成、处理、集中展示、永久存储等多种操作，更大限度提高状态监测数据的一致性、有效性和完整性。

针对现有技术的不足，提出一种多元异构网络的智能变电站状态监测系统，其在采集层分别通过 GIS 状态监测 IED 群组、高压断路器状态监测 IED 群组、避雷器状态监测 IED 群组对多种电力设备状态进行监测，并将监测到的数据传输至汇聚层的汇聚子系统；汇聚子系统用于集中存放和管理来自不同状态监测点的异构设备状态数据，并将上述异构数据传输至汇聚层的集中协调器；集中协调器根据预存的协议转换表，将传感通道中采集的各类异构数据转换成统一格式，实现异构多源数据的有序集成，传递给位于监控层的状态监测服务器，该服务器对数据进行存储、处理和传输，具有事务性告警、状态可视化实时监控功能。

该系统架构如图 3-16 所示。

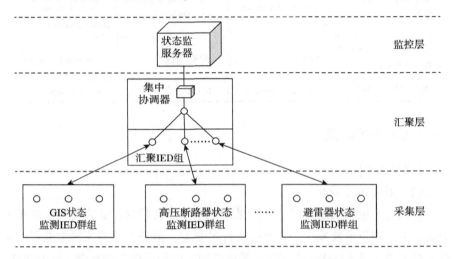

图 3-16　基于多元异构网络的智能变电站状态监测系统架构

（2）检索策略分析

对该技术构思进行分析，该技术构思涉及高压电力领域的数据监控，其关键技术手段是在汇聚层的集中协调器内部设置了协议转换机制，将采集层上传的异构数据通过集中协调器内部预存的协议转换表，将来自不同数据源的数据转换成统一的格式，便于监控层的服务器进行进一步数据处理和监控。基于以上分析，提取出涉及应用领域的关键词"变电站"，并适当扩展为"电力""高压电""电网"作为检索要素 1，提取与技术领域相关的词"异构"作为检索要素 2；提取出关键技术手段涉及的网络实体设备"集中协调器"及其执行的功能"转换"作为检索要素 3 和 4。

列出的检索要素如下表 3-11 所示。

表 3-11　初步分析得出的检索要素表

检索要素	检索要素 1	检索要素 2	检索要素 3	检索要素 4
关键词（中文）	变电站、电力、高压电、电网	异构	集中协调器	转换

（3）检索过程及结果分析

①简单检索。考虑到检索要求 1 "变电站""电力""高压电""电网"表示的应用领域，检索要素 2 "异构"表示技术领域，基于专利文献的撰写习惯，常出现在摘要字段中，因此将检索要素 1 和检索要素 2 位于"摘要"中检索，检索要素 3 "集中协调器"和检索要素 4 "转换"涉及技术手段的执行主体和对应实现的功能，因此在表达时，用同在算符"S"连接以减小噪声；进一步地，考虑技术手段常出现于摘要、权利要求中，因此将检索要素 3 和检索要素 4 位于"关键词"字段中进行检索。

生成的检索式为"摘要 =（（变电站 电力 高压电 电网）AND 异构）AND 关键词 =（集中协调器 S 转换）"，得到的检索结果如图 3-17 所示。

图 3-17　简单检索得到的检索式及检索结果

上述检索结果为 0，对上表中的各条检索式和检索结果进行分析，考虑到"集中协调器"可能是用户根据需要对其进行自行命名的，因此需要对该网络实体设备进行分析改写，用更合适的设备表达该网络实体。

②采用专业词汇检索。考虑到技术构思给出的网络实体设备"集中协调器"实质上是一种能对数据进行汇聚、转换的设备，在传输层中，通常由网关、集中器等设备进行实现，结合上述给出的分类号，将检索要素表进行扩展，得到表 3-12。

表 3-12　进行关键词改写后的检索要素表

检索要素	检索要素 1	检索要素 2	检索要素 3	检索要素 4
关键词（中文）	变电站、电力、高压电、电网	异构	网关、集中器	转换

由于网关、集中器常能实现数据转换、协议转换功能，因此删除检索要素 4，仅用检索要素 1+2+3 进行检索，生成的检索式为"摘要=（（变电站 电力 高压电 电网）AND 异构）AND 关键词=（集中器网关）"，得到的检索结果如图 3-18 所示。

图 3-18　采用专业词汇检索得到的检索式及检索结果

从上述 33 篇结果中很容易获得到专利文献 CN112910769A 公开了一种多源异构的智能配电网网关及其信息处理方法，该网关快速配置终端节点设备并获取终端节点设备的采集数据；进一步地，该网关包括协议解析模块，其用于对所述采集数据进行协议解析，将采集数据转化为可读的标签数据；网关中的通信模块，能将所述标签数据和计算结果转换为目标协议数据，并将目标协议数据传输至云端或上位机。可见专利文献 CN11291769A 即为与本技术构思十分相关的专利文献。专利文献 CN206038750U 公开了一种电网参数的异构无线传感器采集装置，利用传感器采集节点实现对电网参数的采集，通过基于 CortexM3 的无线传感器网络多协议网关节点实现对电网参数的处理、显示及与 GPRS、以太网之间的协议转换和数据转发，最后上传至上位机，实现对电网参数的异构无线传感器网络监测。可见专利文献 CN206038750U 也为与本技术构思十分相关的专利文献。

③IPC 分类号检索。由前述 3.3.2 节检索策略选择和前述 3.3.1 节中给出的分类号可知，IPC 分类号 H04W88/16、H04L12/66 表达了能进行协议转换的

网关设备，该分类定义不仅表达了网络实体设备网关，还涵盖了网关设备的功能，即能进行协议转换，因此采用该 IPC 分类号扩展表达检索要素 3 和 4 的含义，适当扩展中英文关键词，生成的检索要素表见表 3-13。

表 3-13 进行分类号扩充后的检索要素表

检索要素	检索要素 1	检索要素 2	检索要素 3	检索要素 4
关键词（中文）	变电站、电力、高压电、电网	异构	网关、集中器	转换
IPC 分类号	substation electric power electricity power grid	Heterogeneous multi-source	H04W88/16、H04L12/66	

基于与上述类似的考虑，将检索要素 1 和检索要素 2 位于"摘要"字段中检索。考虑到英文表达习惯，用临近符"W"将 electric power、power grid、multi-source 表达为"electric 3W power""power 3W grid""multi 1W source"以准确表达检索要素，防止引入噪声。进一步地结合分类号，构造的检索式为：

"IPC 分类号 =（H04W88/16 OR H04L12/66）AND 摘要 =（（变电站 OR 电力 OR 高压电 OR 电网 OR substation? OR（electric 3W power）OR（power 3W grid））AND（异构 OR 多源 OR heterogeneous OR（multi 1W source）））"。

生成的检索式及其结果如图 3-19 所示。

仅得到 10 篇结果，但能较精准的命中 2 篇专利文献：专利文献 CN112260941A 公开了一种异构网络数据融合方法，并具体公开了应用于配电物联网应用领域，异构网络融合的信息包括设备状态信息、环境信息、安防信息，以及视频监控和各类辅助信息等。该系统中还包括融合网桥，融合网桥的 MAC 中间层采用连接不同异构网络接入技术，可对不同类型接入协议转换，并根据对应传输技术类型进行帧解析和重新封装，必要时可对不同协议数据帧进行帧分片和帧重组，将异构数据转换成决策认可的水平并用于监控和管理。专利文献 KR101423109B1 公开了一种基于 IEC61850 用于变电站访问异构的内部数据的自动化网关，其能识别每个所需通信协议的对象实例，在网关的内部通信接口之间进行数据转换及事件进一步地，能将网关转换后的数据上报至管理端。

图3-19　进行关键词、分类号扩充后的检索式及检索结果

　　对上述结果进行反思，由于扩展关键词和分类号是为了获得更多的结果，然而上述检索结果仅10篇，可能是由于"异构"一词在表达上造成了局限性，用 heterogeneous、multi-source 检索得到的中文文献较多。为了尝试获得更多的检索结果，去掉检索要素2，仅用检索要素1结合分类号进行检索，

　　构造的检索式为"IPC 分类号=（H04W88/16 OR H04L12/66）AND 摘要=（substation? OR（electric 3W power）OR（power 3W grid））"，得到的检索结果如图3-20所示

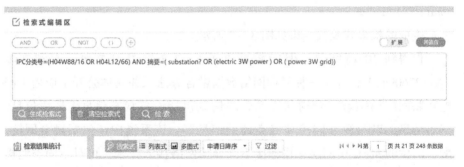

图3-20　仅用检索要素1结合分类号进行检索得到的检索式及检索结果

　　检索得到248篇专利文献其多为 CN、KR、JP 类型，可见智能电网领域在中国、日本、韩国较为发达。除了能检索到上述专利文献之外，还能获得专利文献 US20120221763A1，其公开了一种用于变电站自动化系统的通信网关设备，其能采集总线数据不兼容的智能电子设备中的数据，该网关装

置包括外围组件互连（PCI）-VME 模块，PCI-VME 模块具有安装在其中的操作系统程序，以将所述数据转换为统一的文件形式，并将该文件上传至管理端对变电站中各种智能电子设备进行监控。因此专利文献 US20120221763A1 也为与本技术构思相关文献。

【案例 3-4】

（1）技术构思简介

在网络科技发达的今天，几乎所有的家庭、楼宇、商场、街道、医院、企业⋯⋯到处都覆盖了 WiFi。近几年 2.4GHz 的 ISM 免执照频段上的无线设备日益增多，该频段也越来越拥挤，彼此之间的干扰也越来越严重，近年来无线通信技术 ZigBee 和 WiFi 的应用最为广泛，由于 WiFi 的带宽和功率都比 ZigBee 大得多，同等情况下，ZigBee 对 WiFi 的干扰几乎可以忽略不计，相反在 WiFi 的干扰下，ZigBee 系统的性能会下降很多，且 ZigBee 网关大多是以上位机为中转枢纽，极少情况下能够很完整的将采集的数据信息传送到各个指定终端上，因而就目前互联网发达的背景下单单以 ZigBee 技术的智能楼宇而言，其存在的缺陷越发显而易见。

针对现有技术的不足，提出了一种智能楼宇建筑安防系统 ZigBee-WiFi 网络共用系统，该系统中包括智能终端：照明设备、智能空调、智能窗帘、加湿器、气体传感器、温湿度传感器、语音报警器、安防传感器和烟雾检测报警器，上述智能终端通过 Zigbee 协调器、Zigbee-WiFi 网关、路由器与移动终端进行通信；协调器启动并建立 ZigBee 网络，对房间中智能终端设备包括在其空闲周期内进行信道能量检测扫描，并检测 ZigBee 网络接收信号强度指示值；当强度指示值低于阈值时，继续检测强度指示值直至扫描到与 WiFi 工作不重叠的信道；在已扫描到的与 WiFi 工作不重叠的信道中继续扫描检测强度指示值，若找到检测强度指示值最高的工作信道，则协调器将信道状态广播到其他节点，各节点在新的时隙跳转到新的信道，实现全网同步跳信道。

其系统架构图如图 3-21 所示。

（2）检索策略分析

该技术构思属于频段管理技术，该楼宇系统中采用了多模物联网将各个节点数据上报至客户端，该多模物联网多架构主要涉及 ZigBee 和 WiFi 两种通信模式。由上述背景技术中介绍可知，ZigBee 和 WiFi 两种通信模式在频率资源上有重叠。因此，在为 ZigBee 通信方式进行频段选择时，先确定处于工作状态的 WiFi，再选择除去 WiFi 工作频段之外的信号强调较高的其他可用频段作为 ZigBee 通信方式的候选频段以确保两种通信模式在频段上不相互干扰；基于前述 3.3.3 节检索策略选择的分析，频段管理技术通常能用技术效果进行检索来快速定位相关文献，若为了获得更多相关词汇，也可以用技术手段相关的 IPC 分类号或关键词检索。

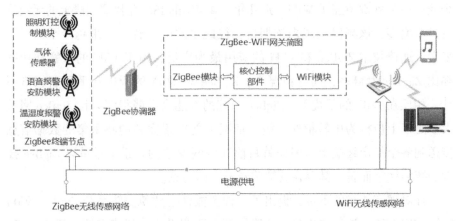

图 3-21　智能楼宇建筑安防系统 ZigBee-WiFi 网络共用方法系统架构

①提取"技术效果"相关词汇检索。因此基于以上分析，列出如表 3-14 所示的检索要素进行简单检索。

表 3-14　检索要素表

检索要素	检索要素 1	检索要素 2
关键词	WiFi ZigBee	避免 干扰

接下来，对检索要素的表达进行设计。考虑到 WiFi 的表达通常有 WiFi（Wi 和 Fi 连接在一起）、Wi Fi（Wi 和 Fi 之间存在空格）、和 Wi-Fi（Wi 和 Fi 中间以短横线相连），因此在构建表达式时，采用"1W"连词符构建表达式"Wi 1W Fi"即能涵盖上述三种类型的表达式。考虑到在专利文献中，"避免干扰"为体现发明技术效果的表达，通常出现在文献的摘要、标题中，且"避免干扰"还可以表达为"避开干扰"，因此将检索要素表达为

"避 S 干扰"，因此构建的检索式为"关键词 =（（（WI 1W FI）S ZigBee）AND（避 S 干扰））"，其结果如图 3-22 所示。

图 3-22　简单检索的检索式及其检索结果

检索得到 11 篇结果，其中能获得专利文献 CN101383621A，其公开了一种多射频接口无线接入装置及其频段调控方法，为了避免多个射频模块之间的信道干扰，为多个射频模块分配固定频段的工作信道。多个射频模块分别为蓝牙适配器、WIFI 适配器、ZigBee 通信模块。蓝牙适配器对信道进行干扰测量，读取 WIFI、ZigBee 的工作频段，并计算支持跳频扩频技术射频模块使用的跳频范围，激活支持跳频扩频技术射频模块的自适应跳频内核来选择不重叠的信道进行连接以避免干扰。

由于上述结果较少，为了获得更多的检索结果，考虑到在专利文献的撰写习惯中，"避免干扰"为体现发明效果的表达，也往往会出现在说明书中。因此，尝试将上述表达式转入说明书中进行检索。为了表达发明构思"避免 WiFi 和 ZigBee 信道之间的干扰"，由通常表达习惯来看，应当将检索要素 1 和检索要素 2 位于同一段中检索，因此采用同在算符"P"将检索要素 1 和 2 进行连接，调整后的检索式"说明书 =（（（WI 1W FI）S zigbee）P（避 S 干扰））"，其结果如图 3-23 所示。采用说明书字段进行检索，可以发现检索结果有 663 篇，粗略浏览后发现，其中包含有专利文献 CN109151900A 一种智能网关、系统及其控制方法和专利文献 CN107438020A 一种数据传输方法及智能家居控制设备等专利文献，其避免 WiFi 和 ZigBee 通信模式相互干扰的方式为设计"分时传输"模式，即预设 WiFi 或 ZigBee 各自的通信时段，在其互不干扰的时段内分别采用 WiFi 或

ZigBee 模式进行通信。因此可见，上述 663 篇中包含了大量的噪声。为了区别于"分时传输"，对上述 663 篇结果进行降噪，需要增加检索要素 3。

图 3-23　转入说明书中检索的检索式及其检索结果

为了体现对"频段的选择"，可以将频段扩展成"频带""频道""频谱""信道"，因此将上述检索要素表进行扩展，增加检索要素 3 后的检索要素表如下表 3-15 所示。

表 3-15　增加检索要素 3 后的检索要素表

检索要素	检索要素 1	检索要素 2	检索要素 3
关键词	WiFi zigbee	避免 干扰	频段 频带 频道 频谱 信道（选择）

将检索要素 3 表达为"（频 OR 信道）S 选"，为了进一步对文件进行缩限，将检索要素 1 和检索要素 2 位于同一句中检索，因此采用同在算符"S"将检索要素 1 和 2 进行连接，结合检索要素 1 和检索要素 2 形成的检索式为"说明书 =（（（（WI 1W FI）S zigbee）S（避 S 干扰））AND（（频 OR 信道）S 选））"，得到的检索结果如下图 3-24 所示。

检索得到的 9 篇结果中能很精准得到专利文献 CN111031515A 一种车载无线多制式混合组网的方法，其公开了开启 Wi-Fi 业务时，先判断 ZigBee 模块的工作状态，若 ZigBee 模块处于工作状态，则获取 ZigBee 模块的物理信道参数，包括信道号、信道带宽，然后给出 WiFi 可用的物理信道以避让 ZigBee 模块的物理信道；然后再判断蓝牙模块的工作状态，若蓝牙模块处于工作状态，同理获得蓝牙模块的物理信道参数，然后给出 WiFi 最终的物理信道以避让蓝牙模块的物理信道。专利文献 CN207869409U 一种可智能选择物理信道的 ZigBee 网关设备，其公开了 ZigBee 工作在 2.4GHz 的 ISM 频段，而 WiFi 和蓝牙使用该频段，ZigBee 必然会与工作在该频段的 WiFi 和蓝牙产生相互干扰。ZigBee 采用的同频段抗干扰技术为 ZigBee 底层标准把 2.4GHz 的 ISM 频段划分为 16 个信道，每个信道带宽为 2MHz，系统可以任意选择某个信道通信，从而避开 WiFi 和蓝牙同频段的信号干扰。专利文献 CN102571639A 一种智能家居网关设备，该智能家居网关设备还包括：连接在总线上的 WiFi 单元，用于实现无线宽带 WiFi 网络的网络接入及数据处理；所述 ZigBee 通信单元还用于调整智能家居内的基于 ZigBee 协议的无线传感网络的工作频率，使其与 WiFi 网络的工作频率错开。可见上述文献也是与本技术构思相关文献。

图 3-24　结合检索要素 3 得到的检索式及检索结果

②提取"技术手段"相关词汇、结合 IPC 分类号检索。通过上述检索方式①得到的结果，可以将本技术构思中的技术手段"避免信道重叠"中的"重叠"一词扩展为"重合""交叠""错开"，且为了表达"频段选择"，IPC 分类体系中给出了比较相关的分类号 H04W16/14（频谱共享）、H04W72/04（无线资源分配）、H04W48/16（发现，处理接入限制或接入信息）。因此，为了获得更多的相关文献，将上述检索要素表进行关键词和分类号的扩扩展，扩展后的检索要素表见表 3-16。

表 3-16　增加检索要素 3 后的检索要素表

检索要素	检索要素 1	检索要素 2	检索要素 3
关键词（中文）	WiFi ZigBee	避免、干扰重叠、重合、交叠、错开	频段、频带、频道、频谱、跳频（选择）

续表

检索要素	检索要素 1	检索要素 2	检索要素 3
IPC 分类号			H04W16/14 频谱共享 H04W72/04 无线资源分配 H04W48/16 发现，处理接入限制或接入信息

由上述检索过程可知，当技术主题设计频段管理时，将具体的通信方式是 ZigBee 还是 WiFi、以及具体的实施手段位于关键词字段中获得的结果较少，若继续加入分类号检索，可能会造成漏检。因此将检索要素 1 和检索要素 2 位于"说明书"字段中检索，将检索结果划至"ZigBee 和 WiFi 共存且通信方式不重叠"范围，再加上检索要素 3 进行检索，以期望将检索结果进一步限定至"对频段进行管理，使得二者通信频段不重叠"。

因此形成的检索式为"说明书＝（ZigBee P （WI 1W FI）） AND 说明书＝（重叠 OR 重合 OR 交叠 OR 错开） AND IPC 分类号＝（H04W16/14 OR H04W72/04 OR H04W48/16）"，得到的检索结果如图 3-25 所示。

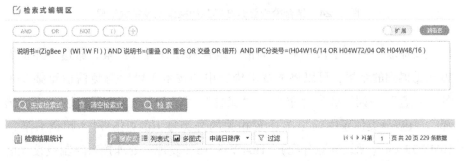

图 3-25　采用"技术手段"相关词汇结合 IPC 分类号得到的检索式及其结果

从上述获得的 229 条检索结果中，较为容易地发现以下专利文献：专利文献 CN104968000A 一种降低同一设备中 ZigBee 与 WiFi 相互干扰的方法，提供了一种降低同一设备中 ZigBee 与 WiFi 相互干扰的方法，其在同一设备中配置有 ZigBee 模块与 WiFi 模块参数的协调服务，当所述设备启动 ZigBee 与 WiFi 中的一种业务时，检测另一种业务是否已启动，如果另一种业务已启动，则系统选择某一业务的物理信道以避开另一种业务的物理信道。专利文献 CN104902545A 一种 ZigBee 与 WiFi 共存方法，提供了一种 ZigBee 与 WiFi 共存方法，通过先通过扫描周围 WiFi 的信号强度，并根据扫描结果告知 ZigBee 周围空间 WiFi 的信道的占用状况。ZigBee 也通过自身扫描到的信道占用情况，同时结合 WiFi 的信道占用信息，判断本身应该使用的信道，以避免 WiFi 与 ZigBee 信道重叠导致相互间的干扰。

可见上述专利文献均涉及物联网中的多模通信方式，当需要启用一种通信方式时，须观察另一种通信方式已占用的频段，并采用与其不重叠的通信频段进行该通信方式的接入，因此上述 3 篇专利文献为与技术构思较为相关的技术内容。

3.4 应用层

应用层任务主要与行业需求相结合，实现广泛智能化。物联网的行业特性主要体现在应用领域。应用层是物联网与行业专业技术的深度融合，是物联网和用户（包括人、组织和其他系统）的接口，其与行业需求结合，实现行业智能化及物联网的智能应用。这类似于人类社会分工，最终构成人类社会。目前在城市管理、远程医疗、智能家居、绿色农业、工业监控、智能交通和环境监测等行业均有物联网应用的探索。此外，应用层还包括云计算技术为上述普适应用提供技术支撑。

3.4.1 分类号使用特点

有前述物联网架构分析可知，应用层主要涉及普适应用，例如物流控制、智能家居、远程医疗、智能交通、环境监测、智慧城市、智慧农业等，对应的分类号主要涉及 G06Q（专门适用于行政、商业、金融、管理、监督或预测目的的数据处理系统或方法）、H04W（无线通信网络）、A01G（园艺；蔬菜、花卉、稻、果树、葡萄、啤酒花或海菜的栽培）、G16H（医疗保健信息学，即专门用于处置或处理医疗或健康数据的信息和通信技术）、G08G（交通控制系统）。针对物联网具体的应用场景，常见的分类号如表 3–17 所示。

表 3-17　具体应用场景下的分类号

IPC 分类号	分类定义	专利文献涉及的场景
G06Q50/22、G06Q50/26	社会服务、政府或公共服务	城市管理
G06Q50/28	物流，例如仓储、装货、配送或运输	
H05B37/02	照明控制	
F21W131/10、F21W131/103	户外照明，用于大街或道路	
G06Q10/06	资源、工作流、人员或项目管理	
G06Q50/06	电力、天然气或水供应	
G06F16/29	地理信息数据库	城市管理
H04W4/02	利用位置信息的业务	
H04W4/021	与特定区域相关的业务，例如，兴趣点〔POI〕业务，场馆业务或地理围栏	
G16H40/00、G16H40/60、G16H40/67	专门用于处置或处理医疗或健康数据的信息和通信技术〔ICT〕、用于医疗设备或装置的操作及其远程操作	远程医疗
G16H50/00、G16H50/80	专门适用于医疗诊断，医学模拟或医疗数据挖掘的 ICT；用于检测、监测或模拟流行病或传染病，例如流感	
G16H80/00	专门适用于促进医师或患者之间的沟通的 ICT，例如用于协同诊断、治疗或健康监测	
A61B5/00	用于诊断目的的测量	
H04L12/28	以通路配置为特征的，例如 LAN〔局域网〕或 WAN〔广域网〕	智能家居
G05B19/02	一般的控制或调节系统	
H04W4/44	用于车辆和基础设施之间的通信，例如车与云〔V2C〕或车与家庭〔V2H〕	

IPC 分类号	分类定义	专利文献涉及的场景
G06Q50/02	特别适用于特定商业领域的系统或方法、进一步适用于农业、渔业、矿业	绿色农业
A01G9/14、A01G9/24、A01G25/02、A01G25/16	温室、促成温床或类似物等用的加热、通风、调温或浇水装置	
G05B19/418	全面工厂控制，即集中控制许多机器，例如直接或分布数字控制（DNC）、柔性制造系统（FMS）、集成制造系统（IMS）、计算机集成制造（CIM）	工业监控
G08G1/00、G08G1/14、G08G1/09	道路车辆的交通控制系统	智能交通
G06Q10/08	物流，例如仓储、装货、配送或运输	
F21W131/103	用于大街或道路的照明系统	
H04W4/40	用于车辆，例如车与行人〔V2P〕	
G01S19/14	传输时间戳信息的卫星无线电信标定位系统，例如，GPS〔全球定位系统〕、GLONASS〔全球导航卫星系统〕或 GALILEO 的应用	
H04W4/90	用于处理紧急或危险情形的业务，例如地震和海啸警报系统	环境监测
G08B19/00	响应两种或两种以上不同的意外或异常情况的报警器，例如夜盗和火灾，异常温度和异常流速	

此外，对于上述典型应用场景中的智能家居场景，还有较为准确地细分 CPC 分类号，其分类号和分类定义如下表 3-18 所示。

表 3-18　智能家居领域 CPC 分类号及其分类定义

CPC 分类号	CPC 分类号定义
G05B2219/163	家居控制，自动化，智能，智能屋

续表

CPC 分类号	CPC 分类号定义
G05B2219/2642	家庭，家居控制，自动化，智能家居
H04L12/2803	家庭自动化网络

云计算（cloud computing）是分布式计算技术的一种，是当前计算机应用的重要技术，其基本工作流程如下：通过网络将庞大的需分析处理的程序自动拆分成无数个较小的子程序，再经众多服务器所组成的庞大系统经过搜寻、计算分析，最后将处理结果返回给用户。当物联网具备一定规模后，如何处理庞大的数据量成了一个关键问题，如果得不到技术处理，就会有丢失的可能；如果暂存未处理的数据，那么海量的数据所需要的存储空间也是无法预知的。因此云计算便成为物联网中处理数据的强大工具，其能对应用层的各类业务提供信息资源支撑，可视为物联网的"大脑"。

感知层生成的大量信息经过网络层传输汇聚到应用层，应用层对这些信息进行分析和处理，做出正确的控制和决策，实现智能化的管理、应用和服务。应用层解决数据如何存储（数据库与海量存储技术）、检索（搜索引擎）、使用（数据挖掘与机器学习）和防止滥用（数据安全与隐私保护）等信息处理问题以及人机界面的问题。

应用层综合使用了多种关键技术，包括数据库、海量信息存储、搜索引擎、数据中心、数据挖掘等。

（1）数据库

物联网数据的特点是海量性、多态性、关联性即语义性。为了适应这种需求，在物联网中主要使用的是关系数据库和新兴数据库系统。作为一项常见和成熟的数据处理技术，关系数据库系统在物联网中依然被广泛使用，为物联网的运行提供支撑；新兴数据库系统（NoSQL 数据库）针对非关系型、分布式的数据存储，并不要求数据库具有确定的模式，通过避免连接操作提升数据库性能。

（2）海量信息存储

海量信息早期采用大型服务器存储，基本都是以服务器为中心的处理模式，使用直连存储（Direct Attached Storage，DAS）方式，存储设备（包括磁盘阵列、磁带库、光盘库等）作为服务器的外设使用。随着网络技术的发展，服务器之间交换数据或向磁盘库等存储设备备份时，都可以通过局域网进行，主要以应用网络附加存储（Network Attached Storage，NAS）技术来实现网络存储，这种技术的缺点是占用大量的网络开销，严重影响网络的整体性能。为了能够共享大容量、高速度存储设备，并且不占用局域网资源的海量信息传输和备份，就需要专用存储区域网络（Storage Area Network，SAN）来实现。

（3）数据中心

数据中心包括计算机系统和配套设备、冗余的数据通信连接、环境控制设备、监控设备及安全装置等。可以提供及时、持续的数据服务，并具有高度的安全性和可靠性，为物联网应用提供良好的支持。Hadoop 数据中心即是典型的数据中心。

（4）搜索引擎

Web 搜索引擎是一个综合体，它的主要作用是能够在合理响应时间内，根据用户查询的关键词，返回一个包含相关信息的结果列表（hits list）服务。传统的 Web 搜索引擎是基于关键词的查询，对于相同的关键词，会得到相同的查询结果。而物联网时代的搜索引擎能够主动识别物体并提取有用信息。结合从用户角度出发的多模态信息利用，使查询结果更精确、智能及定制化。

（5）数据挖掘

物联网需要对海量的数据进行更透彻的感知，要求对海量数据进行多维度整合与分析，更深入的智能化需要具有普适性的数据搜索和服务，也需要从大量数据中获取潜在的、有用的且易于理解的模式，其基本类型有关联分析、聚类分析、演化分析等。这些需求都是以数据挖掘技术为手段。数据挖掘技术可以用于农业实施检测环境数据，发现影响产量的重要因素，获得产量最大化配置方式。该技术同样可用于市场营销，可以通过数据库行销和货篮分析等方式获取顾客购物意向和兴趣所在。

应用层关键技术典型 IPC 分类号如下表 3-19 所示。

表 3-19　应用层关键技术典型 IPC 分类号

IPC 分类号	分类定义	专利文献涉及的场景
G06F16/10、G06F16/28、G06F16/40、G06F16/50、G06F16/60、G06F16/70、G06F16/80、G06F16/90	信息检索；数据库结构	数据库
G06F16/21	数据库设计、管理或维护	
G06F16/29	地理信息数据库	
G16B50/00/ G16B50/30	特别适用于生物信息学的 ICT 程序设计工具或数据库系统、数据仓库	数据库
G16C20/90	特别适用于处理化学粒子、元素、化合物或混合物的物理化学或化合物结构数据的 IC 的数据库、数据仓库	
G06F16/11	文件系统管理	
G06F16/178	文件系统的文件同步技术	
G06F16/182、G06F16/27	分布式文件系统、分布式数据系统结构	
G06F16/185	层次化存储管理（HSM）系统	
G06F16/188	虚拟文件系统	数据中心
G06F21/62	通过一个平台保护数据存取访问	
G06F21/60	保护数据	
H04L12/24	用于维护或管理的装置	
H04L12/26	监视装置	
G06F9/50	资源分配	

续表

IPC 分类号	分类定义	专利文献涉及的场景
G06F16/21、G06F16/24、G06F16/242、G06F16/245、G06F16/2453、G06F16/2455、G06F16/2457、G06F16/2458	查询优化、查询执行、查询公式、适合用户需求的查询、特殊类型的查询，例如统计查询、模糊查询或分布式查询	搜索引擎
G06F16/33	查询	
G06F16/22	索引	
G06F16/953、G06F16/9535	从网上检索；查询，例如通过使用网络搜索引擎	
H04N21/232	在服务器内的内容检索操作	
G06F3/06	来自记录载体的数字输入	海量信息存储
G06F16/22	存储结构	
G06F16/27	在数据库间或在分布式数据库内的数据复制、分配或同步	
G06F16/25	涉及数据库管理系统的集合	
G06F9/50	资源分配	
G06F16/215	提高数据质量；数据清理	数据挖掘
G06F16/26	可视数据挖掘	
G06F16/35	聚类；分类	
G16B40/00	特别适用于与生物信息学相关的机器学习或数据挖掘	
G16B40/20、G16B40/30	监督数据分析、监督数据分析的数据挖掘	
G16H50/00	专门适用于医疗诊断，医学模拟或医疗数据挖掘的 ICT	

3.4.2　检索策略选择

对于上述各种普适应用（例如物流控制、智能家居、远程医疗、智能交通、环境监测、智慧城市、智慧农业等）来说，由于物联网应用层涉及的应用场景十分广泛，在检索过程中，通常根据技术构思中提供的与具体应用场景相关的词语表达，作为检索要素中的关键词进行检索即能将检索结果划分至合适的范围。进一步地，可以结合具体的技术手段或根据表3-17和表3-19给出的相关分类号及其进一步的细分分类号，即可较为精准地检索到相关文献。此外，对于普适应用中的智能家居应用场景，会涉及各种家电设备，因此可以将常见的家电厂商，例如美的、格力、海尔、海信等，尝试在"申请（专利权）人"字段中检索，来间接体现技术领域以快速定位相关文献。

对于云计算技术来说，其技术性较强，从技术构思中提取专业词汇即能快速检索到相关词汇。

3.4.3　关键词提取和扩展

对于普适应用场景，可简单从技术构思中获得相关场景类词语，例如智能交通领域可尝试采用车辆、汽车、自行车、飞行器、车辆到云（V2C）、vehicle车辆/交通工具（vehicle）等进行扩展限定；物流领域可以尝试采用仓储、装货、产品、配送、运输、追溯等进行扩展限定；智慧农业可尝试采用植物、作物、灌溉、种植、养殖等进行扩展限定。由于普适应用场景十分广泛，读者可根据技术构思中给出的词语或根据生活常识进行扩展，在此不一一列举。

对于云计算技术来说，常采用以下典型关键词进行检索，具体参见表3-20。

表3-20　应用层典型关键词

关键词		关键词	
中文	英文	中文	英文
数据库、数据仓库	database	海量　大规模	massive
搜索　检索	search retrieval	查询	query
地理围栏	geo fence	数据中心	IDC

续表

关键词		关键词	
中文	英文	中文	英文
云、雾、分布式	cloud fog distributed	平台	platform
聚类分析	aggregation cluster detection	搜索引擎	search engine
资源分配	resources allocation	数据挖掘	data mining
网络文件系统	NFS	存储区域网络	SAN
网络附加存储	NAS	边缘计算	edge of computing
机器学习	machine learning	人工智能	artificial intelligence AI

3.4.4 案例实践

【案例 3-5】

（1）技术构思简介

自 2020 年初新型冠状病毒肺炎疫情暴发以来，防疫工作成了城市管理工作的重中之重。农村村民居住地分布分散，常见的以村组进行分布，各村之间人员来往比较频繁；并且农村老百姓防护意识弱、认识不足，有关防控措施落实不是很好；其次是受传统风俗习惯影响，很多农村地区居民习惯过节走村串户、赶集逛街，聚集性活动较多；现有的农村防疫工作，更多的是依靠人为去进行监管和防控，仅仅通过人力，效率低下，不利于更好地开展农村疫情防控防疫工作。

地理围栏（geo-fencing）是基于位置服务的一种应用，目前在互联网应用的场景中广泛使用，如闲鱼附近的二手商品，大众点评基于位置的附近商铺，外卖的配送范围等。

地理围栏技术使用多个地理坐标建立一个虚拟的围栏，逻辑上，该地理坐标在地理空间上创建了一个多边形区域。通过判断定位位置与多边形之间的位置关系确定定位点在多边形区域内还是在多边形区域外。当定位点与多边形的位置关系发生变化时触发相应的事件。若手机，智能穿戴设备在这个虚拟栅栏的范围活动时，通过地理围栏算法进行计算，将是否在当前围栏的计算结果反馈给系统以便开展围栏相关的业务。在人员管控场景中，当用户出现被感染风险时，疾控部门可以通过云平台向用户设备下发让用户隔离的指令。用户设备接收隔离指令后，自动在本机建立电子围栏。用户的设备通过多种定位方式（卫星定位、基站定位、WiFi 辅助定位）实时定位用户的位置，计算定位位置与隔离区的位置关系，判断用户是否脱离隔离区。当用户脱离隔离区时，用户设备自动向云平台告警，并以固定时间为间隔自动向云平台传输用户的定位位置，以供云平台实时监测用户脱离隔离区后的活动轨迹。

由于地理围栏技术能很好实现人员管控，因此提出一种基于物联网架构的村组防疫一体化平台，其设计成本低、易扩展，能够帮组村支部更好的开展各村组疫情防疫防控工作。

基于物联网架构的村组防疫一体化平台，包括终端设备、网关协调节点、服务器和客户端。

终端设备包括无线传输模块、定位模块、温度模块、心率模块、报警模块和 NFC 模块；温度模块、心率模块和定位模块用于采集村组管理范围下各个佩戴终端设备的村民在疫情期间的实时体温、心率和实时位置数据，发送给网关协调节点；NFC 模块储存与各个村民关联的服务器端的 NFC 配置信息，设置在村口防疫关卡的 NFC 阅读器读取终端设备中 NFC 模块存储的配置信息，将读取到的 NFC 模块的配置信息与预设在服务器的信息进行校验，若信息校验成功，输出允许通行的信号。

网关协调节点用于接收终端设备采集的实时体温、心率和实时位置数据，将上述状态数据发送给服务器并将经过服务器处理判断后生成的报警信号发送到终端设备的报警模块；

服务器包括 Web 服务器、GIS 服务器和数据库服务器；服务器从数据库服务器获取每个村民的实时体温、心率、实时位置数据、和紧急求救信号，根据实时温度、心率判断相应村民是否出现异常，借助 GIS 系统根据实时位置数据判断相应村民是否处在村组管理范围内，同时判断是否有紧急求救信号，对出现异常、处在村组管理范围之外和/或产生紧急求救信号的村民进行标注，以与处在正常状态的村民形成区别，生成包含每个村民实时状态信息的村组疫情防疫防控地图；

客户端，通过浏览器远程访问服务器获取村组疫情防控地图，并对网关协调节点进行远程参数设置，以实现村组疫情防控信息自动采集、无线传输和远程监控。

该基于物联网架构的村组防疫一体化平台系统架构图如下图 3-26 所示：

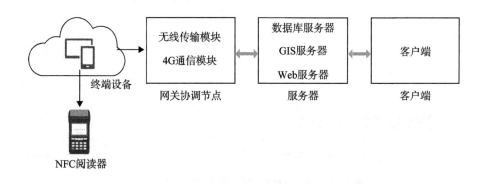

图 3-26　基于物联网架构的村组防疫一体化平台系统架构

（2）检索策略分析

对检索的主题进行分析。在上述检索的主题中，为了实现人员的管控，设计了服务平台，能对采集到的大数据进行分析，并通过 GIS 服务器提供的地理位置信息形成管控地图，将异常数据显示在管控地图上，以提升防疫管控的力度的准确性。因此，尝试采用应用领域"疫情"、关键技术手段"服务器""地图标记"，并进行关键词的简单扩充后，给出的检索要素见表 3-21。

表 3-21　尝试检索时采用的检索要素表

检索要素	检索要素 1	检索要素 2	检索要素 3
关键词	疫情 防疫	服务器	地图标记、标注、显示

考虑到 2020 年以来，我国一直致力于新型冠状病毒肺炎疫情的防控工作，因此采用中文关键词应当能检索到大量相关文献。此外，对于城市管理中的位置管理，有对应较为准确的分类号，为了避免关键词的扩展不充分，用对应的分类号替代关键词进行检索也能获得较好的效果。

（3）检索过程及结果分析

①简单关键词检索。考虑到作为应用领域的关键词"疫情防疫"常出现在摘要中，作为关键技术手段的检索要素 2、检索要素 3 常出现在说明书中，且检索要素 3 很可能表达为"将异常信息显示在地图上"或"在地图上进行标注/标记"，因此，采用"说明书"字段检索要素 2 和 3，并将检索要素 3 表

达为"地图 S（标记 OR 标注 OR 显示）"，生成的检索式如图 3-27 所示。

图 3-27　尝试检索生成的检索式以及检索结果

　　从 36 条检索结果中，很容易获得该技术构思的专利文献 CN111882164A 基于物联网架构的村组防疫一体化平台，此外还能获得如下相关专利文献 CN111639272A 人员健康监测方法、装置及系统，其公开了能对复工人员进行出行监控，能采集复工人员包括体温信息在内的个人数据，在服务器端形成健康码，并能在地图上显示复工人员的出行路线，当复工人员数据异常时，能在地图上显示出来。专利文献 CN210895441U 测体温防疫系统，公开了一种测温器，能将被测人员的体温、GPS 位置数据和个人信息上传至数据库中，使得云平台服务器能利用数据库中的数据在地图上显示被测人员的体温信息和 GPS 位置。

　　②专业词汇+IPC 分类号检索。但由前述技术背景中的分析可知，在地图上显示移动终端位置实际上属于本领域常见的"地理围栏"技术。由于地理围栏技术能很好表达检索要素 2 和 3，因此将检索要素表中的检索要素 2 和 3 进行合并，用"地理围栏"进行表达，并进行英文扩展。在城市管理中，时常涉及利用位置的业务，且由第 3.4.1 节给出的分类号可知，其相关的分类号为 H04W4/02。在 PSS 系统中按照如下图 3-28 的查询方式对该分类号的下位点组进行进一步查询：

　　由上述查询结果可知，H04W4/021 分类定义为"与特定区域相关的业务，例如，兴趣点〔POI〕业务，场馆业务或地理围栏"，H04W4/029 分类定义为"基于位置的管理或跟踪业务"，均为与地理围栏相关的分类号，因此调整检索要素表，针对地理围栏技术进行检索，列出的基本检索要素如

表 3-22 所示。

　　为了尽可能多且精准获得专利文献，对检索要素进行中英文扩展，将检索要素 1 放在"关键词"字段中检索，且考虑到地理围栏技术可能出现在说明书中，生成的检索式为"关键词=（疫情 OR 防疫 OR epidemic）AND（CPC 分类号=（H04W4/021 OR H04W4/029）OR 说明书=（地理围栏 OR（geo 1W fenc???）））"，其结果如图 3-29 所示。

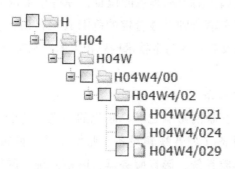

图 3-28　分类号 H04W4/02 的下位点组示意图

表 3-22　针对地理围栏技术采用的检索要素表

检索要素		检索要素 1	检索要素 2
关键词	中文	疫情 防疫	地理围栏
	英文	epidemic	geo 1W fenc???
IC/CPC 分类号			H04W4/021、H04W4/029

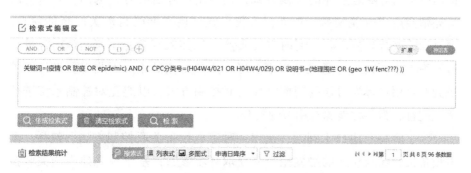

图 3-29　针对地理围栏技术采用的检索式

从上述 96 篇结果中能获得如下专利文献 CN111328016A 是一种对隔离人员位置进行智能监测的方法及监测终端，其公开了能从被监控人员佩戴的可穿戴设备中获得被监控人员的相关信息，并利用定位信息对疫情中的被隔离人员进行围栏监控，当被监控人员离开隔离区时，会向远程监控端发出告警提示。因此该文献也为与本技术构思相关的专利文献。专利文献 US2020175879A1 公开了一种用于管理车辆的装置及其方法，其具体公开了能获取车主的流行病传播史和车主的位置，并将车主位置通过 GPS 系统传输至服务器端，当车辆行驶至被管控的范围 R 之外时，会向管理人员终端发出警报。因此该文献也为与本技术构思相关的专利文献。

【案例 3-6】

（1）技术构思简介

智能家居是在互联网影响之下物联化的体现。智能家居通过物联网技术将家中的各种设备（如音视频设备、照明系统、窗帘控制、空调控制、安防系统、数字影院系统、影音服务器、影柜系统、网络家电等）连接到一起，提供家电控制、照明控制、电话远程控制、室内外遥控、防盗报警、环境监测、暖通控制、红外转发及可编程定时控制等多种功能和手段。智能家居还能实现家电之间的关联控制，例如进家门时打开智能门后室内灯随之点亮，开启空调时自动关闭智能窗户。可见智能家居通过关联控制实现了家庭智慧化，一定程度上改善了人类的居住条件。但由于人类生活习惯较为复杂，若家电之间的关联控制方式相对固定，则家电设备之间关联控制的效果可能并不符合用户的实际意图，例如若仅设置进家门时打开智能门后室内灯随之点亮的控制方式，则当用户外出时打开家门，此时室内灯亮则会造成电能浪费；或者，若仅设置开启空调时自动关闭智能窗户，那么当关闭智能窗户后，室内空气质量（例如氧气含量下降，CO_2 含量上升）变差不开窗进行通风换气则会影响用户身体健康。因此需要设计一种更为符合用户行为习惯的智能家居关联控制方式，以避免对控制系统进行重复配置、为各种能源费用节约资金。

为了解决上述技术问题，提出一种家电设备关联控制方法，包括：家电设备接收场景模式的触发指令并获取环境参数；基于预先建立的关联控制模型，确定出与所述触发指令对应的关联控制模式；当确定出的所述关联控制模式为一个时，以所述关联控制模式作为目标关联控制模式，基于所述目标关联控制模式对家电设备进行关联控制；当确定出的所述关联控制模式为多个时，基于所述环境参数从多个所述关联控制模式中确定出关联控制模式，并基于所述关联控制模式对设备进行关联控制。

该智能家电控制系统架构图如图 3-30 所示：

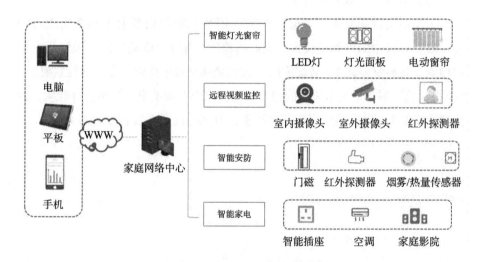

图 3-30　智能家电控制系统架构

（2）检索策略分析

对该技术构思进行分析，该技术构思中的家电实现了关联控制，若仅提取关键词"关联""控制"，则由【案例 3-2】中的检索分析可知，其难以准确表达智能家居之间的控制方式，并且会带来很大噪声。而实际上述关联控制在本领域通常表达为"联动"，即能表示能反映特定模式、特定用户意图时家电之间的控制方式，因此提取检索要素 1，并表达为"联动"。在此基础上，为了能更准确表达用户的行为意图，技术构思还设置了一个利用环境参数进行判断的步骤，即根据环境参数进一步判断联动模式，由前述分析可知，智能家居应用的场景和环境具备多样化的特点，若仅将环境参数表达举例中的"外出""进家门""空气质量""氧气含量""CO_2 含量"等具体应用场景，则可能难以将所有应用场景进行列举甚至会造成漏检。因此，提取检索要素 2，用同在算符"S"表达为"模式 S 选"。此外，该技术构思涉及智能家居场景，因此将"智能家居"作为检索要素 3。基于以上分析，首先提炼的检索要素表如下表 3-23 所示：

表 3-23　试探检索列出的检索要素表

检索要素	检索要素 1	检索要素 2	检索要素 3
关键词（中文）	联动	模式 S 选	智能家居

（3）检索过程及结果分析

①简单关键词检索。考虑到作为应用场景的检索要素 1 和 3 出现在摘要、权利要求中的可能性较大，因此将检索要素 1 "联动"放在关键词字段中检索，将检索要素 3 "智能家居"放在摘要字段中检索。考虑到检索要素 2 "模式 S 选"属于对技术方案的细节描述，出现在说明书中的可能性较大，因此将检索要素 2 放在说明书字段中检索，得到的检索式如下图 3-31 所示。

图 3-31　采用简单关键词检索得到的检索式及检索结果

从上述 83 条检索结果中很容易获得专利文献 CN112596399A，其公开了一种智能家居的控制方法和装置、存储介质、电子装置，并具体公开了根据智能门锁的开启情况，控制智能家电的开启和关闭，同时还需判断屋内用户的数量，将智能家居的工作模式调整为与用户的数量匹配的工作模式，如会客模式时增加灯的开启数量。

②简单关键词+CPC 分类号检索。此外，为了获得更多的检索结果，尝试对检索要素表进行扩展。由上述分析可知，CPC 分类号 G05B2219/2642、G05B2219/163、H04L12/2803 常能体现智能家居技术领域，因此对检索要素 3 进行 CPC 分类号扩展，扩展后的检索要素表如表 3-24 所示：

采用 CPC 分类号 G05B2219/2642、G05B2219/163、H04L12/2803 替换关键词"智能家居"后，在 PSS 系统中形成的检索式和检索结果如下图 3-32 所示：

表 3-24　扩展检索要素 3 后的检索要素表

检索要素	检索要素 1	检索要素 2	检索要素 3
关键词（中文）	联动	模式 S 选	智能家居
CPC 分类号			G05B2219/2642 G05B2219/163　　H04L12/2803

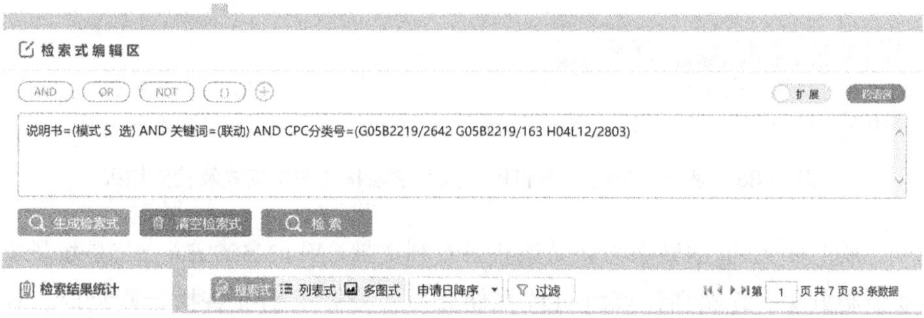

图 3-32　采用简单关键词+CPC 分类号检索得到的检索式及检索结果

上述检索结果中的第一条就是本技术构思 CN112558575A 一种设备联动控制方法、装置、存储介质及设备，并具体公开了可以基于环境参数从多个联动控制模式中确定出目标联动控制模式，从而实现了在同一个场景模式下，可根据设备自身上传的环境参数对各个设备进行不同联动控制模式的控制，例如在智能家电联动的基础上还需检测环境温度，根据环境温度判断空调制冷或制热。

③简单关键词+"申请（专利权）人"字段检索。此外，由于该技术构思涉及家电领域，考虑家电领域常见的申请人有格力、美的、TCL、海尔、长虹等大公司，因此也可尝试用申请（专利权）人字段间接体现技术领域以期快速获得相关文献。构建的检索要素表如下表 3-25 所示：

表 3-25　采用"申请（专利权）人"字段构建的检索要素表

检索要素	检索要素 1	检索要素 2	检索要素 3
关键词（中文）	联动	模式 S 选	智能家居
CPC 分类号			G05B2219/2642 G05B2219/163 H04L12/2803
申请（专利权）人			格力、美的、TCL、海尔、长虹

生成的检索式和检索结果如下图 3-33 所示：

图 3-33　采用"申请（专利权）人"字段构建的检索式及检索结果

从上述 21 篇结果中很容易地获得专利文献 CN112350907A，其是场景联动控制方法、终端和计算机可读存储介质，公开了当准备执行联动时，还需要检测环境参数，例如检测用户是否是最后一个离家的，据此判断当前是否为离家模式，并进一步执行相应的联动控制。

专利文献 CN110631219A 是用于空气设备的控制方法、装置、系统及计算机存储介质，其具体公开了家电设备在在执行联动控制时，还需要通过传感器获取用户信息，例如用户的位置信息、年龄信息、体表温度信息、心率信息、血压信息、血糖信息，据此调节智能家居采用相应的模式进行工作，例如孕婴模式、儿童模式、普通模式、老人模式，提升了智能家居联动的智能性。因此上述两篇专利文献均为与本技术构思相关的专利文献。

第 **4** 章 区块链领域检索指引

　　区块链是随着比特币等数字加密货币的日益普及而逐渐兴起的一种全新的去中心化基础架构与分布式计算范式，从最初起源于加密数字货币，已经不断延展到物流、版权、公证、教育、医疗和物联网等诸多行业。区块链通过去中心化的信任机制改变了连接方式，带来生产关系的改变，正在引领全球新一轮技术变革和产业变革，是继蒸汽机、电力、互联网之后，第四次工业革命的核心技术，是世界各国争相占领的产业技术制高点。近几年区块链领域专利申请的数量也迅速增长。

　　本章节将结合区块链技术的应用，介绍区块链技术在不同应用场景中的专利文献检索技巧，以助于读者提高检索效率，便于读者在众多专利申请文献中找到需要或者想了解的专利文献。

4.1 区块链技术概述

4.1.1 区块链的定义

　　区块链源自比特币底层技术，由中本聪于 2008 年首次提出。根据中国工信部《中国区块链技术和应用发展白皮书（2016）》中的定义：区块链是分布式数据存储、点对点传输、共识机制、加密算法等计算机技术在互联网时代的创新应用模式。狭义来讲，区块链是一种按照时间顺序将数据区块以顺序相连的方式组成的一种链式数据结构，并以密码学方式保证的不可篡改和不可伪造的分布式账本，即区块链中的数据一旦记录下来将不可逆。广义来讲，区块链技术是利用块链式数据结构来验证与存储数据、利用分布式节点共识算法来生成和更新数据、利用密码学的方式保证数据传输和访问的安全、利用由自动化脚本代码组成的智能合约来编程和操作数据的一种全新的分布式基础架构与计算方式。

区块链本质上是一个账本，区块相当于账本中的每一页，当一个行为开始发生，则可以产生一个区块，其完整生命周期就会被详细记录下来形成链。这个账本是在网络上进行多方复制，所以也叫作分布式账本。

区块链开创了一种在不可信的竞争环境中低成本建立信任的新型计算范式和协作模式，凭借其独有的信任建立机制，实现了穿透式监管和信任逐级传递。区块链源于加密数字货币，目前正在向垂直领域延伸，蕴含着巨大的变革潜力，有望成为数字经济信息基础设施的重要组件，正在改变诸多行业的发展图景。

4.1.2　区块链的工作流程

通过区块链的概念可知，区块链在本质上就是一种记账方法，当然它并不是通过人来记账的，而是通过一种软件也称为"区块链客户端"。他们运行于不同的设备上，彼此之间独立工作。这些运行中的客户端通常也称为"节点"。所有的节点都在一个互通的网络中，在网络中，一旦有什么交易发生，消息就会马上广播传遍给每个节点。其中涉及的主要工作流程包括以下步骤：

①全网广播交易记录。发生交易记录时，发送节点向全网广播记录。

②生成区块。区块链节点监听收集广播在网络中的交易，争取到记账权后，将这些交易记录打包成区块，并将区块广播至网络中。

③共识验证。全网节点接收大量区块后进行顺序的共识和内容的验证，经过共识的区块被追加到区块链的尾部，形成账本。

④账本维护。节点长期存储验证通过的账本数据并提供回溯检验等功能，为上层应用提供账本访问接口。

4.1.3　区块链的类型

区块链网络按照开放程度分为三类：公有链、私有链及联盟链。

（1）公有链

公有链，也称为非许可链，是一种完全去中心的分布式账本技术，各个节点可以自由加入和退出网络，并参加链上数据的读写，运行时以扁平的拓扑结构互联互通，网络中不存在任何中心化的服务端节点。网络节点地位平等，共享整个区块链账本。一般地，非许可区块链缺乏身份认证和隐私保护机制，还需要依靠经济激励机制激励网络节点自发地维护系统，面临安全隐患多、匿名性弱、激励策略不相容等问题。非许可区块链适用于完全公开的、全民监督的、全网自治的应用场景中，如食品安全供应链溯源、知识产权管理等。

（2）联盟链

联盟链则是部分去中心化（或称多中心化）的区块链，联盟链的各个节点通常有与之对应的实体机构组织，通过授权后才能加入与退出网络。联盟链需要提供成员管理服务以对节点身份进行审核。各机构组织组成利益相关的联盟，共同维护区块链的健康运转。账本的生成、共识、维护分别由联盟指定的成员参与完成。

（3）私有链

私有链则是完全中心化的区块链，私有链的各个节点的写入权限收归内部控制，而读取权限可视需求有选择性的对外开放。私链相较联盟链而言中心化程度更高，其数据的产生、共识、维护过程完全由单个组织掌握，被该组织指定的成员仅具有账本的读取权限。私有链仍然具备区块链多节点运行的通用结构，适用于特定机构的内部数据管理与审计。

联盟链和私有链也称为许可链，往往通过颁发身份证书的方式事先建立信任关系，具备部分去中心化特点，相比于非许可链拥有更高的效率。许可链是一种受限共享分布式账本技术，具有维护成本低、共识效率高、匿名性强、数据吞吐量大等优势。但是，许可链往往面临高权限节点易受攻击、信任缺失等问题。许可链适用于小范围的、数据交互频繁的组织间或组织内部共享数据服务等应用场景，如跨行清算、医疗保险理赔等。

4.1.4 区块链的实现技术

区块链技术是利用块链式数据结构来验证与存储数据、利用分布式节点共识算法来生成和更新数据、利用密码学的方式保证数据传输和访问的安全、利用由自动化脚本代码组成的智能合约来编程和操作数据的一种全新的分布式基础架构与计算方式。一般来说，区块链实现技术，包括数据层、网络层、共识层、激励层、合约层、应用层。每层分别完成一项核心功能，各层之间互相配合，实现一个去中心化的信任机制。具体架构如下图 4-1 所示。

数据层主要描述区块链技术的物理形式，封装了底层数据区块及相关的数据加密和时间戳等基础数据和基本算法，区块链技术的物理实现是一个由规格相同的区块通过链式结构组成的链条。每个分布式节点都可以通过特定的哈希算法（Hash Function）和梅克尔树（Merkel tree）的数据结构，将一段时间内接收到的交易数据和代码封装到一个带有时间戳的数据区块中，并链接到当前最长的主区块链上，形成最新的区块。该过程涉及区块、链式结构、哈希算法、梅克尔树和时间戳等技术要素。

网络层则包括分布式组网机制、数据传播机制和数据验证机制等。网络层的主要目的是实现区块链网络中节点之间的信息交流，区块链网络本质上是一个对等网络（peer-to-peer networking，P2P 网络），每一个节点既接收信息，也产生信息。

共识层主要封装网络节点的各类共识算法。共识层负责提供一种机制，能让高度分散的节点在去中心化的系统中高效的针对区块数据的有效性达成共识。常见的共识机制包括：工作量证明（proof of work，POW），权益证明（proof of stake，POS）股份授权证明机制（delegate proof of stake，DPOS）。

激励层将经济因素集成到区块链技术体系中来，主要包括经济激励的发行机制和分配机制等。目的是提供一定的激励措施鼓励节点参与区块链的安全验证工作。

合约层封装区块链系统的各类脚本代码、算法及由此生成的更为复杂的智能合约，是区块链可编程特性的基础。

应用层则封装了区块链的各种应用场景和案例。

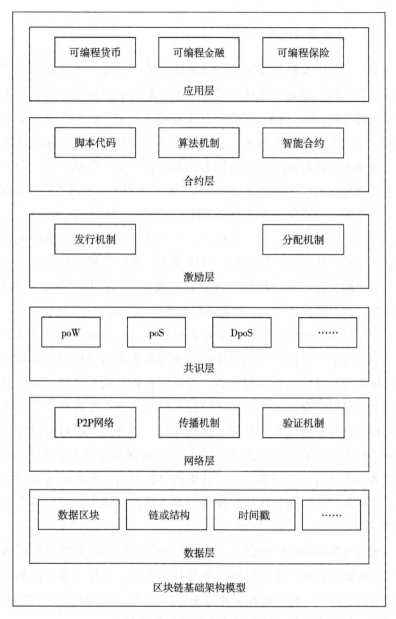

图 4-1　区块链实现技术架构

目前针对上述支撑技术的研究十分活跃，包括数据层的数据管理、加解密和区块数据技术，共识层的共识算法，合约层的智能合约技术在内的多项技术构成了区块链技术的关键技术。

4.1.5　区块链的优势

去中心化是区块链发展伊始最显著的优势。相比于传统的分布式一致性协议，区块链大多建立在开放网络中。PoW 等共识机制能有效解决拜占庭将军问题（Byzantine falures），允许节点数量扩展，在部分节点偏离协议执行甚至实施恶意攻击的情况下，仍能保证一致性。去中心化的区块链的高冗余存储还可以避免单点失效问题，系统吞吐量不受单一节点限制，保证了系统的高可用性。区块链中 PoW、PoS 等共识机制不需要中心节点或特权节点，在设计上避免了单点失效问题。

时序数据是区块链的另一的优势。区块链采用带有时间戳的链式区块结构存储数据，从而为数据增加了时间维度，具有极强的可验证性和可追溯性。可追溯性是指交易的每次变更都会按照时间顺序记录在区块链上，前后关联，可以查询交易从发布源头到最新状态间的整个变更流程。

区块链技术采用非对称密码学原理对数据进行加密，同时借助分布式系统各节点的工作量证明等共识算法形成的强大算力来抵御外部攻击、保证区块链数据不可篡改和不可伪造，因而具有较高的安全性和可信性。同时也可实现对用户身份和机密数据的隐私保护。不可篡改和不可否认指交易等数据一经验证达成共识被写入区块链后，任何人无法对数据进行修改和抵赖。相比传统的中心化数据库，利用哈希函数的单向性和耐碰撞性、数字签名的防伪认证功能和分布式共识的容错能力，区块链极大增加了攻击者恶意篡改、伪造和否认数据操作的攻击难度和成本，有效提升数据的安全性。

以太坊（Ethereum）平台上支持的智能合约为区块链增添了可编程属性，将区块链构建成一个可编程的数据共享平台。具有可编程性的区块链高效地解决了传统合约中依赖中介等第三方维系、合约执行成本高的问题，降低了合约参与方违约风险和诚实合约方的经济损失。

4.1.6　区块链技术的应用

由区块链独特的技术设计可以发现，区块链具有分布式高冗余存储、时序数据且不可篡改和伪造、去中心化应用、自动执行的智能合约、安全和隐私保护等显著的特点等显著优势和特点，这使得区块链技术不仅可以成功应用于数字加密货币领域，同时在经济、金融和社会系统中也得到了广泛的应用。区块链技术目前应用场景较多，基于"区块链+"技术的智能化应用也从不同程度上促进了经济发展和社会进步。我们根据区块链技术的应用现状，将区块链的技术应用分为：金融服务、数据权属、存在性证明、共享数据、价值交换共五个大的应用场景。具体的技术应用分解表见表 4-1。

表 4-1　区块链技术应用分解表

一级技术分支	二级技术分支	三级技术分支
技术应用	金融服务	数字货币支付
		交易、清算
		数字资产
		区块链钱包
		基金、证券、信贷、保险
		客户识别
	数据权属	身份认证
		网络安全
	存在性证明	防伪、溯源
		数据鉴证
		资产管理
		电子证据保全
	共享数据	供应链、物流
		互联网、物联网
		内容发布
		能源、电网
	价值交换	数据交易
		分布式存储
		分布式计算

下面将分别介绍区块链在金融服务、数据权属、存在性证明、共享数据、价值交换应用中的专利文献检索技巧。

4.2　区块链技术在金融服务的应用检索

金融服务是区块链技术的第一个应用领域，也是区块链应用最活跃的领域。由于区块链技术所拥有的高可靠性、简化流程、交易可追踪、节约成本、减少错误及改善数据质量等特质，使得其具备重构金融业基础架构的潜力。

金融以信用为基石。现有中心化数据存储模式下的信用体系，依然存在内部风控风险。区块链作为去中心化数据库，与金融具有天然一致性。利用区块链技术将强化大数据信用机制，对数字资产进行加密记录并存储，区块链网络中的所有节点存储完全一致，促进金融交易的便捷与快速。利用"机器创造信任"，将相互不信任的节点连接在一起完成信任传递，实现参与方之间的有效连接和高效协作。链上的所有数字资产数据都不可篡改和可追溯，将机构与个人失信成本提高。

（1）应用场景1：数字货币支付

数字货币应用是区块链中最早出现的应用。区块链中的数字货币是由被称为矿工的节点在参与区块链共识机制时创建。普通用户可以通过交易所或者私下交易的方式购买数字货币。用户持有的数字货币可以在数字货币系统中进行交易，用于购买商品或者服务。目前已有很多大型的企业和商户支持数字货币交易，如微软和亚马逊。在支付领域，区块链技术的应用有助于降低金融机构间的对账成本及争议解决的成本，从而显著提高支付业务的处理速度及效率，这一点在跨境支付领域的作用尤其明显。另外，区块链技术为支付领域所带来的成本和效率优势，使得金融机构能够更方便处理以往因成本因素而被视为不现实的小额跨境支付，有助于普惠金融的实现。

（2）应用场景2：交易、清算

区块链技术的核心特质是能以准实时的方式，在无须可信的第三方参与的情况下实现价值转移。金融资产的交易涉及两个重要方面：支付和证券。通过基于区块链技术的法定数字货币或者是某种"结算工具"的创设，与链上数字资产对接，即可完成点对点的实时清算与结算，从而显著降低价值转移的成本，缩短清算、结算时间。在此过程中，交易各方均可获得良好的隐私保护。传统证券交易需要经过中央结算机构、银行、证券公司和交易所等中心机构的多重协调，而利用区块链自动化智能合约和可编程的特点，能够极大地降低成本和提高效率，避免烦琐的中心化清算交割过程，实现方便快捷的金融产品交易。

（3）应用场景 3：数字资产

各类资产，如股权、债券、票据、收益凭证、仓单等均可被整合进区块链中，成为链上数字资产，使得资产所有者无须通过各种中介机构就能直接发起交易。上述功能可以借助于行业基础设施类机构实现，让其扮演托管者的角色，确保资产的真实性与合规性，并在托管库和分布式账本之间搭建一座桥梁，让分布式账本平台能够安全地访问托管库中的可信任资产。

（4）应用场景 4：区块链钱包

区块链钱包，类似于电子钱包，但是又有一些不同。区块链钱包简单理解就是管理区块链节点的密钥和地址的工具，它是一个储存加密货币资产的软件程序。

（5）应用场景 5：基金、证券、信贷、保险

金融资产的交易是相关各方之间基于一定的规则达成的合约，区块链能用代码充分地表达这些业务逻辑，如固定收益证券、回购协议、各种掉期交易及银团贷款等，进而实现合约的自动执行，并且保证相关合约只在交易对手方间可见，而对无关第三方保密。基于区块链的智能证券能通过相应机制确保其运行符合特定的法律和监管框架。

（6）应用场景 6：客户识别

全世界的金融机构都是受到严格监管的，其中很重要的一条就是金融机构在向客户提供服务时必须履行客户识别责任。在传统方式下，客户识别是非常耗时的流程，缺少自动验证消费者身份的技术，因此无法高效地开展工作。在传统金融体系中，不同机构间的用户身份信息和交易记录无法实现一致、高效的跟踪，使得监管机构的工作难以落到实处。区块链技术可实现数字化身份信息的安全、可靠管理，在保证客户隐私的前提下提升客户识别的效率并降低成本。

4.2.1 区块链在金融服务应用中的分类号使用特点

由于金融服务涉及金融、经济，因此基于区块链的金融服务应用领域的 IPC 分类号大部分都集中于涉及商业交易、支付及金融的 G06Q 这个小类，见表 4-2。

表 4-2　区块链技术在金融服务应用中相关 IPC 分类号

IPC 分类号	点组	名称
G06Q20/06	••	专用支付电路，如涉及仅在通用支付方案的参与者中使用的电子货币
G06Q20/36	••	使用电子钱包或者电子货币保险柜的
G06Q20/38	•	支付协议；其中的细节
G06Q20/40	••	授权，如支付人或收款人识别，审核客户或商店证书；支付人的审核和批准，如信用额度或拒绝清单的检查
G06Q40/02	•	银行业，如利息计算、信贷审批、抵押、家庭银行或网上银行
G06Q40/04	•	交易，如股票、商品、金融衍生工具或货币兑换
H04L9/00		保密或安全通信装置
H04L9/32	•	包括用于检验系统用户的身份或凭据的装置
G06F21/60	•	保护数据
G06F21/62	••	通过一个平台保护数据存取访问，如使用密钥或访问控制规则

G06Q 下的 CPC 分类号涉及更细节的划分见表 4-3。

表 4-3　区块链技术在金融服务应用中 G06Q 相关 CPC 分类号

CPC 分类号	点组	名称
G06Q20/06	••	专用支付电路，如涉及仅在通用支付方案的参与者中使用的电子货币
G06Q20/065	•••	使用电子现金
G06Q20/36	••	使用电子钱包或者电子货币保险柜的
G06Q20/363	•••	带有用户的个人数据文件

CPC 分类号	点组	名称
G06Q20/367	● ● ●	涉及智能令牌，如电子钱包
G06Q20/3674	● ● ● ●	涉及身份认证
G06Q20/38	●	支付协议；其中的细节
G06Q20/381	● ●	货币兑换
G06Q20/3821	● ● ●	电子凭证
G06Q20/3825	● ● ●	使用电子签名
G06Q20/3829	● ● ●	涉及密钥管理
G06Q20/40	● ●	授权，如支付人或收款人识别，审核客户或商店证书；支付人的审核和批准，例如，信用额度或拒绝清单的检查
G06Q20/401	● ● ●	交易验证
G06Q20/4014	● ● ● ●	交易身份检查
G06Q40/02	●	银行业，如利息计算、信贷审批、抵押、家庭银行或网上银行
G06Q40/025	● ●	信用卡处理或贷款处理，如抵押的风险分析
G06Q40/04	●	交易，如股票、商品、金融衍生工具或货币兑换

H04L9 下的 CPC 分类号涉及更细节的划分见表 4-4。

表 4-4　区块链技术在金融服务应用中 H04L9 相关 CPC 分类号

CPC 分类号	点组	名称
H04L9/00		保密或安全通信装置
H04L9/32	●	包括用于检验系统用户的身份或凭据的装置
H04L9/3231	● ● ●	生物数据，例如指纹、声音或视网膜

G06F21 下的 CPC 分类号涉及更细节的划分见表 4-5。

表 4-5　区块链技术在金融服务应用中 G06F21 相关 CPC 分类号

CPC 分类号	点组	名称
G06F21/60	●	保护数据
G06F21/602	● ●	提供加密设备或服务

CPC 分类号	点组	名称
G06F21/606	••	通过保护两个设备或程序之间的传输
G06F21/62	••	通过一个平台保护数据存取访问，如使用密钥或访问控制规则
G06F21/6245	••••	保护私人数据，如为金融或医疗目的

4.2.2　区块链在金融服务应用中的检索策略选择

从上述表 4-2 可以看出，区块链技术在金融服务应用中大部分专利分类号都集中于涉及商业交易、支付及金融的 G06Q 这一小类。因此，分类号能比较准确的进行相关应用领域的限定。在对该领域的案件进行检索时，因为"金融、支付"等关键词应用场景比较多，易带来较大噪声。可以考虑使用分类号进行应用领域的限定，从而更快速获得相应的专利文献。另外，在具体使用分类号时，当涉及相关技术领域的分类号可能分布在多个下位点组中时，可以考虑使用上述多个下位点组的上位点组或直接使用大组分类号进行检索，以免由于分类号设置得过于下位而漏掉部分专利文献。比如，针对涉及数字货币交易、支付应用场景的专利申请，从上述表 4-2 可以看出其可能涉及 G06Q20/06，G06Q20/36，G06Q20/38，G06Q20/40，G06Q40/02，G06Q40/04 等众多的 IPC 分类号，此时，可以直接考虑使用 G06Q20/IC 和 G06Q40 这两个大组分类号，因为从 G06Q20 和 G06Q40 的 IPC 分类定义中可以看出，G06Q20/00/IC 表征的就是支付体系结构、方案或协议，G06Q40 表征的是金融、保险、税务策略、公司或所得税的处理。因此，直接使用 G06Q20/IC 和 G06Q40/IC 就可以涵盖所有涉及数字货币交易、支付应用场景的专利申请。

4.2.3　区块链在金融服务应用中的关键词提取与扩展

在对区块链技术应用在金融服务中的专利申请进行检索的过程中，关键词提取和扩展尤为重要。笔者对检索时的关键词作了一部分总结，如下表 4-6 所示。

表 4-6　区块链技术在金融服务应用中的典型关键词

关键词提取	中文关键词扩展	英文关键词扩展
区块链	区块链、区块、链	Blockchain、block chain、chain
数字货币	数字货币、电子货币、虚拟货币、虚拟数字币、比特币、莱特币、狗狗币、以太币、以太坊、代币	digital，virtual，electronic，money，currency，cash，D－RMB，litecoin，dogcoin，bitcoin，ethereum，token
支付	支付、清算、结算、交易	pay，liquidation，transaction，exchange
区块链钱包	电子钱包、区块链钱包、比特币钱包	wallet
数字资产	数字资产、股权、债券、票据、收益凭证、仓单	digital asset，equity，bond，remittance，bill，stock，insurance，warehouse receipt
基金	基金、证券、信贷、交易	fund，securities，credit，transaction，exchange
客户识别	识别、身份、验证、校验、鉴定、隐私、匿名	Identify，verify，identity，authentication，privacy，anonymous，validate

4.2.4　区块链在金融服务应用中的案例实践

下面将通过一个实际案例，从技术构思简介、检索策略分析、检索过程及结果分析等角度对区块链在金融服务应用领域的检索方法进行介绍。

【案例 4-1】

（1）技术构思简介

在现有人民币跨境支付系统（CIPS）业务完整的流程中，国内银行之间可以通过 CIPS 专用网络来完成交易指令的传递，但国内银行与境外银行之间，还是主要依靠国际资金清算系统（SWIFT）网络的中转来完成交易指令的传递。目前，境外银行接入 CIPS 尚存在困难，导致人民币跨境业务的发展受限。且存在交易准确率低，汇款信息无法共享，同时交易效率也低的问题。

针对现有技术的不足，设计提供一种基于区块链架构的人民币跨境支付方法。技术要点为：发起参与方节点、人民币跨境支付系统 CIPS 节点和接收参与方节点构成区块链网络；发起参与方节点接收汇款发起人的汇款请求，根据汇款请求构建一个汇款请求区块，将汇款请求区块加入区块链；

人民币跨境支付系统 CIPS 节点根据汇款请求区块，进行清算处理，根据清算处理结果，构建一个汇款业务清算结果区块，将汇款业务清算结果区块加入区块链；接收参与方节点根据汇款业务清算结果区块，将汇款资金解付给汇款接收人。

（2）检索策略分析

对检索的技术构思进行分析。该技术构思的要点在于：跨境支付参与方节点构成区块链网络，将支付交易结果都作为区块写入区块链中，通过区块链来完成人民币的跨境支付。因此，可以从技术内容所属领域出发确定检索要素"支付"，从所采用的技术手段出发确定检索要素"区块链"或"区块"，形成基本检索要素表，见表 4-7。

表 4-7　区块链技术在金融服务应用中的基本检索要素表

检索要素	检索要素 1	检索要素 2
关键词	区块链	支付

通过上述分析，为了避免漏检，先不考虑写入区块的具体细节过程。考虑到专利的发明点通常会在摘要中出现，可以优先考虑在中英文摘要库中针对"摘要"字段进行检索以提高检索效率。在针对"摘要"字段没有得到合适的检索结果的情况下，再进一步在中英文全文库中进行检索。在具体检索时，根据上述表 4-2 中分类号的介绍 G06Q20/38 用于表示支付协议，G06Q40/02 表示银行业，G06Q40/04 表示交易，可以用来表示上述应用领域跨境支付。结合关键词的扩展，对检索要素表进行中英文关键词和分类号的扩展表达见表 4-8。

表 4-8　区块链技术在金融服务应用中扩展后的基本检索要素表

检索要素		检索要素 1	检索要素 2
关键词	中文	区块链、区块、链	支付，清算，结算，交易
	英文	Blockchain，block chain，chain	pay，liquidation，transaction，exchange
分类号	IPC		G06Q20/38，G06Q40/02，G06Q40/04
	CPC		G06Q20/38，G06Q20/381，G06Q40/02，G06Q40/04

（3）检索过程及结果分析

①关键词检索。首先在 PSS 系统中使用简单检索，使用表达两个基本检索要素的关键词在摘要中进行检索"区块链""支付"，将两个基本检索要素进行 AND，得到检索结果如图 4-2 所示。

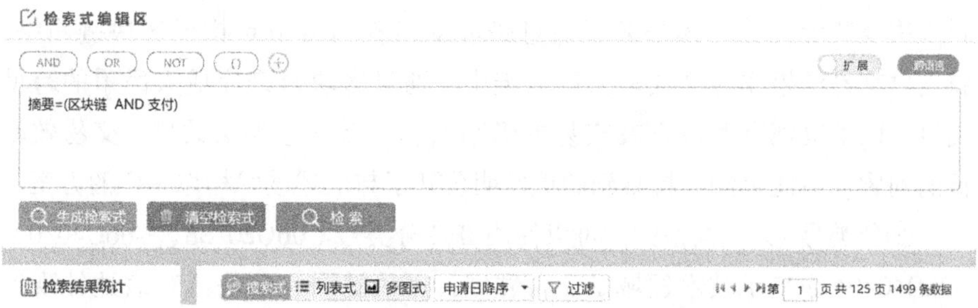

图 4-2　区块链技术在金融服务应用中的简单检索

具体检索过程如图 4-3 所示，结果有 1499 篇不在可阅读浏览范围内，考虑到区块链在金融领域已应用非常成熟，区块链在支付领域的专利申请量很多也是正常的，因此，可以考虑将支付具体限定在跨境支付中，即在摘要字段中进一步将应用领域限定为跨境支付。

图 4-3　区块链技术在金融服务应用中的关键词检索

将检索结果按照申请日降序排序能够发现，通过使用关键词"区块链、跨境 OR CIPS、支付"能够检索到相关专利申请 34 篇，通过浏览发现，其中有两篇比较相关的文献，文献申请号为 CN202011262802.1 的专利文献，发明名称：智慧供应链区块链 BaaS 跨境数字支付平台，其与上述技术构思具有相类似的技术问题，均是为了解决传统银行跨境支付主要依托 SWIFT

系统实现支付资金的转移。都采取了相同的技术手段：包括客户群体节点、银行联盟节点的节点构成区块链，交易时，产生一个加密的跨境支付区块数据，放入联盟链中，将区块数据同步发送至各个参与节点，由各节点更新存储数据，保存最后一条状态为"完成"的区块链。文献申请号为CN201910588542.8的专利文献，发明名称：基于区块链架构的人民币跨境支付方法及装置，并具体公开了通过跨境支付参与方节点构成区块链网络，将支付交易结果作为区块写入区块链中，通过区块链来完成人民币的跨境支付，以解决现有跨境存在交易准确率低、汇款信息无法共享、交易效率低的问题。由此可知，检索到的该发明公开了与上述技术构思一样的方案。

　　②分类号+关键词检索。可以使用 IPC 分类号 G06Q20/38、G06Q40/02、G06Q40/04 来表示技术领域是支付领域，用关键词"区块链"表达体现发明构思的要素。由于涉及区块链具体的技术应用，通常会在权利要求中有所体现。因此，可以优先考虑针对"权利要求"字段进行检索以提高检索效率。当在"权利要求"字段没有合适检索结果的情况下，可进一步在"摘要"或"说明书"字段中进行检索。在高级检索界面进行检索如图 4-4 所示。

图 4-4　区块链技术在金融服务应用中使用 IC 分类号结合关键词的检索

　　检索结果有 10 719 条记录，浏览后发现分类号 G06Q20/38、G06Q40/02、G06Q40/04 涉及所有跟支付交易有关的各种方案，但并不是针对人民币跨境支付。上述检索结果仍然存在噪声，此时，可以将支付具体应用的场景"跨境"作为检索要素之一进行进一步检索，如下图 4-5 所示。

　　通过上述检索式得到的检索结果有 60 条，其中就包括之前介绍的两篇相关的文献。可见，在检索结果较多且存在很多不相关的文献时，可以考

虑使用更具体的应用场景作为关键词进行检索，可快速过滤掉不相关的
文献。

图 4-5 区块链技术在金融服务应用中使用 IC 分类号结合关键词的检索

另外，根据上述检索策略选择的介绍，也可以直接选择使用 G06Q20/IC
和 G06Q40 这个大组分类号来表示技术领域是支付领域。使用关键词"区块
链"和"跨境"做进一步限定，具体检索过程如图 4-6 所示。

图 4-6 区块链技术在金融服务应用中使用大组 IC 分类号结合关键词的检索

通过上述检索式得到的检索结果有 66 条。可见，相比于使用支付领域
的具体的下位点组 G06Q20/38、G06Q40/02、G06Q40/04 IPC 分类号，直接
使用 G06Q20/IC 和 G06Q40/IC 这两个大组分类号，检索结果相差并不大，
说明在区块链的金融服务这一应用领域，相关文献基本都会分布在
G06Q20/IC 和 G06Q40/IC 这两个大组分类号下。所以，在实际检索中，为
防止漏检，可以直接使用这两个大组分类号进行应用场景的限定。

最后，还可以在 PSS 系统中，进行英文文献的检索。根据上述检索过
程的分析，直接使用 G06Q20/IC 和 G06Q40/IC 这两个大组分类号进行"支
付"领域的限定，然后使用英文关键词"block chain"OR"blockchain"和

具体应用领域"cross-border"在摘要库中进行检索，具体检索过程如图4-7所示。

图4-7 区块链技术在金融服务应用中使用IC分类号结合关键词的英文检索

通过上述检索式得到的检索结果共3条。其中有相关的文献申请号为US201816611316A的专利文献，发明名称：链接多区块链系统，其与上述技术构思具有相类似的技术问题，均是为了解决传统行跨境支付所存在的交易准确率低，汇款信息无法共享，同时交易效率也低的问题。并采取了相同的技术手段：在托管第一区块链分类账的第一多个节点中的节点处接收第一交易，通过检查第一区块链分类账来验证第一交易能够发生，利用第一交易更新第一区块链分类账，以包括具有与第一交易相关的数据的块。

通过上述检索过程可见，区块链的金融服务领域进行专利文献检索时，可以使用大组分类号进行限定，当初步检索结果过多时，还可以将具体的应用领域作为关键词进行进一步限定，缩小文献范围，提高检索效率。

4.3 区块链技术在数据权属的应用检索

数据权属是区块链技术的另一个重要的应用领域，由于区块链技术采用带有时间戳的链式区块结构存储数据，为数据增加了时间维度，具有极强的可验证性和可追溯性。

区块链技术采用非对称密码学原理对数据进行加密，同时借助分布式系统各节点的工作量证明等共识算法形成的强大算力来抵御外部攻击、保证区块链数据不可篡改和不可伪造，因而具有较高的安全性和可信性。利用区块链不可篡改的特性，可用增加身份认证的可信度，保证网络通信安全。

（1）应用场景 1：身份认证

传统身份认证可能需要借助第三方认证服务器或中心服务器来认证或存储身份信息，但第三方认证服务器或中心服务器存在被攻击造成信息被窃取、被篡改的可能性。而由区块链节点进行认证，利用区块链去中心化、分布式的信任建立机制，形成去中心化、防篡改的身份认证模式，使得身份认证更加安全，有效提升了信息安全防护、提升风险防范能力。

（2）应用场景 2：网络安全

信息在传递过程中，安全性与完整性问题不容忽视。现有的加密、保密措施一定程度上能够保证网络通信安全，但存在密钥易泄露、存储安全数据的服务器易受攻击而造成隐私数据被窃取的风险。区块链技术凭借其去中心化的特性，获得了较强的容错性与数据安全性，利用区块链数据层的非对称加密技术可以保障数据安全和隐私。通过私钥加密能保证数据的私密性，数据统一存储在去中心化的系统中，数据的引用和摘要信息存储在区块链网络上。将待传输数据进行加密，计算哈希值，将哈希值上传到区块链网络，通过比较哈希值可以判断数据是否被篡改，从而实现了信息传输的安全性。

4.3.1　区块链在数据权属应用中的分类号使用特点

由于数据权属涉及身份认证、网络安全等具体的网络数据传输层面的安全技术，因此基于区块链的数据权属应用领域的 IPC 分类号集中于安全数据传输、加密认证的 H04L29 和 H04L9、G06F21 这三个大组下，见表 4-9。

表 4-9　区块链技术在数据权属应用中相关 IPC 分类号

IPC 分类号	点组	名称
H04L29/06	•	以协议为特征的
H04L9/06	•	使用移位寄存器或存储器用于块式码的密码装置，如 DES 系统
H04L9/32	•	包括用于检验系统用户的身份或凭据的装置
G06F21/60	•	保护数据
G06F21/31	• •	用户鉴别
G06F21/32	• • •	使用生物测定数据，如指纹、虹膜扫描或声纹

H04L29、H04L9 和 G06F21 下的 CPC 分类号涉及更细节的划分见表4-10。

表4-10　区块链技术在数据权属应用中相关 CPC 分类号

CPC 分类号	点组	名称
H04L29/06	•	以协议为特征的
H04L63/08	•	用于通过分组数据网络通信的实体的身份验证
H04L63/083	• •	使用密码
H04L63/0861	• •	使用生物特征，如指纹，视网膜扫描
H04L9/06	•	使用移位寄存器或存储器用于块式码的密码装置，如 DES 系统
H04L9/0643	• •	哈希函数，如 MD5，SHA，HMAC 或 F9 MAC
H04L9/32	•	包括用于检验系统用户的身份或凭据的装置
H04L9/3231	• • •	生物数据，如指纹、声音或视网膜
H04L9/3236	• •	使用加密哈希函数
H04L9/3239	• • •	涉及非密钥哈希函数，如修正检测代码（MDCs），MD5，SHA 或 RIPEMD
H04L9/3247	• •	涉及数字签名
G06F21/30	•	鉴定，即确定身份或安全负责人的授权
G06F21/31	• •	用户鉴别
G06F21/32	• • •	使用生物测定数据，如指纹、虹膜扫描或声纹

4.3.2　区块链在数据权属应用中的检索策略选择

在具体检索时，针对该领域的两个应用场景——身份认证和网络安全，从上述表4-9可以看出，区块链技术在数据权属应用中集中于涉及安全数据传输、加密认证的 H04L29 和 H04L9、G06F21 这几个小类下，分类号表达相对比较准确。但需要提醒读者注意的是，H04L29/IC 这个大类分号下，共有 8 个分类号，包括 3 个 1 点组，其中只有 1 个 1 点组具有进一步的细分，由于没有进行过多下位点组的细分，层次结构过于简单，H04L29 下的专利文献几乎占 H04L 下所有专利文献的三分之一，非常不利于检索，所以如果仅使用该分类号进行检索时，实际对文献量的限缩几乎起不到实质作用。但 CPC 分类号可以很好地弥补上述缺陷。CPC 细分分类号，相较于IPC 分类体系更多、更精细，可以很好地表达安全验证的具体实施细节技

术。从上述表 4-9 可以看出，在区块链技术在数据权属的应用领域中，
H04L29/IC 对应的 CPC 细分分类号主要分布在 H04L63/08 及其下位点组中。
因此，在对该领域的案件进行检索时，可以尝试优先使用 CPC 分类号进行检
索，以针对更细节的网络安全/认证实现技术进行检索，提高检索效率。

4.3.3　区块链在数据权属应用中的关键词提取与扩展

在对区块链技术应用在数据权属中的专利申请进行检索的过程中，关
键词提取和扩展尤为重要。笔者对检索时的关键词作了一部分总结，如下
表 4-11 所示。

表 4-11　区块链技术在数据权属应用中的典型关键词

关键词提取	中文关键词扩展	英文关键词扩展
区块链	区块链、区块、链	blockchain, block chain, block, chain
身份认证	识别、身份、验证、认证、可信	Identify, verify, identity, authentication, privacy, anonymous, validate, trust
隐私保护	安全、私密、隐私、保护、加密、哈希、摘要	security, secret, privacy, protect, encryption, HASH, digest

4.3.4　区块链在数据权属应用中的案例实践

下面将通过一个实际案例，从技术构思简介、检索策略分析、检索过
程及结果分析等角度对区块链在数据权属应用领域的检索方法进行介绍。

【案例 4-2】

（1）技术构思简介

现有用户信息都被保存在中心数据库中，用户需要凭借中心数据库中
保存的身份信息认证来使用各种信息系统，而认证信息往往都是传统的用
户名与密码的身份认证方式。这种身份验证的方式存在用户名及密码被窃
取、被篡改的风险。

针对现有技术的不足，设计提供一种基于区块链的可信身份认证方法。
技术要点为：获取用户的身份认证请求及待认证信息，其中待认证信息包
括待认证生物特征信息和待认证身份信息；将待认证信息通过区块链中转
服务器发往各个区块链节点进行认证，其中每个区块链节点中存储有用户

信息，用户信息包括用户生物特征信息和用户身份信息；获取区块链节点认证结果，并反馈至用户。

（2）检索策略分析

对检索的技术构思进行分析。该技术构思的要点在于：在各个区块链节点中预先存储包括用户生物特征信息和用户身份信息的用户信息，在获取用户认证请求时，将包括待认证生物特征信息和待认证身份信息的待认证信息发送给各区块链节点，使各区块链节点将获取的待认证信息与预先存储的用户信息进行比对校验，判断是否一致，若校验一致，则认证通过。可见，其关键点在于利用区块链节点来预先存储用户身份信息，由区块链节点进行比对认证。使用区块链实现了去中心化、分布式的信任建立机制，形成了去中心化、防篡改的身份认证模式，使得身份认证更加安全。因此，通过上述分析，可以从技术内容所属领域出发确定检索要素"身份认证"，从所采用的技术手段出发确定检索要素"区块链"或"区块"。形成检索要素表见表4-12。

表4-12　区块链技术在数据权属应用中的基本检索要素表

检索要素	检索要素1	检索要素2
关键词	区块链	身份认证

通过上述分析，为了避免漏检，先不考虑身份信息具体是生物特征信息。考虑到专利的发明点通常会在摘要中出现，可以优先考虑在中英文摘要库中针对"摘要"字段进行检索以提高检索效率。在具体检索时，根据上述表4-9中分类号的介绍H04L9/32、G06F21/31、G06F21/32可以用来标识身份认证，可以用来表示上述应用领域身份认证。结合关键词的扩展，对检索要素表进行中英文关键词和分类号的扩展表达见表4-13。

表4-13　区块链技术在数据权属应用中的扩展后的基本检索要素表

检索要素		检索要素1	检索要素2
关键词	中文	区块链、区块、链	身份、认证，鉴别，校验，识别，检验，可信
	英文	Blockchain, block chain, block, chain	Identify, verify, identity, authentication, privacy, anonymous, validate, trust

续表

检索要素		检索要素 1	检索要素 2
分类号	IPC		H04L29/06、H04L9/32、G06F21/31、G06F21/32
	CPC		H04L63/08、H04L63/0861、H04L9/32、H04L9/3231、G06F21/31、G06F21/32

（3）检索过程及结果分析

下面开始检索过程，首先使用简单检索，使用表达两个基本检索要素的关键词在摘要中进行检索"区块链""身份认证"，将两个基本检索要素进行 AND，得到检索结果如下图 4-8 所示。

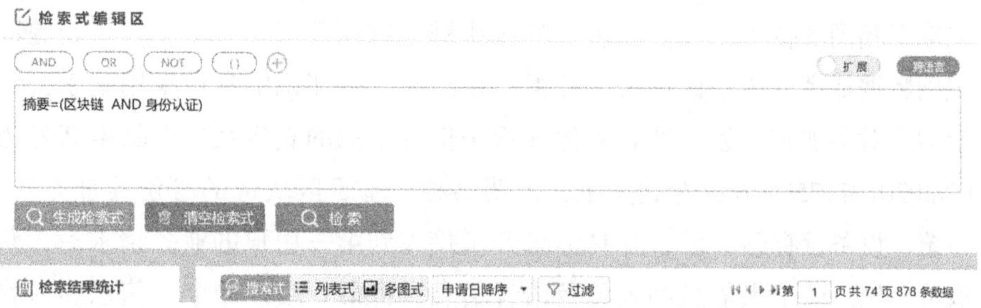

图 4-8 区块链技术在数据权属应用中的简单检索

检索结果有 878 条记录，说明区块链在身份认证的应用中确实已经非常广泛了。浏览后发现利用区块链进行身份认证可以应用在很多场景中，可以包括各种身份认证的方案，但并不是针对用户生物特征识别的身份认证方案。上述检索结果存在很大噪声，此时，可以将身份认证具体的实现手段"比对"作为检索要素之一进行进一步检索，并将该检索要素进行同义词扩展"比对 OR 比较 OR 校验 OR 对比"，考虑到其作为具体的实现技术出现在摘要的可能性比较大。因此在摘要字段中使用"比对 OR 对比 OR 比较 OR 较验"作为检索要素进行检索，并进一步利用 CPC 分类号 H04L9/3231 或 G06F21/32 或 H04L63/0861，来表达基于用户生物特征的身份认证这一具体认证实现技术，具体检索如图 4-9 所示。

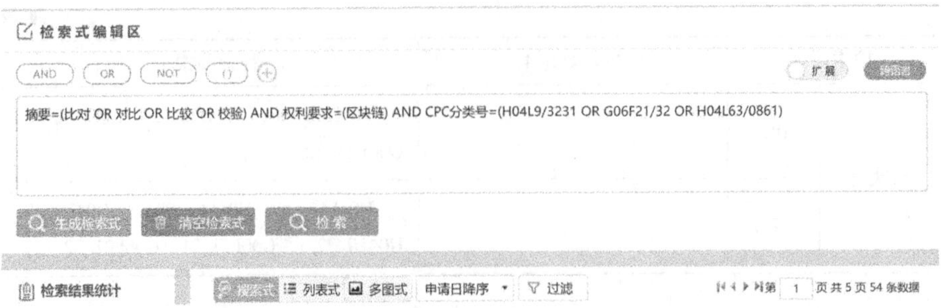

图 4-9　区块链技术在数据权属应用中使用 CPC 分类号结合关键词的检索

　　通过上述检索式得到的检索结果有 54 条，获得较多与发明构思相关的文献，例如文献申请号为 CN202011488855.5 的专利文献，发明名称：一种区块链生物面部识别方法及系统，其与上述技术构思具有相类似的技术问题，均是为了解决传统的生物脸部识别数据存储于互联网，易被篡改。都采取了相同的技术手段：提供一种区块链生物面部识别方法，将生物脸部识别数据加密上传至区块链，数据不可篡改，脸部识别身份采用基于公私钥的非对称加密，数字签名来保证识别信息来源的真实性。文献申请号为 CN202010717599.6 的专利文献，发明名称：基于区块链的身份验证方法、系统、设备及存储介质，并具体公开了接收到第一用户的业务请求后，获取第一用户的个人信息和人脸及语音信息；将第一用户的个人信息和人脸及语音信息发送至区块链平台，以使区块链平台将第一用户的人脸及语音信息与区块链平台中存储的同一用户的人脸及语音信息分别进行对比，若对比结果为均一致，则分别向账户平台和第一用户发送密钥，解决了现有身份认证不透明的问题。由此可知，检索到的该发明公开了与上述技术构思一样的方案。文献申请号为 202010140345.2 的专利文献，发明名称：基于区块链的身份校验方法、装置、设备及存储介质，并具体公开了接收校验机构在检测到目标用户触发的身份校验操作时发送的身份校验请求，所述身份校验请求包括：所述目标用户的用户标识；响应于所述身份校验请求，在所述区块链存证的各用户的用户身份信息中，查找是否存在与该目标用户的用户标识对应的用户身份信息；若存在，则将查找到的用户身份信息发送给所述校验机构。用户可采用生物信息进行注册。

　　此外，还可以在 PSS 系统中，进行英文文献的检索。根据上述检索过程的分析，利用 CPC 分类号 H04L9/3231 或 G06F21/32 或 H04L63/0861，加关键词"block chain"以及"compare+"及其扩展的关键词进行检索，具体检索如图 4-10 所示。

图 4-10　区块链技术在数据权属应用中使用 CPC 分类号结合关键词的英文检索

检索结果有 45 条记录，其中有比较相关的文献申请号为 US201916405906A 的专利文献，发明名称：利用用户问题数据验证和识别区块链的方法，其公开了使用区块链的生物特征认证的系统，将一个或多个面部图像反转为捕获的认证数据，并将捕获的认证数据与存储的认证数据进行比较以确定是否发生匹配，存储的认证数据存储在区块链中。

通过上述检索过程可见，区块链在数据权属这一应用领域的专利文献检索中，可以考虑使用表达更多细节的 CPC 分类号来进行检索，以快速命中相关文献。

4.4　区块链技术在存在性证明的应用检索

存在性证明是区块链技术的另一个重要的应用领域，将用户证据上传到区块链网络上构建用户证据链，生成证据的存在性证明，来证明其存在性。区块链数据带有时间戳、由共识节点共同验证和记录、不可篡改和伪造，可以在任意时间节点方便地证明某项数据的存在性和一定程度上的真实性，这些特点使得区块链可广泛用于包括医疗健康、公证认证、版权保护、证据保全和防伪溯源等有存在性证明的应用场景。

（1）应用场景 1：防伪、溯源

消费市场的假冒伪劣产品会严重损害消费者、企业的切身利益，也会对市场秩序带来负面影响。为此，如何辨别物品真伪成为各界广泛关注的重点。在相关的防伪溯源技术中，当生产商生产出物品后，通常将物品信息存储于云服务器中。之后，生产商将含有物品信息查询地址的电子标签或二维码标签附着在该物品上。用户可以通过扫描该标签从云服务器获取该物品的物品信息，并据此辨别物品真伪。然而，上述标签容易被不良商家盗用和仿制，或者标签包含的信息可能会被篡改，导致用户无法对物品真伪进行有效辨别。而区块链的不可篡改、数据可完整追溯及时间戳功能，可有效解决物品的溯源防伪问题。例如，将物品流通信息的存储地址和哈希值存储在区块链系统上，保证了溯源信息的完整性、透明性、不可篡改性。此外，区块链技术也可用于食品、药品、艺术品、收藏品、奢侈品等的溯源防伪。

（2）应用场景2：数据鉴证

区块链数据带有时间戳、由共识节点共同验证和记录、不可篡改和伪造，这些特点使得区块链可广泛应用于各类数据公证和审计场景。区块链可以永久地安全存储由政府机构核发的各类许可证、登记表、执照、证明、认证和记录等，并可在任意时间点方便地证明某项数据的存在性和一定程度上的真实性。

（3）应用场景3：资产管理

区块链在资产管理领域的应用具有广泛前景，能够实现有形和无形资产的确权、授权和实时监控。对于无形资产来说，基于区块链的时间戳技术和不可篡改等特点，可以将区块链技术应用于知识产权保护、域名管理、积分管理等领域；而对有形资产来说，通过结合物联网技术为资产设计唯一标识并部署到区块链上，能够形成数字智能资产，实现基于区块链的分布式资产授权和控制。

（4）应用场景4：电子证据保全

电子证据是证据的一种，传统电子证据存在易湮灭、易篡改和认定难等问题，导致电子证据保全难度大、成本高、效率低，需要专业人员使用专业设备进行保全；在司法诉讼中，电子证据需要经过交换、举证、质证、认定等多个程序，如何让电子证据安全可靠地交换、便捷地验证成为技术难题；市场上普遍采用依托公证处、司法鉴定中心等公信力来对电子证据进行保全，存在成本高、周期长、用户体验一般等问题。而将区块链技术应用于证据保全领域，利用区块链的不可篡改特点保证电子证据的真实性，仅将电子证据的数字指纹保存于区块链上，避免了区块链的庞大。同时将电子证据进行云存储，不仅可以被查阅，还能根据区块链中的数字指纹快速判断电子证据是否被篡改。实现了快速高效的电子证据确认与保全，满足海量电子证据保全的实时性要求。

4.4.1　区块链在存在性证明应用中的分类号使用特点

由于存在性证明包括的防伪溯源、数据鉴证、资产管理、证据保全等涉及具体的资产或电子数据在网络数据传输过程中的溯源、认证和管理，应用场景比较广泛。因此，其涉及的分类号也比较多。包括安全数据传输、加密认证的 H04L29 和 H04L9、G06F21，以及商业的 G06Q30 和涉及数据检索查询的 G06F16 这几个大组，如表 4-14 所示。

表 4-14　区块链技术在存在性证明应用中相关 IPC 分类号

IPC 分类号	点组	名称
H04L29/06	•	以协议为特征的
H04L29/08	•	传输控制规程，如数据链级控制规程
H04L9/06	•	使用移位寄存器或存储器用于块式码的密码装置，如 DES 系统
H04L9/32	•	包括用于检验系统用户的身份或凭据的装置
G06Q30/00		商业，如购物或电子商务
G06Q30/06	•	购买、出售或租赁交易
G06F21/60	•	保护数据
G06F21/62	• •	通过一个平台保护数据存取访问，如使用密钥或访问控制规则
G06F21/64	• •	保护数据的完整性，如使用校验和、证书或签名
G06F16/00		信息检索；数据库结构；文件系统结构
G06F16/27	• •	在数据库间或在分布式数据库内的数据复制、分配或同步；其分布式数据系统结构

H04L29/06、H04L9 和 G06F21 大组下的 CPC 分类号涉及更细节的划分如前述章节中表 4-4、表 4-5、表 4-10 所示。

H04L29/08、G06Q30 和 G06F16 大组下的 CPC 分类号涉及更细节的划分如下表 4-15 所示。

表 4-15　区块链技术在存在性证明应用中相关的 CPC 分类号

CPC 分类号	点组	名称
H04L29/08	•	传输控制规程，如数据链级控制规程
H04L2209/38	•	链接，如哈希链或证书链
G06Q30/00		商业，如购物或电子商务
G06Q30/06	•	购买、出售或租赁交易
G06Q30/0601	• •	电子购物
G06F16/00		信息检索；数据库结构；文件系统结构
G06F16/27	• •	在数据库间或在分布式数据库内的数据复制、分配或同步；其分布式数据系统结构
G06F16/273	• • •	异步复制和数据一致

4.4.2　区块链在存在性证明应用中的检索策略选择

从上述表 4-14 可以看出，区块链技术在存在性证明应用中涉及具体的资产或电子数据在网络数据传输过程中的溯源、认证和管理，应用场景比较广泛，因此，其涉及的分类号也比较众多，不是很集中。在对该领域的案件进行检索时，可以优先考虑使用关键词进行检索。在具体检索时，可以考虑结合具体的技术效果、要解决的技术问题来提炼关键词进行检索。而在使用关键词检索时，应考虑术语的表达习惯，使用同在算符 "S" 或 "D" 或 "W" 来连接相关的关键词，以免漏检。另外，当使用准确的关键词检索后，检索结果文献量还是很大时，也可以考虑使用相关的分类号进行限定，准确圈定文献范围，提高检索效率。

4.4.3　区块链在存在性证明应用中的关键词提取与扩展

在对区块链技术应用在存在性证明中的专利申请进行检索的过程中，关键词提取和扩展尤为重要。笔者对检索时的关键词作了一部分总结，如下表 4-16 所示。

表 4-16　区块链技术在存在性证明应用中的典型关键词

关键词提取	中文关键词扩展	英文关键词扩展
区块链	区块链、区块、链	blockchain, block chain, block, chain
存在证明	存在性、存在、证明	existence, proof

续表

关键词提取	中文关键词扩展	英文关键词扩展
防伪溯源	防伪、溯源、假冒	anti-counterfeiting traceability，fake
鉴证	鉴证、公证、审计、认证	authentication，notarization，audit，certification
资产	资产、版权、医疗、病历、健康、管理、保护	assets，copyright，medical，health，manage，protect
证据保全	证据、保全	evidence，preservation

4.4.4　区块链在存在性证明应用中的案例实践

下面将通过一个实际案例，从技术构思简介、检索策略分析、检索过程及结果分析等角度对区块链在存在性证明应用领域的检索方法进行介绍。

【案例4-3】

（1）技术构思简介

现有在对数字作品进行版权保护时，采用的方式是由用户主动上传需要版权保护的数字作品，如文字、图像、音频或视频等。但是，由于大多数用户在完成数字作品后，没有上传作品进行版权保护的习惯，导致当前针对数字作品的版权保护只普及于摄影师和知名创作者中，大众很少会对自己的数字作品申请版权保护。存在数字作品版权保护便利性较差，推广难度较大等问题。

针对现有技术的不足，设计并提供一种基于区块链的版权保护方法。技术要点为：检测到存在新生成的待保护数字作品，采用用户的区块链账户私钥对待保护数字作品的作品信息进行签名，得到作品信息的私钥签名；根据作品信息和作品信息的私钥签名，生成版权保护事务请求，并发送至区块链网络以进行上链存储。

（2）检索策略分析

对检索的技术构思进行分析。该技术构思的要点在于：在检测到存在新生成的待保护数字作品后，采用用户的区块链账户私钥对待保护的数字作品的作品信息进行签名，并将待保护数字作品的作品信息及其私钥签名作为事务数据，存储在区块链网络中，以实现对该待保护数字作品的版权保护。可见，其关键在于将作品信息进行私钥签名连同作品信息本身一起上传到区块链存储，完成数字作品的版权保护，提高了数字作品版权保护的便利性，使得普通大众的数字作品也实现了版权保护，降低了版权保护的推广难度。

通过上述分析，可以从技术内容所属领域出发确定检索要素"版权保护"，从所采用的技术手段出发确定检索要素"区块链"或"区块"。形成检索要素表如见表4-17。

表4-17　区块链技术在存在性证明应用中的基本检索要素表

检索要素	检索要素1	检索要素2
关键词	区块链	版权保护

优先考虑在中英文摘要库中针对"摘要"字段进行检索以提高检索效率。在具体检索时，根据上述表4-14中分类号的介绍G06F21/60或G06F21/62或G06F21/64可以用来保护作品信息的完整性，还可以用来表示上述应用领域版权保护。结合关键词的扩展，对检索要素表进行中英文关键词和分类号的扩展表达见表4-18所示。

表4-18　区块链技术在存在性证明应用中扩展后的基本检索要素表

检索要素		检索要素1	检索要素2
关键词	中文	区块链、区块、链	版权、作品、数字内容、保护、存在、证明、保全
	英文	Blockchain, block chain, block, chain	copyright, work, digital content, protect, existence, proof, preservation
分类号	IPC		G06F21/60、G06F21/62、G06F21/64
	CPC		G06F21/60、G06F21/602、G06F21/62、G06F21/6245、G06F21/64

（3）检索过程及结果分析

下面开始检索过程，首先使用简单检索，使用表达两个基本检索要素的关键词在摘要中进行检索"区块链""版权保护"，将两个基本检索要素进行AND，得到检索结果如图4-11所示。

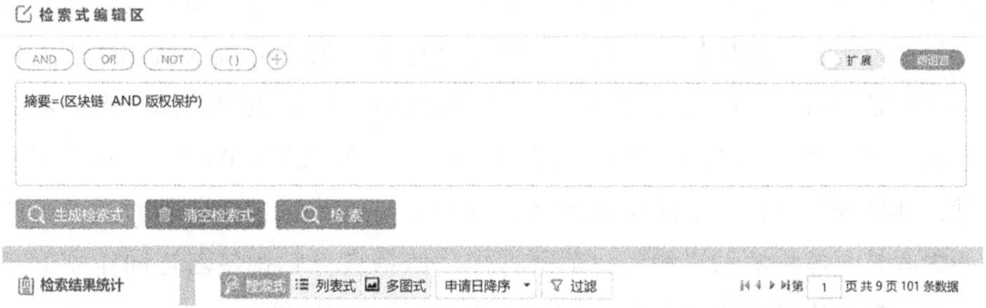

图 4-11 区块链技术在存在性证明应用中的简单检索

检索结果有 101 条记录，初步浏览后发现利用区块链进行版权保护有很多实现方案，上述检索结果存在一定噪声。此时，可以将进行版权保护的具体实现手段"私钥签名"作为检索要素之一进行进一步检索，考虑到其作为关键技术手段出现在权利要求的可能性比较大，因此在权利要求字段中使用"私钥 S 签名"作为检索要素进行检索，同时将"版权保护"用同在算符 D 在摘要中进行限定为"版权 3D 保护"，之所以使用同在算符 S 和 D，是考虑私钥签名和版权保护可能不会紧密连接在一起，结合日常术语使用习惯，可能有多种表达形式，如"对版权进行保护"，或"保护版权"，具体检索如图 4-12 所示。

图 4-12 区块链技术在存在性证明应用中使用关键词的检索

通过上述检索式得到的检索结果有 19 条，其中获得与发明构思相关的文献 2 篇，如文献申请号为 CN202010352721.4 的专利文献，发明名称：一种基于双链的区块链版权保护系统及方法，并具体公开了先进行用户注册，通过提交所述用户注册信息，会得到一对与用户账号密码绑定的公私钥对，完成注册之后，用户可以将需要认证作品版权的作品通过用户节点提交到区块链系统，系统根据用户信息对作品进行相应的作品版权认证处理，采用用户私钥对作品内容进行签名，生成对应用户作品版权归属的唯一数字签名。与上述技术构思相同；文献申请号为 CN202010105122.2 的专利文献，其公开了一种基于区块链的版权保护方法、装置、设备和介质，公开的内容与上述技术构思相似，都跟将作品信息进行私钥签名连同作品信息本身一起上传到区块链存储，完成数字作品的版权保护。

当然，针对上述 92 条记录的检索结果，也可以尝试使用分类号+关键词的方式进行限缩。例如，利用 IC 分类号 G06F21/60 或 G06F21/62 或 G06F21/64，来表达作品信息的完整性保护这一关键技术手段，具体检索如图 4-13 所示。

图 4-13　区块链技术在存在性证明应用中使用 IC 分类号结合关键词的检索

通过上述检索式得到的检索结果有 42 条，其中就包括上述两篇文献。

此外，还可以在 PSS 系统中，进行英文文献的检索。采用上述类似的检索过程，具体检索结果如图 4-14 所示。

图 4-14　区块链技术在存在性证明应用中使用关键词的英文检索

通过上述检索式得到的检索结果有 98 条，其中包括有比较相关的文献。例如，申请号为 KR20180068338A 的专利文献，发明名称：使用源自区块链的分布式图书技术加强保护版权所有者的方法。其公开了使用区块链的智能合约技术在区块链账本中登记与版权作品的相关内容。该文献公开了与本方案相同的技术构思。

通过上述检索过程可见，区块链在存在性这一应用领域的专利文献检索中，在检索结果较多且存在很多不相关的文献时，可以考虑使用实现技术方案的具体技术手段的关键词或分类号来进行检索，提高文献检索效率。

4.5　区块链技术在共享数据的应用检索

共享数据进一步扩大了区块链技术的应用领域，推动区块链技术应用逐步向实体经济应用领域发展。区块链提供了一种分布式的、共享的状态，在这种状态下，所有参与者都同意使用一种共识算法。它防篡改的特性有助于为供应链、物流等实际应用场景提供一个可信任的公共账本。虽然传统的供应链信息系统能够唯一地标识产品，但由于数据的隔离，它们的可追溯性是有限的。在产业链多个环节上跟踪溯源需要防篡改的、同时保持高可访问性的共享数据。利用区块链自身的特点和优势可以解决目前供应链、物流、互联网、物联网、内容发布、能源、电网等众多实体领域存在的痛点和问题。

（1）应用场景 1：供应链、物流

首先，区块链技术能使得数据在交易各方之间公开透明，从而在整个供应链条上形成一个完整且流畅的信息流，这可确保参与各方及时发现供应链系统运行过程中存在的问题，并针对性地找到解决问题的方法，进而提升供应链管理的整体效率。其次，区块链所具有的数据不可篡改和时间戳的存在性证明的特质能很好地运用于解决供应链体系内各参与主体之间的纠纷，实现轻松举证与追责。最后，数据不可篡改与交易可追溯两大特性相结合可根除供应链内产品流转过程中的假冒伪劣问题。

在物流过程中，利用数字签名和公私钥加解密机制，可以充分保证信息安全及寄、收件人的隐私。例如，快递交接需要双方私钥签名，每个快递员或快递点都有自己的私钥，是否签收或交付只需要查一下区块链即可。

最终用户没有收到快递就不会有签收记录，快递员无法伪造签名，因此可杜绝快递员通过伪造签名来逃避考核的行为，减少用户投诉，防止货物的冒领误领。而真正的收件人并不需要在快递单上直观展示实名制信息。因为安全隐私得到保障，所以更多人愿意接受实名制，从而促进国家物流实名制的落实。另外，利用区块链技术，通过智能合约能够简化物流程序和大幅度提升物流的效率。

（2）应用场景 2：互联网、物联网

物联网、移动互联网等，正在逐步渗透当今社会的方方面面。但随着传感器技术和物联网技术的不断发展，其安全问题也愈加受到关注。物联网的核心理念是通过传感器等感知设备将物理世界的隐性数据转化为显性数据，进而从显性数据中获得客观世界的运行规律和相关知识。作为物理世界在网络信息空间的投射，物联网对数据在产生、传输、处理过程中的真实性具有更高的要求，这也是区块链技术在物联网中可能应用的主要方向之一。在产品追溯、车联网等领域均有广阔的应用空间。区块链上的智能合约是一组可运行的计算机代码，这些代码能够实现资产的交易过程。资产可以包括数据、凭证等，可以由具体的业务场景下的合作伙伴共同定义。可不依赖中心机构自动化地代表各签署方执行合约。由于智能合约拥有较低的运行成本，较低的人为干预风险，并且能准确执行等特性，现已被应用到很多领域，如交易与公平交换、身份管理、物联网、医疗记录隐私、众筹等。

（3）应用场景 3：内容发布

随着计算机技术和互联网技术的快速发展，在互联网上发布的网络内容，如新闻、自媒体内容、官网内容等越来越多，数据量也越来越大。创作者将网络内容发布在互联网上，其他用户通过内容发布网络地址可以查看互联网上发布的各种网络内容。但有时，网络内容会被其他用户篡改，违背原创者发布意图，其他用户很难识别网络内容的真实性。DRM 是内容发布者通过使用加密技术来保护（或者说限制）数字化内容的使用权的一种技术。DRM 技术采用传统的中心化管理系统，将数字内容、版权方、发行方、使用方等信息存储在数字版权管理 DRM 系统中，如果发生 DRM 系统损坏或数据丢失的情况，将导致版权信息丢失；并且由于 DRM 技术安全性较低，数字版权内容泄露事件频发，导致数字版权内容遭到非法复制、传播，不但损害了版权拥有方的利益，对整个数字内容产业也是一种持续破坏。区块链账本上的每笔事务都带有时间戳和发起者的数字签名，公开透明，从而提供了不可篡改和不可抵赖的信息或价值存在性证明。区块链的上述技术特点可以支持将数字内容的受保护的内容加密密钥和授权给消费者的内容许可证安全记录在区块链的分布式公共账本上。

（4）应用场景 4：能源、电网

当前我国新能源产业在不断发展，与传统能源相比，新能源具有产业链条长和主体多元化等特点，在新能源大规模发展过程中，发现在政策发布、投融资、规划建设、运行维护和生产经营等环节，普遍存在数据共享不足和真实性无法校验的问题。将新能源分布信息、能耗数据等上链存证，基于区块链智能合约和共识机制，可以实现综合能源各主体的交易撮合，提升新能源交易效率和透明度。基于区块链的新能源云平台，联接电网企业、监管部门、金融机构、新能源企业、用户等各方主体，可有效打破数据壁垒，实现全产业链的数据贯通共享。

4.5.1　区块链在共享数据应用中的分类号使用特点

由于共享数据包括的供应链物流、互联网、物联网、内容发布和能源、电网等涉及的应用场景比较广泛。因此，其涉及的分类号也比较多。包括安全数据传输、加密认证的 H04L29 和 H04L9、G06F21，以及商业的 G06Q30，涉及物流、能源的 G06Q10、G06Q50，涉及金融交易支付的 G06Q20、G06Q40 和涉及数据检索查询的 G06F16 这些大组下，具体见表 4-19。

表 4-19　区块链技术在共享数据应用中相关 IPC 分类号

IPC 分类号	点组	名称
H04L29/06	•	以协议为特征的
H04L29/08	•	传输控制规程，例如数据链级控制规程
H04L9/32	•	包括用于检验系统用户的身份或凭据的装置
G06Q10/08	•	物流，例如仓储、装货、配送或运输；存货或库存管理，如订货、采购或平衡订单
G06Q20/38	•	支付协议；其中的细节
G06Q30/00		商业，例如购物或电子商务

续表

IPC 分类号	点组	名称
G06Q30/06	•	购买、出售或租赁交易
G06Q40/02	•	银行业，如利息计算、信贷审批、抵押、家庭银行或网上银行
G06Q40/04	•	交易，如股票、商品、金融衍生工具或货币兑换
G06Q50/06	•	电力、天然气或水供应
G06F21/60	•	保护数据
G06F21/62	• •	通过一个平台保护数据存取访问，如使用密钥或访问控制规则
G06F21/64	• •	保护数据的完整性，如使用校验和、证书或签名
G06F16/00		信息检索；数据库结构；文件系统结构
G06F16/27	• •	在数据库间或在分布式数据库内的数据复制、分配或同步；其分布式数据系统结构

上述分类号涉及的 CPC 分类号如前述章节中表 4-4、表 4-5、表 4-10、表 4-15 所示，在此不再赘述。

4.5.2　区块链在共享数据应用中的检索策略选择

从上述表 4-19 可以看出，区块链技术在共享数据应用中由于涉及应用场景比较广泛。因此，其涉及的分类号分布得也比较杂乱，并不集中。在对该领域的案件进行检索时，可以先查找是否存在相关应用领域比较准确的分类号，如果存在，则优先选择使用分类号进行应用领域的限定。另外，区块链技术在共享数据应用中大部分应用场景可能属于大的物联网领域。因此，在具体检索时，可以尝试使用分类号 H04L29/IC 这个大组与之前确定的具体应用领域的分类号进行相与，以快速锁定相关文献范围，提高检索效率。在实际检索过程中，当检索结果文献量比较大时，可以考虑结合实现方案的具体实现细节的关键技术特征进行检索，可降低噪声同时将文献量圈定在可浏览范围。

4.5.3　区块链在共享数据应用中的关键词提取与扩展

在对区块链技术应用在共享数据中的专利申请进行检索的过程中，关键词提取和扩展尤为重要。笔者对检索时的关键词作了一部分总结，见表 4-20。

表4-20　区块链技术在共享数据应用中的典型关键词

关键词提取	中文关键词扩展	英文关键词扩展
区块链	区块链、区块、链	blockchain, block chain, block, chain
智能合约	智能合约、去中心化、无中心化	smart contract, decentralize
物流供应链	供应链、物流、电子商务	supply chain, logistics, E-commerce
物联网	互联网、物联网	Internet of things, IOT, internet
内容发布	内容发布、数字版权管理	content publish, DRM, Dight Rights Management
能源	能源、电网	energy, power grid

4.5.4　区块链在共享数据应用中的案例实践

下面将通过一个实际案例，从技术构思简介、检索策略分析、检索过程及结果分析等角度对区块链在共享数据应用领域的检索方法进行介绍。

【案例4-4】

（1）技术构思简介

物流状态信息涵盖了货物在寄件、运输及收件的全过程数据，既可以是货物位置数据、移动轨迹数据，也可以是实时的状态图像数据等。针对每一件货物的运输，需要多方参与才能确保货物顺利安全地到达收件方。一旦货物运输过程中任何一个环节的物流状态信息在传输过程中出现丢失或者篡改，都会影响物流监控中心对货物运输过程的准确及时监控，甚至还会因某一个环节的参与方通过故意篡改物流状态信息的数据，以达到推卸自身责任的目的。因此，如何在确保物流状态信息安全的情况下，实现对货物的物流状态的监控，成为当前的物流领域面临的又一个技术问题。

针对现有技术的不足，设计提供一种基于区块链技术的物流状态监控方法。技术要点为：由参与目标货物物流全环节中的任一环节所对应的管理设备获取目标货物的当前物流状态信息，将当前物流状态信息处理后以物流状态区块形式发布到物流区块链上，监控中心对所述物流状态区块解密后，确定位于所述物流状态区块内的目标货物的物流状态。

（2）检索策略分析

对该检索的技术构思进行分析。可见，其关键在于将物流状态信息以区块的形式上传到物流区块链上，完成对物流状态信息的监控，确保了针对具有保密级别的货物的物流状态信息的安全监控需要。

通过上述分析，可以从技术内容所属领域出发确定检索要素"物流"，从所采用的技术手段出发确定检索要素"区块链"或"区块"。形成检索要素表见表4-21。

表4-21　区块链技术在共享数据应用中的基本检索要素表

检索要素	检索要素1	检索要素2
关键词	区块链	物流

优先考虑在中英文摘要库中针对"摘要"字段进行检索以提高检索效率。在具体检索时，根据上述表4-19中分类号的介绍G06Q10/08表示物流，可以用来表示上述应用领域物流监控。同时考虑到物流实际属于大的物联网应用领域，所以将H04L29/08也作为相关的领域分类号，结合关键词的扩展，对检索要素表进行中英文关键词和分类号的扩展表达见表4-22。

表4-22　区块链技术在共享数据应用中的扩展后的基本检索要素表

检索要素		检索要素1	检索要素2
关键词	中文	区块链、区块、链	供应链、物流、电子商务
	英文	Blockchain，block chain，block，chain	supply chain，logistics，E-commerce
分类号	IPC		H04L29/08、G06Q10/08
	CPC		H04L67/00、G06Q10/0833

（3）检索过程及结果分析

下面开始检索过程，首先使用简单检索，使用表达两个基本检索要素的关键词在摘要中进行检索"区块链""物流"，将两个基本检索要素进行AND，得到检索结果如图4-15所示。

检索结果有654条记录，初步浏览后发现仅使用"物流"作为关键词会引入很多噪声，可能只是文献中提到了物流，但并不是针对物流信息的区块上链操作。此时，可以使用物流领域的分类号G06Q10/08对其进行进一步限定，并将实现物流监控的具体监控对象"物流状态"作为检索要素进行进一步检索，考虑到其作为关键技术手段出现在权利要求的可能性比较大，因此在权利要求字段中使用"（物流 S 状态）AND 区块链"作为检索要素进行进一步限缩，具体检索如图 4-16 所示。

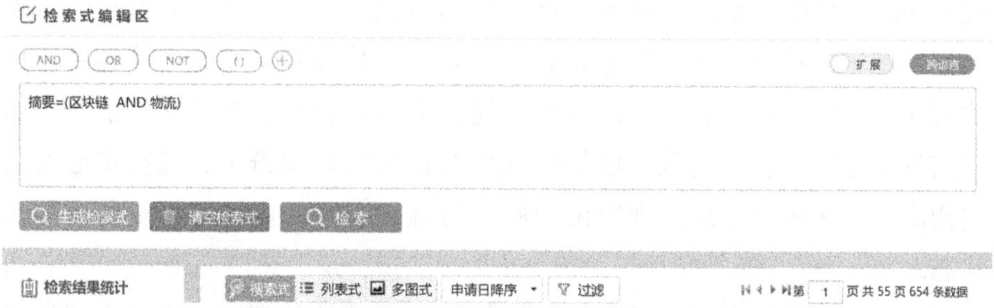

图 4-15　区块链技术在共享数据应用中的简单检索

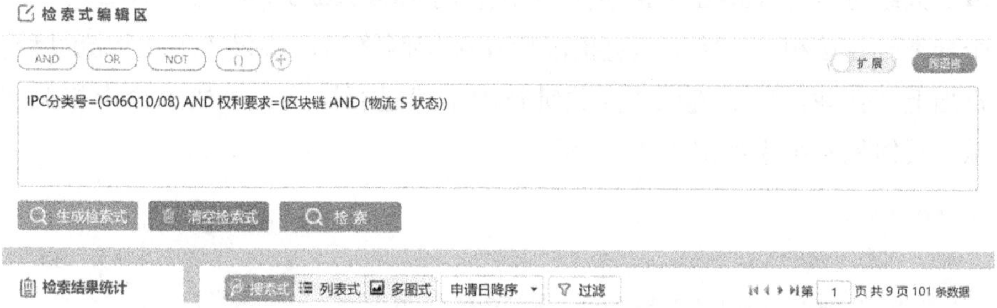

图 4-16　区块链技术在共享数据应用中使用 IC 分类号结合关键词的检索

通过上述检索式得到的检索结果有 101 条，获得多篇与发明构思相关的文献，如文献申请号为 CN202110102417.9 的专利文献，发明名称：一种智慧物流状态信息监控系统及方法，并具体公开了在物流箱监控环节中，引入区块链，将不良开启信息、温度异常信息、压强异常信息、时间信息等这些重要环节信息进行记录；并将上述信息调用区块链智能合约实现区块链上链、同步、共识，使人为无法进行修改和干预，可见，检索到的该发明公开了与上述技术构思一样的方案。文献申请号为 CN202011501823.4 的专利文献，发明名称：一种基于区块链的物流追踪方法，并具体公开了用户寄件节点上传包裹信息到主节点。主节点针对用户寄件节点上传的包裹信息生成数字指纹，连同相应的时间戳写入区块链中，并在所有从节点中广播该区块链，各个物流节点按照包裹的物理空间传送路径依次根据所述数字指纹、自身和对应的下一个物流节点的节点信息生成包裹状态信息，并由主节点写入区块链，相应的用户收件节点签收该包裹并形成包裹签收信息上传给主节点以写入区块链中，可见，检索到的该发明公开了与上述技术构思一样的方案。文献申请号为 CN202011592427.7 的专利文献，发明名称：基于区块链技术的物流状态监控方法，其公开了基于区块链技术的物流状态监控方法，公开的内容与上述技术构思相似，都是将当前物流状态信息处理后，以物流状态区块形式发布到物流区块链上，监控中心对所述物流状态区块解密后，确定位于所述物流状态区块内的目标货物的物流状态。

此外，还可以在 PSS 系统中，进行英文文献的检索。考虑到上述针对物流状态的监控，实际上属于物联网领域。因此，可以尝试使用物联网领域的大组分类号 H04L29/IC 进行限定，将 G06Q10/08/IC 与 H04L29/IC 两个分类号直接相与，将文献直接限定在采用网络通信协议实现的物流过程，再加上"区块链"关键词作为关键技术手段进行限定，可快速命中相关文献，具体检索结果如图 4-17 所示。

图 4-17　区块链技术在共享数据应用中使用 IC 分类号结合关键词的英文检索

通过上述检索式得到的检索结果有 39 条，其中包括有比较相关的文献。例如，申请号为 US201615139217A 的专利文献，发明名称：供应链中的单元化跟踪。其公开了区块链能够跟踪多个物流交易。任何消费者或公司可以访问区块链以通过访问区块链来验证与一组物品相关联的来源。区块链包括一个或多个顺序区块，每个顺序区块包含一个或多个物流交易。该文献公开了与本方案相同的技术构思。

通过上述检索过程可见，区块链在共享数据这一应用领域的专利文献检索中，当检索结果存在很多不相关的文献时，可以考虑先使用技术领域所属的准确分类号进行文献范围的准确圈定，再结合实现方案的具体技术手段的关键词进行检索，可提高文献检索效率。

4.6　区块链技术在价值交换的应用检索

价值交换是区块链技术的另一个重要应用领域。在现实生活中，由于中介机构的存在，在中心化的组织模式下，大量的价值资产保存在中介机构手中，实现价值传递的成本很高，比如病人的病历，在 A 医院检查的结果拿到 B 医院，但是 B 医院不予认可，病人需要重新检查，造成价值资源的浪费，如果能够实现病人病历的转移则可完全解决上述问题。而通过使用区块链技术，价值能够得到更加严格的保护，能够实现更加高效、更低成本的流动，从而实现价值交换和转移。价值资源的转移和交换在去中心的环境下能够大大降低时间和经济成本，提高社会的运营效率。

（1）应用场景 1：数据交易

在现今的信息社会，数据扮演着越来越重要的角色。数据的分享与交易成了当前商业和技术的一个热点。由于数据与传统商品相比有较大的差异，比如容易丢失、容易复制、需要保密等。因而，对交易的处理能力、交易过程的可追踪性、交易数据的完整性及可靠性都有更高的要求。在传统的交易方式中，交易的达成一般需要依赖第三方的交易中心，交易中心的处理能力会影响交易的效率，并且交易中心的故障会影响交易的所有相关方。在传统的交易平台上，交易数据的完整性也是很难维护，由于传统交易的非透明性，交易的历史难于追溯，交易过程文件也可能被篡改，因而容易滋生欺诈。而由于区块链的去中心化、不可篡改和不可伪造等特点，它可以有效解决上述问题，保证数据交易的可追踪性、交易数据的完整性及安全可靠性。

（2）应用场景 2：分布式存储

区块链的高冗余存储，每个节点存储一份数据、去中心化、高安全性和隐私保护等特点使其特别适合存储和保护重要隐私数据，以避免因中心化机构遭受攻击或权限管理不当而造成的大规模数据丢失或泄露。利用区块链来存储个人健康数据（如电子病历、基因数据等）是极具前景的应用领域，此外存储各类重要电子文件（视频、图片、文本等）乃至人类思想和意识等也有一定应用空间。这类应用，主要将区块链作为分布式数据库或去中心化数据库来使用。

（3）应用场景3：分布式计算

分布式计算是利用互联网上的计算机的中央处理器的闲置处理能力来解决大型计算问题的一种计算科学。传统的分布式计算平台是一种支持应用程序在其上分布式执行的底层服务平台。目前的分布式计算平台是不能运行与其他平台的，造成分布式计算平台的执行效率低且数据计算能力有限，除此之外，现有的分布式计算平台的安全性较低，在数据共享功能上安全性较弱，会造成数据泄漏。而基于区块链打造分布式计算，将我们所需要计算的数据发送到区块链上，使用区块链各节点的计算能力进行计算，让更多的节点加入进来参与计算、提供更好的计算能力，能够充分利用社会闲散资源，提升社会整体资源利用率。此外，现有的分布式计算方案在对数据进行分布式计算的同时，难以确保数据的安全性，容易导致数据的泄漏。而利用区块链的智能合约能有效实现数据的安全共享，以确保数据的安全性，防止数据发生泄露。

4.6.1 区块链在价值交换应用中的分类号使用特点

价值交换包括的数据交易、分布式存储和分布式计算其涉及的分类号主要集中于包括商业交易的 G06Q、包括数据传输、安全认证的 H04L29 和 H04L9、G06F21，以及涉及数据检索查询和数据计算的 G06F9 和 G06F16 这些大组下，具体如下表 4-23 所示。

表 4-23　区块链技术在价值交换应用中相关 IPC 分类号

IPC 分类号	点组	名称
H04L29/06	•	以协议为特征的
H04L29/08	•	传输控制规程，如数据链级控制规程
H04L9/06	•	使用移位寄存器或存储器用于块式码的密码装置，如 DES 系统
H04L9/32	•	包括用于检验系统用户的身份或凭据的装置
G06Q20/38	•	支付协议；其中的细节
G06Q30/00		商业，如购物或电子商务
G06Q30/06	•	购买、出售或租赁交易

续表

IPC 分类号	点组	名称
G06Q40/02	•	银行业，如利息计算、信贷审批、抵押、家庭银行或网上银行
G06Q40/04	•	交易，如股票、商品、金融衍生工具或货币兑换
G06F9/46	• •	多道程序装置
G06F9/50	• • •	资源分配，如中央处理单元［CPU］的
G06F21/60	•	保护数据
G06F21/62	• •	通过一个平台保护数据存取访问，如使用密钥或访问控制规则
G06F21/64	• •	保护数据的完整性，如使用校验和、证书或签名
G06F16/00		信息检索；数据库结构；文件系统结构
G06F16/27	• •	在数据库间或在分布式数据库内的数据复制、分配或同步；其分布式数据系统结构

G06F9 下的 CPC 分类号涉及更细节的划分如下表 4-24 所示。

表 4-24　区块链技术在价值交换应用中 G06F9 相关 CPC 分类号

CPC 分类号	点组	名称
G06F9/46	• •	多道程序装置
G06F9/50	• • •	资源分配，如中央处理单元［CPU］的
G06F9/5072	• • • • •	网格计算

上述其余 IC 分类号涉及的 CPC 分类号如前述章节中表 4-4、表 4-5、表 4-10、表 4-15 所示，在此不再赘述。

4.6.2　区块链在价值交换应用中的检索策略选择

从上述表 4-23 可以看出，区块链技术在价值交换应用中集中于包括商业交易的 G06Q、包括数据传输、安全认证的 H04L29 和 H04L9、G06F21，以及涉及数据检索查询和数据计算的 G06F9 和 G06F16。在对该领域的案件进行检索时，由于分类号众多，而关键词通常比较精准，因此，可以优先考虑直接使用最相关的关键词进行检索，可以快速得到相关文献，起到事半功倍的效果。在关键词选取时，也不需要过多的扩展，因为在价值交换这一应用领域中，如"分布式计算"和"分布式存储"都是特定的专业术语，比较准确，所以只需考虑使用同在算符"D"或"S"进行连接即可。

4.6.3 区块链在价值交换应用中的关键词提取与扩展

在对区块链技术应用在价值交换中的专利申请进行检索的过程中，关键词提取和扩展尤为重要。笔者对检索时的关键词作了一部分总结，如下表 4-25 所示。

表 4-25 区块链技术在价值交换应用中的典型关键词

关键词提取	中文关键词扩展	英文关键词扩展
区块链	区块链、区块、链	blockchain, block chain, block, chain
智能合约	智能合约、去中心化、无中心化	smart contract, decentralize
数据交易	交易	transaction, exchange
分布式存储	分布式、存储、储存、保存	distributed, storage, memory, preservation
分布式计算	分布式、计算	distributed, computing

4.6.4 区块链在价值交换应用中的案例实践

下面将通过一个实际案例，从技术构思简介、检索策略分析、检索过程及结果分析等角度对区块链在价值交换应用领域的检索方法进行介绍。

【案例 4-5】

（1）技术构思简介

现有的分布式计算方案（如 MapReduce）需要数据在集中的物理位置上，并且需要执行计算的一方拥有很强的计算资源，同时现有的分布式计算方案在对数据进行分布式计算的同时，难以确保数据的安全性，容易导致数据的泄漏。然而，目前个体或机构越来越重视数据隐私性，对于数据的分享越来越谨慎，以医疗数据为例，医疗数据是极为敏感的，一旦泄露后果不堪设想。因此，在对大规模数据进行分布式计算的同时，如何安全地共享数据，已然成为难点。

针对现有技术的不足，设计提供一种区块链的分布式计算方法。技术要点为：根据计算需求编写智能合约，将所述智能合约发布至区块链，所述智能合约中包含分布式计算函数和结果汇总函数，以使得区块链中的每个从节点根据所述智能合约中的分布式计算函数和本地的数据集进行分布式计算，并将计算结果上传至区块链；从区块链上获取每个从节点的计算结果，并根据所述智能合约中的结果汇总函数将所有从节点的计算结果进行汇总。

（2）检索策略分析

对该检索的技术构思进行分析。主要是利用区块链的智能合约，使得区块链节点根据所述智能合约中的分布式计算函数和本地的数据集进行分布式计算，并将计算结果上传至区块链，并根据所述智能合约中的结果汇总函数将所有从节点的计算结果进行汇总。可见，其关键在于利用了区块链的智能合约中的函数来分别完成分布式计算和计算结果的汇总。

通过上述分析，可以从技术内容所属领域出发确定检索要素"智能合约"，从所采用的技术手段出发确定检索要素"分布式计算"。由于智能合约属于区块链的核心构成要素，仅在区块链中才会出现，因此可以考虑直接使用更准确的"智能合约"来代替"区块链"作为关键词进行检索。形成检索要素表见表 4-26。

表 4-26 区块链技术在价值交换应用中的基本检索要素表

检索要素	检索要素 1	检索要素 2
关键词	智能合约	分布式计算

优先考虑在中英文摘要库中针对"摘要"字段进行检索以提高检索效率。在具体检索时，根据上述表 4-23 中分类号的介绍 G06F21/62 用来表示通过一个平台保护数据存取访问，可以用来表示上述应用领域"计算"，分类号 H04L29/08 用来表示传输控制规程，可以用来表示网络中任务的分发。结合关键词的扩展，对检索要素表进行中英文关键词和分类号的扩展表达如下表 4-27 所示。

表 4-27 区块链技术在价值交换应用中扩展后的基本检索要素表

检索要素		检索要素 1	检索要素 2
关键词	中文	智能合约、去中心化、无中心化	分布式，计算
	英文	smart contract, decentralize	distributed, computing
分类号	IPC		H04L29/08、G06F21/62
	CPC		H04L67/10、G06F21/62

（3）检索过程及结果分析

下面开始检索过程，首先使用简单检索，使用表达两个基本检索要素的关键词在摘要中进行检索"智能合约""分布式计算"，将两个基本检索要素进行 AND，得到检索结果如图 4-18 所示。

图 4-18　区块链技术在价值交换应用中的简单检索

通过上述检索式得到的检索结果有 8 条，其中包括有比较相关的文献。如，文献申请号为：CN201910361422.4 的专利文献，发明名称：一种基于区块链的分布式计算方法及系统，其公开了区块链中的主节点根据自身的计算需求编写智能合约并将智能合约发布至区块链，以使得区块链中的从节点根据本地的计算资源和智能合约中的分布式计算函数进行分布式计算，最终，主节点根据智能合约中的结果汇总函数将所有从节点的计算结果进行汇总，公开的内容与上述技术构思相同，都是利用了区块链的智能合约中的函数来分别完成分布式计算和计算结果的汇总。文献申请号为：CN201910603422.0 的专利文献，发明名称：一种提高物联网应用的计算和存储速度的方法。其公开了通过让中央计算节点为边缘节点担保，确保边缘节点为大数据存储和超高速智能合约边缘计算处理提供高效、可靠、可信的区块链网络服务，将海量的边缘节点的闲置计算能力和存储能力组成一个分布式计算和存储平台，执行耗时较长的计算任务。可见，上述发明公开了上述主要的技术构思。

可见，在使用关键词检索时，"分布式计算"和"智能合约"这两个关键词非常精准，直接进行检索就能够快速命中有效对比文件，不需要进行过多的关键词扩展。另外，还可以在 PSS 系统中，进行英文文献的检索。采用上述类似的检索思路，具体检索过程如图 4-19 所示。

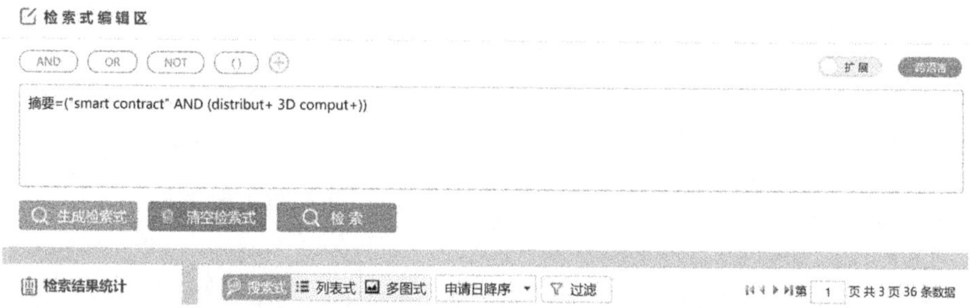

☑ 检索式编辑区

(AND)　(OR)　(NOT)　(())　⊕　　　　　　　　　　　　　　　扩展　清空省

摘要=("smart contract" AND (distribut+ 3D comput+))

🔍 生成检索式　　🗒 清空检索式　　🔍 检 索

🔲 检索结果统计　　🔍搜索式 ☰ 列表式 🖼 多图式　申请日降序 ▾　▽ 过滤　　　◁◁ ◁ ▷ ▷▷ 第　1　页共3页36条数据

图 4-19　区块链技术在价值交换应用中使用关键词的英文检索

通过上述检索式得到的检索结果有 36 条，其中包括有比较相关的文献。如，申请号为 US201916238495A 的专利文献，发明名称：用于分布式安全计算系统的系统和方法，其公开了分布式计算系统包括持久存储装置，存储智能合约的区块链分类账和智能合约要求。该文献公开了与本方案相同的技术构思。

通过上述检索过程可见，区块链在价值交换这一应用领域的专利文献检索中，关键词表达得比较精准，不会带来太大噪声，可以优选关键词检索。

第 5 章　量子通信领域检索指引

　　量子信息技术经过近三十年突飞猛进的发展，在理论和技术方面已经获得了举世瞩目的成就，越来越多的企业、科研院所对量子信息技术表现出强大的兴趣。其中量子通信就是量子信息技术的应用分支。量子通信具有传统通信方式所不具备的绝对安全特性，不但在国家安全、金融等信息安全领域有着重大的应用价值和前景，而且逐渐走进人们的日常生活。为了让量子通信从理论走到现实，从 20 世纪 90 年代开始，国内外科学家做了大量的研究工作。自 1993 年美国 IBM 的研究人员提出量子通信理论以来，美国国家科学基金会和国防高级研究计划局都对此项目进行了深入的研究，欧盟在 1999 年集中国际力量致力于量子通信的研究，研究项目多达 12 个，日本邮政省把量子通信作为 21 世纪的战略项目。我国从 20 世纪 80 年代开始从事量子光学领域的研究，近几年来，中国科学技术大学的量子研究小组在量子通信方面取得了突出的成绩，涉及量子通信的专利申请量也在不断增加。

　　本章将结合量子通信的不同类型，介绍量子通信技术在不同应用场景中的专利文献检索技巧，以助于提高检索效率，便于大家在众多专利申请文献中找到需要或者想了解的专利文献。

5.1　量子通信技术简介

5.1.1　量子通信的定义

量子包括原子、电子、光子等微观粒子，是能量的最小单位，从某种程度说，人类就是一个庞大的量子集合，几乎每个事物都以量子物理学为基础。量子通信是指应用了量子力学的基本原理或量子特性进行信息传输的一种通信方式，具体而言，量子通信是利用量子叠加态和纠缠效应进行信息传递的新型通信方式，基于量子力学中的不确定性、测量坍缩和不可克隆三大原理提供了无法被窃听和计算破解的绝对安全性保证。量子通信系统的问世，解决了未来量子计算时代的网络安全问题，在当前复杂多变的信息安全形势下其重要性日益凸显，成为重要的科技发展方向之一。

5.1.2　量子通信的特点

量子通信主要依赖于量子纠缠与量子密钥，与传统通信相比优势如下：

（1）量子通信具有无条件的安全性

量子通信起源于利用量子密钥分发（Quantum Key Distribution，QKD）获得的密钥加密信息，基于量子密钥分发的无条件安全性，从而可实现安全的保密通信。QKD 利用量子力学的海森堡不确定性原理和量子态不可克隆定理。前者保证了窃听者在不知道发送方编码基的情况下无法准确测量获得量子态的信息，后者使得窃听者无法复制一份量子态在得知编码基后进行测量，从而使窃听必然导致明显的误码，于是通信双方能够察觉出被窃听。

（2）量子通信具有传输的高效性

根据量子力学的叠加原理，一个 n 维量子态的本征展开式有 2^n 项，每项前而都有一个系数，传输一个 M 子态相当于同时传输这 2^n 个数据。可见，M 子态携带的信息非常丰富，使其不但在传输方面，而且作存储、处理等方面相比于经典方法更为高效。

（3）量子通信可以利用量子物理的纠缠资源

纠缠是量子力学中独有的资源，相互纠缠的粒子之间存在一种关联，无论它们的位置相距多远，若其中一个粒子改变，另一个必然改变，或者

说一个经测量坍缩，另一个也必然坍缩到对应的量子态上。爱因斯坦称量子纠缠为"幽灵般的超距作用"。这种关联的保持可以用贝尔不等式 $| P_{xz} - P_{zy} | \leqslant 1+P_{xy}$ 来检验，因此用纠缠可以协商密钥，若存在窃听，即可被发现。利用纠缠的这种特性（量子力学上称为非局域性），也可以实现量子态的远程传输。

5.1.3　量子通信的类型

目前，量子通信的主要形式包括基于 QKD 的量子保密通信、量子间接通信和量子安全直接通信。

（1）基于 QKD 的量子保密通信

QKD 建立在量子力学的基本原理之上，应用量子力学的海森堡不确定性原理和量子态不可克隆定理，在收发双方之间建立一串共享的密钥，通过一次一密的加密策略，可实现真正意义上的无条件安全通信。当今量子通信领域单光子量子密钥分配采用 BB84 协议。

（2）量子间接通信

量子间接通信可以传输量子信息，但不是直接传输，而是利用纠缠粒子对，将携带信息的光量子与纠缠光子对之一进行贝尔态测量，将测量结果发送给接收方，接收方根据结果进行相应的酉变换，从而恢复发送方的信息。这种方法称为量子隐形传态（Quantum Teleportation）。应用量子力学的纠缠特性，基于两个粒子具有的量子关联特性建立量子信道，可以在相距较远的两地之间实现未知量子态的远程传输。

另一种方法是发送方对纠缠粒子之一进行酉变换，变换之后将这个粒子发到接收方，接收方对这两个粒子联合测量，根据测量结果判断方所作的变换类型（共有四种酉变换，因而可携带两比特经典信息），这种方法称为量子密集编码（Quantum Dense Coding）。

（3）量子安全直接通信

量子安全直接通信（Quantum Secure Direct Communications，QSDC）可以直接传输信息，并通过在系统中添加控制比特来检验信道的安全性。量子态的制备可采片 1 纠缠源或单光子源。若为单光子源，可将信息调制在单光子的偏振态上，通过发送装置发送到量子信道；接收端收到后进行测量，通过对控制比特进行测量的结果来分析判断信道的安全性，如果信道无窃听则进行通信。其中经典辅助信息辅助进行安全性分析。

量子密钥分发和量子隐形传态的性质和原理完全不同，量子密钥分发是利用量子的不可克隆性对信息进行加密，属于解决密钥问题，而量子隐形传态则是利用量子的纠缠态来传输量子比特。即量子密钥分发是依托于传统通信信号，是应用在经典通信信道基础上的一种保密方式。量子隐形传态即用量子态作为信息载体，通过量子态完成大容量信息的传输，是一种脱离实物的"完全"的信息传送，能够实现原则上的完全保密。量子隐形传态利用经典辅助的方法传送未知的量子态。

下面将分别介绍不同类型量子通信技术在电力、金融、工业控制网、政务、军事国防中的专利文献检索技巧。

5.2 量子通信技术在电力领域的应用检索

5.2.1 量子通信在电力通信中的运用

现代信息技术的不断发展尽管为供电公司提供了特定的技术支持，使信息化模式在企业管理中开始运营，但是计算机病毒的长期潜伏存在严重威胁着企业的信息安全，例如在 2020 年第三季度，近半的勒索软件攻击事件威胁企业将曝光其内部资料信息，全球平均每 10 秒就有一个新的企业遭受勒索软件攻击，严重损害了企业利益，并给企业带来很大的安全生产隐患。在这种条件下，怎么确保电力企业大量信息安全是非常关键的事情。量子通信可以提高网络通信安全层级，避免企业计算机备受攻击，进而保障电力行业系统的安全稳定运行。

中国的电能资源分配不均，电力的调度变得尤为重要。但是在电力调度的过程中，容灾是是现代电力公司应注意的问题。现阶段，一些电网公司已经针对实施有效调度能源问题异地建立了数据容灾中心。在这些数据中心的结构和功能上，量子通信的使用极大地保证了数据传输的准确性和安全性，并确保了机密数据传输的顺利安全进行。在通信级别上，量子技术的安全性和机密性在一定程度上与以前的复杂算法的安全性不同，主要是由于其自然特性和优势所形成的独特属性，为电力通信技术的研究和实施及对远程备份数据的安全保护提供了有力的支持。QKD 链接可以实现密钥分发在主数据中心和备份数据中心之间交换且有效地进行，并为远程数据备份传输建立安全有效的通道。

除去一般的网络信息传输路径，部分关键信息也要经过电话的形式进行传输，特别是部分生产指令的传输，这就让确保电力公司中电信技术的安全性已成为一项非常重要的任务。量子交换机可以控制传统的通信网络以及量子交换网络。因此，可以充分利用量子通信在防止信息遗漏等方面的优点为电力公司构建最安全的量子交换网络平台。在现代社会的发展阶段，中国对量子交换机的探索研究为加密量子交换网络平台提供了非常重要的技术支撑。例如，对量子通信系统的理论实践提出了由交换、控制和输出等许多模块组成的光开关量子交换器，在量子通信网络的信源、信宿之间建立光子链路，为双方通信提供量子通道，建立一个量子交换平台，用弱光源测试该平台，然后将可用节点接入量子通信网络。

5.2.2　量子通信在电力通信中的分类号使用特点

量子通信在电力通信中运用时，通常涉及电力输变电监测、变电站量子通信的实现、电力线路的量子信号测试及量子纠错编码等常见场景，一般将此类专利申请 IPC 分类至 H04L9/08、H04B3/54、H04B10/70 等相关分类号，见表 5-1。

表 5-1　量子通信技术在电力系统中应用相关 IPC 分类号

IPC 分类号	点组	名称
H04L9/08	•	密钥分配
H04L9/10	•	带有特殊机体，物理特征或人工控制
H04L9/12	•	同步的或最初建立特殊方式的发送和接收密码设备
H04L9/14	•	使用多个密钥或算法
H04L9/16	• •	在工作期间变化的密钥或算法
H04L9/18	•	用串行和连续修改数据流单元加密，如数据流加密系统
H04L9/20	• •	具有单元替单元与数据序列联合的伪随机密钥序列
H04L9/22	• • •	具有特殊的伪随机序列发生器
H04L9/24	• • • •	用多于 1 个发生器产生的序列
H04L9/26	• • • •	产生非线性伪随机序列
H04L9/28	•	使用特殊的加密算法

IPC 分类号	点组	名称
H04L9/30	••	公用密钥，即计算的加密算法不能被变换并且用户的加密密钥不需要保密
H04L9/32	•	包括用于检验系统用户的身份或凭据的装置
H04B3/54	•	通过电力配电线传输的系统
H04B10/70	•	光子量子通信
H04B10/80	•	在 H04B10/03-H04B10/70 各组中不包括的适合于特定应用光学传输所涉及的光学方面，如光功率供给或通过水进行光传输
H04B10/85	••	未经授权访问的保护，如窃听保护
H04B10/90	•	非光传输系统，如采用非光子微粒辐射的传输系统

　　H04L9/08 下的 CPC 分类号主要涉及密钥分配或管理，例如加密密钥或密码的产生、共享或更新，对应的涉及量子通信的相关 CPC 分类号细分见表 5-2。

表 5-2　H04L9/08 涉及量子通信的相关 CPC 分类号

CPC 分类号	点组	名称
H04L9/08	•	密钥分配或管理，如加密密钥或密码的产生、共享或更新
H04L9/0816	••	密钥建立，即一个共享的秘密可以被两方或多方获得以供后续使用的加密程序或加密协议
H04L9/0819	•••	密钥传输或分配，即一方创建或获得一个秘密值，并安全地将其传送到对方的密钥建立技术
H04L9/0822	••••	使用密钥加密密钥
H04L9/085	•••	秘密共享或秘密分割，如门限阈值量
H04L9/0852	•••	量子密码
H04L9/0855	••••	涉及额外的节点，如量子继电器，中继器，中间节点或远程节点
H04L9/0858	••••	密钥精华或编码的零部件，如调和、纠错、隐私放大、偏振编码或相位编码
H04L9/088	••	秘密信息的使用控制，如对预授权的使用、不同的访问级别、加密时期有效性、不同的密钥或密码长度或不同的强与弱的加密算法进行限制加密密钥的技术
H04L9/0883	••	使用量子密码

而 IPC 分类号 H04B3/54 主要集中为通过电力配电线传输的有线传输系统，在专利申请主题为基于量子技术进行电力通信传输时，亦可以通过该分类号查找到对应的专利文献，其对应的相关 CPC 分类号细分见表 5-3。

表 5-3　H04B3/54 涉及量子通信的相关 CPC 分类号

IPC 分类号	点组	名称
H04B3/54	•	通过电力配电线传输的系统
H04B3/542	• •	信息为数字形式
H04B3/544	• •	建立通信的；呼叫和信令装置
H04B3/546	• •	信令、遥测、保护的结合
H04B3/548	• •	线路上电源为直流电

IPC 分类号 H04B10/70 主要为利用光子量子通信的无线传输系统，其对应的 CPC 分类号细分见表 5-4。

表 5-4　H04B10/70 涉及量子通信的相关 CPC 分类号

IPC 分类号	点组	名称
H04B10/70	•	光子量子通信
H04B10/80	•	在 H04B10/03-H04B10/70 各组中不包括的适合于特定应用光学传输所涉及的光学方面，如光功率供给或通过水进行光传输
H04B10/801	• •	使用光学互连，如光耦合隔离器，电路板互连
H04B10/802	• • •	用于隔离，如使用光电耦合器
H04B10/803	• • •	自由空间的互连，如在电路板或芯片之间
H04B10/806	• •	用于供电的装置
H04B10/807	• • •	光功率供给，即使用光信号传输功率
H04B10/808	• • •	光传输系统的电功率供给（供电装置一般入 H04B3/44）
H04B10/85	• •	未经授权访问的保护，如窃听保护
H04B10/90	•	非光子传输系统，如采用非光子微粒辐射的传输系统

5.2.3　量子通信在电力通信中的检索策略选择

下面主要介绍国家知识产权局专利检索及分析系统，介绍如何选择合适的检索入口和策略来检索量子通信在电力通信中的运用专利。

从表 5-1 可以看出，量子通信在电力通信中的应用中大部分专利分类号都集中于涉及通过电力配电线传输的系统的 H04B3/00 这一大组下。因此，分类号能比较准确的进行相关应用领域的限定。在对该领域的案件进行检索时，因为"电力、密钥"等关键词应用场景比较多，易带来较大噪声，可以考虑使用分类号进行应用领域的限定，从而更快速获得相应的专利文献。另外，在具体使用分类号时，当涉及相关技术领域的分类号可能分布在多个下位点组中时，可以考虑使用上述多个下位点组的上位点组或直接使用大组分类号进行检索，以免由于分类号设置得过于下位而漏掉部分专利文献。比如，针对量子通信在电力通信中的专利申请，从表 5-1 可以看出其可能涉及 H04L9/08、H04B3/54、H04B10/70 及其下位点组等众多的 IPC 分类号，此时，可以直接考虑使用 H04L9/08 和 H04B3/54 这两个分类号，因为从 H04L9/08 和 H04B3/54 的 IPC 分类定义中可以看出，H04L9/08 表征的就是密钥分配，H04B3/54 表征的是通过电力配电线传输的系统，因此，直接使用 H04L9/08 和 H04B3/54 就可以涵盖涉及密钥分配应用于电力通信场景的专利申请，然后结合量子通信的关键词，就能快速检索到相关文献。同时从上述表 5-2 至表 5-4 可以看出，针对量子通信在电力通信中的运用领域的 IPC 分类号，CPC 分类体系从其具体应用和功能方面进行了比较完整和详细的划分。相比 IPC 分类号，CPC 分类号更能体现该领域的技术特点及发展方向。在对该领域的案件进行检索时，可以通过查看上述表格从应用分类和/或功能分类的角度找到相关的 CPC 分类号，充分利用CPC 分类号进行检索，弥补关键词表达不准确、扩展不全面等不足，从而使快速获得相应的专利文献。

5.2.4　量子通信在电力通信中的关键词提取和扩展

在对量子通信技术应用在电力通信中的专利申请进行检索的过程中，关键词提取和扩展尤为重要。笔者对检索时的关键词作了一部分总结，见表 5-5。

表 5-5　量子通信在电力通信应用场景中的关键词

关键词提取	中文关键词扩展	英文关键词扩展
量子通信	量子、通信、传输	quantum, communication, transmit

续表

关键词提取	中文关键词扩展	英文关键词扩展
电力输变电监测	电力、电网、输电、变电站、输变电、检测、监控	power, electric, energy, substation,, transmission and distribution, detect, monitor
电力线路的量子信号测试	电力线路、电线、量子信号、测试、检测	electric power circuit, power line, quantum, signal, test, detect
量子纠错编码	量子、纠错、纠正、校正、校验、编码、调制	quantum, debug, error correction, check, encode, modulation

5.2.5　量子通信在电力通信中的案例实践

（1）技术构思简介

在现有技术中，不同于普通光缆线路，电力通信所用的光缆线路大多为架空光缆，主要是架空地线复合光缆（Optical Power Ground Wire，OPGW）或全介质自承式光缆（All Dielectric Self-Support，ADSS）。同时，在电力系统中还有独特的性质，通信线路通常是沿着电力线路架设，通信站大多基于变电站。在电力变电站的通信，由于环境与公网不同，其通信方式也应有所变化。近年来，由于保密通信的发展前景，量子通信技术将是非常看好的一种真正的保密通信方式，但是 QKD 技术应用于电力行业的最大缺陷是通信距离受限，还存在着高压电磁环境的干扰，如何解决电力线路量子通信难题是当前急需解决的问题之一。一种可行的解决方案是通过编码技术延长量子信号的长距离衰减，同时解决变电站内的电磁干扰问题。虽然量子编码技术目前已经非常成熟，但是还尚未达到经典编码技术的应用程度。因此，我们所要解决的就是将目前的量子编码技术方案进行研究，提出适合于电力系统的改进方案，解决通信环境的依赖性难题。

针对现有技术的不足，设计提供一种适用于高压架空电力线路的量子纠错编码方法，易于实现，编码效率高，适合于电力环境线路。技术要点为：在电力架空线路两端的变电站内分别设置量子设备，其中一端为发送端，另一端为接收端；所述发送端和所述接收端通信时采用 [5, 1] 稳定子量子纠错编码技术。方案框架如图 5-1 所示：

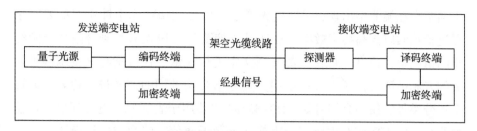

图 5-1 量子通信在电力领域的应用方案框架图

通过在电力系统环境的系统分析，选择适合电力架空光缆环境下的量子编码技术，相对其他的量子编码方案，可以只进行一步测量，就可同时得到比特与相位翻转结果，不需要采用两种纠错电路，减小了电路复杂性，提升了译码效率，因此具有成本低，易于实现的特征，在一定程度上缓解了电力环境量子编码的难度，为量子通信技术应用于电力系统提供了一条便利通道。

（2）检索策略分析

首先，对需要检索的技术构思进行分析。在上述技术构思中，对目前的量子编码技术方案进行研究，提出适合于电力系统的改进方案，解决了通信环境的依赖性难题。即通过采用 [5, 1] 稳定子量子纠错编码技术，来实现适用于高压架空电力线路的量子纠错编码方法。具体来说，通过在电力架空线路两端的变电站内分别设置量子设备，其中一端为发送端，另一端为接收端，发送端和接收端通信时采用 [5, 1] 稳定子量子纠错编码技术。

基于以上分析，该技术构思的要点在于：在电力架空线路两端的变电站内分别设置量子设备，两端量子设备采用 [5, 1] 稳定子量子纠错编码技术进行通信。因此，根据上述技术要点形成检索要素表，如表 5-6 所示。

表 5-6 量子通信在电力通信应用场景中的基本检索要素表

检索要素	检索要素 1	检索要素 2
关键词	电力架空线路	[5, 1] 稳定子量子纠错编码

其次，基于上述技术构思和检索要素表，可以看出主要检索思路是检索将特定的量子纠错编码技术应用于电力线路通信中。考虑到专利的发明

点通常会在摘要中出现，可以优先考虑在中英文摘要库中针对"摘要"字段进行检索以提高检索效率。在针对"摘要"字段没有得到合适的检索结果的情况下，再进一步在中英文全文中进行检索。在检索与该技术构思相关的专利申请时，通常可以采用分类号结合关键词的方式进行检索。通过上述分类号的使用介绍可知，H04B3/54主要用于表征通过电力配电线传输的系统，H04B10/70主要用于表征光子量子通信，较为准确地表达了上述技术构思，结合关键词的扩展，对检索要素表进行中英文关键词和分类号的扩展表达，如表5-17所示。

表5-7　量子通信在电力通信应用场景中的扩展后的基本检索要素表

检索要素		检索要素1	检索要素2
关键词	中文	电力、电网、输电、变电站、输变电、线路、电线	［5，1］稳定子、量子、纠错、纠正、校正、校验、编码、调制
	英文	power, electric, energy, sub-station, transmission and distri-bution, power circuit, power line	［5，1］, stable, quantum, debug, error correction, check, encode, modulation
分类号	IPC	H04B3/54	H04B10/70
	CPC	H04B3/54, H04B3/544	H04B10/70

（3）检索过程及结果分析

①简单检索。综合以上分析，首先在PSS系统中以"摘要"字段进行简单检索，检索结果如图5-2所示。

在摘要中检索"电力"和"量子"的结果是215篇，其中有相关的文献申请号为CN202010714151.9的专利文献，发明名称：一种电力业务量子加密系统。该申请与上述技术构思具有相类似的技术问题，均是为了解决目前对电力传输业务的加密保护依靠的是计算复杂度，然而这主要是针对经典通信网的安全保护，随着计算机计算能力的不断提升，攻击手段的不断增加、破译能力的不断提升，这种传统的机密方式势必存在被攻击的可能。因此，传统的加密方式不能保证电力线路传递信息的绝对安全性。通过将量子通信技术应用于电力行业，解决电力线路量子通信难题。

该发明公开了一种电力业务量子加密系统，该系统包括：分别设置在加密端和解密端的FPGA模块，所述FPGA模块包括状态机、加密单元、解密单元、协商单元。所述协商单元根据所述状态机的控制信号进行加密端和解密端的密钥协商，并获取密钥数据流；所述加密端的加密单元根据所述协商单元获取的密钥数据流对电力业务进行加密，得到密文数据流，将所述密文数据流传输至所述解密端；所述解密端的解密单元根据所述协商单元获取的密钥数据流对所述密文数据流进行解密，得到明文数据流。该发明通过采用协商单元在状态机的控制下进行加密端和解密端的密钥协商，并获取量子密钥数据流；在加解密过程中，加密端和解密端使用相同量子密钥分配系统产生的量子密钥数据流作为密钥，明文数据每次与量子密钥数据流顺次对应加密，得到密文数据流；密文数据流在获取的量子密钥数据流下解密得到明文数据。因此，本发明提供的电力业务量子加密系统，结合量子密钥，采用流加解密方法，提高了加解密的效率，实现了电力通信网中，业务发送端与业务接收端之间的信息不被窃取、篡改，从而保证了电力通信网的通信安全以及电力业务安全。

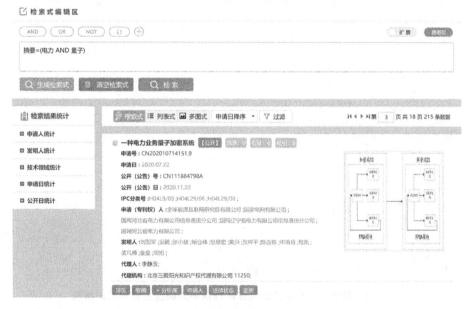

图 5-2　量子通信在电力通信应用场景中的简单检索

但是通过分析发现，该发明并未明确涉及"[5，1]稳定子量子纠错编码技术"，因此调整关键词补充检索"量子编码技术"，调整后的检索式如图 5-3 所示。

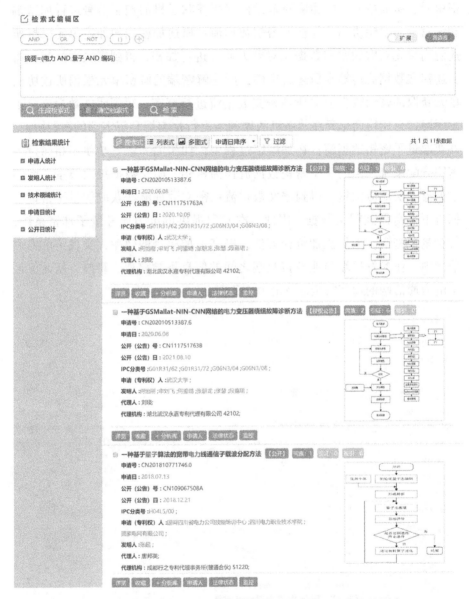

图 5-3　量子通信在电力通信应用场景中的调整关键词后的检索

在摘要中检索"电力""量子"和"编码"的结果是 11 篇，通过分析检索结果可知，量子通信在电力领域的应用关键词比较准确，使用"电力""量子""编码"检索到的方案均是涉及将量子编码技术应用到电力领域中的方案。其中有两篇比较相关的文献，分别介绍如下：文献申请号为

CN201810771746.0 的专利文献，发明名称：一种基于量子算法的宽带电力线通信子载波分配方法。该申请与上述技术构思具有相同的技术问题，均是为了解决电力线载波信号的信号衰减、载波干扰及电力线上的噪声大量存在，使得电力载波通信在通信距离和通信可靠性上存在不足，因而无法长期有效预测载波通信质量。

该发明提供了一种基于量子算法的宽带电力线通信子载波分配方法，将宽带电力线信道中多个子载波集合在一起作为一个整体，形成一个子带，在进行分配时，同一个子带中的子载波按照相同的调制方式进行调整并分配给同一个用户，即作为一个资源分配单元进行分配。该发明通过一种基于量子算法的宽带电力线通信子载波分配方法，解决了现有电力线载波通信存在的不足，本发明结合量子遗传算法，采用动态资源配置的方式来进行宽带 PLC 子载波的优化分配，以提高正交频分复用系统的传输效率，实现电力线通信性能的提升。

文献申请号为 CN201210576456.3 的专利文献，发明名称：一种适用于高压架空电力线路的量子纠错编码方法。该申请与上述技术构思具有相同的技术问题，均是为了解决现有技术中电力变电站的通信，QKD 技术应用于电力行业的最大缺陷是通信距离受限，还存在着高压电磁环境的干扰所导致的电力线路量子通信难题。

针对现有技术的不足，该发明提供一种适用于高压架空电力线路的量子纠错编码方法，易于实现，编码效率高，适合于电力环境线路。技术要点为：在电力架空线路两端的变电站内分别设置量子设备，其中一端为发送端，另一端为接收端；所述发送端和所述接收端通信时采用 [5，1] 稳定子量子纠错编码技术。由此可知，检索到的该发明公开了与上述技术构思一样的方案。

②分类号结合关键词检索。通过上述检索要素表，首先在 PSS 系统中使用 IC 分类号进行简单检索，检索结果如图 5-4 所示。

在 IPC 分类号中检索 "H04B3/54" 和 "H04B10/70" 的结果是 4 篇，通过分析检索结果可知，量子通信在电力领域的应用 IPC 分类号比较准确，使用 "H04B3/54" 和 "H04B10/70" 检索到的 4 篇专利申请均是涉及将量子编码技术应用到电力领域中的方案。其中第一篇即为上述介绍的相关文献申请号为 CN201210576456.3 的专利文献，发明名称：一种适用于高压架空电力线路的量子纠错编码方法。该申请与上述技术构思具有相同的技术问题，均是为了解决现有技术中电力变电站的通信，QKD 技术应用于电力行业的最大缺陷是通信距离受限，还存在着高压电磁环境的干扰所导致的电力线路量子通信难题。

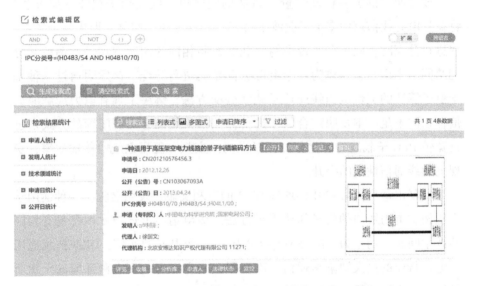

图 5-4　量子通信在电力通信应用场景中使用 IC 分类号的简单检索

针对现有技术的不足，该发明提供一种适用于高压架空电力线路的量子纠错编码方法，易于实现，编码效率高，适合于电力环境线路。技术要点为：在电力架空线路两端的变电站内分别设置量子设备，其中一端为发送端，另一端为接收端；所述发送端和所述接收端通信时采用 [5，1] 稳定子量子纠错编码技术。由此可知，通过 IPC 分类号能够快速检索到相关技术方案，检索到的该发明公开了与上述技术构思一样的方案。

通过使用 CPC 分类号进行检索，检索结果如图 5-5 所示。

在 CPC 分类号中检索 "H04B3/54 OR H04B3/544" AND "H04B10/70"，未检索到相关专利。分析原因可知，由于 CPC 使用的时间晚于 IPC，因此 CPC 的分类文献可能不全面，改为使用 CPC 分类号结合关键词来进行检索。检索结果如图 5-6 所示。

图 5-5　量子通信在电力通信应用场景中使用 CPC 分类号的检索

图 5-6　量子通信在电力通信应用场景中使用 CPC 分类号结合关键词的检索

在 CPC 分类号中检索"H04B10/70"、关键词中检索"power circuit""power line""电力线路"的结果是 679 篇，检索结果过多，选择进一步检索"量子编码技术"，如图 5-7 所示。

检索结果是 36 篇，通过分析检索结果可知，其中有相关的文献申请号为 EP：11808216：A 的专利文献，发明名称：一种通过 QKD 系统的通信线路中的光线路监控方法。该申请与上述技术构思具有相类似的技术问题，均是为了解决现有技术中电力光网络传输业务中存在入侵攻击，目前用于电力光网络中的入侵检测的解决方案通过检查光传输通道来检测入侵，如果使用这种策略，熟练的间谍很容易被发现。

该发明公开了一种通过 QKD 系统的通信线路中的光线路监控方法，

QKD 系统的两端通过使用复用技术共存于同一介质中的两条通信链路连接：量子信道和常规信道，所述量子信道使用基于以下原理的协议量子物理学，其中通过检查所述量子通道两端之间交换的光子分布的可变性来检测通信中可能的入侵，以便如果检测到的光子数量为低于预期的通信可能遭受攻击并使用不同于量子信道的另一个常规信道来检查交换中的错误率，电力光网络中通信两端使用三个同时通信的信道。因此，该发明提供的通过 QKD 系统的通信线路中的光线路监控方法，使用基于无源光网络（PON）的技术结合 QKD 量子密钥分发，实现了电力通信网中，通信发送端与通信接收端之间的信息不被窃取、篡改，从而保证了电力光线路的通信安全以及电力业务安全。但是通过分析发现，该发明并未明确涉及 "［5，1］稳定子量子纠错编码技术"。

图 5-7　量子通信在电力通信应用场景中使用
CPC 分类号结合关键词的进一步检索

通过上述检索过程可见，利用分类号和关键词的结合，可以较快获得相关文献，使用 IPC 分类号也能较快检索到相关文献，但是由于 CPC 使用的时间晚于 IPC，因此 CPC 的分类文献可能不全面，仅使用 CPC 分类号进行检索较难检索到相关文献，建议使用 CPC 分类号结合关键词来进行检索。

5.3　量子通信技术在金融领域的应用检索

5.3.1　量子通信在金融行业中的运用

金融业是国民经济的重要领域，在金融行业，信息或数据存在很高的敏感度，金融活动不可避免地涉及大量的数据传输或交换，而在金融数据交互与存储的过程中，很有可能会出现信息被窃听、窃取、甚至破解密码等安全问题。于是，对于金融信息服务来说，需要加大对于信息安全的关注度，针对海量信息的合理存储、有效管理维护、高效传输、高效查询等问题，找到高效可行的解决办法，在此基础上，还应保证数据分析计算的可靠性、安全性、私密性和高性能等。通过量子保密通信技术在物理层面实现金融数据的加密传输，能够满足金融通信安全的重大需求，对于金融业具有现实的战略意义。

如图 5-8 所示，充分利用量子密钥技术的无条件安全特性，再结合经典密码学技术和量子密钥技术，在应用节点处将量子密钥注入到数据加密传输网关，并将其作为会话密钥在节点之间传输。其中，数据发送端将关键业务进行加密运算，再配置一把不可破解的量子密码锁，保证密文能够安全送到接收端。当数据到达接收端，需要对密文进行解密处理，再将还原出的关键业务数据交给业务系统进行业务处理。由于量子密钥所具有的"无条件安全"特性，注入了量子密钥的加密传输网关能够在每个业务节点之间实现具有极强安全性和极强保密性的专线数据服务，满足金融业对数据保密传输有极高要求的信息安全需求。

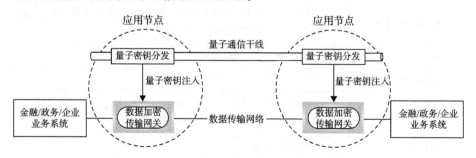

图 5-8　金融领域量子通信应用框架

5.3.2　量子通信在金融行业中的分类号使用特点

量子通信在金融行业运用时，通常涉及银行业、保险业、证券业、信托业、租赁业及安全支付等常见场景，一般将此类专利申请 IPC 分类至 H04L9/08、H04L12/66、G06Q20/38 等相关分类号，见表 5-8。

表 5-8　量子通信技术在金融行业中应用相关 IPC 分类号

IPC 分类号	点组	名称
H04L9/08	•	密钥分配
H04L9/10	•	带有特殊机体，物理特征或人工控制
H04L9/12	•	同步的或最初建立特殊方式的发送和接收密码设备
H04L9/14	•	使用多个密钥或算法
H04L9/16	• •	在工作期间变化的密钥或算法
H04L9/18	•	用串行和连续修改数据流单元加密，如数据流加密系统
H04L9/20	• •	具有单元替单元与数据序列联合的伪随机密钥序列
H04L9/22	• • •	具有特殊的伪随机序列发生器
H04L9/24	• • • •	用多于 1 个发生器产生的序列
H04L9/26	• • • •	产生非线性伪随机序列
H04L9/28	•	使用特殊的加密算法
H04L9/30	• •	公用密钥，即计算的加密算法不能被变换并且用户的加密密钥不需要保密
H04L9/32	•	包括用于检验系统用户的身份或凭据的装置
H04L12/66	•	用于在不同类型的交换系统网络之间连接的装置，如网关
G06Q20/38	•	支付协议其中的细节
G06Q20/40	• •	授权，如支付人或收款人识别，审核客户或商店证书；支付人的审核和批准，如信用额度或拒绝清单的检查
G06Q20/42	• •	确认，如支付的合法债务人的检查或许可
G06Q30/00		商业，如购物或电子商务
G06Q30/02	•	行销，如市场研究与分析、调查、促销、广告、买方剖析研究、客户管理或奖励；价格评估或确定
G06Q30/04	•	签单或开发票

续表

IPC 分类号	点组	名称
G06Q30/06	•	购买、出售或租赁交易
G06Q30/08	••	拍卖
G06Q40/00		金融、保险、税务策略、公司或所得税的处理
G06Q40/02	•	银行业，如利息计算、信贷审批、抵押、家庭银行或网上银行
G06Q40/04	•	交易，如股票、商品、金融衍生工具或货币兑换
G06Q40/06	•	投资，如金融工具、资产组合管理或者基金管理
G06Q40/08	•	保险，如风险分析或养老金

　　H04L9/08 下的 CPC 分类号主要涉及密钥分配或管理，例如，加密密钥或密码的产生、共享或更新，对应的涉及量子通信的相关 CPC 分类号细分如前述章节中表 5-2 所示。

　　而 IPC 分类号 H04L12/66 主要集中为用于在不同类型的交换系统网络之间连接的装置，例如网关，在专利申请涉及量子密钥加密和传统密钥加密一起使用的情形时，可以通过该分类号查找到对应的专利文献，其对应的相关 CPC 分类号细分，见表 5-9。

表 5-9　H04L12/66 涉及量子通信的相关 CPC 分类号

IPC 分类号	点组	名称
H04L12/2858	••••	接入网结构
H04L12/46	••	网络的互连
H04L12/66	•	用于具有不同类型交换系统的网络之间进行连接的装置，即网关

　　IPC 分类号 G06Q20/38 主要为支付协议及其中的细节，其对应的 CPC 分类号同样为 G06Q20/38 支付协议及其中的细节，以及 G06Q20/3823 结合多种加密工具的交易，具体细分见表 5-10。

表 5-10　G06Q20/38 涉及量子通信的相关 CPC 分类号

IPC 分类号	点组	名称
G06Q20/38	•	支付协议；其零部件
G06Q20/381	••	货币兑换

IPC 分类号	点组	名称
G06Q20/382	••	确保交易的更高安全性
G06Q20/3821	•••	电子凭证
G06Q20/38215	••••	（使用证书或加密交易权证）
G06Q20/3823	•••	组合用于交易的多个加密工具
G06Q20/3825	•••	电子签名的使用
G06Q20/3827	•••	使用消息散列
G06Q20/3829	•••	涉及密钥管理
G06Q20/383	••	匿名用户系统
G06Q20/385	••	使用别名或一次性代码
G06Q20/387	••	使用折扣或优惠券（与营销相关的入 G06Q30/02）支付
G06Q20/388	••	无卡相互认证
G06Q20/389	••	保持交易日志以保证交易的不可抵赖
G06Q20/40	••	授权，如付款人或收款人的识别，顾客或商店的验证凭证；付款人的审查和批准，例如支票信贷额度或负清单
G06Q20/401	•••	交易验证
G06Q20/4012	••••	验证个人识别码［PIN］
G06Q20/4014	••••	身份交易检查
G06Q20/40145	•••••	（生物测定身份校验）
G06Q20/4016	••••	在交易处理中涉及欺诈或风险水平评估
G06Q20/4018	••••	使用与卡相关联的卡验证值［CVV］
G06Q20/403	•••	偿付能力检查
G06Q20/4033	••••	当地偿付能力检查
G06Q20/4037	••••	远程偿付能力检查
G06Q20/405	•••	建立或使用交易特定规则
G06Q20/407	•••	交易取消
G06Q20/409	•••	交易处理中的卡专用认证
G06Q20/4093	••••	卡认证的监控
G06Q20/4097	••••	卡和交易伙伴之间的相互认证
G06Q20/40975	•••••	（使用加密进行相互认证）

IPC 分类号	点组	名称
G06Q20/42	••	确认，如合法债务人对付款的检查或许可
G06Q20/425	•••	使用两个不同的网络，一个用于交易，一个用于安全确认
G06Q30/04	•	开账单或开发票，如与销售有关的税务处理
G06Q30/06	•	购买、销售或租赁交易
G06Q30/0601	••	电子购物
G06Q30/0603	•••	目录排序
G06Q30/0605	•••	供需聚集
G06Q30/0607	•••	规范
G06Q30/0609	•••	买方或卖方的信心或验证
G06Q30/0611	•••	（报价或报价请求）
G06Q30/0613	•••	第三方辅助
G06Q30/0615	••••	匿名化
G06Q30/0617	••••	代表性代理
G06Q30/0619	••••	中立代理
G06Q30/0621	•••	（项目配置或定制）
G06Q30/0623	•••	商品调查
G06Q30/0625	••••	定向，具有特定意图或策略
G06Q30/0627	•••••	（使用项目说明书）
G06Q30/0629	•••••	用于产生比较
G06Q30/0631	•••	项目推荐
G06Q30/0633	•••	清单，如购买订单、编译或处理
G06Q30/0635	••••	（申请或购买订单的处理）
G06Q30/0637	•••••	确认
G06Q30/0639	•••	项位置
G06Q30/0641	•••	购物界面
G06Q30/0643	••••	物品或购物者的图示
G06Q30/0645	••	租赁，即租赁
G06Q30/08	••	拍卖、匹配或经纪人业务（股票交易的匹配或经纪人业务）
G06Q40/00		金融、保险、税收策略、公司或收入税的处理

IPC 分类号	点组	名称
G06Q40/02	•	银行业务，如利息计算、信用核准、抵押、家庭银行业务或联机银行业务
G06Q40/025	••	信用处理或贷款处理，如抵押的风险分析
G06Q40/04	•	交易，如股票、商品、衍生品或货币交易
G06Q40/06	•	投资，如金融工具、投资组合管理或基金管理
G06Q40/08	•	保险，如风险分析或养老金（保险单或索赔的处理入 G06Q10/10）
G06Q40/10	•	税务战略
G06Q40/12	•	会计
G06Q40/123	••	税务准备或提交
G06Q40/125	••	财务或工资册
G06Q40/128	••	支票簿平衡、更新或打印安排

5.3.3　量子通信在金融行业中的检索策略选择

在具体检索时，针对量子通信在金融行业中的应用场景，大部分专利分类号都集中于涉及支付协议及其细节的 G06Q20/00 及涉及数据加密的 H04L9/00 这几个大组下。同时，由于金融行业中通常会涉及不同金融网络之间的连接通信，因此量子通信在金融行业中的应用通常也会分到表征用于在不同类型的交换系统网络之间连接的装置的 H04L12/00 大组下，分类号表达相对比较准确。但需要提醒读者注意的是，H04L12/00 这个大组分类号下，较多内容涉及的是数据交换网络，其中的 H04L12/66 小组涉及的是用于在不同类型的交换系统网络之间连接的装置例如网关，虽然通常情况下，在检索时会考虑使用多个下位点组的上位点组或直接使用大组分类号进行检索，以免由于分类号设置得过于下位而漏掉部分专利文献，但是针对这个领域的检索，要避免直接使用大组进行检索，以免引入太多噪声。

同时，在对该领域的案件进行检索时，因为"金融、密钥"等关键词应用场景比较多，同样容易带来较大噪声，可以考虑使用分类号进行应用领域的限定，从而更快速获得相应的专利文献。比如，针对量子通信在金融领域中的专利申请，从上述表 5-8 可以看出其可能涉及 H04L9/08、G06Q20/38、H04L12/66 及其下位点组等众多的 IPC 分类号，此时，可以直接考虑使用 H04L9/08 和 G06Q20/38 这两个分类号，因为从 H04L9/08 和 G06Q20/38 的 IPC 分类定义中可以看出，H04L9/08 表征的就是密钥分配，G06Q20/38 表征的是支付协议及其中的细节，因此，直接使用 H04L9/08 和 G06Q20/38 就可以涵盖涉及密钥分配应用于金融支付场景的专利申请，然后结合量子通信的关键词，就能快速检索到相关文献。同时从上述表 5-2、表 5-9 和表 5-10 可以看出，针对量子通信在金融行业场景中的运用的 IPC 分类号，CPC 分类体系从其具体应用和功能方面进行了比较完整和详细的划分。相比 IPC 分类号，CPC 分类号更能体现该领域的技术特点及发展方向。在对该领域的案件进行检索时，可以通过查看上述表格从应用分类和或功能分类的角度找到相关的 CPC 分类号，充分利用 CPC 分类号进行检索，以针对更细节的量子密钥及金融支付进行检索，提高检索效率。

5.3.4　量子通信在金融行业中的关键词提取和扩展

在对量子通信技术应用在金融行业中的专利申请进行检索的过程中，关键词提取和扩展尤为重要。笔者对检索时的关键词作了一部分总结，如表 5-11 所示。

表 5-11　量子通信在金融行业应用场景中的关键词

关键词提取	中文关键词扩展	英文关键词扩展
量子密钥	量子、密钥、分发、QKD	quantum, key, distribution, QKD
银行、保险、证券、信托、租赁、安全支付	银行、保险、证券、信托、租赁、安全支付、金融	bank, insurance, security, trust, rent, secure payment, stock

5.3.5　量子通信在金融行业中的案例实践

（1）技术构思简介

金融业是国民经济的重要领域，它包括银行业、保险业、证券业、信托业和租赁业。国家密码局商用密码管理办公室副主任霍炜指出：密码与金融深度融合是必然要求，金融的本质是价值交换，密码的功能是信息保护和安全认证。

目前金融领域，当前金融行业用户大多建立了完善的密码体系，但是受限于现有的密码体系在跨机构密钥分发上仍无法高效、安全的实现，如银联的跨行交易系统的密钥分发，仍然需要依靠人工分发。金融机构的工作密钥一般由本地密码机内置噪声随机数发生器或者软件算法生成工作密钥，而后工作密钥再通过人工方式，或通信主密钥加密的方式，或 RSA 等非对称加密进行工作密钥的分发和更新。所以，工作密钥分发的安全和效率建立在人工方式，或通信主密钥加密方式，或 RSA 等非对称加密方式基础之上。采用人工方式进行工作密钥的分发，主要是通过信使传递工作密钥，也就是将装有工作密钥的密封邮件由信使来传递。但这种分发方式成本较高，密钥更新频率有限，不更新或较长时间更新一次。采用通信主密钥加密进行工作密钥的分发，一般由通信主密钥加密，通过业务专线分发给对端。但这种方式的安全性主要取决于通信主密钥的安全分发方式。现有主密钥分发及更新方式主要有以下几种：约定，双方约定一些共同因子，合成主密钥，更新时使用当前主密钥加密新主密钥通过业务专线发送给对端；预制，在一个安全环境中，把双方主密钥灌入设备，更新时使用当前主密钥加密新主密钥通过业务专线发送给对端；人工分配，不更新或较长时间更新一次。此种方式，新的密钥的安全依赖于上一个密钥的安全，且密钥管理成本较高。采用 RSA 等非对称加密进行工作密钥的分发（常用在互联网行业）。由于非对称密码体系的安全原理依赖于某些数学问题，如大数分解、离散对数求解等计算单向性质的假设。这些假设在量子计算概念的提出后已经在原理上被粉碎了。所以，现有技术中基于非对称密码体系进行密钥分发已不安全，无法应对量子计算的威胁。

针对现有技术的不足，设计提供一种金融领域基于量子保密通信技术的工作密钥分发系统及其应用方法，技术要点为：工作密钥分发系统包括多个工作站点和量子通信网络，每个工作站点包括量子密钥生成与管理终端和量子随机数发生器；各个工作站点的通信主密钥通过各个工作站点的本地量子密钥生成与管理终端分发及更新，每个工作站点的工作密钥使用本地量子随机数发生器产生的量子随机数作为密钥源。

该方案使用通信主密钥加密工作密钥的方式进行分发，替代人工更新方式，密钥分发，更新效率更高，而通信主密钥的安全性依赖于量子密钥分发技术，安全性更高。通过量子密钥分发技术实现通信主密钥的安全分发，同时结合对称密码算法，实现工作密钥的安全分发，从而解决现有工作密钥人工分发效率低、通信主密钥加密分发新的密钥的安全依赖于上一个密钥的安全、非对称加密分发抗量子计算能力弱等问题，大幅提高工作密钥分发的安全和效率。

（2）检索策略分析

首先，对需要检索的技术构思进行分析。在上述技术构思中，对目前的金融领域中受限于现有的密码体系在跨机构密钥分发上仍无法高效、安全的实现，如银联的跨行交易系统的密钥分发，仍然需要依靠人工分发的技术问题，提出适合于金融系统的改进方案，通过使用通信主密钥加密工作密钥的方式进行分发，替代人工更新方式，密钥分发、更新效率更高，而通信主密钥的安全性依赖于量子密钥分发技术，安全性更高。即通过在每个工作站点中设置量子密钥生成与管理终端和量子随机数发生器，各个工作站点的通信主密钥通过各个工作站点的本地量子密钥生成与管理终端分发及更新，每个工作站点的工作密钥使用本地量子随机数发生器产生的量子随机数作为密钥源；从而替代人工更新密钥的方式，实现密钥分发，从而实现金融通信主密钥的安全性依赖于量子密钥分发技术，安全性更高。

基于以上分析，该技术构思的要点在于：在金融系统中的每个工作站点中设置量子密钥生成与管理终端和量子随机数发生器，通过量子密钥生成与管理终端分发更新各个工作站点的通信主密钥，通过量子随机数发生器生成每个工作站点的工作密钥。

因此，根据上述技术要点形成检索要素表，见表 5-12。

表 5-12　量子通信在金融行业应用场景中的基本检索要素表

检索要素	检索要素 1	检索要素 2
关键词	金融系统	量子密钥生成，量子随机数发生器

其次，基于上述技术构思和检索要素表，可以看出主要检索思路是检索通过量子密钥生成金融系统工作站点的通信主密钥，通过量子随机数发生器生成金融系统工作站点的工作密钥。考虑到专利的发明点通常会在摘

要中出现，可以优先考虑在中英文摘要库中针对"摘要"字段进行检索以提高检索效率。在针对"摘要"字段没有得到合适的检索结果的情况下，再进一步在中英文全文中进行检索。在检索与该技术构思相关的专利申请时，通常可以采用分类号结合关键词的方式进行检索，通过上述分类号的使用介绍可知，

H04L9/08 主要用于表征密钥分配，H04L9/22 主要用于具有特殊的伪随机序列发生器，G06Q20/38 主要用于表征支付协议及其中的细节，G06Q40/00 主要用于表征金融、保险、税务策略、公司或所得税的处理，较为准确地表达了上述技术构思，结合关键词的扩展，对检索要素表进行中英文关键词和分类号的扩展表达见表 5-13。

表 5-13 量子通信在金融行业应用场景中扩展后的基本检索要素表

检索要素		检索要素 1	检索要素 2
关键词	中文	金融、银行、保险、证券、信托、租赁、安全支付	量子、密钥、分发、随机数、发生器、伪随机
	英文	bank，insurance，security，trust，rent，secure payment，stock	quantum，key，distribution，QKD，random，randomizer，pseudorandom
分类号	IPC	G06Q20/38 G06Q40/00	H04L9/08 H04L9/22
	CPC	G06Q20/38，G06Q40/00	H04L9/08，H04L9/0852，H04L9/0883，H04L9/26

（3）检索过程及结果分析

在需要检索与该案例相关的专利申请时，通常可以采用分类号结合关键词的方式进行检索，或者直接采用关键词进行检索。

①简单检索。综合以上分析，首先在 PSS 系统中以"关键词"字段进行简单检索，检索结果如图 5-9 所示。

在关键词中检索"金融"和"量子"的结果是 91 篇，其中有相关的文献申请号为 CN201810474369.4 的专利文献，发明名称：一种保证金融支付安全性的方法及系统。该申请与上述技术构思具有相类似的技术问题，均是为了解决现有的金融支付系统写入智能卡中的数字证书以及主密钥可能被破解，以及发卡银行的根密钥被推导破解，存在安全威胁。

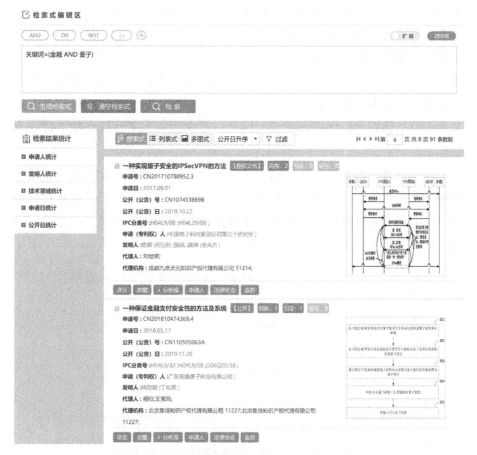

图 5-9　量子通信在金融行业应用场景中的简单检索

　　该发明公开了一种保证金融支付安全性的方法，包括：发卡银行密钥管理系统与量子密钥下发系统协商生成量子密钥导出参数；所述发卡银行密钥管理系统根据所述量子密钥导出参数从量子密钥管理系统获得量子密钥；所述量子密钥下发系统根据所述量子密钥导出参数从所述量子密钥管理系统获得所述量子密钥；智能卡从所述量子密钥下发系统接收所述量子密钥；所述智能卡写入所述量子密钥；所述量子密钥管理系统用于在第一量子密钥分发设备与第二量子密钥分发设备协商生成所述量子密钥后，获取所述量子密钥；所述量子密钥管理系统也可用于在量子随机数发生器生成量子随机数作为所述量子密钥后，获取所述量子密钥。该发明利用量子密钥代替了写入智能卡中的各类数字证书及主密钥，量子密钥由量子密钥分发设备或量子随机数发生器生成，基于量子技术的不可窃听、不可复制原理，量子密钥有极高的安全性，极大降低了智能卡中的密钥被破解的风险；同时采用量子密钥代替原有的密钥分散生成方式，实现真正的一卡一密，密钥之间不存在分散关系，不会出现单个密钥被破解后推导出根密钥，从而影响全局安全性的情况出现。因此，本发明实现了保证金融支付安全性的目的。

但是通过分析发现，该发明中智能卡是从量子密钥下发系统接收量子密钥，并未明确涉及"每个工作站点的工作密钥使用本地量子随机数发生器产生的量子随机数作为密钥源"，因此调整关键词补充检索"本地产生密钥"的相关技术方案，如图 5-10 所示。

图 5-10　量子通信在金融行业应用场景中调整关键词后的检索

在关键词中检索"金融"和"量子"及"本地""产生"和"密钥"的结果是 3 篇，通过分析检索结果可知，量子通信在金融领域的应用关键词比较准确，使用"金融""量子"检索到的方案均是涉及将量子编码技术应用到金融领域中的方案，补充检索"本地""产生"和"密钥"之后，得到的两篇文献均特别相关，其中文献申请号为 CN202010882072.9 的专利文献，发明名称：金融领域基于量子保密通信技术的工作密钥分发系统及其应用方法，如图 5-11 所示。该申请与上述技术构思具有相同的技术问题，均是为了解决现有技术中金融领域基于非对称密码体系进行密钥分发已不安全，无法应对量子计算的威胁的技术问题。

图 5-11　量子通信在金融行业应用场景中调整关键词后的检索结果中的文献

针对现有技术的不足，该发明提供一种金融领域基于量子保密通信技术的工作密钥分发系统，所述工作密钥分发系统包括多个工作站点和量子通信网络，每个工作站点包括量子密钥生成与管理终端和量子随机数发生器；各个工作站点的通信主密钥通过各个工作站点的本地量子密钥生成与管理终端分发及更新，每个工作站点的工作密钥使用本地量子随机数发生器产生的量子随机数作为密钥源。通过量子密钥分发技术实现通信主密钥的安全分发，同时结合对称密码算法，实现工作密钥的安全分发，从而解决金融领域中现有工作密钥人工分发效率低、通信主密钥加密分发新的密钥的安全依赖于上一个密钥的安全、非对称加密分发抗量子计算能力弱等问题，大幅提高工作密钥分发的安全和效率。由此可知，检索到的该发明公开了与上述技术构思一样的方案。

②分类号结合关键词检索。通过上述检索要素表，首先在 PSS 系统中使用 IC 分类号进行简单检索，检索结果如图 5-12 所示。

在 IPC 分类号中检索 "G06Q20/38" 和 "H04L9/08" 的结果是 2572 篇，检索结果较多。通过初步浏览分析检索结果可知，量子通信在金融领域的应用 IPC 分类号相对而言范围较广，需要结合使用关键词进行再次检索。因此补充检索关键词"量子"，如图 5-13 所示。

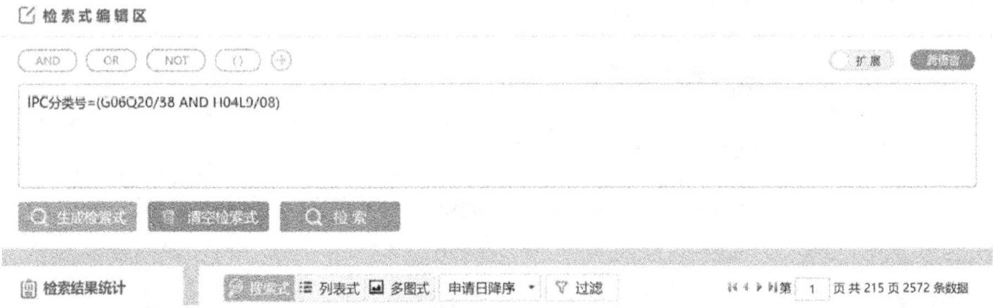

图 5-12　量子通信在金融行业应用场景中使用 IC 分类号的简单检索

使用分类号"G06Q20/38"和"H04L9/08"及关键词"量子"及"本地"检索的结果是 26 篇，均是涉及将量子密钥技术应用到金融领域中的方案。其中文献申请号为 CN201910016976.0 的专利文献，发明名称：基于非对称密钥池的抗量子计算数字签名方法和抗量子计算数字签名系统。该申请与上述技术构思具有相同的技术问题，均是为了解决现有技术中金融领域基于公私钥的数字签名方法容易被量子计算机破解问题。

针对现有技术的不足，该发明提供一种基于非对称密钥池的抗量子计算数字签名方法和抗量子计算数字签名系统。技术要点如下：该申请基于非对称密钥池的抗量子计算数字签名方法，各参与方配置有密钥卡，在所述密钥卡内存有非对称密钥池、公钥指针随机数以及私钥；进行签名时包括：利用签名方的私钥对原文进行运算得到签名；利用随机数对所述签名加密得到密文签名；利用加密密钥对所述随机数加密得到密文随机数；将所述原文、所述公钥指针随机数、所述密文签名和所述密文随机数发送至验证方；其中与所述私钥对应的公钥，以及与所述加密密钥对应的解密密钥均可利用所述公钥指针随机数结合所述非对称密钥池获得。该发明中基于公私钥的数字签名被随机数密钥进一步加密，而随机数密钥被加密密钥进一步加密，形成加密的数字签名。即使在量子计算机存在的情况下，也难以被推导出加密密钥。因此数字签名不容易被量子计算机破解。因此，该发明实现了保证金融支付安全性的目的。

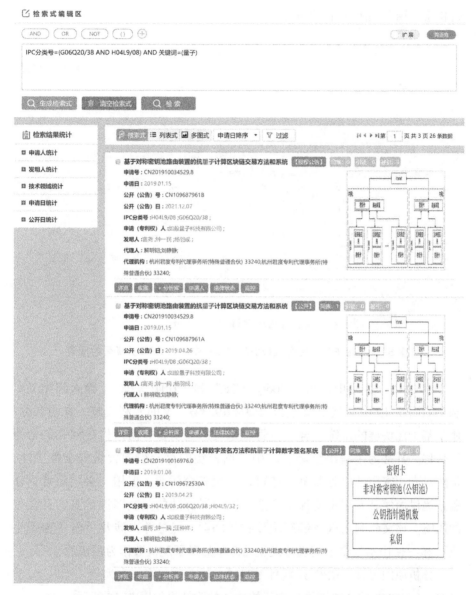

图 5-13　量子通信在金融行业应用场景中使用 IC 分类号结合关键词的检索

　　但是通过分析发现，该发明中是针对公私钥的数字签名被下发的随机数密钥进一步加密，并未明确涉及"每个工作站点包括量子密钥生成与管理终端和量子随机数发生器"和"每个工作站点的工作密钥使用本地量子随机数发生器产生的量子随机数作为密钥源"，因此调整使用 CPC 分类号进行检索，结果如图 5-14 所示。

图 5-14　量子通信在金融行业应用场景中使用 CPC 分类号的检索

在 CPC 分类号中检索"G06Q20/38"和"H04L9/08"，检索到相关专利，如图 5-19 中文献申请号为 JP2020192327：A 的专利文献，发明名称：用于基于区块链的系统结合钱包管理系统的安全多方防遗失存储和加密密钥转移。其是为了解决金融领域中专用密钥的存储引起大量安全性关注，虽然对专用密钥的服务器侧存储可以克服安全问题，但用户必须愿意信任服务提供商使其专用密钥保持安全，服务器侧处的安全漏洞是真实且显著的风险。该文献利用区块链解决该技术问题，但是并未涉及"量子密钥生成"和"使用本地量子随机数发生器产生的量子随机数作为密钥源"。

分析原因可知，CPC 分类号 H04L9/08 较为上位，改为使用 CPC 分类号 H04L9/0852 结合关键词来进行检索。检索结果如图 5-15 所示：

在 CPC 分类号中检索"G06Q20/38""H04L9/0852"，关键词中检索"quantum"的结果是 19 篇，分析可知，其中包括了上述文献申请号为 CN：201910016976：A 的专利文献，但是同样并未涉及"每个工作站点包括量子密钥生成与管理终端和量子随机数发生器"和"每个工作站点的工作密钥使用本地量子随机数发生器产生的量子随机数作为密钥源"，因此调整使用

CPC 分类号结合 "local" "generate" 进行检索，结果如图 5-16 所示。

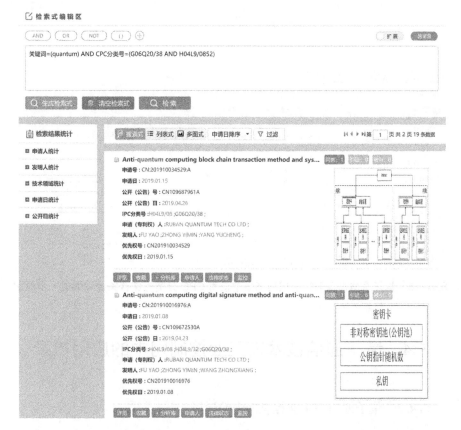

图 5-15　量子通信在金融行业应用场景中使用 CPC 分类号结合关键词的检索

检索结果是 113 篇，通过分析检索结果可知，其中第一篇即为上述分析的文献申请号为 CN202010882072.9 的专利文献，发明名称：金融领域基于量子保密通信技术的工作密钥分发系统及其应用方法，其与上述技术构思具有相同的技术问题，采用相同的技术方案解决了量子计算威胁的技术问题。由此可知，检索到的该发明公开了与上述技术构思一样的方案。

通过上述检索过程可见，利用分类号和关键词的结合，可以较快获得相关文献，使用 IPC 分类号也能较快检索到相关文献，但是由于 CPC 使用的时间晚于 IPC。因此 CPC 的分类文献可能不全面，仅使用 CPC 分类号进行检索，较难检索到相关文献，建议使用 CPC 分类号结合关键词来进行检索。

图 5-16　量子通信在金融行业应用场景中使用 CPC 分类号结合关键词的进一步检索

5.4　量子通信技术在工业控制网中的应用检索

5.4.1　量子通信在工业控制网中的运用

近年来，工业控制网络的安全问题日益突出。出于远程操作和协作的需要，工业控制网络通常利用因特网、无线网等开放方式与远程控制端互连，因此容易被攻击者窃取、篡改、伪造工业控制数据，从而劫持、破坏工业控制网络。这类对工业控制网络的攻击往往非常隐蔽、成本较低而破坏性巨大，因此现在急需要采取有效措施进行工业控制网的检测和防御，以提高工业控制网的安全性。

目前，保障工业控制网络的安全运行的方案普遍采取将控制网络通过企业内部网与互联网隔离，并设置多级防火墙进行保护的方式。尽管有众多保密算法对此过程进行保护，但这类方案在原理上全部基于经典的通信网络和通信协议，即这类方案均利用基于数学复杂性的非对称密钥加密算法进行安全保障。随着计算机计算能力的不断提升，这类加密系统或早或晚都存在被攻破的可能，因而已逐渐难以胜任保证工业控制网络安全运行的任务，基于现有安全保护方案的工业控制网络将变得极其脆弱。

量子密码通信有较好的抗干扰能力、良好的隐蔽性能及较低的噪声比，且在信息传输过程中不会被窃听、截取或复制。基于量子密码通信的工业控制网络不仅绝对无条件安全，而且还能实现工业控制网络的实时性。因此，可以充分利用量子通信的优点为工业控制网络构建最安全的量子交换网络平台。例如，可以基于量子密码通信实现 Modbus/TCP 协议的加密传输，以提高工业控制网络的安全。

5.4.2　量子通信在工业控制网中的分类号使用特点

量子通信在工业控制网络中运用时，通常涉及量子通信 BB84 协议实现密钥安全共享、量子通信和现有工业控制协议的结合使用等常见场景，一般将此类专利申请 IPC 分类至 H04L9/08、H04L29/06 等相关分类号，见表 5-14。

表 5-14　量子通信技术在工业控制网络中应用相关 IPC 分类号

IPC 分类号	点组	名称
H04L9/08	•	密钥分配
H04L9/10	•	带有特殊机体，物理特征或人工控制
H04L9/12	•	同步的或最初建立特殊方式的发送和接收密码设备
H04L9/14	•	使用多个密钥或算法
H04L9/16	••	在工作期间变化的密钥或算法
H04L9/18	•	用串行和连续修改数据流单元加密，例如数据流加密系统
H04L9/20	••	具有单元替单元与数据序列联合的伪随机密钥序列
H04L9/22	•••	具有特殊的伪随机序列发生器
H04L9/24	••••	用多于 1 个发生器产生的序列
H04L9/26	••••	产生非线性伪随机序列
H04L9/28	•	使用特殊的加密算法
H04L9/30	••	公用密钥，即计算的加密算法不能被变换并且用户的加密密钥不需要保密
H04L9/32	•	包括用于检验系统用户的身份或凭据的装置
H04L29/06	••	以协议为特征的通信控制或通信处理

其中，H04L9/08 下的 CPC 分类号主要涉及密钥分配或管理，例如，加密密钥或密码的产生、共享或更新，对应的涉及量子通信的相关 CPC 分类号细分如前述章节中表 5-2 所示。

而 IPC 分类号 H04L29/06 主要集中为以协议为特征的通信控制或通信处理，在专利申请涉及量子密钥加密应用于工业控制协议的情形时，可以通过该分类号查找到对应的专利文献，其对应的相关 CPC 分类号细分见表 5-15。

表 5-15　H04L29/06 涉及量子通信的相关 CPC 分类号

IPC 分类号	点组	名称
H04L63/04	•	用于在实体之间数据包网络通信中提供保密的数据交换
H04L63/06	•	支持分组数据网中的密钥管理
H04L63/062	• •	用于密钥分配，如利用可信一方集中分配

5.4.3　量子通信在工业控制网中的检索策略选择

在具体检索时，针对量子通信在工业控制网中的应用场景，从上述表 5-14 可以看出，大部分专利分类号都集中于涉及安全数据传输、加密认证的 H04L29/00 及涉及数据加密的 H04L9/00 这几个大组下，但需要提醒读者注意的是，H04L29/00 这个大组分类号下，共有 8 个分类号，包括 3 个 1 点组，其中只有 1 个 1 点组具有进一步的细分，由于没有进行过多下位点组的细分，层次结构过于简单，H04L29 下的专利文献几乎占 H04L 下所有专利文献的三分之一，非常不利于检索，所以如果使用该分类号进行检索时，实际对文献量的限缩几乎起不到实质作用。因此，虽然通常情况下，在检索时会考虑使用多个下位点组的上位点组或直接使用大组分类号进行检索，以免由于分类号设置的过于下位而漏掉部分专利文献，但是针对这个领域的检索，要避免直接使用大组进行检索，以免引入太多噪声。

针对 H04L29/00 分类号不准确的问题，CPC 分类号可以很好地弥补该缺陷。从表 5-2 和表 5-15 可以看出，针对量子通信在工业控制网中的运用场景的 IPC 分类号，CPC 分类体系从其具体应用和功能方面进行了比较完整和详细的划分。相比 IPC 分类号，相较于 IPC 分类体系更多、更精细，可以很好地表达量子安全通信的具体实施细节技术。从上述表 5-15 可以看出，在量子通信在工业控制网中的应用场景中，H04L29/06 对应的 CPC 细分分类号主要分布在 H04L63/04、H04L63/06 及其下位点组中。因此，在对该领域的案件进行检索时，可以尝试优先使用 CPC 分类号进行检索，再结合工业控制网中的关键词，实现针对更细节的密钥分配及实体之间数据网络通信技术进行检索，提高检索效率，从而使快速获得相应的专利文献。

5.4.4　量子通信在工业控制网中的关键词提取和扩展

在对量子通信技术应用在工业控制网络中的专利申请进行检索的过程中，关键词提取和扩展尤为重要。笔者对检索时的关键词作了一部分总结，见表 5-16。

表 5-16　量子通信在工业控制网络应用场景中的关键词

关键词提取	中文关键词扩展	英文关键词扩展
量子密钥	量子、密钥、分发、QKD	quantum，key，distribution，QKD
工业控制网、协议、modbus，powerlink，etherCAT	工业控制网、modbus，powerlink，etherCAT，CAN	industrial control，IPC，modbus，powerlink，etherCAT，CAN

5.4.5　量子通信在工业控制网中的案例实践

（1）技术构思简介

近年来，工业控制网络的安全问题日益突出。出于远程操作和协作的需要，工业控制网络通常利用因特网、无线网等开放方式与远程控制端互连，这为攻击者提供了窃取、篡改、伪造工业控制数据，从而劫持、破坏工业控制网络的可能。这类对工业控制网络的攻击往往非常隐蔽、成本较低而破坏性巨大，如何采取有效措施对其进行检测和防御成了一项重要课题。目前保障工业控制网络的安全运行的方案普遍采取将控制网络通过企业内部网与互联网隔离，并设置多级防火墙进行保护的方式。尽管有众多保密算法对此过程进行保护，但这类方案在原理上全部基于经典的通信网络和通信协议，即这类方案均利用基于数学复杂性的非对称密钥加密算法进行安全保障。随着计算机计算能力的不断提升，这类加密系统或早或晚都存在被攻破的可能，因而已逐渐难以胜任保证工业控制网络安全运行的任务。此外，如果量子计算机的研制取得突破，此类加密方式将非常容易被第三方破解，从而所有基于现有安全保护方案的工业控制网络将变得极其脆弱。

针对现有技术的不足，设计提供一种基于量子通信的可信工业控制网络实现方法，技术要点为：在工业控制网络与互联网交互的数据出入口设置第一量子通信设备；在远程控制器与所述互联网交互的数据出入口设置第二量子通信设备；在所述第一量子通信设备和所述第二量子通信设备之间建立量子信道；在所述工业控制网络和所述远程控制端分别设置针对网络攻击的检测方法和维护正常安全通信的应对措施。

该方案所涉及的一种基于量子通信的可信工业控制网络实现方法，能够保障工业控制系统和远程控制端之间的通信数据不被泄漏、篡改和伪造，从而实现可信的远程控制，使工业控制网络能够连续安全运行，并且该实现方法可以基于现有工业控制网络的物理设备进行升级和改造，节约资源、成本可控。

（2）检索策略分析

首先，对需要检索的技术构思进行分析。在上述技术构思中，目前的工业控制网中所使用的众多保密算法在原理上全部基于经典的通信网络和通信协议，即这类方案均利用基于数学复杂性的非对称密钥加密算法进行安全保障。随着计算机计算能力的不断提升，这类加密系统或早或晚都存在被攻破的可能，因而逐渐难以胜任保证工业控制网络安全运行的任务，并且如果量子计算机的研制取得突破。此类加密方式将非常容易被第三方破解，从而所有基于现有安全保护方案的工业控制网络将变得极其脆弱。针对这一问题，提出适合于工业控制网的改进方案，通过在工业控制网络与互联网交互的数据出入口设置第一量子通信设备；在远程控制器与互联网交互的数据出入口设置第二量子通信设备；在第一量子通信设备和第二量子通信设备之间建立量子信道；在工业控制网络和远程控制端分别设置针对网络攻击的检测方法和维护正常安全通信的应对措施；从而能够保障工业控制系统和远程控制端之间的通信数据不被泄漏、篡改和伪造，从而实现可信的远程控制，使工业控制网络能够连续安全运行。基于以上分析，该技术构思的要点在于：在工业控制网络与互联网交互的数据出入口设置第一量子通信设备，在远程控制器与互联网交互的数据出入口设置第二量子通信设备，在第一量子通信设备和第二量子通信设备之间建立量子信道。因此，根据上述技术要点形成检索要素表，见表 5-17。

表 5-17 量子通信在工业控制网络应用场景中的基本检索要素表

检索要素	检索要素 1	检索要素 2
关键词	工业控制网络	量子通信设备，量子信道

其次，基于上述技术构思和检索要素表，可以看出主要检索思路是检索在工业控制网络与互联网及远程控制器之间设置量子通信设备，在量子设备之间建立量子信道。考虑到专利的发明点通常会在摘要中出现，可以优先考虑在中英文摘要库中针对"摘要"字段进行检索以提高检索效率。在针对"摘要"字段没有得到合适的检索结果的情况下，再进一步在中英文全文中进行检索。在检索与该技术构思相关的专利申请时，通常可以采用分类号结合关键词的方式进行检索，通过上述分类号的使用介绍可知，H04L9/08 主要用于表征密钥分配，H04L9/32 主要用于表征包括用于检验系统用户的身份或凭据的装置，H04L29/06 主要用于表征以协议为特征的通信控制或通信处理，较为准确地表达了上述技术构思，结合关键词的扩展，对检索要素表进行中英文关键词和分类号的扩展表达见表 5-18。

表 5-18 量子通信在工业控制网络应用场景中扩展后的基本检索要素表

检索要素		检索要素 1	检索要素 2
关键词	中文	工业控制网、工控网、总线、CAN	量子、密钥、分发、分配、QKD
	英文	industrial control, IPC, modbus, powerlink, etherCAT, CAN	quantum, key, distribution, QKD
分类号	IPC	H04L29/06	H04L9/08, H04L9/32
	CPC	H04L63/04	H04L9/08, H04L9/0852, H04L9/0883, H04L63/062

（3）检索过程及结果分析

在需要检索与该案例相关的专利申请时，通常可以采用分类号结合关键词的方式进行检索，或者直接采用关键词进行检索。

　　①简单检索。综合以上分析，首先在 PSS 系统中以"关键词"字段进行简单检索，检索结果如图 5-17 所示。

图 5-17　量子通信在工业控制网络应用场景中的简单检索

　　在关键词中检索"工业控制"和"量子"的结果是 32 篇，其中有相关的文献申请号为 CN201910461775.1 的专利文献，发明名称：基于主动免疫机理的工业控制设备安全防护系统和方法。该申请与上述技术构思具有相类似的技术问题，均是为了解决现有的工业控制网络中大部分信息安全厂商均已从工控通信协议分析和工业病毒行为特征等方面的研究工作推出了针对多种工业控制信息系统的防火墙、病毒查杀工具、白名单软件、入侵检测系统及安全审计工具等产品。但这类产品往往受其本身设计思想的局限性，难以应对新爆发的利用程序自身逻辑设计缺陷进行高级持续性等攻击手段，唯有基于工控系统网络进行构建主动免疫安全防护体系才能针对各类已知与未知攻击进行有效防御，进而保证系统安全。

　　该发明公开了一种基于主动免疫机理的工业控制设备安全防护方法，其特征在于，通过可信网络连接初始化、可信平台评估及可信平台决策控制，实现工业控制设备安全防护。该发明通过基于主动免疫机理来构建符合工业控制系统网络应用的安全防护架构和方法，针对工控领域中各计算节点的计算模式和运算特点，设计基于安全可信技术思想进行主动免疫运行防护的新计算节点体系结构，及时识别"自己"和"异己"成分，达到主动免疫效果，并通过在工控系统中构建安全高可信的防护架构来确保整体运行环境可信、资源管理可信、操作管控可信、数据维护可信和策略配置可信，从而达到主动免疫的目的。因此，该发明实现了保证工业控制网安全性的目的。

但是通过分析发现，该发明中是在可信平台评估的步骤中使用了"完整性度量子模块"，其中的量子并非是使用量子通信技术，属于使用关键词进行检索的过程中的常见噪声，因此调整使用分类号进行检索，通过分类号限定需要检索的技术领域，进行分类号结合关键词的检索。

②分类号结合关键词检索。使用 H04L9/08 分类号限定领域，并在关键词中检索"工业控制""工控网""总线"和"量子"进行检索的过程如图 5-18 所示。

图 5-18　量子通信在工业控制网络应用场景中使用 IC 分类号结合关键词的检索

检索结果是 72 篇，通过分析检索结果可知，量子通信在工业控制领域的分类号比较准确，使用 H04L9/08 分类号限定领域之后，结合关键词检索到的方案均是涉及将量子编码技术应用到工业控制领域中的方案，其中文献申请号为 CN201911235145.9 的专利文献，发明名称：采用 CAN 数据加密的通信方法。该申请与上述技术构思具有相同的技术问题，均是为了解决现有工业控制网络中的 CAN 总线采用明码数据传输，数据在总线上广播，极易被侦听和非法控制的技术问题。

针对现有技术的不足，该发明提供了一种采用 CAN 数据加密的通信方法，包括：获取 CAN 总线上的数据，所述数据包括音频数据和视频数据；将获取的 CAN 总线上的数据进行量子加密得到的加密后的数据；将加密后的数据传输至服务器，进行量子解密得到解密后的数据。该发明利用量子加密 CAN 总线安全性高，同时将采集到的 CAN 总线数据实时、及时的上传至服务器，增强了数据的安全性，提升数据的传输效率。其正是利用了量子通信技术在工业控制网中的 CAN 总线传输过程中进行加密传输，构建了量子通信信道，从而增强了数据传输的安全性。由此可知，检索到的该发明公开了与上述技术构思较为相似的方案。

由于 H04L29/00 分类号不准确，CPC 分类号可以很好地弥补该缺陷，因此在 CPC 分类号中检索 "H04L63/04" 和 "H04L9/0852"，具体检索结果如图 5-19 所示。

检索到相关专利 21 篇，其中文献申请号为 US201815997662：A 的专利文献，发明名称：随机双边信任（RABiT）：建立网络空间连通性的信任。该申请是为了解决网络空间中的两个节点之间通信存在不安全的问题，设计使用随机性源来在网络空间中的两个节点之间建立安全通信，然后构建在这些双边信任元素上以在整个网络中传播信任的工具和过程。双边信任解决方案不是基于作为流行解决方案的数学复杂性，而是基于量子等级随机性的完美不可预测性，因此其很好地定位为承受基于现在由强大的对手秘密开发的量子计算能力的密码分析攻击。

但是文献中的技术方案并未明确提及 "工业控制网"。通过查询 CPC 分类表可知，CPC 分类中将以网络通信为特征的工业控制分入到 G05B19/418 下，因此改为使用 CPC 分类号 G05B19/418 结合关键词 "量子" 来进行检索。检索结果如图 5-20 所示。

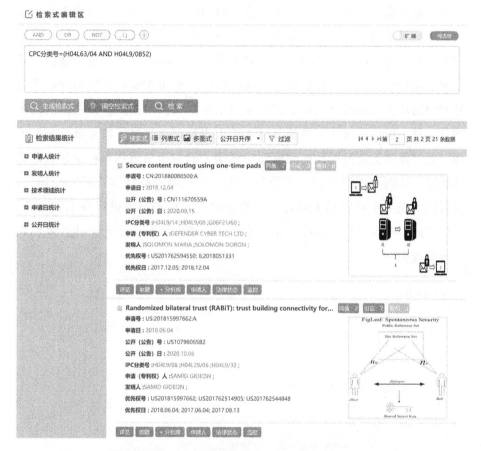

图 5-19　量子通信在工业控制网络应用场景中使用 CPC 分类号的检索

检索结果为 11 篇，其中文献申请号为 CN201510583637.2 的专利文献，发明名称：一种基于量子通信的可信工业控制网络实现方法。该申请与上述技术构思具有相同的技术问题，均是为了解决现有技术中保障工业控制网络的安全运行的方案普遍采取将控制网络通过企业内部网与互联网隔离，并设置多级防火墙进行保护的方式，随着计算机计算能力的不断提升，这类加密系统或早或晚都存在被攻破的可能，因而已逐渐难以胜任保证工业控制网络安全运行的任务。如果量子计算机的研制取得突破，此类加密方式将非常容易被第三方破解，从而所有基于现有安全保护方案的工业控制网络将变得极其脆弱的技术问题。

针对现有技术的不足，该发明提供一种基于量子通信的可信工业控制网络实现方法，技术要点为：在工业控制网络与互联网交互的数据出入口设置第一量子通信设备；在远程控制器与所述互联网交互的数据出入口设置第二量子通信设备；在所述第一量子通信设备和所述第二量子通信设备之间建立量子信道；以及在所述工业控制网络和所述远程控制端分别设置针对网络攻击的检测方法和维护正常安全通信的应对措施。该发明所提出的基于量子通信的可信工业控制网络实现方法，通过量子信道进行数据传输，能够保障工业控制系统和远程控制端之间的通信数据不被泄漏、篡改和伪造，从而实现可信的远程控制，使工业控制网络能够连续安全运行，并且该实现方法可以基于现有工业控制网络的物理设备进行升级和改造，节约资源、成本可控。由此可知，检索到的该发明公开了与上述技术构思一样的方案。

图 5-20　量子通信在工业控制网络应用场景中使用 CPC 分类号结合关键词的检索

通过上述检索过程可知，利用分类号和关键词的结合可以较快获得相关文献，在使用 IPC 分类号未能较快检索到相关文献的情况下，可以考虑使用分类更细化的 CPC 分类号进行检索，通过 CPC 分类号结合关键词来进行检索，从而快速检索到目标文献。

5.5　量子通信技术在电子政务的应用检索

5.5.1　量子通信在电子政务中的运用

政务专用网络不同于政务内网与政务外网，该网络是一个用于实现不同机构的党政机关传递政务信息的网络基础设施平台，根据国家相关规定，政务专网建设必须满足信息加密、操作系统安全、数据库安全及安全保密管理等 16 项技术要求。

密钥分发是保证网络安全的重要部分，在需要保证数据机密性的情况下，安全分发密钥是整个网络安全的基础。传统的密钥分发方法主要应用公钥密码体制，这类方法基于复杂数学难题，其安全性依赖于现有计算技术不足以在有限时间内求解该数学难题。基于公钥体制的密钥分发的方案需要多次交换公钥及认证信息，其间需要进行大量的指数运算及大数模幂运算，能量消耗较大，并且认证信息通常由可信第三方提供，使得系统的复杂度增加。量子密钥分发基于量子系统的物理特性，理论上可实现绝对安全的保密通信，并且具有窃听检测功能，可有效监测量子信道中的第三方窃听，可抗量子计算攻击，安全性很好。因此，通过量子密钥分发可以提高政务网络通信安全层级，进而保障政务专用网络的安全稳定运行。

QKD 链路加密机应用于企业及政府专网的场景如图 5-21 所示，该网络由多个数据中心及不同的分支机构组成，为了保证采用政务专网的信息传输过程绝对安全，网络运用了 QKD 链路加密技术，该技术很好地与 IPSec 或 TLS 的安全虚拟专用网络（VPN）技术进行深度融合，从而实现网络通信传输过程的鉴权和加密功能。

5.5.2　量子通信在电子政务中的分类号使用特点

量子通信在电力通信中运用时，一般将涉及量子通信技术在电子政务领域中应用的专利申请 IPC 分类至 H04L9/08、H04L9/32 及 H04L29/06 等相关分类号，见表 5-19。

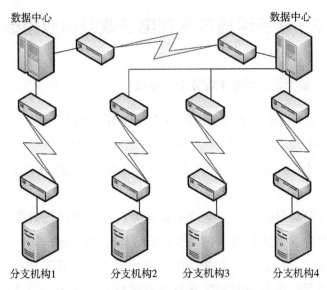

图 5-21　量子通信在电子政务领域的应用框架

表 5-19　量子通信技术在电子政务中应用相关 IPC 分类号

IPC 分类号	点组	名称
H04L9/08	•	密钥分配
H04L9/10	•	带有特殊机体，物理特征或人工控制
H04L9/12	•	同步的或最初建立特殊方式的发送和接收密码设备
H04L9/14	•	使用多个密钥或算法
H04L9/16	• •	在工作期间变化的密钥或算法
H04L9/18	•	用串行和连续修改数据流单元加密，如数据流加密系统
H04L9/20	• •	具有单元替单元与数据序列联合的伪随机密钥序列
H04L9/22	• • •	具有特殊的伪随机序列发生器
H04L9/24	• • • •	用多于 1 个发生器产生的序列
H04L9/26	• • • •	产生非线性伪随机序列
H04L9/28	•	使用特殊的加密算法
H04L9/30	• •	公用密钥，即计算的加密算法不能被变换并且用户的加密密钥不需要保密
H04L9/32	•	包括用于检验系统用户的身份或凭据的装置
H04L29/06	• •	以协议为特征的通信控制或通信处理

其中，H04L9/08 下的 CPC 分类号主要涉及密钥分配或管理，例如加密密钥或密码的产生、共享或更新，对应的涉及量子通信的相关 CPC 分类号细分如前述章节中表 5-2 所示。

而 IPC 分类号 H04L9/32 主要集中为包括用于检验系统用户的身份或凭据的装置，在专利申请涉及量子密钥加密应用于电子政务的情形时，可以通过该分类号查找到对应的专利文献。IPC 分类号 H04L29/06 主要集中为以协议为特征的通信控制或通信处理，在专利申请涉及量子密钥加密应用于工业控制协议的情形时，可以通过该分类号查找到对应的专利文献，其对应的相关 CPC 分类号细分如表 5-20 所示。

表 5-20　H04L29/06 涉及量子通信的相关 CPC 分类号

IPC 分类号	点组	名称
H04L63/04	•	用于在实体之间数据包网络通信中提供保密的数据交换
H04L63/06	•	支持分组数据网中的密钥管理
H04L63/062	• •	用于密钥分配，如利用可信一方集中分配

5.5.3　量子通信在电子政务中的检索策略选择

在具体检索时，针对量子通信在电子政务中的应用场景，从表 5-19 可以看出，大部分专利分类号都集中于涉及安全数据传输、加密认证的 H04L29/00 及涉及数据加密的 H04L9/00 这几个大组下，但需要提醒读者注意的是，H04L29/00 这个大组分类号下，共有 8 个分类号，包括 3 个 1 点组，其中只有 1 个 1 点组具有进一步的细分，由于没有进行过多下位点组的细分，层次结构过于简单，H04L29 下的专利文献几乎占 H04L 下所有专利文献的三分之一，非常不利于检索。所以，使用该分类号进行检索时，实际对文献量的限缩几乎起不到实质作用。因此，虽然通常情况下，在检索时会考虑使用多个下位点组的上位点组或直接使用大组分类号进行检索，以免由于分类号设置的过于下位而漏掉部分专利文献，但是针对这个领域的检索，要避免直接使用大组进行检索，以免引入太多噪声。

同时，在对该领域的案件进行检索时，因为"政务、加密、密钥"等关键词应用场景比较多，同样容易带来较大噪声，可以考虑使用分类号进行应用领域的限定，再结合关键词进行检索，从而更快速获得相应的专利文献。比如，针对量子通信在电子政务领域中的专利申请，从上述表 5-19 可以看出其可能涉及 H04L9/08、H04L9/32、H04L29/06 及其下位点组等众多的 IPC 分类号。此时，可以直接考虑使用 H04L9/08 和 H04L9/32 这两个分类号，然后结合量子通信的关键词，就能快速检索到相关文献。同时从上述表 5-2 和表 5-20 可以看出，针对量子通信在电子政务场景中的运用的 IPC 分类号，CPC 分类体系从其具体应用和功能方面进行了比较完整和详细的划分。相比 IPC 分类号，CPC 分类号更能体现该领域的技术特点及发展方向。在对该领域的案件进行检索时，可以通过查看上述表格从应用分类和或功能分类的角度找到相关的 CPC 分类号，充分利用 CPC 分类号进行检索，以针对更细节的量子密钥及电子政务进行检索，提高检索效率。

5.5.4　量子通信在电子政务中的关键词提取和扩展

在对量子通信技术应用在电子政务领域中的专利申请进行检索的过程中，关键词提取和扩展尤为重要。笔者对检索时的关键词作了一部分总结，见表 5-21。

表 5-21　量子通信在电子政务应用场景中的关键词

关键词提取	中文关键词扩展	英文关键词扩展
量子密钥、量子通信	量子、密钥、分发、QKD	quantum, key, distribution, QKD
电子政务	政务、公安、民生、医疗、教育	government, police, livelihood, medical attendance, health, edification, education

5.5.5　量子通信在电子政务中的案例实践

（1）技术构思简介

20 世纪九十年代以来，科学家开始了量子密码的研究。量子密钥分发（QKD）技术基于"海森堡测不准原理"和"量子不可复制原理"，使用每比特单光子传输随机数，由此发送端和接收端能够产生相同随机数密钥。量子密钥分发不依赖于计算的复杂性来保证通信安全，而是基于量子力学基本原理，量子密码系统的安全性不会受到计算能力和数学水平的不断提高的威胁。近几年，国内量子密钥分发技术已经得到全国范围的广泛应用。随着城域网组网技术的不断发展，在城域网上开展的业务逐渐多样化。同时，越来越多的新型互联网业务对城域网的安全性也有了更高的要求，例如电子政务、电子商务、企业分支互联、远程办公等业务对数据传输提出了很高的加密要求。

目前，互联网中主流的数据加密通信方案互联网安全协议（Internet Protocol Security，IPSec）。IPSec 是国际互联网工程任务组（Internet Engineering Task Force，IETF）制定的为保证在互联网上传送数据的安全保密性能的三层隧道加密协议。IPSec 在 IP 层对 IP 报文提供安全服务。IPSec 协议本身定义了如何在 IP 数据包中增加字段来保证 IP 包的完整性、私有性和真实性，以及如何加密数据包。使用 IPSec，数据就可以安全地在公网上传输。IPSec 提供了两个主机之间、两个安全网关之间或主机和安全网关之间的保护。IPSec 对传输中数据加密所获取的密钥主要通过网络密钥交换协议（Internet Key Exchange，IKE）生成，IKE 协议通常采用 SHA-1 和 MD5 作为消息完整性算法，采用预共享密钥、RSA 加密 nonce 或 RSA 签名作为对等体的鉴别方法，采用 Diffie-Hellman 算法作为会话密钥协商算法，采用 DES、3DES 或 AES 作为数据加密算法。从数学层面来看，只要掌握了合适的方法，任何密码都可以破译，无非就是所需时间的问题。随着高性能计算技术的发展，尤其是在量子计算环境下，RSA、ECC 等非对称加密算法都将可能在短时间内被破译。

针对现有技术的不足，设计提供一种实现量子安全加密的城域网系统，技术要点为：城域网系统包括 IP 城域网和量子密钥分发城域网，IP 城域网是通过多协议标签交换（Multi-Protocol Label Switch，MPLS）技术组建的数据传输网，为企业用户提供 VPN 组网；量子密钥分发城域网为企业用户的通信提供加密所需的量子密钥。

本方案所涉及的一种基于量子通信的可信工业控制网络实现方法，将量子加密技术应用于 MPLS VPN 组网中，可使网络的安全得到质的提高，确保了不同政务或企业分支间互联通信数据的私有性、完整性及真实性。

在城域网中传输数据得到保护，防止对网络资源的非法访问，对网络传输的窃听和破坏，保护网络使用者的合法利益。

（2）检索策略分析

首先，对需要检索的技术构思进行分析。在上述技术构思中，目前的电子政务中所使用的众多加密算法或数据加密通信方案，从数学层面来看，只要掌握了合适的方法，任何密码都可以破译，无非就是所需时间的问题。随着高性能计算技术的发展，尤其是在量子计算环境下，RSA、ECC 等非对称加密算法都将可能在短时间内被破译。针对这一问题，提出适合于电子政务以及企业网络的改进方案，通过多协议标签交换技术组建数据传输网，为企业用户提供 VPN 组网；量子密钥分发城域网为企业用户的通信提供加密所需的量子密钥；从而实现将量子加密技术应用于 MPLS VPN 组网中，可使网络的安全得到质的提高，确保了不同电子政务或企业分支间互联通信数据的私有性、完整性及真实性，使电子政务或企业分支间互联通信安全运行。

基于以上分析，该技术构思的要点在于：在电子政务或企业分支间互联通信时，通过 MPLS 技术组建数据传输网，为企业用户提供 VPN 组网，量子密钥分发城域网为企业用户的通信提供加密所需的量子密钥。

因此，根据上述技术要点形成检索要素表，见表 5-22。

表 5-22　量子通信在电子政务应用场景中的基本检索要素表

检索要素	检索要素 1	检索要素 2
关键词	电子政务或企事业单位分支	将量子加密技术应用于 MPLS VPN 组网

其次，基于上述技术构思和检索要素表，可以看出主要检索思路是检索在电子政务或企事业单位分支之间设置 MPLS VPN，并将量子加密技术应用于 MPLS VPN 组网。考虑到专利的发明点通常会在摘要中出现，可以优先考虑在中英文摘要库中针对"摘要"字段进行检索以提高检索效率。在针对"摘要"字段没有得到合适的检索结果的情况下，再进一步在中英文全文中进行检索。在检索与该技术构思相关的专利申请时，通常可以采用分类号结合关键词的方式进行检索，通过上述分类号的使用介绍可知，H04L9/08 主要用于表征密钥分配，H04L9/32 主要用于表征包括用于检验

系统用户的身份或凭据的装置，H04L29/06 主要用于表征以协议为特征的通信控制或通信处理，较为准确地表达了上述技术构思，结合关键词的扩展，对检索要素表进行中英文关键词和分类号的扩展表达见表 5-23。

表 5-23　量子通信在电子政务应用场景中扩展后的基本检索要素表

检索要素		检索要素 1	检索要素 2
关键词	中文	政务、公安、民生、医疗、教育、企业、事业单位	量子、密钥、分发、分配、QKD
	英文	government，police，livelihood，medical attendance，health，edification，education，administrative institution	quantum，key，distribution，QKD
分类号	IPC	H04L29/06	H04L9/08，H04L9/32
	CPC	H04L63/04	H04L9/08，H04L9/0852，H04L9/0883，H04L63/062

（3）检索过程及结果分析

在需要检索与该案例相关的专利申请时，通常可以采用分类号结合关键词的方式进行检索，或者直接采用关键词进行检索。

①简单检索。综合以上分析，首先在 PSS 系统中以"关键词"字段进行简单检索，检索结果如图 5-22 所示。

在关键词中检索"政务"和"量子"的结果是 7 篇，其中有相关的文献申请号为 CN201410111746.X 的专利文献，发明名称：面向无线体域网的生物量子密钥分发方法。该申请与上述技术构思具有相类似的技术问题，均是为了解决传统的密钥分发方法主要应用公钥密码体制，这类方法基于复杂数学难题，其安全性依赖于现有计算技术不足以在有限时间内求解该数学难题。其同样面临着随着高性能计算技术的发展，尤其是在量子计算环境下，传统的密钥分发方法都将可能在短时间内被破译。

该发明公开了一种生物量子密钥分发方法，主要解决无线体域网公钥密码受量子计算威胁、通信量大、认证复杂的问题。权利要求的技术要点如下：提取生物特征生成生物密钥模板和降维中间数据，分别分配给个人数据中心和传感器节点；传感器节点和个人数据中心应用 B92 协议共享理论长度为 256 的比特串，保留后 128 位作为初始密钥，其余作为公开内容；传感器节点用分配数据和测试生物数据生成密钥，并与公开内容绑定发送；个人数据中心用生物密钥模板恢复公开内容，并与共享的公开内容比对：若误码率低于认证阈值则认证成功，将初始密钥作为分配密钥，否则终止本次密钥分发。该发明通过利用从生物数据中生成生物密钥与量子密钥分发中的公开信息绑定以实现身份认证，克服了传统量子密钥分发没有身份认证功能的问题，相比于现有公钥密码方法，该发明密钥分发过程计算简单，通信量较小，分发密钥的安全性高。

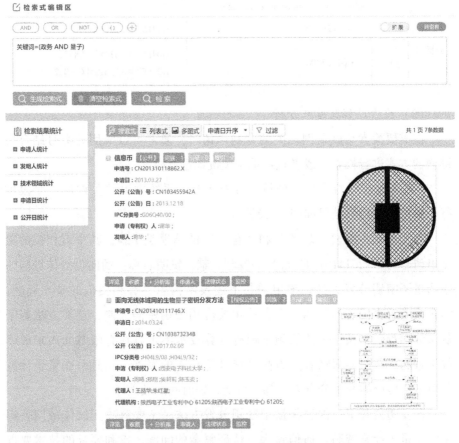

图 5-22　量子通信在电子政务应用场景中的简单检索

但是通过分析发现，该发明中是利用从生物数据中生成生物密钥与量子密钥分发中的公开信息绑定来提高安全性，并未涉及"将量子加密技术应用于 MPLS VPN 组网"，因此调整使用分类号进行检索，通过分类号限定需要检索的技术领域，进行分类号结合关键词的检索。

②分类号结合关键词检索。使用 H04L9/08 分类号限定领域，并在关键词中检索"政务""公安""企业""事业单位"和"量子"进行检索的过程如图 5-23 所示。

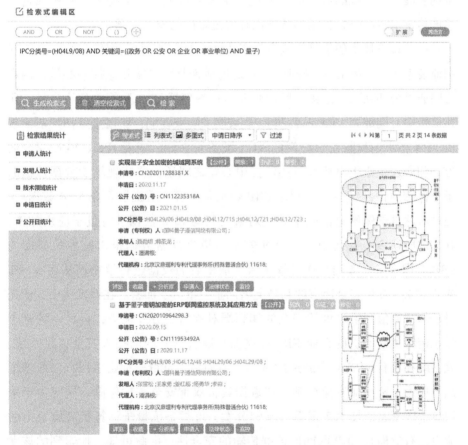

图 5-23　量子通信在电子政务应用场景中使用 IC 分类号结合关键词的检索

检索结果是 14 篇，通过分析检索结果可知，使用 H04L9/08 分类号限定领域之后，结合关键词检索到的方案均是涉及将量子编码技术应用到电子政务或企事业单位领域中的方案，其中文献：申请号为 CN202010964298.3 的专利文献，发明名称：基于量子密钥加密的 ERP 联网监控系统及其应用方法。该申请与上述技术构思具有相同的技术问题，均是为了解决现有企业 ERP 联网监控系统跨公共互联网接入时使用的基于 SSL VPN 方式和基于 IPSec VPN 方式。主要依赖非对称密码体制进行身份鉴别和密钥交换，通过 IKE 协议，对通网关双方协商产生通信的工作密钥、会话密钥，并通过加解密和完整性校验等技术保障数据在传输过程中的安全性。随着量子计算机技术的发展，计算机的运算能力有望在未来取得突破，依托于非对称加密体系的传统 IPSec VPN 技术将同样面临安全隐患的技术问题。

针对现有技术的不足，该发明提供了一种基于量子密钥加密的 ERP 联网监控系统，所述 ERP 联网监控系统包括企业用户端和监控中心端，两者之间通过公共互联网连接；所述企业用户端部署 ERP 数据采集客户端，所述监控中心端部署 VPN 设备和 ERP 数据采集服务端；所述企业用户端前置机 VPN 客户端和监控中心端的 VPN 设备建立 SSL 或者 IPSec VPN 安全通道；和所述企业用户端和所述监控中心端之间还设置实现量子数据传输的量子保密通信网络装置，所述 ERP 数据采集客户端提取企业 ERP 数据后，通过所述量子保密通信网络装置对采集到的 ERP 数据进行量子应用加密，并通过所述 SSL 或者 IPSec VPN 安全通道将加密数据报送监控中心端的 ERP 数据采集服务端，并对量子密钥加密后的数据进行解密；从而在 SSL 或者 IPSec VPN 安全通道的基础上增加多一重量子加密。在该发明中，依托量子保密通信网络提供的安全的端到端对称密钥分发能力，设计一种基于量子密钥加密保护的企业 ERP 联网监控跨公共互联网接入安全传输系统。该系统在原有 VPN 安全通道的基础上增加多一重量子加密手段，对数据增加一把量子密钥加密保护锁，使数据具备双重安全传输保障。同时由于采用量子保密通信技术实现量子密钥分发，可具备抗量子计算机破解攻击的能力，有效提升 ERP 联网监数据传输的安全性。由此可知，检索到的该发明公开了与上述技术构思较为相似的方案。

由于 H04L29/00 大组下的文献较杂，相对其他分类号不准确，因此选择使用细分更精准的 CPC 分类号进行检索，在 CPC 分类号中检索 "H04L9/0852"，并检索电子政务的具体应用场景，具体检索结果如图 5-24 所示。

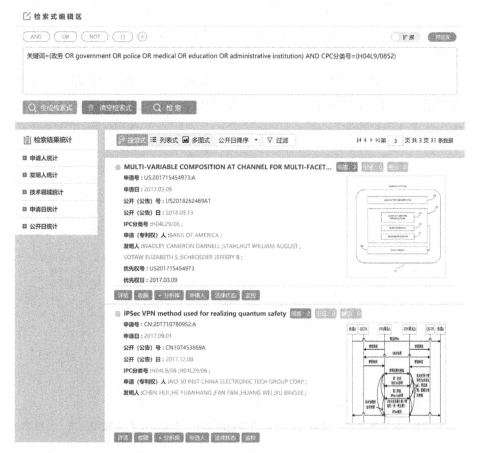

图 5-24 量子通信在电子政务应用场景中使用 CPC 分类号结合关键词的检索

检索到相关专利 31 篇,其中文献申请号为 CN201710780952:A 的专利文献,发明名称:一种实现量子安全的 IPSec VPN 的方法,其是为了解决现有的 IKE 协议所采用的公钥密码算法的安全性局限于当前的计算能力,随着高性能计算技术的发展,尤其是在量子计算环境下,SHA-1、MD5、RSA、Diffie-Hellman、ECC 算法都将变得不安全,采用这些算法的 IKE 协议及 IPSec VPN 也将失去安全性保护的技术问题,提供了一种实现量子安全的 IPSec VPN 的方法,通过在 IPSec VPN 网关中增加 QKD 的安全接口,在 IPSec VPN 安全策略中增加量子密钥接入及应用机制,在 IPSec 加密组件中增加基于量子密钥的一次一密加密选项,并增加优先采用量子密钥作为预共享密钥、数据加密算法的会话密钥、HMAC 算法的共享密钥的策略；实现量子密码与 IPSec 协议的融合应用，提升 IPSec VPN 系统的身份认证、消息鉴别和数据加密的量子安全性。但是该文献中的技术方案是将量子加密技术应用于 IPSec VPN 组网中，并非是"将量子加密技术应用于 MPLS VPN 组网中"，因此将"MPLS"添加到关键词中进行检索，如图 5-25 所示。

图 5-25　量子通信在电子政务应用场景中使用 CPC 分类号结合关键词的进一步检索

检索结果为 1 篇，该文献申请号为 CN202011288381.X 的专利文献，发明名称：实现量子安全加密的城域网系统。该申请与上述技术构思具有相同的技术问题，均是为了解决随着高性能计算技术的发展，尤其是在量子计算环境下，RSA、ECC 等非对称加密算法都将可能在短时间内被破译的技术问题。现有技术中互联网主流的数据加密通信方案是 IPSec，IPSec 对传输中数据加密所获取的密钥主要通过 IKE 生成，IKE 协议通常采用 SHA-1 和 MD5 作为消息完整性算法，采用预共享密钥、RSA 加密 nonce 或 RSA 签名作为对等体的鉴别方法，采用 Diffie-Hellman 算法作为会话密钥协商算法，采用 DES、3DES 或 AES 作为数据加密算法。

针对现有技术的不足，该发明提供一种实现量子安全加密的城域网系统，所述城域网系统包括 IP 城域网和量子密钥分发城域网，所述 IP 城域网是通过 MPLS 技术组建的数据传输网，为企业用户提供 VPN 组网；所述量子密钥分发城域网为企业用户的通信提供加密所需的量子密钥。该发明的城域网系统将量子加密技术应用于 MPLS VPN 组网中，可使网络的安全得到质的提高，确保了不同政务或企业分支间互联通信数据的私有性、完整性及真实性。在城域网中传输的数据得到保护，防止对网络资源的非法访问对网络传输的窃听和破坏，保护网络使用者的合法利益。由此可知，检索到的该发明公开了与上述技术构思一样的方案。

通过上述检索过程可见，利用分类号和关键词的结合，可以较快获得相关文献，在使用 IPC 分类号未能较快检索到相关文献的情况下，可以考虑使用分类更细化的 CPC 分类号进行检索，通过 CPC 分类号结合关键词来进行检索，从而快速检索到目标文献。

第 6 章　视频直播领域检索指引

6.1　视频直播技术概述

近年来，随着科技的发展、技术的创新，互联网领域相关技术得到迅速提升与发展，人们的网上娱乐生活方式也发生了巨大的改变，从过去单纯地看视频、看文字评论到视频与评论一体的弹幕视频，发展到如今全网流行的网络直播。

网络直播是指用户使用各种移动设备，通过网络信息技术，以网络直播平台作为载体展开直播和观看直播，主播用户通过主播客户端向公众表演，展示其才能技能，与粉丝互动，以吸引观众用户的注意力和获取打赏奖励，而观众用户通过观众客户端观看直播视频，与主播、其他观众进行互动，而互动形式包括在线交流文字、弹幕、虚拟礼物等。

2014 年，网络直播行业正式迈入大众视野。电竞游戏的横空出世，给网络直播行业的崛起起到了推波助澜的作用，游戏直播启动了网络直播的2.0 时代。以英雄联盟、DOTA 等 PVP（用户对战用户）竞技游戏为代表，众多的游戏玩家通过游戏直播展开交流、学习，游戏的爆火使网络直播爆红。看到了网络直播市场的重大潜力后，2015 年，各路资本"巨头"入局，网络直播产业成了资本市场的新宠儿。此时的直播平台大都以游戏直播为主要直播内容，如斗鱼、虎牙、战旗等。其中，斗鱼 TV 极具代表性。

而随着移动无线通信技术的发展，4G 无线网络的覆盖，用户在脱离 PC 端后可通过智能手机客户端来实现移动秀场直播及可随时随地观看直播，便携性得到极大提高，越来越多的用户参与到网络直播中来。2016 年，网络直播市场迎来了真正的爆发期，网络直播真正进入到"全民时代"。直播类型也不再局限于游戏直播，逐渐发展为包含真人秀的舞蹈、搞笑、才艺表演、内容评测、吃播等各种新的形式，直播发展愈发"平民"。2017 年，形成了以虎牙、斗鱼、企鹅电竞等多个直播平台白热化竞争的格局。基于行业的逐步稳定，直播用户的逐步沉淀，用户的需求逐步饱和，直播的热点趋势逐步消退，直播市场的规模有所放缓。

基于我国互联网信息中心（CNNIC）2021 年 02 月发布的 47 次《中国互联网发展状况统计报告》显示，截至 2020 年 12 月，我网络直播用户规模达到 6.17 亿，占网民整体的 62.4%。其中，电商直播用户规模为 3.88 亿，较 2020 年 3 月增长 1.23 亿，占网民整体的 39.2%；游戏直播的用户规模为 1.91 亿，较 2020 年 3 月减少 6835 万，占网民整体的 19.3%；真人秀直播的用户规模为 2.39 亿，较 2020 年 3 月增长 3168 万，占网民整体的 24.2%；演唱会直播的用户规模为 1.90 亿，较 2020 年 3 月增长 3977 万，占网民整体的 19.2%；体育直播的用户规模为 1.38 亿，较 2020 年 3 月减少 7488 万，占网民整体的 13.9%。手机等移动终端已经成为网络直播的主要播放终端，越来越多用户使用移动终端分享直播、观看直播。无论是分享生活、体育竞技、电子竞技还是业务推广，网络直播已经深入互联网用户生活的方方面面并创造了巨大的社会和经济价值。

作为网络直播行业主要载体的直播平台，其主营内容也对应分为游戏类、生活类、秀场类、财经类、教育类等。但是，直播平台不单单是单一类型的内容，许多平台还具有多维内容。假如直播只是某一个人某件事的直播，那么它就失去了其本来的含义。网络直播唯有与其他行业展开持续深入融合，才能获得更多的内涵和意义。时下的直播已然开始与教育、市场营销、综艺等许多行业展开紧密联系。与这些行业的深度融合使现场直播变得愈发多样化和有意义。

直播生态体系的不断多元化、直播市场的日益扩张、直播行业日益规范的运营体系，随之带来的是各大直播平台公司在构建整个直播系统平台中所投入的巨大研发力量，以不断寻求通过技术的发展来扩张、稳固自身的市场地位。而对于公司研发人员来说，面对技术知识日新月异的变化，在进行技术创新的同时，更迫切的需要通过高效检索对技术现状进行全面掌握，以在创新过程中把握正确方向。与此同时，市场的竞争、企业之间的竞争通常转化为知识产权的竞争、专利的竞争。网络直播作为新兴产业，市场、技术发展之迅猛更需要企业具备专利布局的敏感性与前瞻性，在具备技术自主创新的基础上，还需要有高质量的专利布局能力和应对专利诉讼的能力，而这些都需要以检索作为基础。

本章编者对网络直播领域所涉及的技术分支做了大致分类，主要分为视频直播视频流传输、弹幕显示、直播互动、个性化推荐、直播安全、特定直播（游戏直播），并以此为基础，梳理各个技术分支所涉及主要技术、分类号特点、关键词提取和扩展、检索策略选择，并给出具体的实践案例，希望有助于开阔检索思路，掌握网络直播领域的检索技巧。

6.2　直播视频流传输

直播视频流传输依赖于流媒体传输，是指流媒体服务器对连续的音频和视频等信息进行压缩处理，生成一个个数据包，并通过实时传输协议将数据包传输给用户客户端。客户端在播放前，需要预先下载一部分音视频数据到本地缓冲区，并在视频播放过程中，不断下载音视频数据包并填充到缓冲区，实现边下载边播放的效果。直播视频流传输涉及的主要技术可以分为网络和协议。

目前，从直播网络层面来看，大部分直播网络都采用了内容分发网络（Content Delivery Network，CDN）技术，CDN 可以实现负载均衡和分发网络，就近接入耗时最短的内容分发网络获取直播流并减少直播延时。

从直播协议层面来看，国内外直播平台常见的直播协议有 HLS、RTMP和 HTTP-FLV 等。RTMP 作为 Adobe 公司开发的专利技术，国外大部分的CDN 服务提供商已经不再推荐使用，但是由于其开源的特性和长期发展过程中积累的技术稳定性，在国内直播行业中依然非常流行。与其他主流的直播协议相比，RTMP 协议初次建立连接时通信过程过于烦琐，编解码过程需要插件支持，会造成一定的网络延迟。HTTP-FLV 是一种基于 HTTP 的视频传输协议，使用 HTTP 连接来传输 FLV 格式的媒体流。与 RTMP 相比，HTTP 本身没有复杂的状态交互，从连接开始到媒体流开始播放这一过程的实现速度更快。但是由于其传输特性，会将 FLV 格式的媒体流文件缓存到客户端本地，安全性和保密性差，同时需要插件对媒体流进行编解码之后才可以播放。HLS 是苹果公司开发的流媒体传输协议，同样基于 HTTP。相对于常见的流媒体协议，HLS 最大的不同在于其传输格式非传统的连续媒体流，而是在服务器端将流媒体数据分割成连续的切片文件，通过索引文件按照顺序进行访问和播放。大部分浏览器都不需要安装任何插件就可以原生支持播放 HLS，但是由于其切片机制，服务器切片和客户端索引都需要一定时间，因而 HLS 视频流的时性差，延迟高；如果切片算法处理不当，视频切片大小过小，有可能形成海量切片文件，给客户端带来巨大的存储压力。国内外主流的直播平台所采用的媒体流传输形式基本都在以上三种直播协议的基础上进行增补。

而无论是涉及网络层面还是协议层面抑或是实时性的技术问题，涉及直播视频流传输过程的技术方案，大多均会涉及以下三个技术层面，①涉及服务器和客户端之间数据传输控制过程，主要包括服务器与客户端之间的网络架构、服务器到客户端或者客户端到服务器之间的视频流数据、控制信令设计与传输等；②涉及服务器端，主要包括服务器系统架构、部件设计、音视频来源设置等；③涉及客户端，主要包括客户端如机顶盒、电视及视频服务场景下的移动终端的交互功能设计、结构设计等。

因而，直播视频流传输领域的专利申请主要可归纳为上述三个技术层面的方案，以下分类号使用特点的介绍也围绕上述三个技术层面进行展开。

6.2.1　常用分类号

在直播视频流传输技术领域，围绕前述的三个技术层面，即"服务器和客户端之间数据传输""服务器端""客户端"对该领域的分类号进行分析，见表 6-1、表 6-2。

表 6-1　直播视频流传输技术 IPC 分类号

技术层面	IPC 分类号	点组	含义
服务器和客户端之间的数据传输	H04N21/60	•	用于在服务器和客户端之间或者在远程客户端之间的视频分配的网络结构或者处理在客户端、服务器和网络元件之间的控制信令；在服务器和客户端之间的管理数据的传输；在服务器和客户端之间的通信细节〔2011.01〕
	H04N21/61	• •	网络物理结构；信号处理（H04B 优先）〔2011.01〕
	H04N21/63	• •	在客户端、服务器和网络元件之间的控制信令；用于服务器和客户端之间的视频分配的网络处理，例如在不同传输路径上的传输基本层和增强层，在远程 STB 之间通过互联网建立点对点通信；通信协议；寻址〔2011.01〕
	H04N21/65	• •	在客户端和服务器之间的管理数据的传输〔2011.01〕
	H04N21/654	• • •	由服务器到客户端的传输〔2011.01〕
	H04N21/658	• • •	由客户端到服务器的传输〔2011.01〕
服务器端	H04N21/20	•	专门适用于内容分发的专用服务器，例如，VOD 服务器；其操作〔2011.01〕
	H04N21/21	• •	服务器零部件或者服务器架构〔2011.01〕
	H04N21/218	• • •	音频或者视频内容的来源，如本地磁盘阵列〔2011.01〕
	H04N21/2187	• • • •	实时伺服〔2011.01〕
客户端	H04N21/40	•	专门适用于接收内容或者与内容交互的客户端设备，如 STB〔机顶盒〕；相关操作〔2011.01〕
	H04N21/41	• •	客户端的结构；客户端外围设备的结构〔2011.01〕

表 6-2　直播视频流传输技术 CPC 分类号

技术层面	CPC 分类号	点组	含义
服务器和客户端之间的数据传输	H04N21/60	•	用于在（特别适用于）服务器和客户端之间或者在远程客户端之间的视频分配的 ｛使用｝ 网络结构或者处理（数据交换网络入 H04L12/00；无线通信网络入 H04W）；在客户端、服务器和网络元件之间的控制信令，例如分发到视频编码器或者解码器的信令；在服务器和客户端之间的管理数据的传输，如从服务器发送到客户端的、用于记录输入的内容流；在服务器和客户端之间的通信细节（用于数据网络中的通信控制和处理的协议入 H04L29/06；用于客户端-服务器结构的协议入 H04L67/42）
	H04N21/61	• •	网络物理结构；信号处理（H04B 优先）

续表

技术层面	CPC 分类号	点组	含义
服务器和客户端之间的数据传输	H04N21/63	··	在客户端、服务器和网络元件之间涉及视频分发的控制信令；用于服务器和客户端之间或者远程客户端之间的视频分配的网络处理，如在不同传输路径上的传输基本层和增强层，在远程 STB 之间通过互联网建立点对点通信；通信协议；寻址（实时多媒体通信的信令、控制或者结构入 H04L29/06183；用于点对点通信的配置入 H04L29/08306）
	H04N21/633	···	由服务器向网络元件或者客户端发出的控制信令（数据网络中的故障、事件、警报的管理入 H04L12/2419）
	H04N21/65	··	在客户端和服务器之间的管理数据的传输
	H04N21/654	···	由服务器到客户端的传输
	H04N21/658	···	由客户端到服务器的传输
服务器端	H04N21/20	·	专门适用于内容分发的专用服务器，例如，VOD 服务器；其操作
	H04N21/21	··	服务器零部件或者服务器架构〔2011.01〕
	H04N21/218	···	音频或者视频内容的来源，如本地磁盘阵列
	H04N21/2187	····	实时伺服
客户端	H04N21/40	·	专门适用于接收内容或者与内容交互的客户端设备，如 STB〔机顶盒〕；相关操作
	H04N21/41	··	客户端的结构；客户端外围设备的结构
	H04N21/4126	····	便携式设备，如带显示屏的遥控装置，PDA，手机（特别适用于便携式计算机应用的设备或装置的结构零部件入 G06F1/1626）

6.2.2　检索策略选择

该视频传输子领域的各个环节的技术均分在 H04N21/00 的大组下，但大部分技术分支并未有准确的分类号表达，所以多数情况下采用关键词进行检索，在关键词表达上如果对于技术手段的表达只涉及视频传输领域的常用术语，如"发送、接收、传输"，使用表达技术手段的关键词检索必然会带来较大噪声，这时可从技术问题或技术手段的角度进行表达限定；同时，也可结合分类号的使用：可以考虑使用更上位的分类号如 H04N21/IC 来进行粗略限定以降噪。

6.2.3 关键词提取和扩展

对于关键词的提取，应当从检索要素中提取确定性高的特征。检索要素的确定性是指体现基本构思的每一要素中各关键词被目标文献记载的确定程度，确定性越高则说明该关键词越需要被目标文献记载，通过该关键词来检索到目标文献的可靠性也越高。针对视频直播流传输进行关键词提取时，可以考虑从应用场景、具体功能、技术效果、关键手段等多方面提取准确关键词，并进行合理扩展，其中涉及的常用关键词总结如下表，在具体案例中还可结合技术方案要解决的技术问题、达到的技术效果、具体手段来提取关键词。该子领域的常用关键词见表 6-3。

表 6-3　直播视频流传输领域常用关键词

关键词提取	中文关键词扩展	英文关键词扩展
直播	视频直播、网络直播、直播	live video，live broadcast
视频流传输	视频、媒体、流；传输、传递、发送、接收	stream，media，video；transmission，transport，transfer
服务器	服务器、服务端	server
客户端	客户端、机顶盒、电视、手机、移动终端、平板	client，stb，set top box，mobile phone，telephone，pad

6.2.4 案例实践

【案例 6-1】

（1）技术构思简介

在现有技术中，视频直播过程中由于服务器每时每刻需要接入并处理大量主播端设备发送的直播视频流，大量的视频数据流一并涌入直播服务器，会导致各主播端设备在上传直播视频流时传输太慢，进而出现画面卡滞的情况，影响观众端设备的观看网络直播的质量。

针对现有技术的不足，提出一种自适应调整主播端设备上传直播视频流参数的方法，进而提高主播端设备上传直播视频流的传输效率，具体方法如下。

直播服务器接收各主播端设备上传的直播视频流并从中提取各主播端设备的流参数；然后基于各主播端设备的流参数判断各主播端设备是否需要调整上行码流参数；若各主播端设备需要调整上行码流参数时，给各主播端设备发送对应的控制指令，以控制各主播端设备根据各自接收的控制指令中携带的指定上行码流参数上传直播视频流给直播服务器。前述的主播端设备的流参数，可以是延迟参数、卡顿参数、丢帧参数，上行码流参数可以是码率、帧率、分辨率。

（2）检索策略分析

对该案例技术方案的发明构思进行提取：该案例要解决的技术问题是，直播中主播上传直播视频流的传输效率问题，其采用的技术手段是直播中主播端设备向服务器上报自身的流参数（如延迟参数、卡顿参数、丢帧参数），服务器根据上述主播端设备的流参数来确定是否需要调整主播端设备的上行码流参数（如码率、帧率、分辨率），从而解决主播端上传视频的传输速度过慢的技术问题。

从技术领域角度，该案例属于直播领域，那么由此确定基本检索要素1：直播；从发明对现有技术作出改进的角度，该案例的核心手段为基于主播端的流参数调整主播端的上行码流参数。由此确定基本检索要素2：基于主播端的流参数调整主播端的上行码流参数。由此确定基本检索要素见表6-4。

表 6-4　案例 6-1 基本检索要素

检索要素		直播	基于主播端的流参数调整主播端的上行码流参数
关键词	中文	直播视频、视频直播	主播； 延迟、卡顿、丢帧、网络、延时、丢包、拥堵、堵塞； 上行、上传、码率、帧率、分辨率、流参数；调整、调节
	英文	live video, live show, live broadcast	anchor, host, master; delay+, block+, packet loss, frame loss; upload, frame rate, rate, definition, stream parameter, adjust

续表

检索要素		直播	基于主播端的流参数调整主播端的上行码流参数
分类号	IPC	H04N21	H04N21/2387····响应终端用户播放请求的流处理，如用于特技播放 H04N21/2187····实时伺服 H04N21/41··客户端的结构；客户端外围设备的结构 H04N21/658···由客户端到服务器的传输
	CPC	H04N21	H04N21/2387····响应终端用户播放请求的流处理，例如，用于特技播放 H04N21/2187····实时伺服 H04N21/41··客户端的结构；客户端外围设备的结构 H04N21/658···由客户端到服务器的传输

（3）检索过程及结果分析

①简单检索。下面对该案例技术方案进行检索，首先使用最常用的常规检索，使用表达两个基本检索要素的关键词进行检索"直播""主播""流参数"，将两个基本检索要素进行相与（AND），检索式：直播 AND 主播 AND 流参数，常规检索界面如图 6-1 所示。

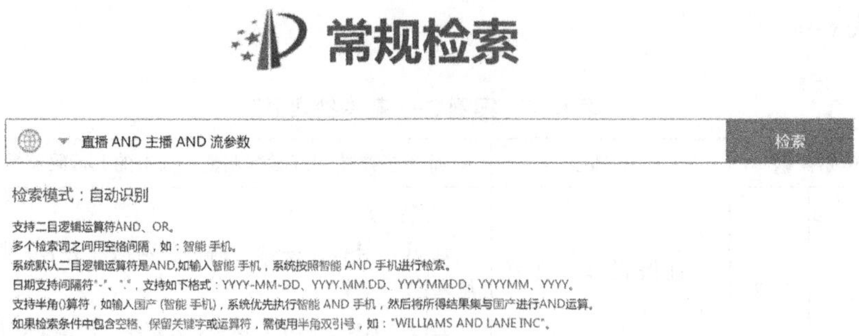

图 6-1　案例 6-1 常规检索

点击"检索"按钮，得到相关文献申请号为 CN201610685031.4 的专利文献，发明名称：一种控制直播视频流的方法及直播服务器，其与上述技术构思具有相同的技术问题，均是为了解决直播过程中主播端设备上传直播视频流时的效率问题，其技术要点也是直播服务通过主播端设备上传的直播视频流中提取主播端设备的流参数，基于上述流参数判断主播端设备是否需要调整上行码流参数。由此可知，检索到的该发明公开了与上述技术构思一样的方案。

同时得到文献申请号为 CN201810954077.0 的专利文献，发明名称：一种直播中推流参数的调整方法、装置及服务器，其与上述技术构思有相类似的技术问题，也是为了解决主播端设备推流出现的卡顿问题，其技术要点是：根据主播直播界面的视频、当前推流参数，以及主播端网络上行速度来对主播端推流参数进行调整，而推流参数包括码率、帧率、分辨率等。由此可见，上述文献的发明构思与待检索的技术构思也相同。

②扩展检索。以下采用分类号+关键词的方式进行检索，结合上述基本检索要素表可以看出，该案例中相对于现有技术的改进部分并没有准确的分类号可以表述该案例的核心手段，相对应地，采用关键词已经可以很准确表述出该案例的核心手段，因而在核心手段表达上还是采用关键词，而对于技术领域采用分类号进行限定，也即技术领域分类号+核心手段关键词的检索思路。那么首先，在该案例中，涉及直播领域，但由于视频直播涉及视频传输中各个环节的技术都已有分类号，因而针对视频直播并没有一个准确的分类号可以表达其领域，但上述视频传输的各个环节的技术均分在 H04N21/00 的大组下，所以针对视频直播的领域可以用 H04N21/IC 来进行粗略限定；其次，该案例的核心手段在于"调整主播端的上行流参数"，提取上述核心手段中最重要的几个关键词：主播、上行（该案例主播的上行流参数，实质上也是主播上传视频流的参数，因而可扩展到"上传"）、参数，同时，考虑到上述几个关键词之间的逻辑关系联系较为紧密，也即在一句话中出现，才能准确表达该案例的核心构思，所以可考虑采用同在算符"S"来表达关键词之间的逻辑关系，那么将上述核心手段用检索式表达可以为：主播 S（上行 OR 上传）S 参数。

那么按照上述思路，转入"高级检索"页面，在"IPC 分类号"栏输入分类号"H04N21/+"，在"关键词"一栏输入"主播 S（上行 OR 上传）S 参数"，点击"生成检索式"按钮，得到检索式：IPC 分类号 =（H04N21/+）AND 关键词 =（主播 S（（上行 OR 上传）S 参数）），高级检索页面如图 6-2 所示。

图 6-2　案例 6-1 高级检索（1）

点击"检索"按钮，可得到检索结果共命中 15 篇文献，其中上述通过常规检索到的两篇相关文献也在此次检索结果命中文献中，除此之外，通过分析检索结果无其他与待检索技术构思相同的文献。

进一步对上述检索式中的分类号及关键词进行扩展，可尝试进行外文相关文献的检索，而外文文献对于 CPC 信息会更加丰富，所以分类号可适当扩展到 CPC。对于 CPC 分类号，由于该领域 CPC 分类号与 IPC 分类号特点相同，所以 CPC 分类号也可以采用相同的思路 H04N21/CPC 进行粗略限定；对于关键词的扩展，由于流参数对应的英文表达 stream parameter 限定的范围过小，如果采用 parameter 也完全符合英文表达习惯，不能完全表达出上述技术构思的含义，所以考虑扩展到 rate 码率、definition 分辨率。由此构造检索式：（IPC 分类号 =（H04N21/+）OR CPC 分类号 =（H04N21/+））AND 关键词 =（（anchor？or host？or master？）S（upload＋）S（parameter？ OR rate？OR definition））AND 关键词 =（live），上述检索式共命中 5 篇专利文献，经过浏览分析并未发现与待检索技术构思相关性强的文献。检索页面如图 6-3 所示。

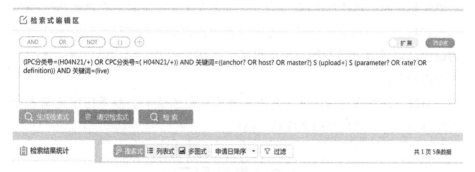

图 6-3　案例 6-1 高级检索 (2)

对上述检索式进行调整，考虑到基于我国的市场因素，直播相关的技术在国内的发展实质上是要比国外发展迅速，直播领域相关的专利申请量国内也是要高于国外申请。因此，涉及主播这一类英文表达并不丰富，所以尝试去掉主播的英文表达，仅保留直播这个与领域最相关的表达，调整后的检索式 (图 6-4)：　(IPC 分类号 = (H04N21/+) OR CPC 分类号 = (H04N21/+)) AND 关键词 = ((upload+) S (parameter? OR rate? OR definition)) AND 关键词 = (live)。

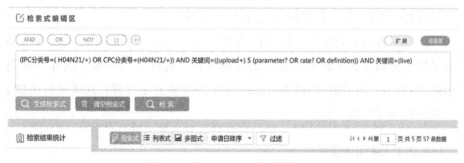

图 6-4　案例 6-1 高级检索 (3)

上述检索式命中 57 篇专利文献，对上述检索命中结果进行浏览分析发现，文献申请号为 US201615351831：A 的专利文献，发明名称：利用聚合网络统计来增强来自移动设备的实况视频流传输的质量和用户体验，其与上述待检索技术构思具有相似的技术问题：提高移动设备的直播视频传输质量与用户体验，实质上就是提高视频流的传输效率。其中上述传输可以是移动设备客户端上传直播视频流，而本领域技术人员可知在直播中需要上传视频流的必然涉及主播，其技术要点是通过检测客户端设备当前网络的带宽参数，自适应地调整上传的内容的视频格式和编码参数，上述上传的视频可以是直播的视频。由此可见，上述文献的发明构思与待检索的技术构思也相同。

通过上述检索过程可见，在进行外文文献检索时，要考虑中英文表达上的差异，尽量使用少而准确的关键词。

6.3 弹幕显示

弹幕指的是在网络上观看视频时弹出的评论性字幕。弹幕视频系统源自日本弹幕视频分享网站（niconico 动画），国内首先引进来 AcFun（"A站"）及后来的 bilibili（哔哩哔哩，"B站"）。

传统的播放器评论系统是独立于播放器之外的，因而评论的内容大多围绕在整个视频上，话题性不强，也没有"实时互动"的感觉。但弹幕可以给观众一种"实时互动"的错觉，其只会在视频中特定的一个时间点出现，针对的是该时间点具体内容的评论，因此在相同时刻就会有与其他观众同时评论的错觉，因而互动性、趣味性更强。

涉及弹幕的专利技术一般会围绕弹幕的控制、显示展开，主要目的是为了提高弹幕的显示效果、或是增加趣味性、提高互动效果，例如，弹幕轨迹的控制、弹幕颜色的设置、弹幕的关联性显示（弹幕发送者进行关联、弹幕内容进行关联）等。

6.3.1 常用分类号

在直播弹幕显示的技术领域，弹幕显示涉及的是视频直播中向用户呈现的可视化界面显示，同时，弹幕相对于一般评论而言，又多了一层用户之间的互动效果，给用户一种实时聊天互动的感觉。因而，直播弹幕显示的分类号也围绕上述几个层面进行分类表达，具体 IPC 分类号与 CPC 分类号见表 6-5、表 6-6。

表 6-5 弹幕显示技术 IPC 分类号

IPC 分类号	点组	含义
H04N21/431	•••	生成可视界面；内容或者附加数据呈现〔2011.01〕
H04N21/4788	••••	和其他用户的通信，如聊天〔2011.01〕
H04N21/488	•••	数据服务，如新闻收录机〔2011.01〕

表 6-6 弹幕显示技术 CPC 分类号

CPC 分类号	点组	含义
H04N21/431	•••	生成可视界面；内容或者附加数据呈现
H04N21/4788	••••	和其他用户的通信，如聊天
H04N21/488	•••	数据服务，如新闻收录机

6.3.2 检索策略选择

弹幕显示相关的技术方案一般都较为简单易懂，采用关键词均可表达出技术方案的发明构思，同时，由于弹幕是专业的技术术语，带来的噪声也不会太大，因而采用关键词表达为主的检索策略，在有噪声的情况下，可以进一步采用分类号 H04N21/431 或是 H04N21 来进行降噪。

6.3.3 关键词提取和扩展

对于关键词的提取，应当从检索要素中提取确定性高的特征。检索要素的确定性是指体现基本构思的每一要素中各关键词被目标文献记载的确定程度，确定性越高则说明该关键词越需要被目标文献记载，通过该关键词来检索到目标文献的可靠性也越高。针对视频直播流传输进行关键词提取时，可以考虑从应用场景、具体功能、技术效果、关键手段等多方面提取准确关键词，并进行合理扩展，其中涉及的常用关键词总结见表 6-7，在具体案例中还可结合技术方案要解决的技术问题、达到的技术效果、具体手段来进行提取关键词。

在直播弹幕显示领域，弹幕属于专业技术术语的表达，也即该领域的技术文献在撰写时，均会采用"弹幕"这种表达方式而不会有其他的表达方式。虽然视频中的弹幕是属于视频评论的一种，但相较于一般视频评论而言，弹幕显然具备一些特定的属性，例如只会在视频特定时间点出现、与视频内容关联性强，又如，直播中弹幕还有一种观看直播的观众互相实时聊天的效果，以及弹幕是在视频画面上呈飞行效果显示。所以，判断是涉及弹幕特有的属性还是属于视频评论所共有的属性，要针对具体技术方案的应用场景来确定，进而确定是否可以扩展关键词至一般视频评论。因而，对于弹幕并无太多可扩展的关键词，具体见表6-7。

表6-7 弹幕显示领域常用关键词

关键词提取	中文关键词扩展	英文关键词扩展
弹幕	弹幕	bullet screen，barrage
显示	颜色、色彩、突出、突显；动画、轨迹、速度	color，animation，path，track，speed，velocity

6.3.4 案例实践

【案例6-2】

（1）技术构思简介

在视频直播中，为了增加主播与观众之间的互动性，会以弹幕效果展示礼物、以及以弹幕效果展示观众、主播的发言。弹幕的颜色可以发起弹幕的用户进行设置，从而在视频上呈现出不同颜色的弹幕效果。弹幕的颜色可以发起弹幕的用户进行设置，从而在视频上呈现出不同颜色的弹幕效果。但是，在播放视频和弹幕时，当用户设置的弹幕颜色与视频颜色相近时，会影响弹幕显示效果。

针对现有技术的不足，提出一种直播弹幕颜色设置的方法，将弹幕颜色设置成与弹幕所在的视频画面背景块颜色差异较大的颜色值，从而使得弹幕可以在视频画面中清楚显示，改善显示效果，该方法具体包括。获取目标视频弹幕的弹幕信息和弹幕运动轨迹，其中，所述弹幕信息包括弹幕尺寸和弹幕内容；在直播视频从上一视频帧切换至当前视频帧时，根据所述弹幕尺寸和所述弹幕运动轨迹确定出所述目标视频弹幕在所述当前视频帧中所占的显示区域。其中，所述当前视频帧为所述直播视频在播放过程中处于显示状态的视频帧；将所述当前视频帧中与所述显示区域对应的像素块作为所述目标视频弹幕的背景像素块；计算出与所述背景像素块满足预设像素差异条件的弹幕颜色值（也即弹幕颜色为背景像素块颜色的反差较大的颜色，可以是反色）；根据所述弹幕运动轨迹和所述弹幕颜色值绘制所述目标视频弹幕，以在所述当前视频帧中显示所述弹幕内容。

（2）检索策略分析

对该案例技术方案的发明构思进行提取：该案例所要解决的技术问题是，弹幕显示与视频画面无法很好区分开，显示效果不好的技术问题，其采用的技术手段是通过对弹幕颜色值进行设置。设置成与弹幕所处背景像素块颜色差异较大的颜色，由此解决弹幕显示效果不好的技术问题。

从技术领域角度，该案例领域属于弹幕显示领域，那么由此确定基本检索要素 1：弹幕，在考虑该检索要素的关键词提取和扩展时，还需要考虑该案例的弹幕是否可以扩展为一般的视频评论或是叠加于视频画面的标题、字幕，通过思考可以发现，该案例在进行弹幕颜色设置时涉及提取弹幕所处背景的像素块，由于弹幕显示过程中是叠加在视频画面上且在画面中动态飞过，而一般视频评论不具备上述特性，视频中的标题、字幕虽然叠加于视频画面上但其显示是静态的，并不具备呈现动态飞行的效果，那么关于对弹幕与一般视频评论及视频画面中标题、字幕所处背景的提取方法本质上是存在着区别的，因而该案例中的弹幕不适宜扩展到一般视频评论以及视频画面中的标题、字幕。从发明对现有技术作出改进的角度来看，该案例的核心手段为根据弹幕尺寸及轨迹确定出弹幕所处背景区域像素块颜色，再取与上述背景区域像素块颜色反差较大的颜色（可以是反色）作为弹幕颜色。换句话说，上述核心手段在于对弹幕颜色进行设置，设置成与背景区域像素块颜色反差较大的颜色（可以是反色），由此确定基本检索要素 2：将弹幕颜色设置成与其背景区域像素块颜色反差较大的颜色。综上，可以确定基本检索要素表见表 6-8。

表 6-8　案例 6-2 基本检索要素

检索要素		弹幕	颜色设置成与其背景区域像素块颜色反差较大的颜色
关键词	中文	弹幕	颜色、色彩；反差、差异、反色；背景、区域
	英文	barrage, bullet screen	color, colour; difference、inverse; background

检索要素		弹幕	颜色设置成与其背景区域像素块颜色反差较大的颜色
分类号	IPC	H04N21/431···生成可视界面；内容或者附加数据呈现 H04N21/4788····和其他用户的通信，例如聊天 H04N21/488···数据服务，例如新闻收录机	
	CPC	H04N21/431···生成可视界面；内容或者附加数据呈现 H04N21/4788····和其他用户的通信，如聊天 H04N21/488···数据服务，例如新闻收录机	

（3）检索过程及结果分析

①简单检索。下面对该案例技术方案进行检索，使用常规检索进行简单检索试探。首先，使用两个基本检索要素中最主要的关键词"弹幕""颜色"进行检索，检索式：弹幕 AND 颜色，得到检索结果文献量较大，不适宜浏览。考虑到为试探性检索，期望文献是与上述技术构思最相关的文献，因而考虑直播领域内的弹幕颜色设置，使用领域关键词"直播"进行进一步降噪，检索式进行调整（图6-5）：直播 AND 弹幕 AND 颜色。

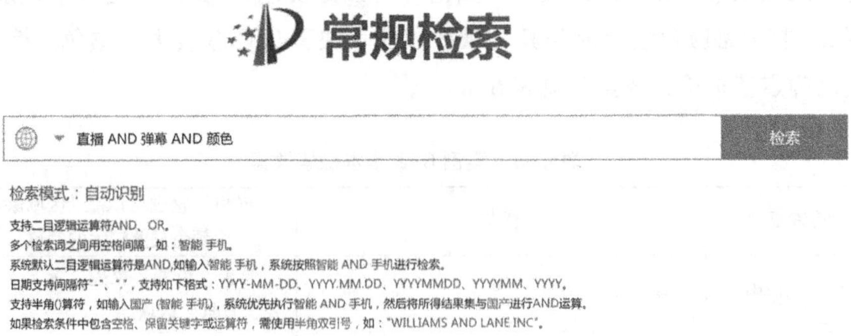

图 6-5　案例 6-2 常规检索

　　通过上述检索式在常规检索中，得到相关文献申请号为 CN2018100 23757.0 的专利文献，发明名称：一种直播弹幕颜色设置方法及装置，其与上述待检索技术构思有着相同的技术问题，均是为了解决直播画面中弹幕显示效果的问题，其技术要点也是识别弹幕所在视频画面中的位置，获取上述位置处背景像素块的颜色，将弹幕颜色设置成与上述背景像素块颜色值相差较大的颜色值。由此可知，检索到的该发明公开了与上述待检索技术构思一样的方案。

　　另外，有相关文献申请号为 CN201710527912.8 的专利文献，发明名称：一种直播弹幕颜色设置方法及装置。其上述相关文献属于同一申请人的关联申请，其也与上述待检索技术构思有着相同的技术问题，均是为了解决直播画面中弹幕显示效果的问题。其技术要点也是识别弹幕所在视频画面中的位置，获取上述位置处背景像素块的颜色，将弹幕颜色设置成与上述背景像素块颜色值相差较大的颜色值。由此可知，检索到的该发明也公开了与上述待检索技术构思一样的方案。

　　②扩展检索。从上述简单检索的检索式"直播 and 弹幕 and 颜色"可以看出，其并未将待检索技术构思的技术要点"将弹幕颜色设置成与其背景区域像素块颜色反差较大的颜色"表达完全。因而只能作为试探性检索，也即尝试性了解关于直播中弹幕颜色设置的方法有哪些，加强对该技术现状的了解。同时，通过浏览分析命中文献获得更多的关键词表达方式，可进一步对已有关键词进行扩展。

　　接下来，在高级检索中期望进一步获得与待检索技术构思相同的技术方案，考虑将待检索技术构思的技术要点"将弹幕颜色设置成与其背景区域像素块颜色反差较大的颜色"进行完整表达，提取其中有实际含义的重点关键词：弹幕、颜色、背景、反差，同时从表达习惯及关键词表达准确度来考虑。对反差进行进一步扩展为：差异（近义词）、反色（下位概念）。接着，考虑上述关键词所表达的几个要素之间的关系，根据对技术要点的理解，上述几个要素之间应该是一种比较强关联的逻辑关系，因而优先采用临近算符"S"（同在一句中）将上述几个要素的关键词之间逻辑关系表达出来也即：弹幕 S 颜色 S 背景 S（反差 OR 差异 OR 反色），同时，对于字段的选择，可以看出上述检索表达"弹幕 S 颜色 S 背景 S（反差 OR 差异 OR 反色）"，实质上已经可以将技术要点"将弹幕颜色设置成与其背景区域像素块颜色反差较大的颜色"完整表达，已经属于一种技术细节的描述，由于摘要、权利要求书、关键词中的描述偏精炼、概括，而说明书中描述偏细节、具体，因而这样的描述在说明书实施例中出现的概率较大，在字段的选择上选择"说明书"字段，构成检索式（图6-6）：说明书=（弹幕S颜色S背景S（反差 OR 差异 OR 反色））。

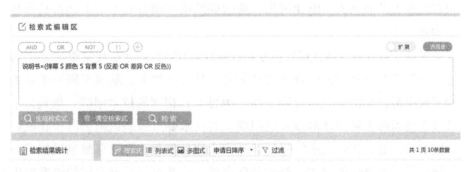

图 6-6　案例 6-2 高级检索（1）

可以看出，上述检索式可得到10篇专利文献，通过对上述命中文献的浏览分析，发现前述简单检索中得到的文献也在此次检索结果中，除此之外，并未得到更多的与待检索技术构思方案相同的有效文献。但是，通过将此次检索得到的10篇文献与简单检索中得到的文献进行对比，可以发现，二者都命中了两篇与待检索技术构思方案相同的有效文献，而此次检索得到的10篇文献相对于简单检索中得到的文献来讲，在文献浏览量方面确实大大减少，准确率却并未降低，检索效率得到提高。因而，在技术要点可以采用关键词准确表达，且属于技术细节的情况下，采用"说明书"字段（也即在说明书中进行检索），可以快速命中有效文献，提升检索效率。

从上述分析可以看出，通过上述检索式得到的文献与待检索技术构思还是很相关的，但结果比较少，所以考虑对进一步对上述检索式中关键词进行近义词扩展，期望得到更多的命中文献，扩展后得到检索式（图6-7所示）：说明书=（弹幕S（颜色 OR 色彩）S（背景 OR 区域）S（反差 OR 差异 OR 反色 OR 差别 OR 相差））。

通过上述扩展后的检索式得到12篇专利文献，通过对此次检索结果浏览分析，在前述有效文献的基础上，又得到一篇新的相关文献申请号为CN201610197471.5的专利文献，发明名称：一种文字显示方法及装置。其与待检索技术构思具有相同的技术问题：清晰显示弹幕中文字使得用户更好阅读，其技术要点与待检索技术构思也相类似：针对弹幕中文字，检测所述目标文字当前所对应的视频区域的颜色属性；根据所述目标文字的颜色属性和所述视频区域的颜色属性，确定所述目标文字和所述视频区域的颜色差异度；判断所述颜色差异度是否不小于预设阈值；如果是，确定所述目标文字变换后的第一颜色；将所述目标文字的颜色变换为所述第一颜色。可见，其也公开了将弹幕颜色设置成与弹幕所在背景区域颜色值差异较大颜色值，也即公开了待检索技术构思的方案。

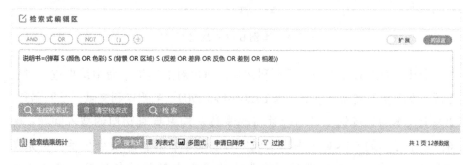

图 6-7　案例 6-1 高级检索（2）

接下来，延续上述检索思路进行外文相关文献的检索。首先，尝试检索式：说明书=（barrage? S colo? r S（background OR area）S（differ+OR invers+OR contrast+）），发现没有命中文献，对弹幕 barrage 进行扩展到 bullet screen 来调整检索式得到：说明书=（（barrage? OR（bullet? screen））S colo? r S（background or area）S（differ+OR invers+OR contrast+）），得到命中文献量较大，通过浏览部分文献发现大部分均为噪声的无效文献。其中有些关联的文献也是中文文献的翻译表达，也即 bullet screen 带来的噪声大于其有效性，其在中文翻译成英文的情况下出现较多，而对于英文文献中并不是惯常表达。

基于上述结果，对弹幕进行进一步扩展表达为视频/图像/画面帧上的文本，也即（video OR image OR frame）S text?，在"说明书"字段中尝试（（video OR image OR frame）S text? S colo? r S（background OR area）S（differ+OR invers+OR contrast+）），文献量大且噪声多，于是考虑尝试关键词字段，构成检索式：关键词=（（video OR image OR frame）S text? S colo？r S（background OR area）S（differ＋OR invers＋OR contrast＋）），如图 6-8 所示。

图 6-8　案例 6-2 高级检索（3）

上述检索式共命中 167 篇专利文献，通过对上述检索命中结果进行浏览分析，发现相关文献：申请号为 US201615081709：A 的专利文献，发明名称：图像上文本的易读性，其与上述待检索技术构思具有相似的技术问题：使得图像上显示的文本对于用户来说更容易阅读，其技术要点包括在背景图像上显示文本时，通过调整、修改或选择文本颜色的各种颜色外观参数（例如，色调、色彩度、色度、明度、亮度等），以使文本与背景图像形成颜色对比。由此可见，其技术要点与待检索技术构思是相类似的，但该文献中的文本并未说明是弹幕文字，根据前述弹幕文字除了具备文本的属性外还有一些特定属性，如弹幕在屏幕画面中是移动显示的，其特定属性与待检索技术构思中颜色设置的联系紧密程度，是考虑其是否可以扩展到一般图像上文字显示的因素之一，而对于该案例中文献是否可作为待检索技术构思的有效文献还需进一步考虑。

通过该案例检索过程可知，在技术要点可以采用关键词准确表达，且属于技术细节的情况下，采用"说明书"字段（也即在说明书中进行检索），可以快速命中有效文献，提升检索效率。

6.4　直播互动

与传统的电视、广播或腾讯、优酷、爱奇艺等视频分享或观看服务不同，相关研究表明直播服务具有实时性、同步性、互动性与沉浸性，观众通过参与直播能拥有一种特别的"共同体验",相关研究发现获得这种体验的根本原因在于当前直播平台用户参与直播的方式非常之多,常见的如文本聊天或发送特殊的表情符号、赠送礼物、点击"喜欢"或"心"、投票、订阅主播频道、专属聊天室及在游戏直播中主播和主播一起玩游戏、观众上麦与主播一起表演、玩游戏,等等。因而,广义的直播互动,包括直播中所有的互动内容,主要涉及弹幕评论、虚拟礼物的赠送(打赏)、主播与观众之间连麦、主播与主播之间连麦。

发弹幕是观众参与表演的一种最常见方式,弹幕可以增加额外的表演内容、活跃气氛,从而补充主播的表演。还可针对弹幕设计花样繁多的特效,来提高观众与主播的互动性。

虚拟礼物的赠送(打赏)也是观众与主播之间的一种互动方式,表达观众对主播的支持。直播平台为一些价值较高的礼物设计了非常抢眼的特效来刺激用户消费。并且会在极其显眼的地方显示送礼物的观众的用户名称。这种互动甚至会影响主播的表现,从而主导直播的节奏,将直播表演推向高潮。打赏也是直播中主播最关注的交互功能,因为多数主播主要通过打赏来获得收入。

主播与观众之间的连麦是指主播在直播过程中,与观众进行直播中的互动,接受观众的上麦请求,使观众可暂时变为该直播间的主播之一,增强了观众的参与感。

主播与主播之间的连麦最常见的方式是主播之间的 PK 模式,两个主播通过一定的比拼,如玩游戏、才艺表演、人气比拼,鼓励两个主播在规定时间内通过号召观众送礼物来相互竞争。当一方主播获得的礼物总值更多时,其能量条将超过对方主播,当此状态一直持续到 PK 时间结束时就将取得 PK 胜利。两个主播通常会在 PK 开始之前约定好输的一方需要接受哪些惩罚,在主播直播间中的观众能够通过送礼物的方式帮助自己喜欢的主播获得 PK 胜利。目前 PK 模式已被应用于中国各大直播平台上,也是许多主播在直播中频繁开启的一种直播模式。

直播中互动玩法的多样性,也会吸引更多的用户参与到直播中来,为直播平台带来更多的话题和流量,从而进一步转化为收益。因而,各大直播平台对于直播互动也在不断追寻新的互动游戏玩法,而将直播互动游戏玩法具体应用到直播系统中,必须要涉及在直播系统中的技术实现。因而,在该领域的专利申请中抢占先机，对于各大直播平台而言也是具备战略意义的。

由于弹幕显示在前述第 6.3 章节已有具体记载，而虚拟礼物的赠送多数涉及游戏规则的设计，因而本章节后文涉及检索的常用分类号介绍、关键词提取和扩展以及案例实践主要以直播连麦相关技术方案为主。

6.4.1 常用分类号

在直播互动技术领域，并没有专门的分类号来表达该技术分支，该技术分支涉及的技术点比较松散，因而常用分类号也是对应于具体技术方案涉及的技术点而进行的相应分类，具体参考表 6-9 直播互动技术 IPC 分类号进行说明：涉及对两个主播或是主播与观众连麦互动中，二者视频流画面合成处理的，一般可采用涉及视频流处理的分类号 H04N21/234、H04N21/2343；涉及服务器处理主播或观众发出连麦请求的，一般可采用涉及用户发出请求的上行流路径分类号 H04N21/239；在直播互动中特别涉及服务器执行某项操作的，也会涉及直播服务器的分类号 H04N21/2187；而涉及直播互动中画面的显示，如连麦中观众可以选择仅观看部分主播画面，还会涉及界面显示的分类号 H04N21/431，和客户端的接口 H04N21/472；其中使用比较普遍频繁的为 H04N21/234。

表 6-9　直播互动技术 IPC 分类号

IPC 分类号	点组	含义
H04N21/234	●●●	视频基本流的处理，如视频流的拼接或者 MPEG-4 场景图操作（视频编码或者转换编码过程本身入 H04N7/26）〔2011.01〕
H04N21/2343	●●●●	涉及分配或者服从最终用户请求或者最终用户设备要求的视频信号的重格式化操作〔2011.01〕
H04N21/239	●●●	连接传输网络的上行流路径，如按优先次序列出客户请求〔2011.01〕
H04N21/2187	●●●●	实时伺服〔2011.01〕
H04N21/431	●●●	生成可视界面；内容或者附加数据呈现（用于显示附加信息的接收机电路入 H04N5/445）〔2011.01〕
H04N21/472	●●●	用于请求内容、附加数据或者业务的终端用户接口；用于与内容交互的终端用户接口，如用于内容保留或者设置提醒，用于请求事件提醒、用于处理显示的内容〔2011.01〕

CPC 分类号下的分类思路与 IPC 分类下相同，CPC 常用分类号见表 6-10。

表 6-10　直播互动技术 CPC 分类号

CPC 分类号	点组	含义
H04N21/234	•••	视频基本流的处理，如视频流的拼接或者 MPEG-4 场景图操作（视频编码或者转换编码过程本身入 H04N7/26）
H04N21/2343	••••	涉及分配或者服从最终用户请求或者最终用户设备要求的视频信号的重格式化操作
H04N21/239	•••	连接传输网络的上行流路径，如按优先次序列出客户请求
H04N21/2187	••••	实时伺服
H04N21/431	•••	生成可视界面；内容或者附加数据呈现（用于显示附加信息的接收机电路入 H04N5/445）
H04N21/472	•••	用于请求内容、附加数据或者业务的终端用户接口；用于与内容交互的终端用户接口，如用于内容保留或者设置提醒，用于请求事件提醒、用于处理显示的内容

6.4.2　检索策略选择

在直播连麦互动相关技术方案中，一般都会采用"连麦""上麦"这类关键词，因而"连麦""上麦"是比较准确的关键词，在关键词可以准确发明构思的情况下可以采用全关键词检索；如果还涉及多个主播同框、或是主播与观众的同框，则还有合成多路视频流的含义，可以尝试使用分类号 H04N21/234。

6.4.3　关键词提取和扩展

对于关键词的提取，应当从检索要素中提取确定性高的特征。检索要素的确定性是指体现基本构思的每一要素中各关键词被目标文献记载的确定程度，确定性越高则说明该关键词越需要被目标文献记载，通过该关键词来检索到目标文献的可靠性也越高。针对视频直播流传输进行关键词提取时，可以考虑从应用场景、具体功能、技术效果、关键手段等多方面提取准确关键词，并进行合理扩展，其中涉及的常用关键词总结见表 6-11，在具体案例中还可结合技术方案要解决的技术问题、达到的技术效果、具体手段来进行提取关键词。

在直播连麦相关的技术方案中，对于涉及多个主播互动共同完成直播、或是主播与观众进行互动，一般都会采用"连麦""上麦""首麦"这类关键词，因而"连麦""上麦"是比较准确的关键词，但如果是多人进行游戏比拼类的互动，也会有别的表达，还应视技术方案的具体情况而定。

表 6-11　直播互动领域常用关键词

关键词提取	中文关键词扩展	英文关键词扩展
互动	互动、游戏、pk、竞赛	interact、competition
连麦	连麦、上麦、首麦	connect、join

6.4.4　案例实践

【案例 6-3】

（1）技术构思简介

现有直播中的连麦具有一定的限制性，在不同直播间直播的两个客户端进入其中一个客户端所在的直播间进行连麦时，会导致另一个客户端的用户和礼物流失。例如，A 主播客户端和 B 主播客户端在不同的直播间直播，当 A 主播客户端向 B 主播客户端发起连麦邀请时，B 主播客户端需要停止直播，退出其所在的直播间并进入 A 主播客户端所在的直播间才能和 A 主播客户端连麦，由于同一个直播间礼物只能送给该直播间的首麦，因此，会导致 B 客户端的用户和礼物流失。

针对现有技术的不足，设计一种客户端连麦直播处理方法，在两个直播间的主播进行连麦直播时，服务器将两个直播间进行关联（如可以将二者直播间 ID 对应起来），由此将两个直播间的数据进行整合，避免其中一个直播间的用户和礼物流失，具体包括以下步骤：服务器，接收第一直播间首麦发送的针对第二直播间首麦的连麦请求；将所述连麦请求发送给所述第二直播间首麦；接收到所述第二直播间首麦针对所述连麦请求的响应信息后，获取第一直播间的直播数据和第二直播间的直播数据；将所述第一直播间的直播数据发送给所述第二直播间对应的客户端，并将所述第二直播间的直播数据发送给所述第一直播间对应的客户端。

（2）检索策略分析

首先，对该案例的技术构思进行分析。上述技术构思涉及直播连麦中直播间的数据问题，提出了服务器将连麦的两个主播的直播间进行关联对应，由此解决了主播在连麦时由于直播间发生改变（都进入到一个新的直播间，或是一方加入另一方直播间）导致的直播间数据丢失问题。具体来说，在直播过程中服务器会存储直播间标识如 ID 及直播间数据信息，在主播发起连麦并连麦成功时，服务器将连麦主播所在的两个直播间进行关联对应，两个直播间的用户与礼物数据也关联起来，再将两个直播间的直播数据发送给两个直播间的客户端。

基于上述分析，该技术构思的要点在于：在主播进行连麦时，服务器将连麦主播所在直播间进行对应关联，并由此获取二者直播间用户与礼物数据，再据此将直播视频数据发送给两个直播间的客户端。

其次，从技术领域角度，该技术构思属于直播互动领域；从发明对现有技术做出改进的角度，该技术构思的核心手段在于将连麦的直播间相关联，那么基于上述思路提取基本检索要素 1：直播互动、基本检索要素 2：连麦的直播间相关联。再对上述基本要素进行关键词扩展表达，对于基本检索要素 1 "直播互动"来讲，可扩展为直播、互动、游戏，但在实际检索中考虑到连麦肯定是属于直播领域的，也即基本检索要素 2 的表达可以涵盖直播的意思，所以在检索中直播可视情况省略表达；对于基本检索要素 2 "连麦的直播间相关联"来讲，进行关键词表达时要进行分词，分成连麦、直播间、关联，再分别对上述分词分别进行扩展，其中要注意的是对于直播间关联，由于主播与其所在的直播间其实是一一对应的，所以也可以是主播关联。对于直播间相关联的具体手段可以进一步是直播间的 ID 映射绑定起来，可以看出上述技术手段已经很下位且具体了，也即在摘要或权利要求中出现的概率较小。在说明书实施例中出现的概率较大，所以扩展关键词时可以尽量完整、准确，但在考虑使用关键词时也应考虑其在一篇专利文献中出现的位置。在不同的字段中使用不同的关键词进行检索，同时，关键词的使用也可以根据技术方案有优先先后顺序。接着再看上述基本检索要素所可能涉及的分类号。考虑到该技术构思涉及需要向两个直播间客户端发送连麦后的两个直播间的直播视频数据，因而可能会涉及视频流的合并处理，可以使用 H04N21/234。同时，该技术构思还涉及主播发出连麦请求，服务器处理主播客户端的连麦请求，因而还可以考虑使用 H04N21/472、H04N21/239，而对于该技术构思核心手段实质上是服务器来协调控制的，因而可以考虑 H04N21/2187。

由上述分析，可以确定基本检索要素见表 6-12。

表 6-12　案例 6-3 基本检索要素

检索要素		直播互动	连麦的直播间相关联
关键词	中文	直播；互动、游戏	连麦、上麦、首麦；主播、直播间；ID、标识、参数；关联、对应、绑定、映射；数据、礼物、用户、丢失、消失
	英文	live；interact	connect，join；host，room，studio；ID，identity，parameter，data；correspond
分类号	IPC	H04N21/234●●●视频基本流的处理，如视频流的拼接或者 MPEG-4 场景图操作（视频编码或者转换编码过程本身入 H04N7/26） H04N21/472●●●用于请求内容、附加数据或者业务的终端用户接口；用于与内容交互的终端用户接口，如用于内容保留或者设置提醒，用于请求事件提醒、用于处理显示的内容 H04N21/239●●●连接传输网络的上行流路径，如按优先次序列出客户请求	H04N21/2187●●●●实时伺服
	CPC	H04N21/234●●●视频基本流的处理，如视频流的拼接或者 MPEG-4 场景图操作（视频编码或者转换编码过程本身入 H04N7/26） H04N21/472●●●用于请求内容、附加数据或者业务的终端用户接口；用于与内容交互的终端用户接口，如用于内容保留或者设置提醒，用于请求事件提醒、用于处理显示的内容 H04N21/239●●●连接传输网络的上行流路径，如按优先次序列出客户请求	H04N21/2187●●●●实时伺服

（3）检索过程及结果分析

①简单检索。下面对该案例技术方案进行检索，使用高级检索中的摘要字段。先对该案例最核心的技术手段"连麦的直播间相关联"进行关键词提取，上述手段主要涉及"直播间""连麦""关联"，对上述关键词进行简单扩展，构成检索式：摘要＝（（连麦 OR 上麦）AND 直播间 AND（关联 OR 绑定））。

通过上述检索式进行简单检索，只得到一篇专利文献（图6-9），通过浏览分析文献：申请号为 CN202010785014.4 的专利文献，发明名称：直播显示方法和装置、电子设备及存储介质。该发明虽然该文献涉及的是两个直播间进行连麦，然而其技术重点在于将用户赠送礼物与其赠送对象（赠送给哪个主播）关联起来，未明确记载将两个直播间关联起来而解决连麦之前礼物数据丢失的问题。因而，该专利文献并未公开待检索技术构思的技术方案。

图6-9　案例6-3高级检索（1）及结果（A）

通过上述检索结果发现，检索结果过少，分析可能是关键词扩展得不够而造成，分析上述三个要点"直播间、连麦、关联"已有的关键词，选择对"关联"进行进一步扩展，构成检索式：摘要=（（连麦 OR 上麦）AND 直播间 AND（关联 OR 绑定 OR 对应）），如图 6-10 所示。

图 6-10　案例 6-3 高级检索（2）

通过上述检索式得到 49 篇专利文献，需要进一步浏览分析通过上述检索式得到的检索结果才可知本次关键词扩展是否有效。通过浏览上述专利文献发现相关文献申请号为 CN202010957853.X 的专利文献，发明名称：直播互动视频的处理方法、装置、电子设备及服务器，其涉及的是提高连麦的两个直播间的观众之间的互动效果，其技术要点在于在两个直播间进行连麦时，将两个直播间内的主播和观众都被转移到同一直播间内，将第一直播视频流数据、第一互动信息以及第二直播视频流数据、第二互动信息进行融合处理，得到融合处理后的目标直播视频流数据。最后将目标直播视频流数据同步至第一直播间或第二直播间的观众账户对应的观众终端。由此可见，上述在两个直播间数据进行融合的过程中，对互动数据也进行了融合，并未丢弃原来第一、第二直播间的互动数据。虽然该文献声称要解决的技术问题与待检索技术构思略有差异，然而其公开的技术方案客观上解决了待检索技术构思所声称的技术问题，也公开了其核心手段，所以可认定其公开了待检索技术构思的技术方案。

在上述 49 篇专利文献中，还发现相关文献申请号为 CN201810738878.3 的专利文献，发明名称：直播中连麦房间切换方法、存储介质、设备及系统，其涉及的是连麦直播中，观众可以在两个直播间进行自由切换的问题，其技术方案包括，获取连麦两主播的主播 ID 和房间号，并将获取的 ID 和房间号封装成一函数。连麦两主播包括连麦发起主播和被动连麦主播，且主播、主播 ID、直播间和房间号一一对应。由此可见，该技术方案也并未将两个直播间的原有数据丢失，而是将两个直播间的标识对应起来，客观上解决了待检索技术构思所声称的技术问题，也公开了其核心手段，所以可认定其公开了待检索技术构思的技术方案。

在上述 49 篇专利文献中还发现相关文献申请号为 CN201611257976.2 的专利文献，发明名称：客户端连麦直播处理方法和装置，其涉及的技术问题是在连麦直播过程中，发生连麦的直播间中的用户和礼物流失问题。其技术要点在于并不销毁原有的直播间，而是将连麦两个直播间绑定对应起来，再将直播数据发送给两个直播间的观众客户端。由此可见，该文献也公开了待检索技术构思的技术方案。

②扩展检索。从上述简单检索的检索式"（（连麦 OR 上麦）AND 直播间 AND（关联 OR 绑定 OR 对应））"可以看出，其并未表达出连麦、直播间、关联三个要素之间的逻辑关系，主要考虑到是在摘要字段中检索，如果采用临近字符进行限定会漏掉相关文献。但如果是在想准确表达出上述技术要点，考虑三个要素之间的强逻辑关系，可以使用"S"临近算符将三者的逻辑关系表达出来，这时候适宜选用"说明书"字段，也即在专利文献的说明书部分进行检索，构造检索式（图 6-11）：说明书 =（连麦 OR 上麦）AND（直播间 S（关联 OR 绑定 OR 对应）），共得到检索结果 168 篇专利文献，该检索调整思路与前述案例 6-3 中说明书字段调整相同，不再赘述分析检索结果。

图 6-11　案例 6-3 高级检索（3）

接下来尝试进行外文相关文献的检索，首先，尝试在关键词中进行检索，发现将几个要素关键词通过 and 连接起来后噪声太大，于是考虑使用临近算法进行调整，同时考虑到待检索技术构思主要是由直播服务器来执行连麦中的控制，于是调整得到检索式（图6-12）：关键词=（live S（anchor? OR room? OR chanel）S（interact+OR pk OR compet+））AND（IPC 分类号=H04N21/2187），得到596篇结果，粗略浏览发现大部分文献都是 CN 的，考虑进行进一步限缩降噪。

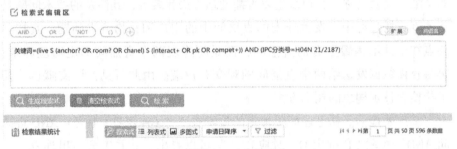

图 6-12　案例 6-3 高级检索（4）

由于重点想检索到相关的外文文献，所以可以在左侧"范围筛选"下选定"美国"（图6-13），也即选定范围在 US 文献下进行检索，得到检索结果 20 篇文献，如果想检索其他地区如欧洲数据选定"EPO"即可。

图 6-13　案例 6-3 高级检索（5）

通过浏览分析上述文献，发现相关文献（图6-14）：申请号为US202016833701：A的专利文献，发明名称：一种用于显示主播比赛过程的方法与设备，其涉及主播比赛中的视频流及用户支持信息的展示，而主播之间的比赛也是主播连麦的一种形式，其涉及的技术要点在于用户设备上同一直播窗口显示第一主播与第二主播参与同一主播比赛过程，同时显示用户支持信息，包括观看、点赞、送花、发红包或送豪车、游艇等礼物。由此可见，该文献也公开了待检索技术构思的技术方案。

6.5 直播个性化推荐

个性化推荐算法通过分析用户的行为数据发掘用户未知的兴趣需求，并在海量的信息中筛选出最适合的内容呈现到用户面前。

个性化推荐并非网络直播领域所特有的，个性化推荐最初应用领域主要围绕电影，搜索引擎，音乐和新闻资讯网站等领域。而21世纪初，伴随着互联网的快速发展，出现了很多新兴行业如电子商务、开放性社交平台、短视频行业、直播行业等。由于互联网用户对信息准确度需求较高，因此个性化推荐成为这些互联网平台的硬需求。如著名电商平台淘宝2013年就提出来"千人千面"的推荐算法原则，至今已经应用的尤为娴熟。此外，短视频行业（以抖音为例）也以其高准确度的推荐算法异军突起，成为个性化推荐实际应用的领跑者之一。

直播行业作为互联网的新兴产业，在前期的发展中，更为注重平台规模的扩张，对用户体验的细节层面关注较少。随着直播盈利模式渐趋成熟，直播市场越来越稳定，企业开始更多地关注各种影响用户体验的因素以提高用户忠诚度。而提高用户忠诚度，一则是提供源源不断的优质直播内容，二则是根据用户偏好，用户需求为其筛选合适的直播内容。目前，我国娱乐化直播平台主要的收入有两种，即广告模式和粉丝打赏模式。广告模式获利基础是平台总体用户日活数量，粉丝打赏则依靠直播付费用户群体。其中，粉丝打赏分成是直播平台最直接、最主要的收入。无论是广告模式还是粉丝打赏模式均涉及个性化推荐，根据用户偏好有针对性地进行推荐，从技术角度来更好地实现用户的维护已经成为各家平台制胜的重要因素之一。

自个性化推荐方法诞生至今，产生了众多不同的推荐算法，这些算法的适用领域和推荐效果各有差异。目前主流的个性化推荐算法有以下五类，分别是基于内容的推荐（Content-basedrecommendations，CBR）、协同过滤推荐（Recommendations based on collaborative filtering，CFR）、关联规则推荐（Recommendations based on association rules，RAR）、知识的推荐和混合推荐。

基于内容的推荐需要获取用户评价对象（项目）的属性特征，通过这些特征构建项目的特征向量，基于此求取项目的相似度，进而通过学习用户行为来为其推荐相似的项目。因而，该方法的操作流程一般分为三步：①项目特征抽取；②偏好学习；③产生推荐结果。

基于协同过滤的推荐需要对用户的行为数据进行采集和分析，不需要提取项目的属性特征，只需要用户对项目的评分，能够挖掘出用户之间的关联，然后给用户推荐其已知兴趣之外的其他物品。

基于知识的推荐应用场景相对较窄，它是以交互知识的方式为用户进行推荐，而知识的不同则会导致推荐结果出现较大的差异。它不需要获取用户的行为记录、个人信息、评价等偏好信息，而是适用于需要用户主动提出需求，并且对时间敏感的场景。

关联规则是指通过数据挖掘来发现不同事件之间的某种关联关系，例如对于两个物品 A 和 B，当用户产生购买 A 的行为时 B 物品也会存在被购买的可能性，而这个可能性大小可以通过一些历史数据来分析计算。根据用户购买 A 后其他物品可能会被购买的概率情况对物品进行排列，从而将最大概率的物品推荐给目标用户，这就是基于关联规则的推荐。关联规则算法最主要的应用场景就是电子商务平台。

混合推荐是将多种个性化推荐算法以某种方法相结合来完成推荐，它的出现是为了弥补单一推荐算法的缺点。

而直播平台个性化推荐的专利申请主要涉及直播间、主播的推荐，所采用的推荐方法也是对上述个性推荐算法进行改进或是具体应用，其中以基于内容的推荐方法、基于协同过滤的推荐方法以及混合多种推荐方法为主。

6.5.1　常用分类号

直播中个性化推荐技术分支下的分类思路重点还是在于个性化推荐，以 IPC 分类为例主要分为三个部分（表 6-13）：一是 G 部中 G06F17/30，

IPC 中其并没有下位点组（后文 CPC 分类中其存在更多的下位点组）；二是 H04N21 中表示服务器端的用户喜好管理的二点组 H04N21/25，其下位点组也有进一步涉及；三是 H04N21 中表示客户端的用户喜好数据管理 H04N21/45，其也存在更细分的下位点组。此外，结合前述个性化推荐算法的介绍，与下表中分类号含义描述可以看出，有涉及对用户的历史行为数据进行监控的方法、对用户喜好进行学习、多个终端用户数据之间关联性，上述分类号含义均体现出了前述个性化推荐算法中相应方法，在具体案例中，可以根据技术方案涉及个性化推荐中的哪个方面结合分类号含义进行分类。

表 6-13　直播个性化推荐 IPC 分类号

IPC 分类号	点组	含义
G06F17/30	•	信息检索；及其数据库结构〔6〕
H04N21/25	• •	由服务器执行的管理操作，方便内容分发或者管理与终端用户或者客户端设备相关的数据，如终端用户或者客户端设备认证或者学习用户对于推荐电影的偏好〔2011.01〕
H04N21/258	• • •	客户端或者终端用户数据管理，如管理客户端容量、用户喜好或者人口统计资料或者多个终端用户喜好的处理以获得协作数据〔2011.01〕
H04N21/45	• •	客户执行的管理操作，用以方便接收内容或者与内容进行交互，或者用以管理和终端用户或者客户端设备本身相关的数据，如学习用户喜好用以推荐电影或者解决时间安排冲突〔2011.01〕
H04N21/466	• • •	智能管理的学习处理，如学习用户的喜好以便推荐电影〔2011.01〕
H04N21/475	• • •	用于输入终端用户的数据，如个人识别码 PIN、喜好数据的终端用户接口〔2011.01〕
H04N21/442	• • •	程序或者资源的监控，如检测记录设备的故障、监控下行流的带宽、电影已经被观看的次数或者硬盘内部的可用存储空间〔2011.01〕

对于直播中个性化推荐技术分支下的 CPC 分类思路与 IPC 分类思路相同，也涉及分类表中的三个部分，但在 CPC 分类中会比 IPC 分类更加细致，例如 G06F17/30 在 CPC 下会有更为细致的分类号表达，其中在 H04N21/258 下位点组均有可能涉及不同角度下的个性化推荐，检索时可根据具体技术方案针对性查表，表 6-14 仅列举两个常用的作为示例说明。

表 6-14　直播个性化推荐 CPC 分类号

CPC 分类号	点组	含义
G06F17/30	•	信息检索及数据库结构，以及文件系统结构（特别适用于行政、商业、金融管理、监督或预测目的数据处理系统或方法 G06Q）
G06F17/30828	• • • •	过滤和个性化；用户配置文件
G06F17/30867	• • • •	过滤和个性化
G06F17/3087	• • • •	与空间相关的索引和检索，如位置相关的查询结果
G06F17/30846	• • • •	浏览视频数据（最终用户点播界面或与视频内容相结合，如视频点播界面或电子程序引导 H04N21/472；指示记录信息上下文排列的索引和寻址 G11B27/34）
H04N21/25	• •	由服务器执行的管理操作，方便内容分发或者管理与终端用户或者客户端设备相关的数据，如终端用户或者客户端设备认证或者学习用户对于推荐电影的偏好
H04N21/251	• • •	用于智能管理的学习过程，如为了推荐电影而学习用户喜好（为了在视频数据库中检索视频数据而学习用户喜好的细节入 G06F17/30M5；使用学习方法的计算机系统入 G06N3/08）
H04N21/258	• • •	客户端或者终端用户数据管理，如管理客户端容量、用户喜好或者人口统计资料或者多个终端用户喜好的处理以获得协作数据〔2011.01〕
H04N21/25841	• • • • •	涉及客户机的地理位置的入（通过基于地理位置的查询在互联网上检索入 G06F17/3087；用于标识广播系统中接收站位置的装置入 H04H60/51；在通信控制或处理过程中，使网络应用适合于用户终端的定位的协议入 H04L29/08657；利用无线网络中用户或终端位置的服务入 H04W4/02；在无线网络中定位用户或终端入 H04W64/00）
H04N21/25891	• • • • •	作为终端用户参数（基于用户偏爱在视频数据库中检索视频入 G06F17/30M5；用于识别用户喜好的装置入 H04H60/46；涉及用于通信控制或处理过程中的网络应用的用户概述的协议入 H04L29/08936；在无线网络中用户偏爱或用户概述的处理入 H04W8/18）
H04N21/45	• •	客户执行的管理操作，用以方便接收内容或者与内容进行交互，或者用以管理和终端用户或者客户端设备本身相关的数据，如学习用户喜好用以推荐电影或者解决时间安排冲突

续表

CPC 分类号	点组	含义
H04N21/4667	·····	监控的终端用户数据的处理，如基于观众选择的日志文件的趋势分析
H04N21/4668	·····	用于推荐内容，如电影
H04N21/475	···	用于输入终端用户的数据，如个人识别码 PIN、喜好数据的终端用户接口
H04N21/44222	·····	监控用户的选择，如节目的选择，购物活动（在数据处理系统中监控用户的选择入 G06F11/34；监控用户的动作，以生成用户访问视频数据库的概况入 G06F17/30M5；跟踪终端用户的动作入 H04L29/08675；用于监控广播系统中的用户的行为或者意见的配置入 H04H60/33 ）
H04N21/4532	·····	涉及终端用户的特征，如观众简档、喜好（监控用户活动，以生成访问视频数据库的用户简档入 G06F17/30M5；涉及通信控制或者处理中的网络应用的用户简档的协议入 H04L29/08936；在无线网络中，对用户喜好或者用户简档的处理入 H04W8/18 ）

6.5.2　检索策略选择

在检索策略选择上，通过上述常用分类号分析可以看出，个性化推荐的分类号已经很丰富了，且对应于不同的个性化推荐方法，还有对应的细分。所以在检索中可以根据技术方案的侧重点利用上述分类信息，再结合一些核心手段的关键词，可提高检索效率。

6.5.3　关键词提取与扩展

对于关键词的提取，应当从检索要素中提取确定性高的特征。检索要素的确定性是指体现基本构思的每一要素中各关键词被目标文献记载的确定程度，确定性越高则说明该关键词越需要被目标文献记载，通过该关键词来检索到目标文献的可靠性也越高。针对视频直播流传输进行关键词提取时，可以考虑从应用场景、具体功能、技术效果、关键手段等多方面提取准确关键词，并进行合理扩展，其中涉及的常用关键词总结如下表，在具体案例中还可结合技术方案要解决的技术问题、达到的技术效果、具体手段来进行提取关键词。

在直播个性化推荐中，如果涉及直播间的推荐，可能会涉及是依据主播来推荐、还是依据直播涉及的内容推荐，不同情形下对于关键词会有不同的扩展，此外对于推荐的表达，还可以扩展到推送，另外从达到的效果来表达，还可以扩展到个性化、针对性，而在具体的推荐方法中，还可以是根据用户喜好、习惯、历史行为数据进行推荐，同时，对于有些涉及人工智能大数据分析的推荐算法，还有可能涉及训练、学习，具体见表6-15。

表6-15　直播个性化推荐常用关键词

关键词提取	中文关键词扩展	英文关键词扩展
直播间	直播间、房间、主播、类型、内容	room, host, anchor
推荐	推送、个性化、针对性、喜好、习惯、历史、训练、学习	recommend, interest, like, history, learning

6.5.4　案例实践

【案例6-4】

（1）技术构思简介

现有技术中用户在搜索直播视频时，只能按照整个直播平台上固有的直播分类名称或者直播视频的名称进行搜索，而这种直播视频的获取方式显然比较单一，无法满足用户的个性化直播视频搜索或推荐需求，也无法提供主播与观众现场会面和现场互动。

针对现有技术的不足，提出一种视频直播的方法，获取主播终端与观众终端的地理位置信息，在二者的地理位置关系满足一定条件时，向上述观众终端推荐满足上述条件的主播终端相关信息，该方法具体包括：获取视频直播主播终端、视频直播观众终端中的任一者或多者的地理位置信息；分析所述视频直播接收终端与所述视频直播上传终端之间的地理位置关系；判断所述视频直播观众终端与所述视频直播主播终端之间的地理位置关系是否符合预设的推荐地理位置条件；向所述视频直播观众终端推送符合所述预设的推荐地理位置条件的所述视频直播主播终端的相关信息（如推送该主播的直播间给观众）。所述预设的推荐地理位置条件包括预设的直线距

离阈值、预设的路程阈值和同一行政区域中的任一者或多者；判断所述视
频直播接收终端与所述视频直播上传终端之间的直线距离信息是否符合预
设的直线距离阈值；判断所述视频直播接收终端与所述视频直播上传终端
之间的路程信息是否符合预设的路程阈值，所述路程阈值包括路程耗时阈
值、路程路况阈值和路程距离阈值中的任一者或多者；判断所述视频直播
接收终端与所述视频直播上传终端所处的行政区域是否为同一个行政
区域。

（2）检索策略分析

对该案例技术方案的发明构思进行提取：该案例所要解决的技术问题
是，现有技术中用户获取直播间信息方式较单一、无法丰富主播与观众之
间互动的技术问题，其采用的技术手段是获取主播终端与观众终端的地理
位置信息，根据上述地理位置信息将距离观众较近的主播直播间推送给观
众，以丰富直播间搜索及推荐方式。

从技术领域角度，上述技术构思属于直播间/主播的个性化推荐；从发
明对现有技术作出改进的角度，该技术构思的核心手段在于基于主播终端
与观众终端之间的位置/距离，将距离观众较近的主播/直播间推荐给观众。
那么基于上述思路提取基本检索要素 1：直播推荐；基本检索要素 2：将距
离观众较近的主播/直播间推荐给观众。再对上述基本检索要素进行关键词
扩展表达，对于基本检索要素 1 "直播推荐" 来说，实质上是对直播间或是
主播的推荐，而推荐还可扩展为推送，二者均属于比较准确地表达；对于
基本检索要素 2 "将距离观众较近的主播推荐给观众"，上述重点明显在于
距离近，可扩展为位置、地理、路程、附近、周围等词语表达。接着再分
析上述基本检索要素可能涉及的分类号，该技术构思的主题较明确，即涉
及直播间/主播的推荐，结合前述关于直播个性化推荐常用分类号介绍可
知，该子领域的分类信息还是较为丰富的，但还是要结合该案例具体技术
方案稍加分析：首先，对于 G 部中 G06F17/30 及相关分类号，其重点侧重
于对数据库中的数据进行检索、过滤后得到与用户相关的个性化推荐，与
该案例技术要点似乎存在差异；其次，再看 H04N21 中表示服务器端的用户
喜好管理的二点组 H04N21/25 及其下位点组，由服务器执行对客户端数据
的管理，与该案例似乎有些相关；最后，H04N21 中表示客户端的用户喜好
数据管理 H04N21/45 及下位点组，由于该案例明显属于服务器来执行终端

信息的收集及确定推荐的操作，所以应该与服务器端侧的操作更相关，基于上面初步的分析，可以基本锁定 H04N21/25 及其下位点组，初步查表可得到 IPC 分类号 H04N21/25、H04N21/258，而对于 CPC 通过进一步查表，除了上述 H04N21/25、H04N21/258，还发现 H04N21/25841：涉及客户机的地理位置的入，从分类号描述来看与该案例的技术构思较为相关，也可暂且列出该分类号。上述基本检索要素关键词与分类号的表达，在初步确定时不准确、不完整均是正常的，在进一步检索以及浏览文献过程中均可进一步完善关键词和分类号，并调整检索思路。

由上述分析，可以确定基本检索要素表，见表 6-16。

（3）检索过程及结果分析

①简单检索。下面对该案例技术方案进行检索，使用高级检索中的摘要字段，先对案例最核心的技术手段"将距离观众较近的主播/直播间推荐给观众"进行关键词提取，上述手段主要涉及"距离""近""主播""观众"，对上述关键词进行简单扩展，构成检索式：摘要 =（主播 AND 观众 AND（距离 OR 位置 OR 地理）AND 近），如图 6-14 所示。

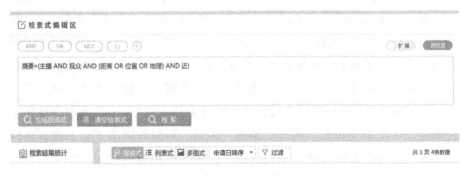

图 6-14　案例 6-4 高级检索（1）

通过上述检索式得到检索结果 4 篇专利文献，浏览分析后发现相关文献申请号为 CN201610671071.3 的专利文献，发明名称：一种基于地图服务实现附近主播搜索的系统及方法，其虽然涉及主播的搜索，然而上述搜索实质上是用户在搜索主播过程中，系统将距离用户地理位置近的主播推送给用户。因而上述方案的本质仍是涉及直播系统对于主播的推荐。从上述描述也可看出，该专利文献公开待检索技术构思的技术方案。

表6-16　案例6-4基本检索要素

检索要素		直播推荐	将距离观众较近的主播/直播间推荐给观众
关键词	中文	直播间、主播；推荐、推送	距离、位置、地理、路程；附近、周围、较近；观众、用户
	英文	live room, anchor; recommend	position, location, distance; nearby
分类号	IPC	H04N21/25・・由服务器执行的管理操作，方便内容分发或者管理与终端用户或者客户端设备相关的数据，如终端用户或者客户端设备认证或者学习用户对于推荐电影的偏好 H04N21/258・・・客户端或者终端用户数据管理，如管理客户端容量、用户喜好或者人口统计资料或者多个终端用户喜好的处理以获得协作数据	
分类号	CPC	H04N21/25・・由服务器执行的管理操作，方便内容分发或者管理与终端用户或者客户端设备相关的数据，如终端用户或者客户端设备认证或者学习用户对于推荐电影的偏好 H04N21/258・・・客户端或者终端用户数据管理，如管理客户端容量、用户喜好或者人口统计资料或者多个终端用户喜好的处理以获得协作数据 H04N21/25841・・・・・涉及客户机的地理位置的入	

②扩展检索。从上述简单检索的检索式"（主播 AND 观众 AND（距离 OR 位置 OR 地理）AND 近）"可以看出，其并未表达出各个要素之间的逻辑关系，考虑用"S"临近算符将三者的逻辑关系表达出来，这时候适宜选用"说明书"字段，也即在专利文献的说明书部分进行检索，构造检索式：说明书=（主播 S 观众 S（距离 OR 位置 OR 地理）S 近），该检索式共得到检索结果 55 篇文献，如图 6-15 所示。

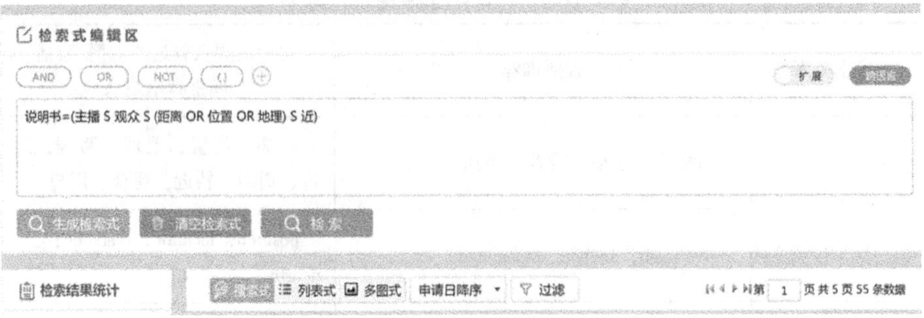

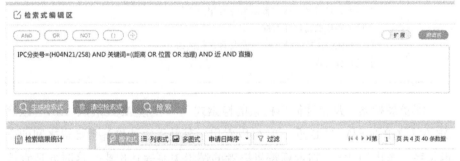

图 6-15　案例 6-4 高级检索（2）

通过浏览分析发现相似文献申请号为 CN201510812487.8 的专利文献，发明名称：基于在线直播互动的方法及客户端，其涉及的是直播中的互动。技术要点在于在观众客户端上显示主播距离观众的物理距离信息。由此可见，虽然上述技术手段与该案例相类似，但其目的并不是为了向用户推荐附近的主播，因而未完全公开待检索案例的发明构思。

通过前述对于直播中个性化推荐分类号的分析可以看出，该子领域的分类号信息相对准确且丰富，以下尝试使用基本检索要素表中确定的分类号及关键词进行检索。首先尝试 IPC 分类号 H04N21/258，在关键词上选择重点要素：距离、近、直播，构造检索式：IPC 分类号 =（H04N21/258）AND 关键词 =（（距离 OR 位置 OR 地理）AND 近 AND 直播），共得到检索结果 40 篇文献（图 6-16）。

图 6-16　案例 6-4 高级检索（3）

通过浏览发现存在相关文献申请号为 CN201610399468.1 的专利文献，发明名称：一种视频直播的方法及装置，其涉及的技术为题是丰富主播推荐方式，提升用户体验，其技术要点是获取主播与观众终端上传的地理位置信息，基于二者地理位置信息向观众推荐距离其较近的主播。由此可见，该文献公开了待检索技术构思的技术方案。

更进一步地，在前述确定基本检索要素表中还获取到了 CPC 分类号 H04N21/25841：涉及客户机的地理位置的入，而通过对上述相关文献的浏览发现，上述文献也涉及该 CPC 分类号。由此可知，即使在确定基本检索要素表时对分类号不太熟悉，无法定位到准确的分类号，也可以在检索过程中通过浏览相关文献获取分类号。接下来尝试 CPC 分类号结合英文关键词进行外文文献检索（图 6-17），构造检索式：CPC 分类号 =（H04N21/25841）AND 关键词 =（live AND（recommend+OR provid+）），同时可选择"范围筛选"下"美国"，共得到 213 篇检索结果。

对上述检索结果进行浏览分析，发现相似文献申请号为 US202017071217：A 的专利文献，发明名称：基于事件的内容分发，其涉及提供用户可能感兴趣的直播内容。技术要点在于获取实况事件发生的位置，将其发送给与该实况事件处于相同地理其余中的用户。由此可见，该文献的技术构思与该案例是相似的原理，但在技术手段上存在些许差异，而该差异导致二者最终的效果有所不同（该案例最终可以提供主播与用户现场互动的机会），因而该文献并未完全公开待检索技术构思的技术方案。

通过该案例可以看出，在分类号相对比较准确的情况下，采用分类号结合关键词的方式具有较高的效率，在检索初期无法定位都准确的分类号时，可以在检索过程中通过相关文献的浏览获取分类信息。

6.6　直播安全

根据前文 6.1 章节记载，网络直播平台是互联网技术发展的产物，它的出现顺应了信息时代人们的娱乐需求，从出现到兴起只用了短短十几年。然而，新兴产业的属性意味着相关监管措施的不完善，网络直播平台在快速发展过程中产生了各式各样的问题，不仅成为平台自身进一步发展的阻碍，还对社会公众产生了不良影响。面对这些问题，政府自 2016 年开始不断出台政策和采取监管措施，加大对网络直播平台的监管力度，取得了一定成效。政府监管法规政策的出台，也必然需要各大直播平台对直播平台中的内容进行审核。对直播平台内容审核可以通过人力审核进行监管，人力监管主要通过用户举报及平台的监管人员进行，然而，同一时段的直播间数量庞大，人工审核需要耗费大量的人力时间成本，效率低下、错误率高，仅仅依靠人力监管已经无法满足直播的监管需求。因而，利用深度学习、机器识别的方法对直播内容、数据进行安全监管，是直播安全领域发展的重点。

图6-17　案例6-4高级检索（4）

目前，利用深度学习、机器识别的方法对直播安全监管主要涉及两方面的内容：一是对直播内容的识别，主要利用视频/图像识别技术对直播画面中的色情、暴力等内容进行识别，来实现对视频内容的判断，由此达到审核监管的目的，更进一步，在视频/图像画面内容识别的同时还可以对观众实时发送的弹幕进行文本识别，二者结合共同判断直播画面中内容是否有不当内容；二是对直播中作弊数据的识别，直播数据流量关乎直播平台的热度、直播间数据属性（如观看人数、虚拟礼物数量、虚拟礼物价值总量）关乎该主播的人气排名、收益，为了抢夺用户资源，数据作弊造假在直播行业中也是普遍存在的现象，因而，对于直播中作弊数据的识别也是直播安全监管中的一个重要方面。

关于直播安全技术领域的专利申请也主要围绕上述两个方面展开。

6.6.1　常用分类号

对于直播内容的安全监管，主要涉及对于视频内容的识别，G 部与 H 部均有相关分类号表达，对于 IPC 分类来说，G06K9/00、G06K9/62 涉及识别图像内容，而 CPC 分类下，G06K9/62 有更下位的细分；同时，H 部的 H04N21/44 涉及视频流的基本处理，而对于 CPC 分类下，还涉及更细分的分类号 H04N21/44008 涉及检测视频流特征，即是对应于识别图像内容。

对于另一类直播中数据造假的技术方案所涉及的分类号介绍：礼物防盗刷涉及 IPC 分类号 G06Q30/02，而对于 CPC 分类号有进一步细分更为准确地表达 G06Q30/0225。同时，礼物盗刷及直播人气均涉及流量造假的含义，在 IPC 中并没有关于恶意流量检测的准确分类号，由于流量涉及网络协议，因而 IPC 只会涉及 H04L29/06，表示以协议为特征的。而在 CPC 中还有关于检测或防止恶意流量的分类号 H04L63/14，以及该分类号更下位的分类号针对不同类型的恶意流量也有进一步细分，在具体分类时可以根据技术方案涉及哪一类恶意流量检测或是预防，来找到更准确表达的 CPC 分类号。

具体地，直播安全技术相关的 IPC、CPC 分类号见表 6-17、表 6-18。

表 6-17　直播安全 IPC 分类号

IPC 分类号	点组	含义
G06K9/00		用于阅读或识别印刷或书写字符或者用于识别图形，如指纹的方法或装置（用于图表阅读或者将诸如力或现状态的机械参量的图形转换为电信号的方法或装置入 G06K11/00；语音识别入 G10L15/00）
G06K9/62	•	应用电子设备进行识别的方法或装置
H04N21/44	• • •	视频基本流的处理，如将从本地存储器获得的视频剪辑与输入视频流进行拼接，或者按照 MPEG-4 场景图呈现场景
G06Q30/02	•	行销，如市场研究与分析、调查、促销、广告、买方剖析研究、客户管理获奖励；价格评估或确定
H04L29/06	• •	以协议为特征的

表 6-18　直播安全 CPC 分类号

CPC 分类号	点组	含义
G06K9/00		用于阅读或识别印刷或书写字符或者用于识别图形，如指纹的方法或装置（用于图表阅读或者将诸如力或现状态的机械参量的图形转换为电信号的方法或装置入 G06K11/00；语音识别入 G10L15/00）
G06K9/62	•	应用电子设备进行识别的方法或装置
H04N21/44008	• • • • •	涉及解析视频流的操作，如检测视频流的特征或者特性（特征在于特别适用于监控、识别或者识别广播系统中的视频的组件的配置入 H04H60/59）
G06Q30/0225	• • •	避免欺诈
H04L63/14	•	用于检测或防止恶意流量
H04L63/1408	• •	通过监控网络流量（监控网络流量本身入 H04L12/2602）
H04L63/1416	• • •	事件的检测，例如攻击特征检测
H04L63/1425	• • •	流量日志，例如异常检测
H04L63/1433	• •	漏洞分析
H04L63/1441	• •	防止恶意流量的对策（针对攻击加密机制的对策入 H04L9/002）
H04L63/145	• • •	涉及通过网络传播的恶意软件攻击，如病毒，木马或蠕虫
H04L63/1458	• • •	拒绝服务
H04L63/1466	• • •	主动攻击的拦截，注入，修改，数据单元地址欺骗，如劫持，数据包注入或 TCP 序列号攻击
H04L63/1475	• • •	被动攻击，如未经修改的流量监测窃听或监听
H04L63/1483	• • •	服务网点的模拟，如钓鱼，网址嫁接或网络欺骗（检测恶意无线接入点入 H04W12/12）
H04L63/1491	• • •	使用欺骗对策，如诱捕，蠕虫，诱饵或截留

6.6.2　检索策略选择

在检索策略的选择上，通过上述常用分类号信息可以看出，对于涉及不同方面的直播安全分类信息还是比较准确的。在检索实际操作中，可结合具体案例分析出该案例技术要点具体涉及直播安全中的哪一方面，如直播流量异常、直播内容违规等，由此确定出分类号，再对关键技术手段提取重点关键词，采用关键词结合分类号检索的方法来进行检索。

6.6.3　关键词提取与扩展

对于关键词的提取，应当从检索要素中提取确定性高的特征。检索要素的确定性是指体现基本构思的每一要素中各关键词被目标文献记载的确定程度，确定性越高则说明该关键词越需要被目标文献记载，通过该关键词来检索到目标文献的可靠性也越高。针对视频直播流传输进行关键词提取时，可以考虑从应用场景、具体功能、技术效果、关键手段等多方面提取准确关键词，并进行合理扩展，其中涉及的常用关键词总结见表 6-19，在具体案例中还可结合技术方案要解决的技术问题、达到的技术效果、具体手段来进行提取关键词。

表 6-19　直播安全常用关键词

关键词提取	中文关键词扩展	英文关键词扩展
图像内容识别	图像、视频、画面、图片、帧；识别、检测、特征；敏感、暴力、违法、违规、黄色、色情	image, frame; detect, identify, feature; legal, sexy, violence
流量作弊检测	流量、人数、数量；作弊、作假、虚假	amount, flow; cheat, fake

6.6.4　案例实践

【案例 6-5】

（1）技术构思简介

随着互联网的普及，越来越多的直播平台出现在互联网上，有些平台用户在可以在直播平台的任务中获取免费虚拟礼物，因而会有用户采用多个账号进行作弊。有些用户注册大量账户，通过系统提供的免费虚拟物品发放渠道领取大量的虚拟礼物，然后将该虚拟礼物通过不正当手段转移到某一相同用户，进而获利。传统的防止刷虚拟礼物的方法是根据大数据库中的数据进行人工筛选，确定是否为刷虚拟物品账号，对确定的刷虚拟礼物的账号进行封杀和虚拟礼物清零操作。但是，采用人工筛选需要耗费大量的人力和时间，效率较低、错误率高，且若将正常用户封杀，会对平台口碑造成不良影响。

针对现有技术的不足，提出一种直播平台中虚拟礼物任务防刷的系统，通过识别及过滤用户来对刷虚拟礼物的行为进行过滤，具体包括：任务规则设定单元，用于配置用户获取虚拟礼物的任务规则；用户识别单元，用于识别划分用户分类，用户分类包括正常用户和黑名单用户；执行单元，用于允许正常用户获取虚拟礼物，禁止黑名单用户获取虚拟礼物。

（2）检索策略分析

对该案例技术方案的发明构思进行提取：该案例要解决的技术问题是，如何对直播平台中不正当获取虚拟礼物的行为进行机器识别并禁止。其采用的技术手段是识别直播平台中领取虚拟礼物中具有作弊行为的作弊用户，对识别出的作弊用户禁止其获取虚拟礼物。

从技术领域角度，上述技术构思属于网络安全领域；从发明对现有技术作出改进的角度，该技术构思的核心手段在于先识别出用户是正常用户还是黑名单/作弊用户，对于黑名单用户禁止其领域虚拟礼物。那么基于上述思路提取基本检索要素 1：网络安全；基本检索要素 2：识别用户为黑名单用户后禁止其获取虚拟礼物。分别对基本检索要素 1 及基本检索要素 2 关键词提取及扩展见表 6-20。需要说明的是，虽然该案例涉及的是网络安全领域，但在实际检索中由于对于基本检索要素 2 的表达实际上是识别/确定出用户的异常/恶意操作后对该用户禁止，上述表达即是网络安全领域的异常流量检测，涵盖了其技术领域的表达，所以在实际检索中对于"网络安全"的技术领域可适当不表达。再对基本检索要素的分类号表达进行分析，根据上述对该案例技术方案的分析，可以看出该案例主要涉及异常流量的检测，根据前述该子领域常用分类号分析中，存在相关 CPC 分类号 H04L63/14、H04L63/1408、H04L63/1425，而对于 IPC 分类号并没有相关该技术要点的表达，只有涉及该方案涉及的大的领域，也即是属于网络传输中协议为特征，因而可以在涉及的领域中给出 IPC 分类号 H04L29/06。

表 6-20　案例 6-5 基本检索要素

检索要素		网络安全	识别用户为黑名单用户后禁止其获取虚拟礼物
关键词	中文	安全	识别、判断、确定；黑名单、异常、非正常、作弊、恶意；盗刷、防刷；礼物、红包、奖券
	英文	security	blacklist, malicious, abnormal, cheat, fake; prevent; gift

续表

检索要素		网络安全	识别用户为黑名单用户后禁止其获取虚拟礼物
分类号	IPC	H04L29/06··以协议为特征的	
	CPC		H04L63/14·用于检测或防止恶意流量 H04L63/1408··通过监控网络流量 H04L63/1425···流量日志，例如异常检测

（3）检索过程及结果分析

①简单检索。下面对该案例技术方案进行检索，使用高级检索中的关键词字段，对于该案例中核心技术手段"识别用户为黑名单用户后禁止其获取虚拟礼物"进行关键词提取及简单扩展，构成检索式：关键词＝（直播 AND 礼物 AND（盗刷 OR 防刷 OR 非正常 OR 异常）），共得到 25 篇文献的检索结果，如图 6-18 所示。

图 6-18　案例 6-5 高级检索（1）

通过对上述检索结果进行浏览分析，发现两篇相关文献，由于两篇文献为关联申请且涉及该案例的部分内容也相同，仅对其中的一篇文献进行说明，文献申请号为 CN20171030300.3 的专利文献，发明名称：一种直播平台中防止刷礼物的方法及装，其涉及的技术问题是直播中防止黑客大量领取虚拟礼物，影响正常用户。其技术要点在于通过服务器与观众客户端之间的通信数据参数识别出黑客客户端，对于黑客客户端的账号进行冻结。由此可见，上述两篇相关文献公开了待检索技术构思的技术方案。

在上述检索结果中，还存在一篇相关文献申请号为 CN201610613638.1 的专利文献，发明名称：一种直播平台中虚拟礼物任务防刷系统及方法，其涉及的是对直播平台中领取礼物中防刷问题。技术要点是通过对用户作弊行为识别判定为黑名单用户。由此可见，该文献公开了待检索技术要点的技术方案。

②扩展检索。从上述确定基本检索要素分类号表达过程可以看出，该案例涉及的分类号是相对准确的。而且，通过对上述命中的相关文献分类号浏览分析，发现其也均涉及上述基本检索要素中确定的分类号，同时，考虑虽然该案例技术方案具体应用场景是直播中的虚拟礼物获取作弊问题，但如果一个技术方案设计非直播场景中的奖励获取，其也采用了该案例中相同的手段，是否属于公开了该案例的技术方案？事实上，虽然该案例的应用场景是直播平台，但对于用户恶意刷取奖励的情况并非属于直播领域特有的，其在电子购物平台、在线游戏平台中也经常会存在，基于目前的技术方案并未限定具体如何识别恶意用户，并未体现出与直播领域有特定关联关系，因而可适当扩展到其他相似应用场景，而在扩展过程中关键词的扩展并不可预期是否准确、全面，所以可以尝试使用分类号。

基于上述的考虑，接下来考虑使用分类号进行检索，使用表达技术领域的 IPC 分类号 H04L29/06，表达核心技术手段的 CPC 分类号；构成检索式：IPC 分类号 =（H04L29/06）AND CPC 分类号 =（H04L63/14 OR H04L63/08 OR H04L63/1425），可以看出文献量太大而无法浏览阅读，下面考虑对上述检索式进行调整，如图 6-19 所示。

图 6-19　案例 6-5 高级检索（2）

考虑到涉及流量监控涉及的技术面太广，只要客户端与服务器交互次数超过正常均属于流量异常，因而才出现上述文献量过多的情况。而该案例涉及的是礼物（奖励）的领取所引起的异常流量，所以考虑加上礼物

（奖励）对上述检索式进行进一步降噪，构成检索式：IPC 分类号 = （H04L29/06）AND CPC 分类号 = （H04L63/14 OR H04L63/08 OR H04L63/1425）AND 关键词 = （礼物 OR 奖励 OR 消费券 OR 代金券 OR 卡券 OR 礼品卡），共得到检索结果 94 篇文献，如图 6-20 所示。

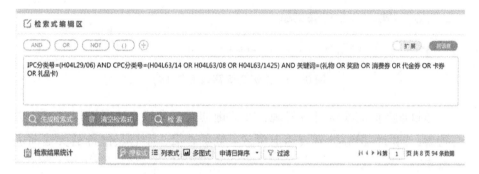

图 6-20　案例 6-5 高级检索（3）

通过对上述检索结果进行浏览，发现文献申请号为 CN201810403505.0 的专利文献，发明名称：基于直播平台防盗刷方法及装置，涉及直播平台奖励盗刷，公开了待检索技术构思的技术方案。

进一步还发现了文献申请号为 CN201810136351.3 的专利文献，发明名称：异常注册用户的处理方法、装置、计算机设备和存储介质，涉及的是网络平台的奖励，其技术要点也是通过对异常用户的识别，禁止上述异常用户获取奖励，虽然不是直播平台，但根据前述分析，其也公开了待检索技术构思的技术方案。

接下来对上个检索式进行进一步延伸扩展到英文关键词，构造检索式：IPC 分类号 = （H04L29/06）AND CPC 分类号 = （H04L63/14 OR H04L63/08 OR H04L63/1425）AND 关键词 = （gift?），共得到检索结果 16 篇文献，如图 6-21 所示。

通过浏览发现相关文献申请号为 US201414532812：A 的专利文献，发明名称：用于识别和检测对企业或电子商务系统威胁的方法和装置，其涉及检测对电子商务系统威胁，其技术要点包括通过检测电子商务系统异常行为来识别恶意访问，与待检索技术构思的技术方案类似。

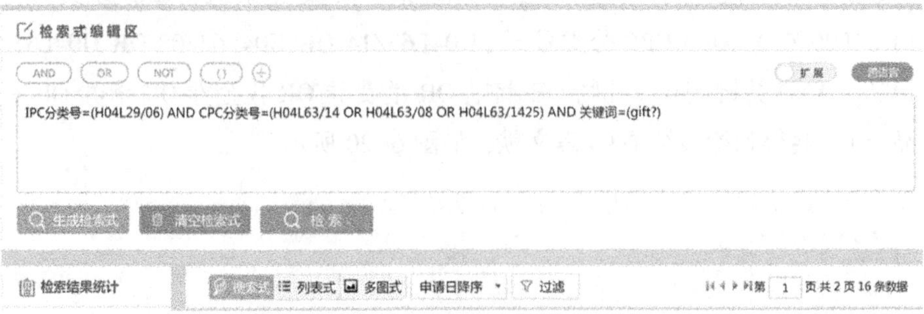

图6-21　案例6-5高级检索（4）

通过该案例的检索可以发现，在关键词无法准确表达时可以尝试分类号检索，同时根据分类号表达上覆盖不到的含义，结合最准确的关键词进行检索。

6.7　游戏直播

游戏直播是网络直播中一个特定的种类，之所以单独采用一个章节进行介绍，是考虑到网络直播的盛行与普及离不开游戏直播行业的发展。同时，相较于其他个人秀场类型的直播，游戏直播除了需要获取解说主播的音视频外，还需要同时获取游戏平台的游戏数据。因而涉及直播平台游戏平台之间的数据交互，所以在整体技术实现上，游戏直播也有着其自身的特点。

在目前各大游戏直播平台中，只要网络、设备符合平台要求，每个人都可以申请直播间进行直播。直播间内可以看到包括视频和聊天两个部分，视频部分位于直播间左侧，主要是游戏画面，主播是以小窗口的方式出现在游戏画面中，主播也可以选择不出镜但要有声音与观众交流。聊天部分位于直播间右侧，采用聊天框滚屏和画面弹幕的方式，每个观众都可以把想要说的话通过聊天框发出，主播也通过弹幕了解观众所需并反馈，以完成主播与观众间的实时互动。

6.7.1　常用分类号

游戏直播主要涉及在主播端要采集主播玩游戏的视频及主播解说的音

视频，因而涉及在主播端进行游戏视频与主播音视频流的合成，所以表示客户端的视频流、音频流处理的分类号 H04N21/44、H04N21/439 可以表示上述含义。同时，游戏直播也会涉及观众与主播玩家的互动，这种情形下可以使用 H04N21/478、H04N21/4788 来表示。另外，游戏直播还会涉及 A 部与视频游戏有关的分类号 A63F13/00 及其下位点组，表 6-21、表 6-22 仅给出了其下位点组部分示例，具体实践中可以根据技术方案在该大组下查找相关分类号。

表 6-21　游戏直播 IPC 分类号

IPC 分类号	点组	含义
H04N21/44	····	视频基本流的处理，如将从本地存储器获得的视频剪辑与输入视频流进行拼接，或者按照 MPEG-4 场景图呈现场景
H04N21/439	····	音频基本流的处理
H04N21/478	····	辅助服务，如显示电话呼叫者标识或购物应用
H04N21/4788	·····	和其他用户的通信，如聊天
A63F13/00		视频游戏，即使用二维或多维电子显示器的游戏
A63F13/86	··	观看其他玩家进行的游戏

表 6-22　游戏直播 CPC 分类号

CPC 分类号	点组	含义
H04N21/44	····	视频基本流的处理，如将从本地存储器获得的视频剪辑与输入视频流进行拼接，或者按照 MPEG-4 场景图呈现场景
H04N21/439	····	音频基本流的处理
H04N21/478	····	辅助服务，如显示电话呼叫者标识或购物应用
H04N21/4788	·····	和其他用户的通信，如聊天
A63F13/00		视频游戏，即使用二维或多维电子显示器的游戏
A63F13/86	··	观看其他玩家进行的游戏

6.7.2　检索策略选择

对于该子领域案例，涉及的分类号在 H 部及 A 部均有涉及，通过浏览该子领域文献及相应分类号可发现，中文专利文献给出的分类号信息多数为 H04N21 下的，而外文专利文献还会涉及 A 部下 A63F13 相关分类号，甚至部分仅给出 A 部下 A63F13 相关分类号。所以在分类号表达要尽量全面，针对不同地区专利文献的分类信息不同，检索中分类号表达的侧重点也应有所区分。同时，由于 H04N21 相关分类号与 A63F13 相关分类号含义表达上侧重点也不同，因而，在分类号结合关键词检索策略中，二者进一步需要结合的关键词选取思路也不同。对于 A 部分类号来说，可以看出表达视频游戏含义的分类号比较准确，在使用 A 部分类号时，可对关键技术手段提取重点关键词，采用关键词结合分类号检索的方法来进行检索。对于 H 部分类号来说，含义不如 A 部指向明确，因而多数用来进行上位限定以降噪。

6.7.3　关键词提取与扩展

对于关键词的提取，应当从检索要素中提取确定性高的特征。检索要素的确定性是指体现基本构思的每一要素中各关键词被目标文献记载的确定程度，确定性越高则说明该关键词越需要被目标文献记载，通过该关键词来检索到目标文献的可靠性也越高。针对视频直播流传输进行关键词提取时，可以考虑从应用场景、具体功能、技术效果、关键手段等多方面提取准确关键词，并进行合理扩展，其中涉及常用关键词总结，在具体案例中还可结合技术方案要解决的技术问题、达到的技术效果、具体手段来进行提取关键词。

该子领域技术方案主要涉及将游戏主播的视频与游戏视频画面进行合成，涉及的主要关键词如表 6-23 所示。

表 6-23　游戏直播常用关键词

关键词提取	中文关键词扩展	英文关键词扩展
游戏	游戏	game
解说	解说、合成	commentary, composite, synthesis

6.7.4　案例实践

【案例 6-6】

（1）技术构思简介

视频直播是指利用互联网及流媒体技术进行直播，视频因融合了图像、文字、声音等丰富元素，声形并茂，效果极佳，逐渐成为互联网的主流表达方式。游戏直播是视频直播的一种应用场景，而手机游戏直播则是将在手机端运行的游戏场景共享给多个观众。如何实现手机游戏直播是目前急需解决的技术问题之一。

针对现有技术中无法在手机端进行游戏直播的问题，提出一种游戏直播方法，其特征在于，应用于移动终端，所述方法包括：采集游戏图像和主播的音视频信息；对采集到的所述游戏图像和所述主播音视频信息进行合成，得到游戏解说视频；向其他移动终端发送所述游戏解说视频。

（2）检索策略分析

对该案例技术方案的发明构思进行提取：该案例所要解决的技术问题是，现有技术中无法实现手机端的游戏直播，其采用的技术手段是在移动终端采集游戏图像和主播音视频信息，二者合成得到游戏解说视频进行直播推流。

从技术领域角度，上述技术构思属于直播领域；从发明对现有技术作出改进的角度，该技术构思的核心手段在于在移动终端采集游戏图像和主播音视频信息进行合成得到解说视频。那么基于上述思路提取基本检索要素 1：直播；基本检索要素 2：在移动终端采集游戏图像和主播音视频信息进行合成得到解说视频。分别对基本检索要素 1 及基本检索要素 2 关键词提取及扩展见表 6-24；同时进行分类号表达分析，由于游戏直播领域的特性，其在分类号表达上还会涉及 A 部有关视频游戏的分类号 A63F13/00 及其下位点组。另外，由于该案例涉及游戏图像与主播音视频信息的合成，因而还涉及 H04N21/44：视频基本流的处理。

（3）检索过程及结果分析

①简单检索。下面对该案例技术方案进行检索使用高级检索中的关键词字段，首先对案例最核心的技术手段"在移动终端采集游戏图像和主播音视频信息进行合成得到解说视频"进行关键词提取，上述手段主要涉及"直播""游戏""合成"，构成检索式（图 6-22）：关键词 =（直播 AND 游戏 AND 合成），共得到检索结果 64 篇文献。

表 6-24　案例 6-6 基本检索要素

检索要素		直播	在移动终端采集游戏图像和主播音视频信息进行合成得到解说视频
关键词	中文	直播	移动终端、手机；游戏、视频、音频、声音、摄像头、麦克风；合成；解说
	英文	live	mobile phone；game，video，audio；synthesis，composite
分类号	IPC		A63F13/00 视频游戏，即使用二维或多维电子显示器的游戏 A63F13/86••观看其他玩家进行的游戏 H04N21/44•••视频基本流的处理，如将从本地存储器获得的视频剪辑与输入视频流进行拼接，或者按照 MPEG-4 场景图呈现场景
	CPC		A63F13/00 视频游戏，即使用二维或多维电子显示器的游戏 A63F13/86••观看其他玩家进行的游戏 H04N21/44•••视频基本流的处理，如将从本地存储器获得的视频剪辑与输入

图 6-22　案例 6-6 高级检索（1）

通过对上述检索结果进行浏览分析，发现相关文献申请号 CN201610258365.3 的专利文献，发明名称：游戏直播方法及装置，其涉及的也是采用手机进行游戏直播，技术要点在于采集游戏玩家解说音视频与游戏图像进行合成生成解说视频。由此可见，该文献与待检索技术构思的技术方案相同。

③扩展检索。接下来考虑使用分类号结合关键词进行检索，对于关键词表达上，分析该案例的技术重点在于使用手机来实现游戏直播，上述使用检索表达即是"直播 S 手机 S 游戏"，根据前述案例中已经分析的思路，适宜选择"说明书"字段。同时，上述关键词并未表达出对主播音视频信

息与游戏画面合成的含义，对于此可采用分类号 H04N21/44 表达，构成检索式：IPC 分类号 =（H04N21/44）AND 说明书 =（直播 S 手机 S 游戏），得到的检索结果文献量较大，大致浏览发现 H04N21/44 是对视频流的基本处理，所以引入了一些噪声，但该案例对视频流的处理是合成视频流，因而在关键词字段用"合成"进行进一步限定，调整后构造检索式（图 6-23）：IPC 分类号 =（H04N21/44）AND 说明书 =（直播 S 手机 S 游戏）AND 关键词 =（合成），共得到检索结果 9 篇文献。

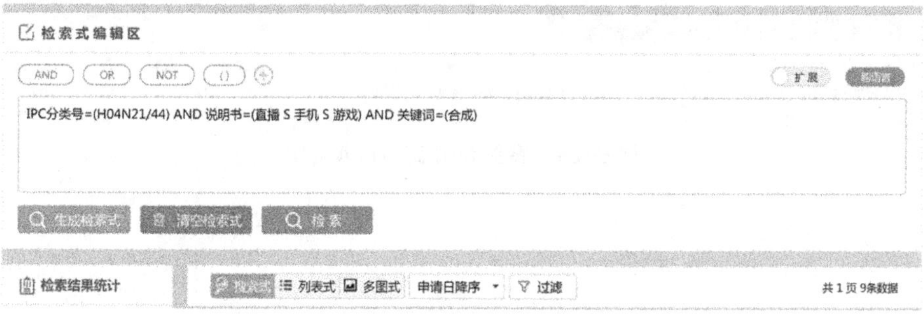

图 6-23　案例 6-6 高级检索（2）

对上述检索结果浏览分析，发现相关文献申请号为 CN201611073970.X 的专利文献，发明名称：视频直播方法及直播装置，其涉及的也是可在手机端进行游戏直播，技术要点在于可采集主播的视频信息，与游戏画面进行合成后发送给直播服务器。由此可见，该文献与待检索技术构思的技术方案相同。

对于该案例还涉及与视频游戏有关的分类号，可尝试使用该分类号进行英文文献检索，由于分类号 A63F13/00、A63F13/86 已经表达出游戏的含义。所以关键词还要表达出直播、合成的含义，基于上述思路构造检索式：IPC 分类号 =（A63F13/00 OR A63F13/86）AND 关键词 =（（synthesi+ OR composit+）AND（live OR broadcast+）），共得到检索结果 99 篇文献。如图 6-24 所示。

通 过 对 上 述 检 索 结 果 进 行 浏 览，得 到 相 关 文 献 申 请 号 为 US201715712959：A 的专利文献，发明名称：将相机视频覆盖定位在游戏视频上，实质上就是采集玩家视频信息与游戏画面进行合成，由此可见，该文献公开了待检索技术构思的技术方案。

通过该案例可以看出，在分类号相对比较准确的情况下，采用分类号结合关键词的方式具有较高的效率。

图6-24　案例6-6高级检索（3）

第  章 移动终端领域检索指引

移动终端或者移动通信终端是指可以在移动中使用的计算机设备，从广义来讲，移动终端包括手机、笔记本、平板电脑、POS机甚至包括车载电脑。但是大部分情况下是指手机或者具有多种应用功能的智能手机及平板电脑。随着电话技术的不断发展，现有移动终端不仅从结构上发生了巨大变化，例如从小屏到大屏，从按键式到触控式屏幕；从功能上也体现出"以人为中心"的理念，不断突破提高智能化水平以提高用户的使用体验。而现有移动终端专利申请也随着技术的快速发展而呈现出多样化的热点技术，无论是审查员、代理人或社会公众都亟需了解相应的移动终端专利中热点技术，本章节从以下三个方面来阐述如何在浩如烟海的专利申请文献中找到需要或者想了解的专利文献：一是从结构功能上看，如曲面屏或者折叠屏技术；二是从人机交互领域出发，包括触控技术、语音识别技术以及体感动作识别技术；三是移动互联应用，如移动支付、手机游戏等。

7.1 折叠屏技术

移动终端的折叠屏又被称为"柔性屏"或"曲面屏"，即可弯曲的显示屏，它被视作为显示屏革命的初级阶段的产物之一，让可穿戴电子设备和移动改头换面就是其最终目标。

"折叠屏幕"手机早在2012年便出现了，只不过那时候并不成熟，只是用两块手机屏幕拼接在一起，并不能够算得上是真正的折叠屏手机。并且在华为和三星之前，国内柔宇科技推出了柔派手机。这款折叠屏手机，最接近于量产和实用，但也存在缺点，比如说屏幕折叠以后并不能完全的展开，整个手机看起来会有很大的弧度。并且这款手机价格过万，没有受到过多的关注。2018年到2020年，对于科技界来说，"柔性屏"无疑是最热门的黑科技话题之一，尤其是被称为未来消费主流的可折叠手机形态，是目前手机巨头公司都在纷纷投入研发的产品。撇开手机、手表不谈，实际上，只要显示屏幕用到的任何区域（智能家居、汽车、商业装饰等），柔性屏都是一个能够被赋予无限想象力的地方，例如将柔性屏应用到汽车中控上，则会让驾驶更有乐趣而提升用户的使用体验。根据调查报告显示，全球范围内柔性显示屏技术的专利申请国家/地区比较集中，来自中国、日本、韩国、美国的专利申请占全球申请总量的90%，并且申请量仍然处于迅速增长的态势。

如果说柔性屏折叠手机目前还处于技术积累的尝鲜阶段，那么柔性屏幕的应用远不止如此。首先便是可穿戴设备，柔性屏幕由于元器件小、携带方便，显示驱动IC、FPC、Cover材料等模组配套和成本随着供应链成熟具备充分的下降空间，柔性屏和智能穿戴设备简直是天作之合。并且在e-sim卡普及之后，柔性屏幕穿戴设备必将普及。而在服装，背包等方面，柔性屏幕也有强大的应用。在两年前，美国本土就发布了一款众筹产品：Pix像素屏幕动态背包，背包采取了价格低廉的LED点阵屏幕，看起来非常酷炫，深受年轻人群体的喜爱。随着成本的下降，柔性屏也在家居、阅读设备等展示个人特性的定制化产品上有着非常好的效果，所谓智能设备的范畴会更加广阔。

7.1.1　分类号使用特点

在移动终端折叠屏技术领域，一般将涉及移动终端折叠屏的专利申请IPC分类至H04M1/02、G06F1/16、H04M1/725，见表7-1。

表 7-1　折叠屏技术相关 IPC 分类号

IPC 分类号	点组	名称
H04M1/02	•	电话机的结构特点
H04M1/725	• •	无绳电话机
G06F1/16	•	结构部件或配置

H04M1/02 下的 CPC 细分主要以结构特点为主，对应的 CPC 分类号见表 7-2。

表 7-2　折叠屏技术 H04M1/02 相关 CPC 分类号

CPC 分类号	点组	名称
H04M1/0202	• •	便携式电话机，如无绳电话，移动电话或条状式手持机
H04M1/0206	• • •	便携电话由多个机械连接的可移动的机壳部件组成，如铰接外壳
H04M1/0208	• • • •	以壳体部件的相对运动为特征的
H04M1/021	• • • • •	使用折叠和旋转移动相结合的
H04M1/0212	• • • • • •	具有两个自由度机构，即环绕第一轴折叠，环绕垂直于第一轴的第二轴转动
H04M1/0214	• • • • •	折叠电话，即壳体部件绕平行于闭合位置的平面的轴旋转到打开位置

而 IPC 分类号 H04M1/725 主要集中为手机，在专利申请主题为折叠屏手机时，亦可以通过该分类号查找到对应的专利文献。

IPC 分类号 G06F1/16 主要为电子装置的结构部件或配置，其主要用于双面屏中的折叠屏，该分类号下细分的 CPC 见表 7-3。

表 7-3　折叠屏技术 G06F1/16 相关 CPC 分类号

CPC 分类号	点组	名称
G06F1/1641	• • • • •	由多个可折叠显示器部件组成的显示器
G06F1/1647	• • • • •	包括至少一个附加显示器
G06F1/1652	• • • • •	显示器可变形，如模仿纸张的，或可卷起

7.1.2　检索策略选择

在检索过程中，首先可以基于最准确的关键词进行检索，如文献量较大的情况下，可以使用同在算符"S"和临近算符"W"对关键词进行降噪处理，一般情况下，文献量在100篇以内时可以直接浏览；文献量更少的情况下，可以将关键词替换成扩展后的关键词或IPC/CPC进行进一步检索。其中当选取的关键词容易带来噪声的情况下，可以优先使用"摘要"字段检索，即限定在摘要中检索到相关文献。

7.1.3　关键词提取和扩展

在对折叠屏专利申请的检索过程中，关键词提取和扩展尤为重要。笔者对折叠屏检索时的关键词作了一部分总结，见表7-4。

表7-4　折叠屏技术关键词

关键词提取	中文关键词扩展	英文关键词扩展
折叠屏	曲面屏、柔性屏、主屏、副屏、辅助屏、附加屏、双面屏、第二屏幕	fold screen，main screen，auxiliary screen
旋转	转动、打开、平铺、折叠	foldable，pivote，rotate

由于专利撰写中表达方式的多样性，在检索中不仅需要提取确定性高的关键词，更需要采用多种手段扩展关键词，以确保检索的全面性。具体扩展方式有以下几种：利用近义词/同义词、反义词扩展；利用上下位概念扩展；功能、用途和结构特征之间的相互扩展；通过异形体、简繁体字扩展；通过单复数、不同的拼写方式扩展；通过词性变化扩展等。

7.1.4　案例实践

【案例7-1】

（1）技术构思简介

伴随着屏幕折叠技术，屏幕随着终端的状态改变而切换随之而来的就是折叠屏如何进行拍照显示。目前，基于折叠屏拍照显示的技术方案大致有两类：第一类终端采用了两套屏幕模组和两套摄像头模组，屏幕向内折叠，内屏为一块异型柔性屏，右上角放置一套摄像头模组作为前摄。外部一面有一块副屏，另一面放置一套摄像头模组作为后摄，两个摄像头拍照显示分别使用两块屏幕。此类终端内屏形态破坏了屏幕完整性，影响美观度。且两套摄像头模组，增加了终端厚度的同时也提高了成本。因此，针对现有折叠屏有关摄像头布置的不足，我们需要提出一种合适的解决方案，既能保证折叠终端屏幕的完整性，也可以节省成本，并且易于实现，以提高用户的使用体验。

折叠终端设备至少包括两个屏幕，即主显示屏和副显示屏，为了解决现有技术中存在的不足，我们可以考虑将摄像头模组设置于其中一块显示屏中，即将摄像头模块设置在主显示屏或副显示屏中。由此则既能保证折叠终端屏幕的完整性，也可以节省成本，并且易于实现。

（2）检索策略分析

首先，通过对上述技术构思分析可以发现，可以看出其技术要点在于：折叠屏终端只需要一套摄像头模组，将前后摄合二为一，并且可以将摄像头设置于其中一个屏幕中。由此根据检索主题，来确定检索要素，见表7-5。

表7-5 折叠屏技术检索要素表（1）

检索要素		检索要素1	检索要素2
关键词	中文	折叠屏	摄像

其次，基于上述技术构思和检索要素表，可以看出主要检索思路是检索在折叠屏终端设备中摄像头如何布置。考虑到专利发明点通常会在摘要中体现，可以优先考虑中英文摘要库针对"摘要"字段进行检索以提高检索效率。在针对"摘要"字段进行检索没有得到合适的检索结果的情况下，在进一步在中英文全文库中进行检索。

而为了获得更多相关的专利文献，可以对两个检索要素的关键词进行中英文扩展，见表7-6。

表7-6 折叠屏技术检索要素表（2）

检索要素		检索要素1	检索要素2
关键词	中文	折叠屏、曲面屏、柔性屏、主屏、副屏、辅助屏、附加屏	摄像、拍摄、自拍、拍照
	英文	fold screen，main screen，auxiliary screen	Camera

在检索与技术构思相关的专利申请时，通常可以采用分类号结合关键词的方式进行检索。通过该技术分支的分类号使用特点可以获知，折叠屏涉及多个IPC分类号，如主要为H04M1/02、G06F1/16；以及细分的CPC分类号H04M1/0202、G06F1/1641、G06F1/1647、G06F1/1652，由此上述检索要素表可以调整见表7-7。

表7-7　折叠屏技术检索要素表（3）

检索要素		检索要素1	检索要素2
关键词	中文	折叠屏、曲面屏、柔性屏、主屏、副屏、辅助屏、附加屏	摄像、拍摄、自拍、拍照
	英文	fold screen, main screen, auxiliary screen	Camera
分类号	IPC	H04M1/02、G06F1/16	
	英文	H04M1/0202、G06F1/1641、G06F1/1647、G06F1/1652	

（3）检索过程及结果分析

根据上述折叠屏技术检索要素表1，在PSS系统中的高级检索的检索式编辑区输入检索式"摘要=（折叠屏 AND 摄像）"，如图7-1所示。

图7-1　折叠屏技术检索结果（1）

由此可以获得专利文献CN110278298A，该文献提供了一种折叠终端设备、折叠显示方法及装置，该终端设备包括第一面和第二面。其中，第一面包括显示主屏，第二面包括显示副屏和摄像头模组，折叠终端设备获取第一面和第二面当前的折叠状态，根据所述当前的折叠状态，确定所述显示主屏和所述显示副屏的显示状态；并且在保证终端设备厚度和美观性的情况下放入两套屏幕模组和一套摄像头模组，将前后摄合二为一；相关文献 CN109348020A 中的折叠终端在移动终端处于展开状态的情况下，通过所述摄像头模组采集与拍摄对象对应的预览图像；根据所述拍摄对象的信息，通过所述第一屏幕、所述第二屏幕和所述第三屏幕中的至少一项显示所述预览图像；和/或，调整摄像头模组的工作模式，从而可以提高移动终端的拍照效果。

　　采用扩展后的关键词进行检索，可以发现检索结果较多，有 516 条数据，其中大多数为噪声，如图 7-2 所示。此外，为了获得更精准的检索结果，可以采取使用同在算符和临近算符，例如采用同在算符"S"和临近算符"W"。如图 7-3 所示，临近算符可以使检索结果缩小至较少（即检索式：摘要=（（折叠屏 OR 曲面屏 OR 柔性屏 OR 主屏 OR 副屏 OR 辅助屏 OR 附加屏）5W（摄像 OR 拍摄 OR 自拍 OR 拍照）），使得检索结果可以得以阅览。由此可以获得相关专利文献 CN112887579A，其提供一种摄像头模组控制方法、装置及电子设备，属于通信技术领域。该电子设备包括壳体、柔性屏和摄像头模组，所述壳体上开设有凹槽，所述摄像头模组设置于所述凹槽内，且在所述凹槽中移动，所述柔性屏的第一端与所述壳体固定连接。所述柔性屏具有收容于所述壳体内的收缩状态，以及至少部分展开于所述壳体外的展开状态。这样，在柔性屏的折叠角度大于预设阈值的情况下，由于摄像头模组设置于壳体上的凹槽内，可以控制摄像头模组在凹槽中移动，从而完成对摄像头模组的拍摄角度的调整，无须用户手动弯折柔性屏来调整摄像头模组的拍摄角度，进而使得对摄像头模组的拍摄角度的调整更加方便。专利文献 CN112383700A，其显示装置包括显示面板和摄像模块。显示面板包括主屏区及第一、第二副屏区；摄像模块设置于显示面板下方且位置对应于第一、第二副屏区；在利用摄像模块采集影像的过程中，控制第一副屏区和第二副屏区以预设时间间隔交替地呈非显示状态；在第一副屏区呈非显示状态后，控制摄像模块透过第一副屏区采集影像，控制主屏区及第二副屏区正常显示摄像模块采集到的影像；在第二副屏区呈非显示状态后，控制摄像模块透过第二副屏区采集影像，控制主屏区及第一副屏区正常显示摄像模块采集到的影像。专利文献 CN104486551A，提供一种移动终端以及移动终端的全景拍摄方法，移动终端包括柔性屏、第一摄像头和控制单元，柔性屏包括多个致动器，该控制单元用于向该些致动器施加电压使得该柔性屏弯曲并控制该第一摄像头在该柔性屏弯曲的过程中拍摄照片并将该照片传输至该控制单元，以及将该第一摄像头拍摄到的所有照片处理为一全景照片。该发明的移动终端通过利用柔性屏弯曲的性质，控制摄像头在柔性屏弯曲的过程中进行拍照。

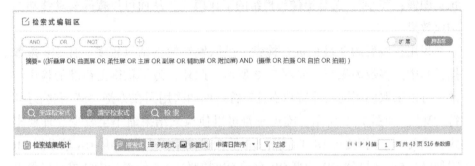

图 7-2　折叠屏技术检索结果（2）

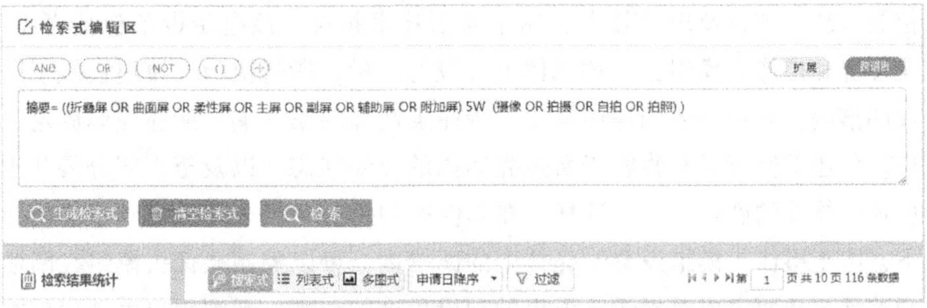

图 7-3　折叠屏技术检索结果（3）

另外，根据折叠屏技术检索要素表（3）可以构造分类号+关键词检索的检索式来获得相关专利文献，如图 7-4 所示。

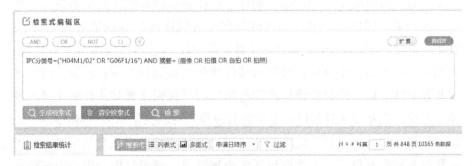

图 7-4　折叠屏技术检索结果（4）

　　检索结果共有 10165 条，可以发现分类号 H04M1/02、G06F1/16 除了有包括折叠屏之外，其他包括移动终端的结构特征的专利文献也分类至此，因此可以通过限定"折叠屏"等关键词，或者如上所述，利用同在字符或邻近字符来消除噪声。

　　同样，在使用 CPC 分类号+关键词检索时，由于 CPC 分类体系从其具体应用和功能方面进行了比较完整和详细的划分，因而在使用 CPC 分类号检索时不仅可以缩小浏览范围，也可以精准表达其含义，快速命中与主题相关的专利文献。如图 7-5 所示，折叠屏技术常用 CPC 分类号+关键词检索，可以快速获得相关度较高的专利文献，例如 CN109669515A，其提供一种双面屏显示器，包括：一前屏，至少包括第一显示区域，用于显示使用者所需求的信息；一后屏，至少包括第二显示区域、位于所述第二显示区域底端的一指纹传感器以及位于所述第二显示区域顶端的一传感器组、一摄像模组、以及一传声器；其中，所述前屏和所述后屏受所述双面屏显示器内部的中央处理器控制依据切换条件进行切换。以及专利文献 CN110187742A，其提供一种显示模组，具有至少两个显示区，所述至少两个显示区包括第一显示区，所述第一显示区下方用于设置感光器件；其中，在所述第一显示区设置有第一显示屏，所述第一显示屏包括柔性显示面板及形变致动器，所述柔性显示面板设于所述形变致动器上。上述的显示模组，由于第一显示区设置了上述的第一显示屏，第一显示区在感光器件不工作时，可以正常进行动态或者静态画面显示，第一显示区随着整个显示模组的显示内容的变化而变化，如显示正在拍摄的外部图像。

图 7-5　折叠屏技术检索结果（5）

　　以折叠屏技术检索要素（3）为例，我们也可以在英文专利库进行检索，在检索英文专利时，在英文关键词无法准确表达或者无法穷尽该关键词表达的情况下，可以利用分类号进行检索，以获得与发明构思相关的专利文献。

　　例如，折叠屏技术检索要素（3）中 CPC 分类号 H04M1/0202、G06F1/1641、G06F1/1647、G06F1/1652 较为准确表达了折叠屏的情况下，可以利用 CPC 分类号+关键词的方式来获得相关专利文献，检索结果如图 7-6 所示。

图 7-6　折叠屏技术检索结果（6）

　　由此可以获得相关文献如 US2018375972A1，其提供一种移动终端，包括具有前侧和后侧的条形终端主体；触摸屏，设置在所述条形终端主体的前侧，所述触摸屏包括用于显示信息的显示模块和用于感测前触摸输入的前触摸传感器；设置在所述条形端子主体的后侧并覆盖所述电池的盖，所述盖具有第一通孔和第二通孔；设置在所述条形终端主体的前侧的前摄像头；后摄像头，设置在所述条形端子主体后侧的所述盖的第一通孔中。以及专利文献 EP2953268A1，其提供一种柔性的移动/便携式终端，包括：壳体，其至少一部分是柔性的；照相机模块，其设置在所述壳体的一侧以在一个方向上拍摄；以及控制单元，用于根据弯曲单元的角度的变化来控制相机模块；该移动/便携式终端具有以下优点：能够使用单个照相机在正面和背面拍摄图像，从而减少照相机的数量，降低组件的成本；利用照相机的安装空间；使用具有高分辨率的照相机进行自拍摄像。

7.2　触控技术

　　进入 21 世纪以来，用户与界面的交互由最初的鼠标、键盘发展到了采用触控技术进行交互，尤其是近几年来智能移动终端的强势崛起，各大厂商越来越认识到基于触控技术的图形用户界面交互的重要性，业界各方都在加紧研发基于触控技术的图形用户界面交互方面的新技术。因此，推出操作更便捷、用户体验更好的图形用户界面，并掌握一定的核心技术，才能在日益激烈的竞争中处于不败之地。目前，根据感应原理，触控屏技术大致可分为几类：电阻式触控屏、电容式触控屏、声波式触控屏、电磁式触控屏、振波感应式触控屏及红外线光学式触控屏等。而现有专利申请中除了常规的触摸屏触控技术外，根据用户的触控操作，基于触控屏幕的边缘触控以及悬浮触控技术也越来越受到各大移动终端厂商的青睐。

　　触控技术在现代生活中越来越受到欢迎，在消费电子产品、汽车、广告机、家用电器，甚至是测试仪器、医疗设备、银行等，我们都能看的触控技术的身影。在这样的背景下，多点触控技术成为用户进行人机交互的全新手段，也改变了人机交互方式。多点触控技术的应用非常广泛，一方面多点触控技术可以应用在大型产品和信息展示屏上，用户可以通过触控屏互动。另一方面，由于触控屏丰富多样的可视化体验，使得用户可以通过多点触控屏得到更好的用户体验。目前多点触控技术应用于智能设备，未来将会有更多更好的发展，例如 3D Touch 技术，这项技术不仅能够识别手指在触控屏的位置，而且可以对用户按压屏幕的压力大小做出相应的反馈。再比如悬浮触控（Floating Touch）技术，也就是手指在距离屏幕一段距离时屏幕便能感知，可以在手指点击之前提醒出鼠标选择的效果。又比如全息纳米多点触控屏，是两张薄膜夹着一层纳米导线组成的网格矩阵层。

7.2.1　分类号使用特点

　　基于触控技术的图形用户交互相关专利的申请 IPC 分类号主要涉及 G06F3/041、G06F3/042、G06F3/044 以及 G06F3/048 等。而对应细分的 CPC 分类号主要涉及 G06F3/0488 使用触摸屏或数字转换器，例如通过跟踪手势输入命令的交互）、G06F3/04817（利用图标的）、G06F3/0486（拖放）、G06F3/0484（用于特定功能或操作的控制，例如选择或操作一个对象或图像，设置一个参数值或选择一个范围），G06F3/0481（基于显示交互对象的特定属性或一个基于隐喻的环境，例如类似窗口或图标的桌面组件的交互，或通过光标的特性或外观的改变辅助的交互）及其上位点组。G06F3涉及输入装置，其下位点组 G06F3/048、G06F3/0488、G06F3/041、总占比达 57%，是基于触摸屏的图形用户界面交互技术领域常用的分类号。如表 7-8、表 7-9 所示。

表 7-8　触控技术常用 IPC 分类号

IPC 分类号	点组	名称
G06F3/041	•••	以转换方式为特点的数字转换器，如触摸屏或触摸垫，特点在于转换方法
G06F3/042	••••	通过光电的方式
G06F3/044	•	通过用电容性方式
G06F3/048	••	基于图形用户界面的交互技术
G06F3/0481	•••	基于显示交互对象的特定属性或一个基于隐喻的环境，如类似窗口或图标的桌面组件的交互，或通过光标的特性或外观的改变辅助的
G06F3/0482	••••	与可选项列表的交互，例如菜单
G06F3/0484	•••	用于特定功能或操作的控制，如选择或操作一个对象或图像，设置一个参数值或选择一个范围
G06F3/0486	••••	拖放
G06F3/0487	••••	使用输入装置所提供的特定功能，如具有双传感装置的鼠标旋转控制功能，或输入装置的特性，如基于数字转换器检测压力的按压手势
G06F3/0488	••••	使用触摸屏或数字转换器，如通过跟踪手势输入命令的

表 7-9　触控技术常用 CPC 分类号

CPC 分类号	点组	名称
G06F3/04842	••••	选择一个显示对象
G06F3/04817	••••	利用图标的

续表

CPC 分类号	点组	名称
G06F3/04883	●●●●●	用于输入手写数据，如手势，文本
G06F3/04886	●●●●●	通过将屏幕或者写字板分割为独立的控制区域，如虚拟键盘，菜单（G06F3/04883 优先）

7.2.2　检索策略选择

触控技术由于类似的关键词较多，各个专利文献表达方式不尽相同，因而在检索过程中，优先以 IPC 分类号或者 CPC 分类号与关键词进行检索，如 IPC 分类号 G06F3/048 及其细分 CPC 分类号和关键词相与的方式进行检索。

在检索中，经常会遇到要检索比较细节的特征，而摘要、关键词中可能无法体现这些特征，专利全文给我们提供了一个很好的检索对象。但是由于专利全文内容丰富，文字众多，使用的"AND"运算符就不太适合，因为这个算符有个特点，只要"AND"两边的检索词同时在整篇文献中出现，而不论其相互关系如何，如一个在权利要求中，另一个可能在说明书中，或者一个在说明书篇头，另一个在说明书篇尾出现，该篇文献都会被命中而作为结果输出，这就可能会引起误匹配而给检索结果带来很大的噪声，从而给检索增添了不必要的工作量。同在算符和邻近算符可以弥补"AND"算符在检索中的缺陷，为我们的检索带来很大的便利，特别是在使用"说明书"字段进行检索的情况下，可以使用同在算符和邻近算符来缩小流量文献量。

另外，在本技术分支下，IPC 分类号和 CPC 分类号均可以较好地表达出用户触控操作的情形，由此在无法穷尽"触控"关键词的情况下，优先使用上述分类号来进行检索，从而可以更快地获得相关专利文献。

7.2.3　关键词提取和扩展

触控技术的专利申请中，涉及触控的表达方式有很多种，例如触控的中文关键词可以扩展为触摸、触碰、拖放、拖曳、滑动、拖动、点击、轻拂、拖动、双击等；而在具体根据用户操作的触控则又可以扩展为手势、指纹、手指等；而英文关键词可以为 slid＋，drag＋，touch＋，click＋，fingerprint＋，gesture 等。

7.2.4　案例实践

【案例7-2】

（1）技术构思简介

手机上有返回键，返回键是用户在日常操作手机的过程中最常用到的按键，用户通过使用返回键在不同的场景下实现不同的功能，如退出某程序或应用、返回程序或应用中的上一层操作（在相册中点击一个图片后，进入只看该图片的界面，在点击返回键后，再次回到相册的界面）。由于现在手机的屏幕越来越大，在对手机中的返回键进行使用时需要用户使用双手操作才能实现，这样会造成操作成本的增加，操作效率较低。

针对现有技术的不足，可以设计一个触控区域，如边缘触控区域，用于设置用户终端的返回键，或者其他易于用户操作的触控区域，当用户在该触控区域操作时，实现对终端上的返回键的功能进行使用。

（2）检索策略分析

对上述技术构思分析可以发现，其技术要点在于：边缘触控区域设置返回键。由此根据检索主题，来确定检索要素，如表7-10所示。

表7-10　触控技术检索要素表（1）

检索要素		检索要素1	检索要素2
关键词	中文	边缘触控	返回键

根据上述"触控"可以扩展的关键词，并利用同在算符"S"，以防止遗漏如"边缘区域触控""触控边缘区域"等关键词，将检索要素表进行调整，见表7-11。

表7-11　触控技术检索要素表（2）

检索要素		检索要素1	检索要素2
关键词	中文	（边缘 OR 边沿 OR 侧边）S（触控 OR 触摸 OR 拖放 OR 拖曳 OR 滑动 OR 拖动 OR 点击 OR 轻拂 OR 拖动）	返回键
	英文	slid, drag, touch, click	Return 2W（key OR button）

根据上文的阐述，涉及触控技术构思的专利申请，其分类号一般分布于 G06F3/041~G06F3/048 的 IPC 分类号及其细分 CPC 分类号，由此在无法穷尽关键词"触控"的表达方式时，可以采取分类号来替换该关键词表达，以获得更全更多与技术构思相关的专利文献。由此将上述触控技术检索要素表（2）进行调整如表 7-12 所示。

表 7-12 触控技术检索要素表（3）

检索要素		检索要素 1	检索要素 2
关键词	中文	（边缘 OR 边沿 OR 侧边）S（触控 OR 触摸 OR 拖放 OR 拖曳 OR 滑动 OR 拖动 OR 点击 OR 轻拂 OR 拖动）	返回 4W（按钮 OR 键）
	英文	slid，drag，touch，click	Return 2W（key OR button）
分类号	IPC	G06F3/041、G06F3/048	
	CPC	G06F3/0481、G06F3/04817、G06F3/0482、G06F3/0486	

（3）检索过程及结果分析

根据上述触控技术检索要素表（1），在 PSS 系统中高级检索的检索式编辑区输入检索式"摘要=（边缘触控 AND 返回键）"，如图 7-7 所示。由此只得到 1 篇专利文献 CN105824564A，其提供一种返回键的功能的使用方法和终端，所述方法通过获取用户在所述终端的边缘触控区域的操作信息；根据所述用户在所述终端的边缘触控区域的操作信息，对所述终端上的返回键的功能进行使用，从而让用户通过对终端边缘进行操作就能实现对返回键的功能的使用。

进一步地，利用触控技术检索要素表（2），即使用扩展后的关键词"（边缘 OR 边沿 OR 侧边）S（触控 OR 触摸 OR 拖放 OR 拖曳 OR 滑动 OR 拖动 OR 点击 OR 轻拂 OR 拖动）"进行检索，在检索系统中看到可浏览文献量依然较少，如图 7-8 所示。

此时可以将关键词"返回键"扩展为"返回 4W（按钮 OR 键）"，或者在说明书中对上述表达式进行进一步检索，以获得更多相关专利文献。

另外，在使用 IPC 分类号+关键词的检索式下，如图 7-9 所示，可以较多与上述技术构思相关的专利文献，例如 CN111752465A，其提供一种防止边缘误触控的方法，检测针对移动终端的至少一侧边缘的触控事件，该至少一侧边缘为移动终端的非金属材质边缘；其中，边缘触控功能可以使移动终端的可操作区域延展至四周边缘。比如，用户在拍照时，轻点移动终端的左右侧边缘即可启动快门；浏览网页时也无须去寻找返回键，轻点移动终端的左右侧边缘两次即可快速返回。

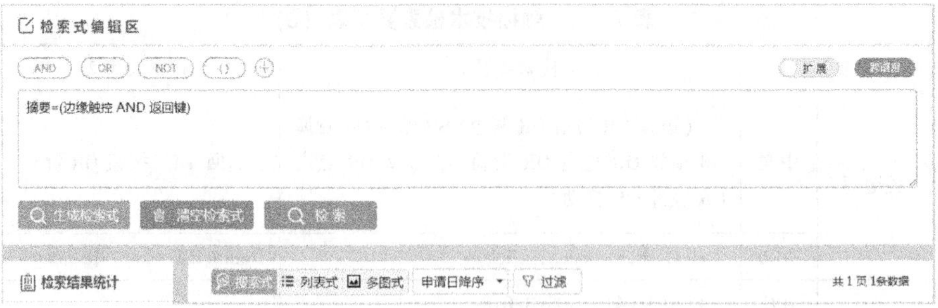

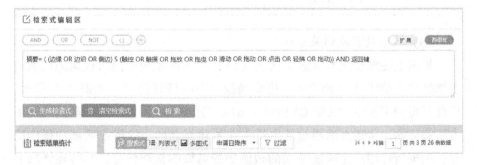

图 7-7　触控技术检索结果（1）

图 7-8　触控技术检索结果（2）

由上述检索策略分析可以了解，在使用关于触控相关关键词 slid、drag、touch、click 进行检索时，可能会引入不少噪声，由此可以对关于触控的关键词进行进一步限定，如"（side OR flank OR profile）S（slid OR drag OR touch OR click）"，即对触控进行限定，以边缘触控的方式进行检索，如图 7-10 所示。

通过浏览文献可以发现较多文献均为中文文献，也就是说，上述关于边缘触控的英文表达可能存在不准的嫌疑，因此我们可以尝试使用分类号+关键词返回键的表达方式来进一步获得相关的英文文献。首先利用 CPC 分类号+关键词的方式来检索，如图 7-11 所示，检索结果较少。

图 7-9　触控技术检索结果（3）

图 7-10　触控技术检索结果（4）

图 7-11　触控技术检索结果（5）

此时，可以将在摘要库中检索的关键词换为在说明书中检索，或者以上位点组的 IPC 分类号＋关键词的方式检索（即 IPC 分类号＝（"G06F3/041" OR "G06F3/048"）AND 摘要＝（Return 2W（key OR button）））以获得较多相关的文献，如图 7-12 所示。

图 7-12　触控技术检索结果（6）

如图 7-12 检索结果可以获得专利文献 JP2010181983A，提供一种屏幕控制系统，由于难以正确显示是否允许用户返回前一屏幕，因此该屏幕控制系统具有通过确定是否允许用户返回前一屏幕来提供适当用户界面的功能，在一种具有连续显示多个屏幕的用户界面的计算机系统中；解决方案：该屏幕控制系统具有确定相关程序是否可重新执行的功能，并控制上一屏幕上返回按钮的显示。专利文献 WO2019071481A1，提供一种用于智能终端的压力控制方法和压力控制系统，配置由智能终端的菜单键和/或返回键接收的触摸操作的触摸压力与执行的控制指令之间的相关性；调用压力传感器以检测由菜单键和/或返回键接收的触摸操作的触摸压力；以及根据菜单键和/或返回键接收到的触摸操作的触摸压力与执行的控制指令之间的相关性，菜单键和/或返回键执行相应的控制指令。

【案例 7-3】

（1）技术构思简介

随着移动终端技术的不断发展，手机、平板等移动终端已成为人们日常生活中必不可少的电子产品，且随着全面屏移动终端的逐渐普及，移动终端上的实体按键逐渐被各式各样的虚拟按键所取代。虽然全面屏移动终端给用户带来了更好的交互体验和视觉体验，但用户在实际使用过程中仍会经常遇到因误触碰通话界面上的虚拟按键图标而导致界面退出或功能中断的场景，例如在利用移动终端进行视频聊天时，因误触碰视频聊天界面上的挂断图标而导致视频通话被中断的场景。这样，移动终端的操作体验效果会因这些误操作而受到极大影响。因此，针对现有技术的不足，可以设计一种类似这样场景的技术方案，即在移动终端的通话界面上显示某些图标时，可以将其隐藏起来，或者使其透明化处理，而使得用户不会误操作进而影响通话效果。

（2）检索策略分析

由上述技术构思可以发现，该技术构思涉及图标处理方法，其技术要点为：在通话界面，将移动后的图标隐藏。通过查表可以发现，关于触控技术的 CPC 分类号中，G06F3/04817 即为在触控界面对图标进行处理。由此利用该 CPC 分类号根据检索主题，来确定检索要素，见表 7-13。

表 7-13　触控技术检索要素表（4）

检索要素		检索要素 1	检索要素 2
关键词	中文	通话界面的图标处理	移动图标后隐藏图标
	英文	Call、communication	Hide s icon
分类号	CPC	G06F3/04817	

（3）检索过程及结果分析

根据上述触控技术检索要素表（4），在 PSS 系统中高级检索的检索式编辑区输入检索式"CPC 分类号 =（"G06F3/04817"）AND 说明书 =（（隐藏 S 图标）AND 通话）"，如图 7-13 所示。虽然可以获得较多检索结果，但是并未获得与上述技术构思非常相关的专利文献。

图 7-13　触控技术检索结果（7）

此时，通过浏览上述文献可以发现 CPC 分类限定过细，容易漏掉一些虽然是图标处理相关的专利文献，但其实质上分类却没有分到 G06F3/04817 的分类号下面，或者由于 CPC 分类较新的原因，导致一些专利文献并没有标引 CPC 分类号，因而可以将上述检索式调整至 IPC，即 G06F3/04817 的分类号的上位点组 G06F3/0481 继续进行检索，即 "IPC 分类号 =（"G06F3/0481"）AND 说明书 =（（隐藏 S 图标）AND 通话）"，并将上述已经浏览过的文献去除，得到较少检索结果，如图 7-14 所示。

图 7-14　触控技术检索结果（8）

其中，上述检索结果中出现了与上述技术构思相关的专利文献 CN101741985A，该文献提供了一种基于通话处理移动终端屏幕的方法及移动终端，预先在移动终端设置易误操作的图标按钮隐藏属性及恢复屏幕属性，确定用户进入通话，按照所述设置的易误操作的图标按钮隐藏属性及恢复屏幕属性，隐藏当前移动终端屏幕对应的易误操作的图标按钮。以及专利文献 CN111475067A，其提供一种消息指示方法及电子设备，即接收对第一通知消息或第一图标的第一输入，该第一通知消息为第一应用程序的通知消息，该第一图标为第一应用程序的图标；响应于该第一输入，在与该第一图标关联的第二图标处于隐藏状态的情况下，显示第一消息或第一标识；其中，该第一消息为通过该第二图标对应的应用程序接收的未读消息，该第一标识用于指示通过该第二图标对应的应用程序接收到未读消息。以及专利文献 CN109032447A，提供一种图标处理方法及移动终端，接收对通话界面上的位于第一位置处的目标图标的第一输入；响应所述第一输入，将所述目标图标移动至第二位置，并在移动至所述第二位置后隐藏所述目标图标。

因此，在文献检索过程中，当 CPC 分类号表达准确的情况下仍然不能得到与技术构思相关的专利文献，可以将分类号扩展至上一点组或上上点组进行扩展检索，以得到相关的专利文献。

由上述分析的技术构思是在通话过程中对图标进行隐藏，由此英文检索过程可以构造如图 7-15 的检索式进行检索：摘要 =（call+OR communicat+）AND 摘要 =（hid+S icon），可以获得可以较少浏览的检索结果。其中有相关文献 KR20150007759A，其提供一种在作为终端的基本功能的呼叫期间在屏幕上自然使用各种服务的技术；由用户终端执行用于提供用于多任务的用户接口的方法：①当在用户终端执行的呼叫期间触摸屏幕的至少一个象限的一侧的区域，然后将其拖动到另一侧的区域的方向时，在相关象限的一侧显示至少一个可用的图标②当选择所显示的图标时执行相关图标的功能；以及③在显示步骤①的图标的状态下，处理当触摸另一侧的区域时要隐藏的显示图标，然后将其拖动到一侧的区域的方向。专利文献 CN101741985A，其预先在移动终端设置易误操作的图标按钮隐藏属性及恢复屏幕属性，确定用户进入通话，按照所述设置的易误操作的图标按钮隐藏属性及恢复屏幕属性，隐藏当前移动终端屏幕对应的易误操作的图标按钮、显示所述恢复屏幕属性对应的图标按钮，检测到用户操作所述恢复屏幕属性对应的图标按钮，隐藏所述恢复屏幕属性对应的图标按钮并显示所述易误操作的图标按钮隐藏属性对应的图标按钮。专利文献 JP2002073558A，用户通过他/她自己的终端 30 接收会话服务等的提供；在终端 30 的屏幕上，显示紧急图标 50，并且当用户希望防止通信内容被知道时，点击该图标；终端 30 的屏幕被瞬时切换到另一屏幕，并且第三人不能知道通信内容；当返回到原始通信屏幕时，用户单击一个隐藏的图标，该图标不会显示在屏幕上；由于此图标未显示在屏幕上，第三方无法恢复原来的通信屏幕。

图 7-15　触控技术检索结果（9）

7.3　语音识别技术

人与机器之间的交互一直以来都是备受瞩目的领域，人与机器之间的通信沟通方式中，"语言"是不容忽视的一类方式，为了使机器能够明确语言所代表的含义，语音识别是必不可少的操作环节。现在我们身边都有很多语音识别的应用，相比于其他输入方式，语音识别可以解放人们的双手，提高输入效率，广泛应用在汽车驾驶、家电控制、手机输入等。语音识别作为一种可以方便地在人类与机器之间进行交流通信的技术，在国内外一直得到企业及研究机构的关注。经过多年的技术研究，很多公司都开发出了相应的语音识别产品，并将这些产品不断地推广到市场中，这些与语音识别相关的产品正在改善我们的生活方式。目前，国外的应用以纽昂斯、国际商业机器、索尼、日本电气股份有限公司、东芝、微软、佳能、富士通为代表；在国内以华为、科大讯飞、百度语音、捷通华声、中科信利、思必驰、云知声、出门问问等企业为代表。

近年来，语音识别技术在移动终端上的应用最为火热，语音对话机器人、语音助手、互动工具多种多样。同样的，语音识别技术在智能家电遥控、智能玩具、汽车语音控制、工业控制及医疗领域等很多领域都有运用到。例如，利用一个小小的遥控器即可通过语音识别方式来控制电视、空调、窗帘等家电的开启或关闭；此外，在用户驾驶汽车过程中，通过语音拨打电话的方式进行免提语音通信等。语音识别技术在未来将给我们的生活带来更大的便利。

7.3.1　分类号使用特点

目前国内外专利申请最为集中的 IPC 分类是 G10L15（语音识别的特征提取、模型建立、识别算法和语言处理技术及装置）或 G10L17（自然语言识别数据的数字数据处理方法与），该分类中所涉及的技术是语音识别领域的基础技术和关键技术，相应的语音识别领域的核心专利和关键技术专利申请都集中在该分类中。另外，在 H04M（应用于电话通信的智能语音交换技术、方法、装置或系统）的 IPC 分类中也相对较多，例如，客服领域中机器人客服通过自动语音识别与客户进行无障碍交流。见表 7-14、表 7-15。

表 7-14　语音识别技术常用 IPC 分类号

IPC 分类号	点组	名称
G10L15/		语音识别的特征提取、模型建立、识别算法和语言处理技术及装置
G10L15/14	• •	利用统计模型，例如隐马尔科夫模型
G10L15/26	•	语音—正文识别系统
G10L15/16	• •	利用人工神经网络
G10L15/18	• •	利用自然语言模型
G10L15/22	•	在语音识别过程中（如在人机对话过程中）使用的程序

表 7-15　语音识别技术常用 CPC 分类号

CPC 分类号	点组	名称
G10L2015/223	• •	一条口头命令的执行程序
G10L15/265	• •	特别适用于特定应用程序的语音识别器

7.3.2　检索策略选择

在检索语音识别相关技术时，则可以重点考虑分类号 G10L15 下的 IPC 或 CPC 进行检索，结合不同的场景，例如语音解锁、接打电话、播放音乐等；用 G10L15 下分类号+关键词（具体应用场景）组合的方式来检索专利文献，则可以获得较多该应用场景下使用语音识别技术来实现相应的应用功能（如智能家电等）。针对专利的某一方案进行检索时，该方案不能直接体现应用场景。此时，针对该方案的手段进行检索，检索效率较低。通常说明书中会对该方案进行详细说明，此时就会记载该方案的应用场景，结合说明书中记载的场景进行检索，可以提高检索效率。

另外，针对电话通信领域 H04M，在该分类号下也会分布一些关于机器人语音识别的专利申请，如分类号 H04M3/51（要求话务员参与的集中呼叫应答装置，如电话营销呼叫或呼叫中心），即该分类号已经较准确表达了关于客服，那么在检索关于机器人语音识别的专利申请时，可以利用该分类号结合语音识别的关键词或分类号相与的方式来获得对应的专利申请。

7.3.3　关键词提取和扩展

语音识别技术的专利申请中，涉及语音识别的表达方式较少，例如语音识别的中文关键词可以扩展为语义识别、语音、声音、声纹识别、语音控制、声控、音控、语音交互、语义分析、语义理解、语音助手、语音命令、语音引擎、客服机器人、智能对话、对话机器人、智能客服、智能问答、自动客服、话术识别、人工智能等；而英文关键词可以为 speech recognition，voice recognition，language recognition，voice command/control，SIRI，AI 或者 ASR。

7.3.4　案例实践

【案例 7-4】

（1）技术构思简介

因为智能设备本身、电量、网络流量的限制，为了尽量节省电量和流量，长时间使用，智能设备的系统通常在一定条件下进行休眠。但是，若用户需要进行操作，一般需要先按电源键唤醒系统，再进行解锁。解锁之后查找相应的应用，启动该应用进行操作。这种操作方式，步骤较为烦琐，时间消耗较长。因此，为了避免烦琐的操作，当语音服务在处于休眠状态的操作系统中被触发时，唤醒所述操作系统；由所述语音服务获取音频数据；查找与所述音频数据匹配的、预置的语音指令；从所述语音指令中提取对象标识；调用所述识别对象标识对应的应用。也即在智能设备在休眠状态下利用语音指令来启动或唤醒相应的应用，进而可以避免操作烦琐，提高用户的使用体验。

（2）检索策略分析

对上述技术构思分析可以发现，可以看出其技术要点在于：休眠状态下通过语音指令来启动对应的应用。例如，通过语音指令拨打电话，或者打开某个 App 等。由此根据检索主题，来确定检索要素，如表 7-16 所示。

表 7-16　语音识别技术检索要素表（1）

检索要素		检索要素 1	检索要素 2	检索要素 3
关键词	中文	终端休眠	语音指令/控制	启动应用

另外，根据该技术领域的分类号使用特定分析，该语音识别技术主要分布在 G10L15 分类号下，因此，在继续检索更准更全的专利文献的基础上，可以将语音指令调整为 IPC 分类号，而关键词"休眠"可以扩展为"熄屏、灭屏、黑屏、锁屏"对应的英文关键词为"lock, standby, sleep, dormant"，见表 7-17 调整检索要素表。

表 7-17　语言识别技术检索要素表（2）

检索要素		检索要素 1	检索要素 2	检索要素 3
关键词	中文	休眠、熄屏、灭屏、黑屏、锁屏	语音指令/控制	启动应用
	英文	lock, standby, sleep, dormant	voice command/control	Start+ S App+
分类号	IPC		G10L15/00	
	CPC		G10L15/265、G10L2015/223	

进一步地，由于打电话、解锁、播放音视频均属于上述技术构思中启动应用的下位概念。因此，在检索过程中，我们也可以将启动应用扩展为"打电话、解锁、播放音视频"等具体执行语音识别指令的关键词。由此可以调整的检索要素表如表 7-18 所示。

表 7-18　语言识别技术检索要素表（3）

检索要素		检索要素 1	检索要素 2	检索要素 3
关键词	中文	休眠、熄屏、灭屏、黑屏、锁屏	语音指令/控制	启动应用、打电话、拨打、解锁、播放、接听、挂断
	英文	lock, standby, sleep, dormant	voice command/control	start + S App +, call, unlock+
分类号	IPC		G10L15/00	
	CPC		G10L15/265、G10L2015/223	

（3）检索过程及结果分析

根据上述语音识别技术检索要素表（1），在 PSS 系统中高级检索的检索式编辑区输入检索式：“摘要＝休眠 AND（语音指令 OR 语音控制）AND（（启动 OR 开启）S（应用 OR App））”，如图 7-16 所示。由此可以获得 3 个相关的专利文献，例如 CN112363851A，其提供了智能终端的语音唤醒方法、系统、智能手表及存储介质，方法包括：获取语音指令；当唤醒 IC 检测到语音指令中包含唤醒词时，控制内核响应中断，生成唤醒事件，并在日志文件中读写唤醒事件状态；当监控线程检测到唤醒事件状态时，控制监控线程退出休眠状态，然后设置录音音频通路，根据语音指令采集录音数据、并缓存至后台；生成唤醒事件之后启动唤醒应用，控制唤醒应用读取录音数据进行语音识别，转化为语音指令并控制相应的应用相应语音指令。以及专利文献 CN111369992A，其提供一种指令执行方法、装置、存储介质及电子设备，其中，电子设备包括处理器、专用语音识别芯片和麦克风，在处理器处于休眠状态时，由功耗低于处理器的专用语音识别芯片控制麦克风进行音频采集，得到第一音频数据；基于专用语音识别芯片校验第一音频数据，若校验通过，则唤醒处理器；基于处理器校验第一音频数据，若校验通过，则基于处理器控制麦克风进行音频采集，得到第二音频数据；基于处理器调用预训练的指令识别模型识别第二音频数据携带的语音指令，并执行语音指令。以及专利文献 CN105744074A，提供了一种在移动终端中进行语音操作方法和装置，该方法包括：当语音服务在处于休眠状态的操作系统中被触发时，唤醒所述操作系统；由所述语音服务获取音频数据；查找与所述音频数据匹配的、预置的语音指令；从所述语音指令中提取对象标识；调用所述识别对象标识对应的应用。即实现了在休眠状态中的自动语音操作，避免了按电源键唤醒系统、解锁、查找应用、启动应用等一系列烦琐的操作，大大提高了操作的简便性，减少了时间的消耗。

根据上述语音识别技术检索要素表（2），继续使用 IPC 或 CPC 分类号＋关键词进行进一步检索，结果如图 7-17 所示。

可以获得专利文献 CN103338311A，其公开了一种智能手机锁屏界面通过语音识别方式启动 App 的方法；CN109448734A 公开了一种基于声纹的终端设备解锁及应用启动方法及装置。为了获得更多与上述技术构思相关的专利文献，可以将在摘要库检索的关键词放入说明书中进行检索，如

图 7-18 所示。

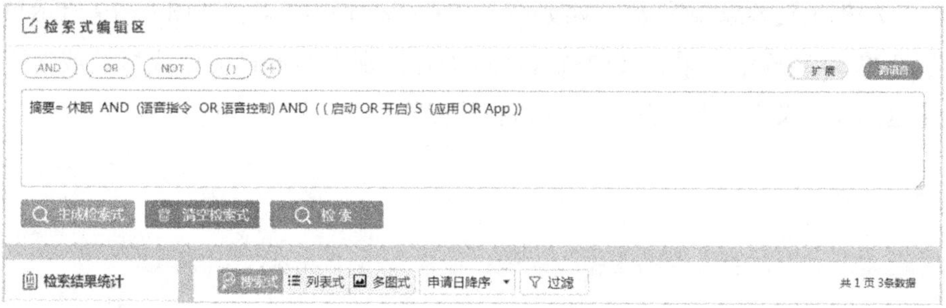

图 7-16　语音识别技术检索结果（1）

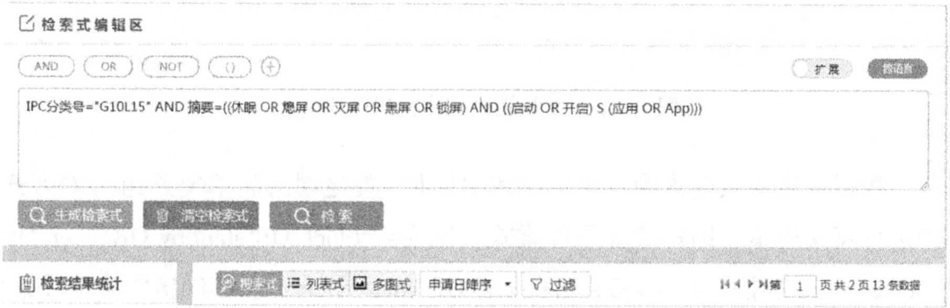

图 7-17　语音识别技术检索结果（2）

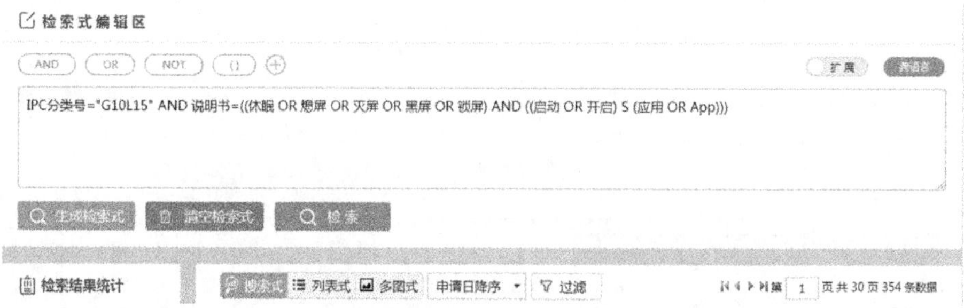

图 7-18　语音识别技术检索结果（3）

　　由此可以获得与上述技术构思相关的专利文献 CN107360327A，其公开了一种语音识别方法、装置和存储介质，通过 DSP 对该音频数据进行模糊语音识别，当确定存在唤醒词时，才由该 DSP 唤醒处于休眠状态的 CPU，并通过 CPU 对该音频数据进行语义分析。然后，根据分析结果执行相应操作；专利文献 CN107277904A 公开了设置语音指令对应的应用程序名称，当主处理器被激活后，根据语音指令运行对应的应用程序名称。

　　根据上述检索要素表3继续进一步在摘要库中检索，如图7-19所示可以获得34篇检索结果，其中就有通过语音识别来实现打电话或解锁或接听来电的专利文献，与上述技术构思非常相关。

图7-19　语音识别技术检索结果（4）

　　根据上述检索要素表，可以利用关键词+关键词的简单要素组合的方式来进行英文检索，即构造如下检索式：摘要=（lock OR standby OR sleep OR dormant）AND 摘要=（voice command OR voice control）AND 摘要=（（Start+S App+）OR call+OR unlock+），由此可以获得非常多不便于浏览的检索结果，如图7-20所示。

图7-20　语音识别技术检索结果（5）

　　当然，为了便于文献浏览和筛选，可以在上述结果的基础上继续限定降噪的方式，如使用IPC分类号来进一步获得相关的专利文献，例如，语音识别的分类号G10L15/00，或者移动终端的分类号H04M1/725，以进一步缩小浏览相关文献的范围。在此以IPC分类号G10L15/00为例进行检索如下所示：摘要＝（lock OR standby OR sleep OR dormant）AND 摘要＝（voice command OR voice control）AND 摘要＝（（start+S App+）OR call+OR unlock +）AND IPC 分类号＝"G10L15/00"。

如图 7-21 所示，可以获得较多与发明构思相关的专利文献，如专利文献 KR20200057181A，其提出一种通过包括交换模块和服务器的设备中的语音来控制设备功能的方法，并提供具有改进的用户接入和便利性的服务；可以通过设备中的语音来控制设备功能，而无须购买单独的语音识别扬声器，以及建议一种通过在用户输入的语音中以简单和直观的名称提供接口并提供用于控制包括"开-关""开-关""锁-解锁"的设备功能的服务来通过各种设备中的语音控制设备功能的方法。专利文献 JP2015012301A，提供一种便携式电话机、语音操作程序和语音操作方法，显示器 14 和接近传感器 24 等设置在便携式电话机 10 的外壳 12 中；当用户在锁定屏幕显示为预定屏幕的状态下使便携式电话机 10 靠近他或她的脸时，检测面部的接近，并执行语音识别功能；当指定了注册地址数据并且在该状态下输入了指示呼叫发起的语音时，将电话功能指定为要执行的功能，并且从识别结果中选择任意地址数据；然后，基于包括在地址数据中的电话号码执行呼叫发起处理。

图 7-21　语音识别技术检索结果（6）

7.4　体感交互识别技术

体感交互技术，顾名思义就是指利用人的身体作为人机交互的控制器，实现对计算机的控制。体感交互被归类为自然用户界面（Natural User Interface），这种自然交互界面包括数据笔、可穿戴设备、实体传感装置等硬件技术，涵盖了图像识别、声音识别、信号处理等领域。这种基于体感交互而非依靠接触控制的界面能够建立一个更为直接的人机交互模式，用户不再需要掌握任何专门的控制技巧便能随意地进行人机交互。自然交互界面配合用户现有的认知模式，能辨认出他们日常生活中惯用的姿势及身体活动，让用户利用本身的感知行为主导人机交互。值得讨论的是自然交互体感界面突破了传统交互界面为用户带来的操控限制，用户不再需要改变自身的行为去迁就交互界面的操控，自然交互发展出全新的人机交互范式，让用户及其身体姿势直接成为人机交互的界面本身，为人机交互带来更具前景的发展方向。

综合来讲，体感交互是一种直接利用躯体动作、声音、眼球转动等方式与周边或环境进行直接互动的交互方式。体感交互从体感游戏开始走入大众的视野，从 2004 年索尼公司推出的 EyeTOY 到任天堂游戏机 Wii 配备的 Wiimote 手柄，再到微软公司 Xbox 的体感配件 Kinect、Leap 公司的 Leap Motion，体感交互技术的发展给人们带来了一次又一次新的体验。而在各类生活情境中，体感交互也得以充分展示其技术魅力，例如在试衣镜利用增强现实（Augmented Reality，AR）和微软 Kinect 体感外设两种先进的技术实现虚拟试衣，用户无需试穿就能看的真实的试衣效果；又比如，在驾驶系统中通过 3D 传感器检测手势动作，以直观便捷的方式控制信息、娱乐等功能。除此之外，在教育领域，体感交互技术重复激活学习者的视觉、停机、触觉以及肢体运动，能够有效提升其在学习中的置入感、沉浸感，多感官的刺激能够从多个通道同时促进学习者的认知过程。

体感交互技术主要分为动作识别、触觉反馈及眼球跟踪三个技术分支。其中，每个技术分支全球前 10 位主要申请人均为国外企业，例如微软、三星、苹果、谷歌、英特尔等。本节以近年来申请量较多的眼球跟踪技术和动作识别技术进行阐述。

7.4.1　分类号使用特点

对于人机交互领域的专利申请，其 IPC 分类号主要集中在 G06F3，而体感交互技术相关专利的申请 IPC 分类号主要涉及 G06F3/01（用于用户和计算机之间交互的输入装置或输入和输出组合装置）、G06F3/048（使用触摸屏或数字转换器,例如通过跟踪手势输入命令的)等。而关于头部、视线等的体感交互的 CPC 分类号主要集中于 G06F3/012、G06F3/013、G06F3/017。当然,也有少部分集中与移动终端领域的 H04M1/725。主要分类号分布具体见表 7-19。

表 7-19 体感交互技术常用 IPC 分类号

IPC 分类号	点组	名称
G06F3/01	•	用于用户和计算机之间交互的输入装置或输入和输出组合装置
G06F3/048	• •	基于图形用户界面的交互技术

表 7-20 体感交互技术常用 CPC 分类号

CPC 分类号	点组	名称
G06F3/011	• •	与人体交互的输入/输出,如虚拟现实中的用户浸入
G06F3/012	• • •	头部轨迹输入装置
G06F3/013	• • •	视觉轨迹输入装置
G06F3/014	• • •	手戴的输入/输出装置,如数据手套
G06F3/017	• •	基于手势的交互,如基于一系列可识别手势
G06F3/04883	• • • • •	用于输入手写数据,如手势,文本

7.4.2 检索策略选择

与触控技术分支类似,该技术分支的较多文献分布在 IPC 分类号 G06F 下,在本技术分支下,IPC 分类号和 CPC 分类号均可以较好地表达出用户触控操作的情形。由此,在无法穷尽"触控"关键词的情况下,优先使用上述分类号来进行检索,从而可以更快地获得相关专利文献。该技术分支与触控技术分支不同之处在于,该技术分支主要体现在体感动作交互上,例如人体姿态方面的动作或变化。因此在检索该技术分支的相关专利文献时,可以在上述分类号的基础上,继续限定关于人体姿态的关键词,以获得期望与体感交互技术相关的专利文献。另外,CPC 分类号 G06F3/011、G06F3/012、G06F3/013、G06F3/014、G06F3/017、G06F3/04883 由于可以较为准确地表达用户关于体感交互的方式,因此也可以优选上述 CPC 分类号结合关键词的方式进行检索。

7.4.3　关键词提取和扩展

体感交互技术领域的关键词表达比较丰富。体感交互是一个上位的表达方式，其包括动作识别、眼球跟踪等。因此在对体感交互下位扩展时，在肢体方面，可以有身体等表达方式，如可以扩展为姿势、姿态、手臂等；在手势方面，通常是通过手指、手掌、手臂进行控制；除了手势表达方式之外，可以扩展为手指、手掌、双手、单手、手部等；在眼动方面，除了眼睛外，还有眼球、人眼等表达方式，而且，通常是通过眼睛的动作或视线进行控制，因而还可以扩展为眨眼、闭眼、睁眼、视线等。

7.4.4　案例实践

【案例7-5】

（1）技术构思简介

伴随着人工智能和物联网的发展，终端的性能飞速提高，从而给越来越多的应用的产生和发展提供了有力的技术支持。为了增加用户对应用的黏性，一种较为常见的服务是为用户提供个性化、人性化的交互方式，以提高用户的交互兴趣。然而，传统的交互方式无法满足用户互动的需求。具体原因一是设备使用场景多样，不比手机、电脑总与用户处于一定的距离进行交互；二是设备生产中，配备特定屏幕、按键等需要较高成本，且可拓展性差，给产品设计带来挑战。因此，我们可以设计如下技术方案来实现丰富智能交互效果，如采集用户的人体姿态数据，如手势等，并根据该姿态数据来生成相应的控制指令，进而在终端交互界面上展示相应的动态效果，从而满足用户体感交互体验。

（2）检索策略分析

上述技术构思涉及体感交互技术，其技术要点在于：根据人体姿态数据在终端界面展示效果。本领域技术人员可以知晓，显示展示效果可以包括控制展示界面处于播放状态或暂停状态或界面切换状态，或控制展示界面中的交互对象基于运动数据进行运动等。由此根据检索主题来确定检索要素，见7-21表。

表 7-21　体感交互技术检索要素表（1）

检索要素		检索要素 1	检索要素 2
关键词	中文	人体姿态	显示控制

另外，通过浏览相关文献可以发现，有部分专利申请是基于移动终端的姿态变化来控制其显示内容变化的。由此可以调整上述检索要素，见表 7-22，即限定为人体姿态来控制终端的显示内容，并将关于姿态的中英文关键词进行扩展。

表 7-22　体感交互技术检索要素表（2）

检索要素		检索要素 1	检索要素 2
关键词	中文	人 S（姿态 OR 姿势 OR 手势）	显示控制 OR 播放 OR 暂停
	英文	posture, pose, gesture	display control, play, pause

根据关键词检索到的相关文献并非是体感交互技术领域的专利文献，此时可以根据上文章节中在体感交互技术领域中常用的 IPC 分类号及其细分的 CPC 分类号进一步精准检索，可调整上述检索要素表，见表 7-23。

表 7-23　体感交互技术检索要素表（3）

检索要素		检索要素 1	检索要素 2
关键词	中文	人 S（姿态 OR 姿势 OR 手势）	显示控制 OR 播放 OR 暂停
	英文	Posture, pose, gesture	Display control, play, pause
分类号	IPC	G06F3/01、G06F3/048	
	CPC	G06F3/011、G06F3/012、G06F3/013、G06F3/014、G06F3/017、G06F3/04883	

（3）检索过程及结果分析

根据上述体感交互技术检索要素表（1），在 PSS 系统中高级检索的检索式编辑区输入检索式"摘要＝姿态 AND 显示控制"，如图 7-22 所示。由此可以获得与技术主题相关的专利文献。其中，基于头戴设备的姿态传感器单元获得控制信号控制显示界面的实用新型专利 CN212112406U，其提供一种基于用户 EOG 信号和头部姿态的驱动装置，包括控制模块及与控制模块信号连接的信号采集模块、显示模块；其中，信号采集模块用于采集用户头部的 EOG 信号和头部姿态信号并将所采集的信号传送给控制模块；信号采集模块为可穿戴式设备，佩戴在用户头部，包括 EOG 信号传感器单元、姿态传感器单元和微处理器单元，姿态传感器单元与微处理器单元连接，姿态传感器单元中设置有九轴姿态传感器，由三轴加速度传感器、三轴陀螺仪和三轴磁力计组成；控制模块用于对姿态信号和 EOG 信号进行特征识别并输出相应的控制信号，显示模块包括显示界面，显示界面用于显示控制信号所控制的对象。

图 7-22 体感交互技术检索结果（1）

根据上述体感交互技术检索要素表（2）可以获得专利文献 CN112354185A 公开了一种云游戏控制系统和云游戏控制方法，其可以根据人体姿态生成目标游戏实例对应的多媒体数据，并将多媒体数据发送至云游戏客户端，以使云游戏客户端对多媒体数据进行播放；又或者是专利文献 CN109395374A 公开了基于人体姿态检测的互动式运动娱乐设备及其控制方法，其通过实时监测人体运动速度和运动姿态并据此改变视频的播放速度和播放方向。

以使用体感交互技术领域 CPC 分类号+关键词进行检索（图 7-23），可以获得 38 条检索数据，并获得与上述技术构思非常相关的专利文献 CN112148115A，其公开了根据用户的姿势信息和/或姿势变化信息，以实时的调整影像画面；以及 CN107688791A，其根据人体骨骼点坐标确定人体运动轨迹；基于人体运动轨迹确定目标姿势操作；根据与目标姿势操作对应的指令控制显示内容。另外，从浏览文献的过程中，也可以扩展相应的关键词如"骨骼"或"运动轨迹"等。

图 7-23　体感交互技术检索结果（2）

在英文检索过程中，根据上述检索要素表，在 PSS 系统中高级检索的检索式编辑区输入检索式"摘要=（Posture OR pose OR gesture）AND 摘要=（Display control OR play+OR pause）"，如图 7-24 所示，由此可以获得非常多相关的专利文献。

图 7-24　体感交互技术检索结果（3）

当然为了便于文献浏览和筛选，可以在上述结果的基础上继续限定降噪的方式，如使用 IPC 分类号来进一步获得相关的专利文献，例如 IPC 分类号 G06F3/01、G06F3/048，或者 CPC 分类号 G06F3/011、G06F3/012、G06F3/013、G06F3/014、G06F3/017、G06F3/04883，以进一步缩小浏览相关文献的范围。在此以 CPC 分类号为例进行检索如下所示：CPC 分类号=（"G06F3/011"　OR　"G06F3/012"　OR　"G06F3/013"　OR　"G06F3/014"　OR　"G06F3/017"　OR　"G06F3/04883"）AND 摘要=（Posture OR pose OR gesture）AND 摘要=（Display control OR play+OR pause）。

由图 7-25 可以看到，获得的专利文献依然有 14170 条检索结果，此种情况下，可以使用截词符 "S" 或 "W" 进行限定，并可以具体限定显示控制的具体内容，如播放或暂停视频等，构造检索式如下：CPC 分类号 =（"G06F3/011" OR "G06F3/012" OR "G06F3/013" OR "G06F3/014" OR "G06F3/017" OR "G06F3/04883"）AND 摘要 =（（Posture OR pose OR gesture）S（Display control OR play+OR pause）S video），可以获得多条可浏览的文献，如图 7-26 所示。

图 7-25　体感交互技术检索结果（4）

图 7-26　体感交互技术检索结果（5）

其中获得的相关文献有 US2021021890A1，其提供一种视频播放方法和终端设备及方法，在第一视频显示窗口或第二视频显示窗口上检测用户的操作手势，并根据用户的操作手势和当前显示模式调整第一频道内容和第二频道内容的播放模式；以及专利文献 CN111580652A，其可以实现用户在利用增强现实设备观看视频时，如果增强现实设备处于通过手势控制播放的场景，可以通过在目标区域内做出相应的手势，即可实现对视频播放的相应控制，不需要用户进行过多的操作，方便了用户对视频播放的控制需求；以及专利文献 US10701316B1，其提供的一种视频会议系统包括图像捕获系统，其被配置成捕获视频会议会话中的参与者的图像数据；姿势跟踪器，其被配置成基于捕获的图像数据跟踪参与者的姿势；用户界面（UI）元素生成器，其被配置成生成 UI 元素，渲染引擎，其被配置为基于参与者的姿势，在相对于图像数据中的参与者的位置锁定的位置处渲染用于由视频会议系统显示的 UI 元素，手势检测器，其被配置为从图像数据中检测，参与者对呈现的 UI 元素执行的手势，以及配置为响应于该手势执行动作的视频会议应用程序。

7.5　移动支付

伴随智能手机的普及，移动支付已经遍及内地城乡大街小巷，支付宝和微信两大移动支付巨头，占据了国内 90% 以上的移动支付市场份额。移动支付打通了线上到线下业务（O2O）的联动，吸引更多实体服务商加入移动支付热潮，又进一步带动了快递、打车服务等相关产业链行业的兴起。移动支付的发展非常迅速，传统的购物、餐饮、打车等已经在很大程度实现了移动支付，金融行业、医疗行业甚至政务服务等也在积极开发移动支付功能。随着移动支付在各行各业的不断渗透，移动支付很有可能代替现金支付、银行卡支付，进而成为主流的支付方式，这将会大大方便人们的生活。移动支付系统一般分为两类：远程支付和近距离支付。远程支付是指用户需要连接到远程支付服务器进行支付，它包括移动银行和移动互联网支付服务。近距离支付是指用户通过手机进行现场支付，它通常基于射频识别（RFID）和近场通信（NFC）等技术。通过近距离支付，用户可以支付公交费、地铁费和账单。近距离系统代表了购票、自动售货和销售点项目的付款模式。见表 7-24。

表 7-24　移动支付技术

技术分解		定义
一级	二级	
远程支付	短信（SMS）＋语音交互（IVR）支付	通过短信、IVR 作为支付信息流载体，短信支付是用户向特定号码发送支付短信，支付平台再扣除其话费账户或者银行卡账户内相应金额的一种方式，IVR 语音通信业务的扩展
	WAP＋手机客户端软件支付	WAP 与手机客户端软件结合实现的支付业务
	智能卡移动支付	将手机与智能 IC 卡有机结合利用集成在移动终端上具有非接触功能的智能 IC 卡作为支付信息载体，通过移动通信网络实现远程支付功能
近场支付	红外、蓝牙支付	通过红外、蓝牙技术实现非接触近场支付
	RFID 支付	通过 RFID 技术实现非接触近场支付
	NFC 支付	通过 NFC 技术实现非接触近场支付

本节主要以近距离支付为例来对专利库检索进行阐述。

7.5.1　分类号使用特点

移动支付领域的专利申请分布情况按 IPC 看主要集中于专门适用于行政、商业、金融、管理、监督或预测目的的数据处理系统或方法（C06Q，C06F017/60 转入 C06Q），特别是支付体系结构、方案或协议（C06Q/20/00）方面，其次是金融、保险、税务策略、公司或所得税的处理（C06Q/40/00）以及商业、如购物或电子商务（C06Q/30/00）方面。而由于近场支付涉及近距离传输技术，因而该技术领域的 IPC 较多分布于传输（H04B）以及电话通信（H04M）中。

以 IPC 分类号 G06Q 为例，相关的分类体系如下所示。

G06Q 专门适用于行政、商业、金融、管理、监督或预测目的的数据处理系统或方法；其他类目不包含的专门适用于行政、商业、金融、管理、监督或预测目的的处理系统或方法

G06Q20/00 支付体系结构、方案或协议（用于执行或登入支付业务的设备入 G07F7/08，G07F19/00；电子现金出纳机入 G07G1/12）

G06Q20/30·以特定设备的使用为特征的

G06Q20/32··使用无线设备的

由此可见，IPC 分类号 G06Q20/32 比较准确地表达了使用无线设备进行支付的应用，因而在检索移动支付相关专利申请时可以优先考虑该分类号进行检索。

又例如 IPC 分类号 H04B 中，

H04B 传输

H04B5/00 近场传输系统，例如感应环型的

即近场支付中关于近场的表达方式在关键词无法穷尽的情况下，可以尝试分类号 H04B5/00 得以表达。

7.5.2　检索策略选择

移动支付领域近场支付的关键词表达较少且准确，因而适合用关键词在专利库进行检索，但是关于近场关键词表达在全文库检索时容易引入大量噪声，例如近距离、RFID、射频、NFC、蓝牙、红外、ibeacon 等在可能会出现非常多专利文献的说明书中，在检索该技术分支的专利文献时，则可以将上述关于近场通信的关键词限定在"摘要"字段中进行检索。

另外，虽然该技术分支下 IPC 分类号 H04B5/00 和 G06Q20/00 较好地表达了近场通信和支付的意思，但是对于一件专利文献，分类员可能从不同的角度分到多个不同的分类号中。为了全面检索，检索中不仅要使用提取的分类号，还需要对分类号进行相应的扩展，例如分类号向下扩展，即需要检索给出的分类号，并查看该小组下的其他分类号是否能够明显被排除，若不能明显排除则需要检索；分类号向上扩展，如果该分类号所在小组的高一级小组直到所处的大组与待检索的主题相关，则同样可以将其使用检索，进而获得较多与该技术分支相关的专利文献。

7.5.3　关键词提取和扩展

移动支付技术领域中近场支付的关键词表达较为单一，如近场的关键词可以提取或扩展为近距离、RFID、射频、NFC、蓝牙、红外、ibeacon等。而支付则更精准，可以扩展的关键词不多，如购买、购物、出售等。

7.5.4　案例实践

【案例7-6】

（1）技术构思简介

随着互联网的快速发展，移动支付出现爆发式增长，成为互联网经济发展的重要保障力量。在移动支付快速发展的大背景下，移动支付凭借其独特的产品功能受到社会各界广泛关注，市场发展潜力巨大。对比传统的网络支付（即银行机构网络支付，以"网银"为主要方式），移动支付（即非银行机构）允许用户使用移动终端对其消费行为直接进行支付，更具便利性、互动性和多功能性，并且交易成本低，营销能力突出。随着移动支付被广泛使用，移动支付类病毒也随之增多，包括"伪淘宝"病毒、"银行窃贼"及"洛克蛔虫"等系列支付病毒，特别是后来出现的可监听键盘输入的支付类病毒，其在后台可监控手机用户支付账号密码输入信息的特点，成为刺激支付类病毒高危化演进的一个信号。通常，移动支付主要通过扫描二维码的方式进行实现。在移动支付的过程中，需要用户从口袋中掏出手机，经过一系列操作输入支付账户和支付密码后才能完成支付，在便利性方面还有待进一步提升。同时，在出示付款码和支付账户信息的时候也存在潜在的安全隐患问题。

因此，为了方便用户向其他目标终端进行转账支付，可以设计一种近距离接触来实现支付的手段，例如蓝牙、射频等近场通信的方式来实现移动支付。

（2）检索策略分析

首先，根据技术构思可以确定该技术要点在于：通过蓝牙来实现移动支付。本领域技术人员可以知晓，蓝牙在日常应用中经常被表达为"蓝芽""Bluetooth"。根据移动支付领域的分类号应用特定，可以确定较为相关的IPC分类号可以为G06Q20/32，由此优先使用该分类号并根据检索主题，来确定检索要素，如表 7-25 所示。

表 7-25 移动支付技术检索要素表 (1)

检索要素		检索要素 1	检索要素 2
关键词	中文	移动支付	蓝牙、蓝芽、Bluetooth
分类号	IPC	G06Q20/32	

其次，关键词"蓝牙"可以扩展其他任何属于近距离通信的近场通信方式，如"近距离、RFID、射频、NFC、蓝牙、红外、ibeacon"等，由此上述检索要素表可以调整为如表 7-26 所示。

表 7-26 移动支付技术检索要素表 (2)

检索要素		检索要素 1	检索要素 2
关键词	中文	移动支付	蓝牙、蓝芽、Bluetooth、近距离、RFID、射频、NFC、红外、ibeacon
	英文	mobile payment	Bluetooth、RFID、RF、NFC、infra-red、ibeacon
分类号	IPC	G06Q20/32	

根据该技术领域分类号使用特点分析，H04B5/00 可以表达近场通信，因此我们可以尝试使用两个分类号相与的方式来获得相关专利文献。即上述检索要素表可以调整为表 7-27 所示。

表 7-27 移动支付技术检索要素表 (3)

检索要素		检索要素 1	检索要素 2
关键词	中文	移动支付	蓝牙、蓝芽、Bluetooth、近距离、RFID、射频、NFC、红外、ibeacon
	英文	mobile payment	Bluetooth、RFID、RF、NFC、infra-red、ibeacon
分类号	IPC	G06Q20/32	H04B5/00

（3）检索过程及结果分析

根据上述检索要素表，在 PSS 系统中高级检索的检索式编辑区输入检索式"IPC 分类号＝"G06Q20/32" AND 摘要＝（（蓝牙 OR 蓝芽 OR Bluetooth））"，获得 1093 条检索结果，如图 7-27 所示。

图 7-27　移动支付技术检索结果（1）

　　由于上述检索式获得的结果较多，噪声较大，可以限定 IPC 分类号 G06Q20/32 中关键词的含义以缩小浏览范围，如图 7-28 所示，即可以获得 210 条检索结果，获得相关专利文献 CN111935684A，其提供了一种蓝牙离线支付方法及系统，当所述第一蓝牙设备和所述第二蓝牙设备处于离线状态时，所述第一蓝牙设备和所述第二蓝牙设备采用蓝牙广播信息中的验证码相互完成身份认证并建立蓝牙连接，所述验证码由服务器在所述第一蓝牙设备和所述第二蓝牙设备处于在线状态时分别提供给所述第一蓝牙设备和所述第二蓝牙设备；所述第一蓝牙设备和所述第二蓝牙设备之间进行收付款交易；以及专利文献 CN109993521A 一种移动支付方法及装置和电子设备，基于所述蓝牙通信模块将所述设备信息传递给所述移动终端上安装的支付应用；基于所述蓝牙通信模块接收所述支付应用通过所述蓝牙通信链路返回的付款码；通过所述 2.4G 通信链路将所述付款码发送给所述收款设备，以使所述收款设备通过反扫码支付链路完成所述付款码对应的支付交易。

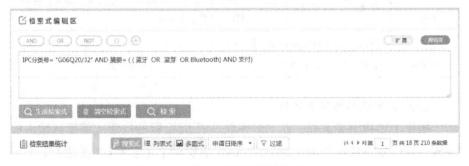

图 7-28　移动支付技术检索结果（2）

进一步地，由此可以使用上述扩展的关键词替换由"蓝牙"关键词获得的检索结果，如使用"NOT"字符将之前浏览的专利文献剔除，仍然可以获得 801 条检索结果，如图 7-29 所示。

图 7-29　移动支付技术检索结果（3）

为了进一步缩小浏览范围，降低噪声影响，可以使用同在算符"S"或"D"来表达"近距离支付"的方式，此处便于理解，采用"3D"来检索，如"（（近距离 OR RFID OR 射频 OR NFC OR ibeacon OR 红外）3D 支付）"，如此可以获得 244 篇专利文献，如图 7-30 所示。如此可以获得较多相关专利文献 CN111242608A 利用近距离 NFC 功能的支付终端的支付、CN107784497A 利用可穿戴设备完成 NFC 支付功能以及 CN109478284A 利用信标完成近距离支付等。

图 7-30　移动支付技术检索结果（4）

最后，如两个分类号相与获得较多检索结果的情况下，可以限定G06Q20/32 分类号中关于支付的关键词进行降噪处理。检索结果如图 7-31所示，可以获得较少相关检索结果，其中 CN107194689A 提供了一种基于近场磁通信与接近关系检测的手机支付系统与方法；CN103501191A 提供一种基于 NFC 近场通信技术的移动支付装置及其方法。

图 7-31　移动支付技术检索结果（5）

　　根据上述检测策略分析，可以先使用英文关键词相与的方式简单检索，构造检索式如下：摘要 =（（mobile payment）S（Bluetooth OR RFID OR RF OR NFC OR infra-red OR ibeacon））AND IPC 分类号 =“H04B5/00”AND 摘要 =（phone OR terminal）。之所以使用截词符“S”来限定移动支付与近距离关键词的表达，是由于两个检索要素相与之后文献量较大，并且经分类号 H04B5/00 和手机关键词相与后，仍然有 1500 多条检索结果，如图 7-32 所示。

图 7-32　移动支付技术检索结果（6）

　　由此可以借鉴在中文库中的检索过程，采用两个分类号相与的方式来获得较为相关的检索结果，如构造检索式“IPC 分类号 =“G06Q20/32”AND IPC 分类号 =“H04B5/00”AND 摘要 =（mobile payment）AND 摘要 =（phone OR terminal）”得到较少条检索结果，如图 7-33 所示。

　　浏览上述检索结果，可以获得与上述发明构思较多相关的专利文献，例如专利文献 US2020219087A1，涉及一种支付卡放大装置，其包括读卡器、放大器、天线和电源；读卡器被配置为从支付卡读取支付卡信息并生成包括支付卡信息的输出信号；放大器被耦合以接收读卡器输出信号，并且被配置成产生包括支付卡信息的放大信号；天线耦合以接收放大信号并发送支付卡信息，其中发送的支付卡信息可由支付终端读取；以及专利文献 KR20160147694A，其通过安装在智能手机中的应用程序检测 NFC 芯片和支付终端之间生成的事件，在 micro-SD 卡中处理和存储由检测信号引起的命令，以及再次向支付终端传送信息，从而在用户处理在智能电话和外部终端之间生成的事件时实时检查存储在智能电话的 micro-SD 卡中的事件生成信息，而不单独操作智能电话；以及专利文献 CN107341653A，可以支持多人同时支付，只要用户移动终端 App 是进入 iBeacon 信号发射装置的设定距离范围内，都能够接收到支付信息，然后完成支付。

图 7-33　移动支付技术检索结果（7）

从浏览的文献来看，手机移动支付属于现有技术中相对比较成熟的技术，申请人从不同角度来对移动支付进行改进，如对现有技术需要从功能或应用等方面来进行改进的话，可以对上述检索过程进行进一步限定，以得到现有技术中不同的改进方案。

7.6　手机游戏

手机游戏，简称"手游"是指运行于手机上的游戏软件。近年来随着移动终端的快速发展，手机游戏用户、销售收入大幅度增加，手游行业迎来高速增长。手游的火爆发展态势主要得益于这个时代手机的飞速发展，没有手机作为载体，绝对不会出现手游。从非智能机到智能机，从无系统到塞班系统再到如今最流行的 IOS 和安卓系统，新的手机操作系统出现，才迎来了手机游戏的革命。正是基于这些，各种游戏才能成功从电脑上移植到手机中，然后驱使各游戏厂商在手游开发上投入大量的资金和人力，力求制作出各具特色的产品来满足不同玩家的需要。手游比大部分 PC 端、主机端游戏具备一些特别的优势，例如研发时间较短、运营模式多样化、推广渠道多、更易于碎片化时间利用，更重要的是手游坐着、趴着、躺着都能玩，不需要你坐在专业的游戏设备面前，更便捷。

而根据《2020 年中国游戏产业报告》显示，2020 年中国游戏市场实际销售收入达 2786.87 亿元，同比增长 20.71%，这是中国游戏市场连续 5 年增长。报告显示，2020 年中国游戏用户数量达 6.65 亿人。其中，2020 年中国自主研发游戏国内市场实际销售收入达到 2401.92 亿元，比 2019 年增加了 506.78 亿元，同比增长 26.74%。自主研发游戏销售收入在国内市场中占大多数。作为知识产权从业者，所关注的要点数据中，2020 年中国自主研发游戏国内市场实际销售收入达到 2401.92 亿元，同比增长 26.74%。既然是自主研发，那么自然就有对游戏相关权利的保护，而游戏相关的专利申请就必不可少。

而根据《中华人民共和国专利法》第 25 条第 1 款有关客体的规定，专利法第 25.1 规定"对智力活动的规则和方法不授予专利权"，如果一项权利要求除其主题名称之外，对其进行限定的全部内容仅仅涉及一种游戏的规则和方法等，则该权利要求实质上仅仅涉及智力活动的规则和方法，不属于专利保护的客体。简单来说，手机游戏能够作为专利申请的技术方案，包括如下几个方面：第一，影响玩家的游戏操作而提供的解决方案，玩家在游戏操作上出现的问题能够作为技术问题，比如，如何对游戏角色进行控制的问题或者游戏操作便捷性的问题或者游戏角色交互的问题，解决上述技术问题提供的方案能够作为技术方案进行专利申请。第二，关于游戏制作提供的解决方案，也就是说如何对立体角色或虚拟场景进行制作，如何渲染立体角色或虚拟场景，如何对角色或虚拟场景中的特效进行制作，如何对游戏的音效进行制作或将音效与角色的动作对应匹配，如何进行游戏数据的数据传输、内部资源管理（数据增加、删除、修改、导入、导出）等。解决上述有关游戏制作提供的方案均能够作为技术方案进行专利申请。

第三，游戏装置的构成结构方案，也就是游戏本身涉及硬件结构，如游戏手柄、摇控杆、投币式游戏的硬币防伪结构、摩托游戏仿真设备等。

7.6.1　分类号使用特点

手机游戏的分类号分布较广，涉及的分类号有 A63F（纸牌，棋盘或轮盘赌游戏；利用小型运动物体的室内游戏；视频游戏；其他类目不包含的游戏）、G06T（一般的图像数据处理或产生）、G06F9/00（程序控制设计，例如，控制单元）及 H04M1/725（无绳电话机）。

A63F13/00 视频游戏，即使用二维或多维电子显示器的游戏、G06F3/0482（与可选项列表的交互，例如菜单）等。本章节以 IPC 分类号 A63F13/00（使用二维或多维电子显示器，如在电视屏幕上显示与游戏有关图像的游戏方面）为例进行涉及游戏方面内容的阐述。A63F13/00 分类号涉及较多与视频游戏相关的技术内容，A63F13/00 分类号相关分布如表 7-28 所示。

表 7-28　A63F13/00 相关分类号

IPC 分类号	点组	名称
A63F13/00		视频游戏，即使用二维或多维电子显示器的游戏
A63F13/55	•	根据游戏进程控制游戏中的人物或游戏对象
A63F13/56	• •	相对其他游戏人物、游戏对象或游戏场景的元素，计算游戏人物的运动，如模拟一组虚拟士兵的行为或寻路
A63F13/57	• •	模拟在游戏世界中的物体的性能、行为或运动，如计算轮胎在赛车游戏中的负载（A63F13/56 优先）
A63F13/573	• • •	使用游戏对象的轨迹，如根据冲击点的高尔夫球
A63F13/577	• • •	使用游戏中人物或物体间接触的测定，如避免虚拟赛车之间的碰撞
A63F13/80	•	特别适用于执行特定的游戏类型或游戏模式
A63F13/803	• •	驾驶车辆或飞行器，如汽车、飞机、船舶、机器人或坦克
A63F13/843	• •	包括同样的游戏设备同时涉及两个或两个以上的玩家，如每个玩家需要使用多个控制器或游戏数据的特定视图
A63F13/847	• •	合作游戏，如几个玩家需要同样操作以完成一个共同目标
A63F13/85	•	给玩家提供附加服务
A63F13/86	• •	观看其他玩家进行的游戏
A63F13/87	• •	在游戏中与其他玩家沟通，如通过 E-mail 或聊天

除此之外，A63F13 分类号还涉及游戏设备的手柄支架，如 A63F13/98（附件，即视频游戏设备使用的可任意拆卸的装置，例如游戏控制器的手柄支架）等。

而 H04M1/725 分类号下则包括如 H04M1/72544、H04M1/72555 等 CPC 分类号，如表 7-29 所示。

表 7-29　H04M1/725 相关 CPC 分类号

分类号	点组	名称
H04M1/725	· ·	无绳电话机
H04M1/72541	· · · · ·	具有手动特性激活的
H04M1/72544	· · · · ·	用于支持游戏或图形动画的
H04M1/72547	· · · · ·	具有用于内部管理多媒体信息的交互式输入输出设备的
H04M1/7255	· · · · · ·	用于语音信息，如录音电话机
H04M1/72552	· · · · · ·	用于文本信息，如短消息，电子邮件
H04M1/72555	· · · · · ·	用于静止的或移动的图像信息
H04M1/72558	· · · · ·	用于播放（重放、回放）音乐文件的
H04M1/72561	· · · · ·	用于支持因特网浏览器应用
H04M1/72563	· · · ·	具有用于在特定情况下适应用户的功能性或者终端的通信能力的方法
H04M1/7258	· · · ·	使用按键操作当前电话模式或状态所定义的多功能性
H04M1/72583	· · · ·	通过从众多的显示条目中选择电话功能来运行终端. 如菜单，图标
H04M1/72597	· · · ·	其中处理的应用程序是由传入通信事件触发的

7.6.2　检索策略选择

手机游戏领域的专利申请由于分布较广，可以根据具体技术内容选择相应的关键词进行针对性检索，如在其对应合适的分类号情形下，适宜采用"分类号+关键词"的方式来检索相关专利文献。

根据目前较多专利文献的描述，其在背景技术中大多数会提到现有技术中存在的问题，以及在发明内容部分会说明该发明的技术方案所带来的技术效果。从技术效果入手进行检索，能大幅提高检索效率。从检索结果筛选的角度来看，首先需要从大量的检索结果中筛选出包含区别技术特征的检索结果，然后从这些包含该区别技术特征的检索结果中二次筛选出达到相同技术效果的检索结果，筛选工作量和难度明显较大，容易漏检。通过"技术效果"检索到的结果，由于已经限定了相同的技术效果，因此只需要筛选出包含该区别技术特征的结果即可，筛选的工作量和难度明显降低，能提高检索的效率。

在检索实践中，最常采用的检索策略是利用分类号和从技术方案中提取的关键词及其扩展词结合进行的检索；例如，本技术分支中则可以根据手机游戏的具体应用选择合适的"分类号+关键词"的方式进行检索。其中，分类号一般用于限定检索的大范围；关键词则用于限定检索的具体技术方案，一般采用体现发明点的关键词。但对于某些案件，采用准确的分类号及准确的关键词进行检索后，文献量仍然很大，无法进一步阅读；另外，某些关键词，其同义、近义、上位、下位等各种表达众多，对该关键词扩展后涵盖的范围会非常大，检索时也会引入很大的噪声，此时，如果采用技术效果进行检索，可有效减少检索结果数量，从而提升检索效率。

7.6.3　关键词提取和扩展

手机游戏中以游戏中的任务或对象进行控制，因而在检索过程中游戏对象可以表达为手游、网游、游戏人物、游戏对象、虚拟人物、虚拟对象、游戏角色、虚拟角色、玩家、NPC、主人公等；而涉及游戏场景进行渲染的专利申请时，渲染、绘制、动画等关键词可以进行检索表达。

7.6.4　案例实践

【案例7-7】

（1）技术构思简介

游戏中的 NPC（non-player character，非玩家控制角色）虽然不由玩家控制，但却承担着不可或缺的交互任务，如游戏中的情节推动、探索场景、发布任务、与玩家控制角色进行交互等方方面面的内容都需要通过 NPC 传递给玩家，因此 NPC 的表现对游戏效果具有重要意义。通常游戏客户端中 NPC 的移动是通过服务端发送的位置数据与服务端进行同步，服务端会将位置和朝向发送至客户端，客户端根据该位置和朝向进行位移。由于客户端必须优先确保每帧的位置与服务端一致，在客户端中 NPC 数量较多的情况下，大量的数据无法及时同步则会导致客户端中 NPC 的表现效果较差，例如会出现卡顿或者滑步现象等。

因此，针对现有技术的不足，我们可以考虑在游戏角色移动时，利用游戏角色的状态对应模拟动画的方式来控制游戏角色进行移动，这样就无须与服务器同步而获得相应的移动位置，进而避免出现卡顿等异常现象，从而提高用户的游戏体验。

（2）检索策略分析

根据技术构思可以确定该技术要点在于：通过移动状态属性对应的驱动动画控制游戏角色移动。本领域技术人员可以知晓，在游戏领域游戏角色的状态一般包括多种，如静止、走路、跑步、逃走等多种状态。根据视频游戏领域的分类号表，可以确定较为相关的 IPC 分类号可以为 A63F13/56（相对其他游戏人物、游戏对象或游戏场景的元素，计算游戏人物的运动，如模拟一组虚拟士兵的行为或寻路），由此优先使用该分类号并根据检索主题确定检索要素，即"游戏角色移动"作为一个检索要素 1，而"根据移动状态属性对应的驱动动画移动"作为一个检索要素 2，如表 7-30 所示。

表 7-30　手机游戏检索要素表（1）

检索要素		检索要素 1	检索要素 2
关键词	中文	游戏角色移动	（静止 OR 走路 OR 跑步 OR 逃走）S 动画
	英文	（Game role）S Move	Animat+，carton
分类号	IPC	A63F13/56	

（3）检索过程及结果分析

根据上述手机游戏检索要素表（1），在 PSS 系统中高级检索的检索式编辑区输入检索式"IPC 分类号＝"A63F13/56" AND 说明书＝（（静止 OR 走路 OR 跑步 OR 逃走）S 动画）"，如此获得很少条检索结果，如图 7-34 所示。

其中可以获得专利文献 CN111659120A，提供一种虚拟角色位置同步方法、虚拟角色位置同步装置、计算机可读介质及电子设备；即接收到服务端对游戏角色的移动指令时，确定所述游戏角色的当前位置；根据所述移动指令确定所述游戏角色的移动状态属性以及目标位置；通过所述移动状态属性对应的驱动动画控制所述游戏角色进行移动，以使所述游戏角色从所述当前位置移动至所述目标位置。以及专利文献 CN108031121A 提供了一种实现 VR 游戏中 NPC 的 AI 行为的方法，其控制 NPC 游戏角色播放行走的动画移动到目标位置。由此可见，充分利用准确分类号来进行检索，可以得到技术构思较为相关的专利文献。

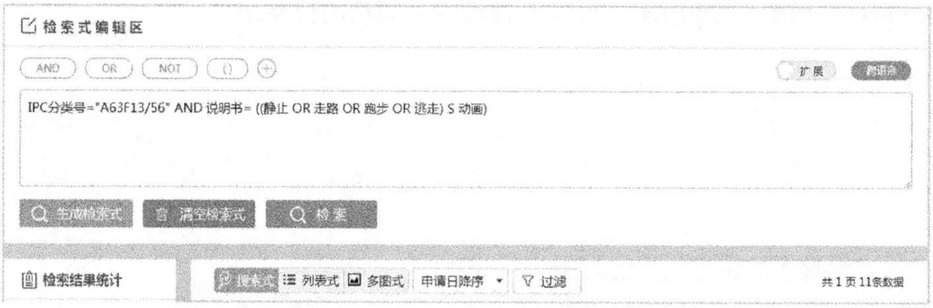

图 7-34　手机游戏检索结果（1）

　　另外，针对上述技术构思，也可以通过技术问题来进行表达，如上述技术构思的技术背景为"现有客户端中 NPC 移动时的表现效果较差，例如会出现卡顿或者滑步现象等"。因此我们可以提取出"卡顿""滑步"等用于表现技术问题的关键词，进而利用技术问题+技术手段的方式来弥补由于其他检索手段的缺憾。图 7-35 为利用技术问题+技术手段的检索方式图。

图 7-35　手机游戏检索结果（2）

　　利用技术问题+技术手段的方式，即可获得 221 条相应的检索结果，其中专利文献 CN111744195A 与上述技术构思非常相关，其解决了由于受到网络抖动或者客户端性能原因的影响而造成卡顿、或者其他问题，客户端与服务器之间的位置可能并不同步的技术问题，采取了根据玩家对象（或是

NPC 非玩家对象）的第一状态来确定播放动画进行移动。

同样地在英文检索过程中，根据上述检索策略分析，IPC 分类号 A63F13/56 已经较好地表达了关于游戏角色移动的技术内容，且需要检索的技术要点也是利用动画控制游戏角色移动，由此根据上述检索要素表构造如下检索式：（IPC 分类号 = （"A63F13/56"））AND 摘要 = （Animat+OR carton），如图 7-36 所示，可以获得较少可浏览的检索结果。

图 7-36　手机游戏检索结果 （3）

其中获得与上述发明构思相关的专利文献有 US10537805B2，其提供一种由计算机游戏系统的处理器执行的方法；该方法包括维护游戏环境；在游戏期间接收执行动画例程的请求；尝试在游戏环境中识别具有可自由承载所请求的动画例程的周围区域的位置；在尝试成功的情况下，在游戏环境中确定的位置执行动画例程。

专利文献 US10497163B1，其提供了通过使用由肌肉激活数据驱动的物理来改进模拟中角色的动画的方法；该方法包括检测用于角色执行移动的第一触发器；基于第一个触发器选择角色的动画数据；基于动画数据确定与角色的身体部分相对应的肌肉状态；基于动画数据执行移动；检测到用于改变移动的第二个触发器；根据肌肉状态和第二个触发器改变运动。

专利文献 JP2016154708A，其提供一种具有自动控制功能的程序，在所谓的动作游戏中，即使在战斗部分较弱的玩家也可以通过操作角色来进行游戏进程；该游戏程序特别用于主要通过移动和操作进行的所谓动作游戏中一个角色的攻击操作；当玩家主要在游戏开始时选择使用自动播放项目来选择是否使用自动播放项目时，在游戏过程中自动控制原本应该由玩家操作的角色的操作；当处于自动控制时，显示预定的动画。

当然了，我们也可以使用关键词的方式来获得与上述发明构思相关的专利文献，例如构造如下检索式：摘要 =（Game role）S Move S（Animat+ OR carton）。可以获得较少条相关的检索结果，如图 7-37 所示。

图 7-37　手机游戏检索结果（4）

浏览结果可以获得与上述发明构思相关的专利文献有 CN105678830A，其通过将一个构成一个动画的对象分为不移动的固定对象（如建筑背景）和一个需要运动以达到动画效果的运动对象，并通过对创建并控制运动对象在固定对象中的移动切位等运动，即可实现动画的创建和完成，由此将图片（固定对象）和粒子（运动对象）作为部件组装起来，通过配置相应的动作即可推动动画的播放。

专利文献 US9713772B2，其提供一种计算机实现的控制计算机设备的显示器的方法，包括：在显示器上呈现具有可选择的游戏对象的游戏板，以及检测用户输入以选择游戏对象以使游戏对象在一个方向上移动。当选定的游戏对象移动到相邻的新磁贴位置时，该磁贴位置的游戏对象将与选定的游戏对象交换。生成所选游戏对象的匹配数据，指示移动是否导致具有相同特征的至少三个游戏对象占据游戏板中的相邻磁贴位置，如果是，则执行移动并渲染移动的动画，其中，所选择的游戏对象向上滑动到阻止进一步移动的阻挡条件。

【案例 7-8】

（1）技术构思简介

赛车类游戏作为竞速游戏的一种，具有独特的赛车设备、优质逼真的比赛画面和仿真的音效，备受游戏用户们的热捧。当用户在手机上进行赛车游戏时，难免会遇到来电或系统消息推送的情况。来电时，手机会切换到来电界面，而游戏场景则会被切换到后台使得赛车无法被继续控制。为了避免来电打扰，用户可以在游戏开始前设定免打扰待机模式，避免切换到来电界面，但这会导致无法快速接听来电。在遇到系统消息推送时，系统消息会悬浮在游戏场景上，使得用户无法正常控制赛车。以上这些情况，都会使得游戏进程被打断，用户无法在游戏场景控制赛车，当游戏场景恢复后，用户的排名将会骤降，严重影响用户的游戏体验。

因此，针对现有技术的不足，我们可以设计一种类似的技术方案，即在接收到来电事件时游戏角色仍然以特定的方式进行移动或者跟随其他游戏角色移动，避免游戏角色由于来电事件而影响其正常的运行，从而提高用户的游戏使用体验。

（2）检索策略分析

首先，根据技术构思可以确定该技术要点在于：在检测到来电事件时，根据游戏参数，第一虚拟对象自动跟随目标虚拟对象。其次，由于涉及移动终端的来电事件，因而可以限定上述技术构思的技术领域为移动终端游戏领域，即可对应移动终端 IPC 分类号 H04M1/725 或 CPC 分类号 H04M1/72427。由此使用该分类号并根据检索主题，来确定检索要素，即移动终端作为一个检索要素 1，"来电事件"作为一个检索要素 2，而"根据游戏参数，第一虚拟对象自动跟随目标虚拟对象"作为一个检索要素 3，如表 7-31 所示。而根据案例 7-7 所述，游戏角色移动对应的分类号为 A63F13/56。而来电则可以扩展为关键词"通知"。

表 7-31　手机游戏检索要素表（2）

检索要素		检索要素 1	检索要素 2	检索要素 3
关键词	中文	移动终端	来电	游戏、跟随、移动
分类号	IPC	H04M1/725		A63F13/56
	CPC	H04M1/72427		

（3）检索过程及结果分析

根据上述手机游戏检索要素表（2），在 PSS 系统中高级检索的检索式编辑区输入检索式"（CPC 分类号＝"H04M1/72427" OR IPC 分类号＝"H04M1/725"）AND 说明书＝（（来电 OR 通知）AND（角色 S（移动 OR 跟随）））"，如此获得检索结果如图 7-38 所示。

图 7-38　手机游戏检索结果（5）

其中专利文献 CN105144221A，提供一种在计算机游戏应用执行期间的游戏中实行移动电话呼叫和/或消息收发操作的系统及方法。其在执行所述计算机游戏应用期间提供对从所述游戏者接收到的输入有响应的计算机游戏用户界面，所述计算机游戏用户界面呈现包括视觉游戏环境的游戏环境给所述游戏者。

当然了，也可以利用检索要素 1 和检索要素 3 的分类号进行与操作来命中相关文献，例如图 7-39 检索结果所示。

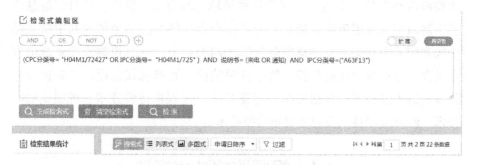

图 7-39　手机游戏检索结果（6）

其中专利文献 CN102371069A，提供一种具有游戏功能的电子装置及其运动控制方法，其在进行游戏时，可将外界传递的信息遮蔽或是隐藏，以让使用者得以专心地进行游戏，以避免干扰游戏的进行。如上述检索结果所示，将检索要素 3 的 IPC 分类号由 A63F13/56 扩展为上位点组的分类号 A63F13。另外也可以将上述分类号或关键词进行扩展，以期获得与技术构思相关的专利文献。

第 8 章 视频监控领域检索指引

视频监控是利用视频监控技术探测、监视设防区域，实时显示、记录现场图像，检索和显示历史图像的电子系统或网络系统。近年来，随着计算机、网络及图像处理、传输技术的飞速发展，视频监控技术正越来越广泛地渗透到安防、交通、教育等各种领域，其直观、准确、及时和信息内容丰富而广泛应用于许多场合。为了在众多视频监控领域的专利申请文献中找到相关专利文献，本章节分为以下两个部分：一是视频监控系统的发展过程，包括模拟视频监控、数字视频监控、智能视频监控；二是视频监控涉及的主要技术，包括图像传感器技术、流媒体传输技术、视频编解码技术、红外成像技术及智能视频监控技术。

8.1 视频监控技术概述

视频监控系统基本框架由图像采集、传输控制、显示存储三大部分组成，其基本业务功能是提供实时监视的手段，并对被监视的画面进行录像存储，以便事后回放。在此基础上，高级的视频监控系统可以对监控装置进行远程控制，并能接收报警信号，进行报警触发与联动。

随着通信、计算机、多媒体等信息技术的飞速发展，视频监控系统在功能上取得了很大的改善，从 19 世代 80 年代的传统模拟监控发展到了以流媒体技术为核心架构的远程视频直播时代和以图像分析技术为核心的智能视频分析时代，视频监控系统的应用领域也进一步扩充，许多行业都使用到了视频监控系统。具体来说，视频监控技术按照设备发展过程分为三个阶段：模拟视频监控、数字视频监控、智能视频监控。

8.1.1　模拟视频监控

最早的视频监控系统是全模拟的视频监控系统，也称闭路电视监控系统（CCTV）。模拟监控系统主要由视频采集部分、信号传输部分、控制与存储部分及显示部分四大块组成，如图 8-1 所示。

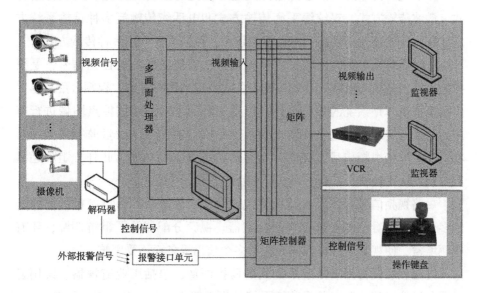

图 8-1　模拟视频监控系统

视频采集设备指的是系统前端采集视频信息的设备，操作者提供视频采集设备获取图像信息。视频采集设备通常包括摄像机、摄像机镜头、摄像机防护罩、旋转云台、解码器和安装支架等，摄像机通常包括枪式摄像机、半球摄像机和云台摄像机等。

此外，带有监听功能的系统，在视频采集前端安装有监听探测器。带有安全防范报警功能的系统，在视频采集前端安装有各种类型的报警探测器，具有联动功能的系统，在视频采集前端安装有报警联动照明设备、红外线灯以及其他控制设备。

信号传输设备用来传输由前端摄像机摄取的视频电视信号、监听探测器拾取的声音信号、报警探测器发出的报警信号及主控设备向前端设备传送的控制信号等，视频信号传输和控制信号传输同步且逆向。信号传输设备包括光端机、视频线、控制线、光纤、网络等设备。

光端机安装在光缆的两端，能够实现视频电信号和光信号的相互转换，主要通过信号调制技术、光电转化等技术，利用光传输特性来达到远程传输的目的。一般分为完成电/光转换并将光信号发射给光纤传输的光发射机和将从光纤接收的光信号还原为电信号的光接收机。

除了光纤传输外，信号传输方式还可以是有线传输方式、无线传输方式、微波传输方式、双绞线平衡传输方式和电话线传输等多种传输系统方式。在一些较复杂的闭路电视监控系统中，可以同时使用多种传输方式。

控制设备用于正向接收存储视频信号，以及逆向发送控制信号，是模拟监控系统的核心设备。存储控制设备主要包括模拟矩阵、视频分配器等。

模拟矩阵是系统的核心部件，模拟矩阵能够对前端监控点图像进行有序的调度，实现在少量监视器上切换显示或者轮回显示大量监控图像，具有将任意一路视频信号在任意一台显示器上显示的功能。此外，矩阵还具有控制现场摄像机、云台、镜头、辅助触点输出等功能。

一路视频信号对应一台监视器或录像机，若想将一台摄像机的图像送给多个管理者看，需要选择视频分配器。视频分配器除了阻抗匹配，还有视频增益，使视频信号可以同时送给多个输出设备而不受影响。

终端显示设备用于显示采集到的监控图像，包括工业监视器、民用显示器和拼接屏等。监视器是监控系统的标准输出，分彩色、黑白两色两种，尺寸有9、10、12、14、15、17、21英寸等，常用的是14英寸。监视器也有分辨率，同摄像机一样用线数表示，实际使用时一般要求监视器线数要和摄像机匹配。

监控系统中最常用的记录设备是长延时录像机，可以长时间工作，录制24小时甚至上百小时的图像。长延时录像机采用的是普通磁带作为存储介质，受磁带存储原理限制，录像回放需做倒带操作，调看早期录像时等待时间长。

模拟视频监控系统作为早期监控系统，具有范围小、扩展性差、联网难度大的缺点，已经逐渐被网络视频监控系统等更加先进的监控类型取代。然而，模拟系统作为闭路结构，具有低延时、安全性较高、信号、图像处理简单等优点，使其仍在安防领域占有一席之地。

8.1.2　数字视频监控

20 世纪 90 年代中期，基于 Windows 数字监控系统随着视频编解码技术的发展而产生，它是以数字视频处理技术为核心，以计算机或嵌入式系统为中心，以视频处理技术为基础，利用图像数据压缩的国际标准和综合利用光电传感器、计算机网络、自动控制等技术的一种新型监控系统。

与数字视频监控系统相关的主要技术有视频数据压缩，视频的分析与理解，视频流的传输与回放和视频数据的存储。一种典型的数字系统组成如图 8-2 所示，系统在远端安装若干个摄像机及其他告警探头，通过视频线汇接到监控中心的工控机或硬盘录像机，并在显示器上显示监控图像。同时，工控机或硬盘录像机配合交换机及相关软件使局域网内其他用户监控图像。

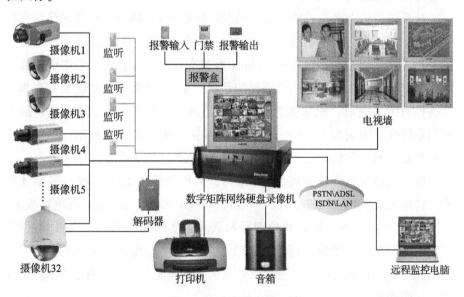

图 8-2　数字视频监控系统

不同的摄像机对图像的输入和处理不尽相同，若采用新型数字式相机，可直接与 PC 机实现数字交换，直接输出数字图像数据流到 PC 中。若采用模拟式 CCD 摄像机，则需先经过系统的视频接口及处理模块，依次在多路输入之中选择一路进行 A/D 转换，压缩为 MPEG 标准数据并存储。

数字视频监控系统的切换控制模块负责将切换的图像传送到指定的显示器上，可以为监视用工控计算机或者硬盘式录像机。

监视用工控计算机通过安装视频管理软件和视频采集卡，配合视频采集卡进行远端监控点图像采集，通过软件解码方式在显示器上呈现各监控点图像，并向前端设备发送控制信号，以实现信号存储和控制的功能。工控机方式的监控系统受限于视频采集卡的插槽数及采集卡上视频端子的数量，一般常用于小规模本地监控。

硬盘录像机 DVR 是现有应用较为广泛的数字监控方式，集成了录像机、画面分割器、云台镜头控制、报警控制、网络传输等功能，是一套进行图像存储处理的计算机系统。它采用的是数字记录技术，利用标准接口的数字存储介质，采用数字压缩算法，实现音视频信息的数字存储、显示与回放。另外，DVR 在图像处理、图像储存、检索、备份及网络传递、远程控制等方面也远远优于模拟监控设备。

从系统架构上来说，硬盘录像机主要分基于 PC 插卡的硬盘录像机和以 DSP+MPU 为核心的嵌入式硬盘录像机，基于 PC 插卡的硬盘录像机以传统的 PC 机为基本硬件，以 Vista、Linux 为基本软件，配备图像采集或图像采集压缩卡，编制软件成为一套完整的系统。由于 DVR 各种功能的实现都依靠各种板卡来完成，比如视音频压缩卡、网卡、声卡、显卡等，这种插卡式的系统在系统装配、维修、运输中很容易出现不可靠的问题，不能用于工业控制领域，只适合对可靠性要求不高的商用办公环境。

嵌入式硬盘录像机脱离了 PC 架构，采用的是以 DSP 为核心的整体架构，视频采集、视频压缩处理、网络接口等功能均集成在单一的电路板上。嵌入式 DVR 就是基于嵌入式处理器和嵌入式实时操作系统的嵌入式系统，它采用专用芯片对图像进行压缩及解压回放，嵌入式操作系统主要是完成整机的控制及管理。嵌入式硬盘录像机从某种程度上避免了由于 Windows 操作系统带来的不稳定性。

与模拟视频系统相比，数字视频监控系统除了具有模拟视频系统的所有功能外，还具有远程视频传输与回放、自动异常检测与报警、结构化的视频数据存储等功能。通过硬盘录像机，数字视频监控系统可有效地与其他监控系统联网，灵活性较强。然而，硬盘录像机的性能会限制系统的网络化应用，使得数字监控视频系统无法与其他应用系统形成交互，难于构建电信级别的超大型监控平台。

8.1.3　网络视频监控

在 21 世纪初，随着宽带网络的技术及带宽的大大提高，以及数字处理技术和音视频编解码效率的改进，视频监控系统正在步入全数字大网络化的全新阶段。网络化视频监控系统在所有的设备都以 IP 地址来识别和相互通信，采用通用的 TCP/IP 协议进行图像、语音和数据的传输和切换。由电信运营商建设的运营级网络视频监控平台不再受到地域的限制，具有强大的无缝扩展能力。

视频从前端图像采集设备输出时即为数字信号，并以网络为传输媒介，基于 TCP/IP 协议，采用流媒体技术实现视频在网上的多路复用传输，并通过设在网上的网络虚拟矩阵控制主机，来实现对整个监控系统的指挥、调度、存储、授权控制等功能。用户可以不受时间、地点限制，方便地对监控目标进行实时监控、监督管理与录像存储，也可以在监控地点布置报警设备与监控终端设备连接实现报警联动。

网络视频监控系统总体上分为前端接入、媒体交换以及用户访问三个层次，具体由前端编码单元、中心业务平台、网络录像单元、客户端单元及解码单元组成，如图 8-3 所示。

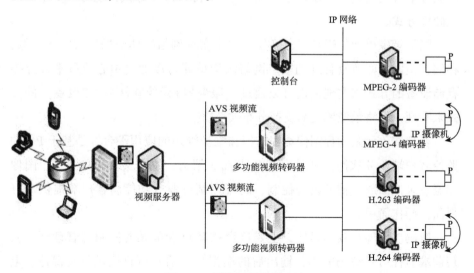

图 8-3　网络视频监控系统

前端编码单元位于前端接入层，它通过数据通信网络接入中心业务平台，用于实现监控点视音频信息和报警信息的采集、编码、传输及外围设备（如摄像机、云台、矩阵等）的控制。前端编码单元具体设备包括视频服务器、网络摄像机、DVR 等。

视频服务器（video server）是一种对视音频数据进行压缩、存储及处理的专用嵌入式设备，由音视频编码器、网络接口、音视频接口、串行接口等构成，其通过网络接口传输音视频压缩编码器处理的音视频数据。视频服务器采用 MPEG4 或 MPEG2 等压缩格式，在符合技术指标的情况下对视频数据进行压缩编码，以满足存储和传输的要求，在远程监控及视频等方面都有广泛的应用。

网络摄像机又叫 IP CAMERA（IPC），由网络编码模块和模拟摄像机组合而成。网络编码模块将模拟摄像机采集到的模拟视频信号编码压缩成数字信号，从而可以直接接入网络交换及路由设备，通过互联网或者内部局域网进行视频和音频的传输。

中心业务平台位于媒体交换层，是整个网络视频监控系统的核心，逻辑上需要实现用户接入认证、系统设备管理、业务功能控制及媒体分发转发等功能。在分级应用环境下，中心业务平台需要支持多级级联功能。中心业务平台在实现上可以基于"服务器+平台软件"方式，也可以基于嵌入式硬件方式。

网络录像单元位于媒体交换层，用于实现网络媒体数据的数字化录像、存储、检索、回放及管理功能。网络录像单元可以通过中心业务平台外接存储设备的方式来实现，也可以通过"服务器+录像软件+存储设备"的方式来实现。网络录像单元需支持分布式部署。

客户端单元是远程图像集中监控和维护管理的应用平台，是基于 PC 的监控客户端业务软件，可采用 B/S 或 C/S 架构，主要实现用户登录、图像浏览、录像回放、辅助设备控制、码流控制等业务功能。客户端提供友好界面，操作简单。

解码单元即视频解码器，主要负责在客户端单元的控制与管理下，实现前端监控信号解码输出，输出后的模拟视频信号可直接送至监视器、电视机等图像显示设备。解码器支持 1 路或多路显示等功能。

网络监控系统具有诸多优势，它的组网方式灵活多样，可充分利用现有的网络资源，具有良好的扩展性和管理功能，可以实现电信级超大型的监控平台和本地/异地分布式存储。然而，与模拟监控系统相比，网络视频监控系统的劣势在于视频质量欠佳，时延较大，设计较为复杂，安装维护难度较大。

8.2　图像传感器技术

视频监控行业涉及现代计算机技术、集成电路应用技术、网络控制与传输技术和软件技术等多方面高新技术，更新发展速度快，具有明显数字化、IT 化特点。在视频监控领域的发展过程中，一些核心技术起到了影响视频监控技术发展的关键作用。

图像传感器，是一种利用光电器件的光电转换功能将感光面上的光像转换为与光像成相应比例关系的电信号的设备。图像传感器具有体积小、重量轻、集成度高、分辨率高、功耗低、寿命长、价格低等特点，在各个行业得到了广泛应用。以产品类别区分，图像传感器产品主要分为 CCD 传感器和 CMOS 传感器。

CCD 传感器是一种新型光电转换器件，它能存储由光产生的信号电荷。当对它施加特定时序的脉冲时，其存储的信号电荷便可在 CCD 内作定向传输而实现自扫描。它主要由光敏单元、输入结构和输出结构等组成。CCD 特有的工艺，具有低照度效果好、信噪比高、通透感强、色彩还原能力佳等优点，在交通、医疗等高端领域中广泛应用。由于其成像方面的优势，在很长时间内还会延续采用，但同时由于其成本高、功耗大也制约了其市场发展的空间。

CMOS 传感器采用一般半导体电路最常用的 CMOS 工艺，具有集成度高、功耗小、速度快、成本低等特点，最近几年在宽动态、低照度方面发展迅速。CMOS 即互补性金属氧化物半导体，主要是利用硅和锗两种元素所做成的半导体，通过 CMOS 上带负电和带正电的晶体管来实现基本的功能。这两个互补效应所产生的电流即可被处理芯片记录和解读成影像。

CMOS 针对 CCD 最主要的优势就是非常省电。不像由二级管组成的 CCD，CMOS 电路几乎没有静态电量消耗。这就使得 CMOS 的耗电量只有普通 CCD 的 1/3 左右，CMOS 重要问题是在处理快速变换的影像时，由于电流变换过于频繁而过热，暗电流抑制得好就问题不大，如果抑制得不好就十分容易出现噪点。

在模拟摄像机以及标清网络摄像机中，CCD 的使用最为广泛，长期以来都在市场上占有主导地位。CCD 的特点是灵敏度高，但响应速度较低，不适用于高清监控摄像机采用的高分辨率逐行扫描方式。因此，进入高清监控时代以后，CMOS 逐渐被人们所认识，高清监控摄像机普遍采用 CMOS 感光器件。

8.2.1　分类号使用特点

在图像传感器的领域，其涉及的 IPC 分类号定义见表 8-1。

表 8-1　图像传感器技术相关 IPC 分类号

IPC 下分类	点组	含义
H01L27/146	•••	成像器结构
H01L27/148	••	电荷耦合图像器件
H04N5/30	•	转变光或模拟信息为电信号
H04N5/33	••	红外辐射的转换
H04N5/335	••	利用固态图像传感器
H04N5/341	•••	通过控制扫描电路从图像传感器中提取像素数据，如通过修正已被采样或者将被采样的像素数量
H04N5/357	•••	噪声处理，如检测、修正、降低或者去除噪声
H04N5/361	••••	应用于暗电流

图像传感器技术涉及的 CPC 分类号见表 8-2。

表 8-2　图像传感器技术相关 CPC 分类号

CPC 下分类	点组	含义
H01L27/14601	••••	其结构或者功能零部件
H01L27/14643	••••	电二极管阵列；CMOS 成像器
H01L27/14665	••••	利用光电导体层的成像器

续表

CPC 下分类	点组	含义
H01L27/14678	····	接触型成像器
H01L27/14679	····	结型场效应晶体管成像器；静电感应晶体管成像器
H01L27/14681	····	双极性晶体管成像器
H01L27/14825	·····	线性电荷耦合图像器件
H01L27/14831	·····	区域电荷耦合图像器件
H01L27/14862	·····	CID 成像器
H01L27/14868	·····	CCD 或 CID 彩色成像器
H01L27/14875	·····	红外线 CCD 或 CID 成像器

可见，图像传感器技术主要包括 H01L27 和 H04N5 下属的分类号，其中 H01L/27 下属的 IPC 和 CPC 分类号主要涉及图像传感器的结构，例如 H04N5 下属的 IPC 分类号主要涉及对传感器功能的改进。

8.2.2　关键词提取和扩展

图像传感器技术的关键词见表 8-3。

表 8-3　图像传感器技术相关关键词

关键词		关键词	
中文	英文	中文	英文
传感器 感测器探测器	Sensor, transducer	电荷	charge
电荷耦合元件	charge coupled deviceCCD	光电转换	photoelectric conversion
线阵	line array	成像	image
面阵	area array	互补金属氧化物半导体	Complementary metaloxide semiconductor, CMOS
点阵	lattice	光敏二极管	photodiode
暗电流	dark current	功耗	power consumption
灵敏度	sensitivity	像素	pixel
噪声	noise	曝光时间	exposure time
动态范围	dynamic range	主动式	active
畸变	distortion	被动式	passive
分辨率	resolution	感光	photosensitive

8.2.3 检索策略选择

从上表可以看出，涉及图像传感技术器的 IPC 分类号较少，集中在 H01L/27 及 H04N5/30，然而，CPC 分类表中对该技术给出了相当丰富的分类号，涉及图像传感器的类型、结构及技术改进等方面。相比 IPC 分类号，CPC 分类号更能体现该领域的技术特点及发展方向。在对该领域的案件进行检索时，以通过查看上述表格从应用分类和/或功能分类的角度找到相关的 CPC 分类号，充分利用 CPC 分类号进行检索，弥补关键词表达不准确、扩展不全面等不足，从而快速获得相应的专利文献。

8.2.4 案例实践

（1）技术构思简介

图像传感器广泛应用在数码产品、移动终端、安防监控及科研、工业等领域的各种设备中。互补型金属氧化物半导体（CMOS）图像传感器因具有低功耗、低成本和高集成度等优势，逐渐取代传统图像传感器而成为固态图像传感器技术的主流。图像传感器中包括像素阵列，像素阵列由多个像素单元组成，每个像素单元中包括光电二极管。CMOS 图像传感器的工作原理是：当光照射到图像传感器的像素单元时，该像素单元对应的光电二极管根据入射光强产生相应数量的载流子，这些载流子经过模数转换及信号处理后在该像素单元对应的位置处输出对应的色度，而所有像素单元对应的图像加在一起便得到了整体的图像。满阱容量指的是每个像素单元能够存储的载流子最大数量，而决定满阱容量的一个重要因素就是光电二极管的面积。现有技术中，随着 CMOS 图像传感器的像素单元的尺寸的减小，使得像素单元对应的光电二极管的面积也减小，导致满阱容量降低。而低的满阱容量会降低像素单元的可探测光的动态范围，这会严重降低图像传感器输出的图像的质量。

针对现有技术的不足，设计了一种像素单元，包括衬底、位于衬底上的至少一个光电二极管、暂存区、浮置扩散区、第一晶体管和第二晶体管，浮置扩散区，用于在第二晶体管导通时，存储从暂存区转移的在第一晶体管的导通和关断均达到至少两次的预设次数时光电二极管生成的载流子，由于通过设置暂存区使得浮置扩散区可以存储光电二极管至少两次生成的载流子，相较于现有技术中的从光电二极管 31 转移至浮置扩散区 33 的载流子数目多，提高了用于转化成输出电压信号的载流子的数目，间接提高了光电二极管的满阱容量，提高了图像传感器输出图像的质量。

（2）检索策略分析

先对检索的技术构思进行分析。在上述技术构思中，通过提高了光电二极管的满阱容量来提高图像传感器的成像质量，具体来说，通过在像素单元中设置暂存区，可以存储至少一个光电二极管生成的载流子，进而使得浮置扩散区可以存储至少一个光电二极管至少两次生成的载流子，进而达到了增大浮置扩散区中用于转化为电压信号的载流子的数目以及提高像素单元的满阱容量的目的。

基于以上分析，该技术构思的技术要点在于：在像素单元中设置可存储至少一个光电二极管生成的载流子的暂存区来提高像素单元的满阱容量。因此，根据上述技术要点形成检索要素表见表 8-4。

表 8-4　满阱容量检索要素表

检索要素		检索要素 1	检索要素 2	检索要素 3
关键词	中文	图像传感器	满阱容量	载流子
	英文	CMOS	full well capacity，FWC	carrier
分类号	IPC		H01L27/146	
	IPC		H01L27/146	

（3）检索过程及结果分析

①简单检索。考虑到发明点通常会在摘要中出现，可以优先考虑针对"摘要"字段进行检索以提高检索效率。在针对"摘要"字段没有得到合适的检索结果的情况下，再进一步在"说明书"字段中进行检索。综合以上分析，首先在 PSS 系统中以"摘要"字段进行简单检索。

如图 8-4 所示，在摘要中检索"满阱容量"的结果是 75 篇，其中能够得到发明构思对应的专利文献（A）：CN110291639A，以及相关的文献（B）：CN112259569 A，与该申请具有相同的技术问题，公开了可以利用该栅极沟槽内外两个表面都可以进行电子传输的特性，实现增大传输晶体管栅极结构有效面积，同时在横向方向上延伸光电二极管的宽度，进而增加了电子传输沟通面积，提高光生电子传输速率，减少二极管底部的电子残留，最终提升光电二极管的满阱容量。通过浏览该文献，能够获得载流子的拓展关键词"光电子"。在摘要中同时限定"满阱容量"和"载流子"，得到的结果只有 1 篇专利文献：CN110291639A，如图 8-5 所示。

图 8-4　满阱容量检索结果（1）

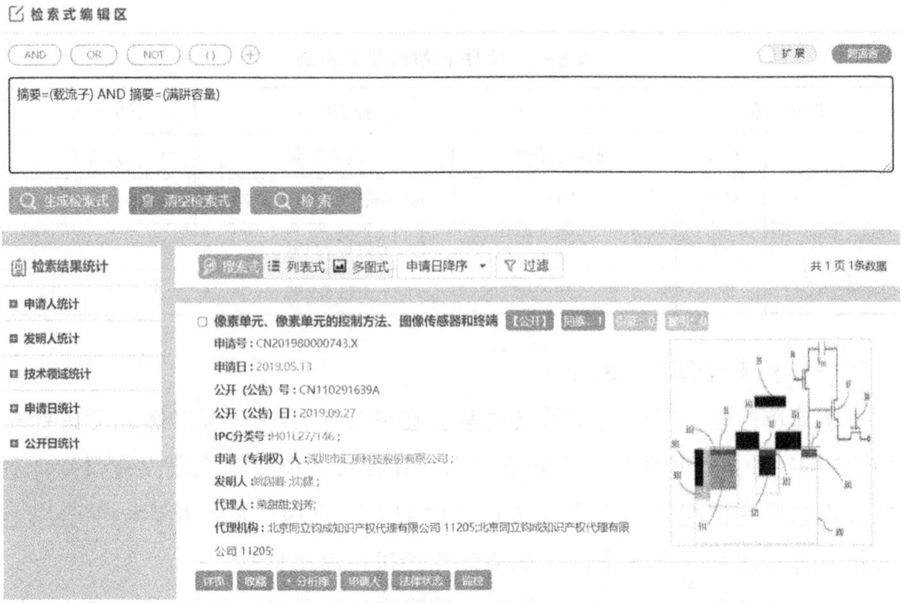

图 8-5　满阱容量检索结果（2）

考虑到仅在摘要库中检索可能会遗漏相关文献，采用上述关键词转入说明书中进行检索，仅采用"满阱容量"获得 426 篇检索结果，其中大部分文献与该申请发明构思并不十分相关，如图 8-6 所示。

图 8-6　满阱容量检索结果（3）

同时，拓展载流子的同义关键词光电子，进一步限定，得到 116 篇文献。通过浏览得到相关文献 CN212625579U，公开了在图像传感器在增加多晶硅结构，保证同样的输出电压信号范围的前提下，对比增加像素满阱容量，改善了图像传感器的整体性能，如图 8-7 所示。

图 8-7　满阱容量检索结果（4）

同时，进一步增加检索要素"图像质量"，如图 8-8 所示进行限定，仅能得到专利文献 CN110291639A。可见，采用过多的关键词会导致检索范围大大地缩小。

图 8-8　满阱容量检索结果（5）

　　②分类号结合关键词检索。在专利检索过程中，除了利用关键词，还可利用分类号来快速命中相关文献。根据检索到的该申请和相关专利文献进行分析。可以考虑给出的 IPC 分类号 H01L27/146，其涉及成像器结构，结合关键词"满阱容量"及"载流子""光电子"，如图 8-9 所示。

图 8-9　满阱容量检索结果（6）

　　由此可见，利用分类号和关键词的结合，获得了 77 篇检索结果，能够得到相关文献 JP2014237775A，其公开了提高将光电二极管掺杂区移至空间更大的第一硅衬底层内，且不影响光生载流子从光电二极管掺杂区移动至浮置扩散区，从而有机会获得更高的满阱容量。

　　还可以使用 IPC 分类号结合英文关键词进行检索，检索结果如图 8-10所示。

图 8-10　满阱容量检索结果（7）

检索结果为 15 篇，通过分析检索结果可知，其中有相关文献 KR20060041013A，通过在电荷传输周期的至少一部分期间向其提供高于外部电源电压的电压，减少残留在光电转换部件中的自由电荷载流子造成的余像效应，并提高光电转换部件的转换增益和电荷积累能力。

8.3　流媒体技术

实时视频监视与录像回放是视频监控的两大重要业务，其本质是将视频源上的多媒体数据传送到视频接收端。实时视频监视要求完成视频的实时传输，具有很强的实时性；录像回放则类似于视频点播业务，具有一定的实时性，要求画面清晰流畅，并且能完成各种播放控制操作。

我们可以将前端的摄像机看成是实时的 A/V 源，而将录像文件看成是存储的 A/V 文件，那么目前解决此类问题的一个好办法便是运用流媒体技术。流媒体是指采用流式传输技术在网络上连续实时播放的媒体格式，如音频、视频或多媒体文件。流媒体技术是指把连续的影像和声音信息经过压缩处理后放上网站服务器，由视频服务器向用户计算机顺序或实时地传送各个压缩包，让用户一边下载一边观看、收听，而不需等整个压缩文件下载到自己的计算机上才能观看的网络传输技术。

使用流式传输技术连续时的媒体与传统的单纯下载相比较流媒体具有明显的优点。由于不需要将全部数据下载，因此等待时间可以大大缩短；由于流文件往往小于原始文件的数据量，并且用户也不需要将全部流文件下载到硬盘，从而节省了大量的磁盘空间；由于采用了实时传输协议，更加适合动画视频音频在网上的实时传输。实现流式传输有两种方法：顺序流式传输和实时流式传输。

顺序流式传输是顺序下载，在下载文件的同时用户可以观看，但是，用户的观看与服务器上的传输并不是同步进行的，用户是在一段延时后才能看到服务器上传出来的信息，或者说用户看到的总是服务器在若干时间以前传出来的信息。在此过程中，用户只能观看已下载的那部分，而不能要求跳到还未下载的部分。顺序流式传输比较适合高质量的短片段，因为它可以较好地保证节目播放的最终质量。它适合于在网站上发布的供用户点播的音视频节目。在实时流式传输中，音视频信息可被实时观看到。在观看过程中用户可快进或后退以观看前面或后面的内容，但是在这种传输方式中，如果网络传输状况不理想，则收到的信号效果比较差。视频监控业务主要采用实时流式传输。

在视频监控系统中，网络摄像机可以看成是一台提供实时 A/V 源的服务器，当用户请求进行实时监视时，网络摄像机采用实时流式传输方式向用户终端传送监控画面。对于小型视频监控系统，当多个用户同时访问网络摄像机将带来流量瓶颈等问题，可以使用视频服务器来进行中转，让视频服务器来提供强大的负载能力。而在大型的视频监控系统中，由于带宽、服务器负载、分布式应用等方面的优点系统采用组播技术。组播可以大大地节省网络带宽，因为无论有多少个目标地址，在整个网络的任何一条链路上只传送单一的数据包。它提高了数据传送效率，减少了主干网出现拥塞的可能性。组播组中的主机可以在同一个网络，也可以来自不同的网络。IP 组播技术构建一种具有组播能力的网络，允许路由器一次将数据包复制到多个通道上。采用组播方式，单台服务器能够对几十万台客户机同时发送连续数据流而无时延。媒体服务器只需要发送一个信息包，而不是多个，所有发出请求的客户端共享同一信息包。信息可以发送到任意地址的客户机，减少网络上传输的信息包的总量。网络利用效率大大提高，成本大为下降。当系统在监控前端设备与用户终端的数目都非常庞大时，除了增加考虑组播、广播等方案外，更需要一套完善的媒体分发、调度机制来保证媒体的高效传送。在这方面，目前尚无成熟的方案，中国通信标准化组织正对此展开积极研究，以便为未来的视频监控系统提供标准的媒体传送机制。

8.3.1　分类号使用特点

流媒体技术涉及的 IPC 分类号如表 8-5 所示。

表 8-5　流媒体技术相关 IPC 分类号

IPC 下分类	点组	含义
H04L29/06	••	以协议为特征的通信控制
H04N21/60	•	服务器和客户端之间或者在远程客户端之间的视频分配的网络结构或者处理；在客户端、服务器和网络元件之间的控制指令；在服务器和客户端之间的管理数据的传输；在服务器和客户端之间的通信细节

IPC 下分类	点组	含义
H04N21/61	••	网络物理结构；信号处理
H04N21/63	•	在客户端、服务器和网络元件之间的控制信令；用于服务器和客户端之间的视频分配的网络处理，如在不同传输路径上的传输基本层和增强层，在远程 STB 之间通过互联网建立点对点通信；通信协议；寻址
H04N21/643	•••	通信协议
H04N21/647	•••	在网络元件和服务器或者客户端之间的控制信令；用于服务器和客户端之间的视频分配的网络处理，例如控制视频流的质量，通过丢包、在网络内保护内容免受未经授权的改变、监控网络负载或在两个不同网络间进行桥接，如在 IP 网和无线网之间
H04N21/65	••	在客户端和服务器之间的管理数据的传输
H04L65/60	•	媒体处理，编码，流或转换
H04L65/608	••	流协议，如 RTP 或 RTCP

H04N21 及 H04L65 下的 CPC 对应的相关分类号如表 8-6 所示。

表 8-6　流媒体技术相关 CPC 分类号

CPC 下分类	点组	含义
H04N21/6106	•••	特别适用于传输网络的下行通道
H04N21/6112	••••	涉及陆地传输，如 DVB-T
H04N21/6118	••••	涉及电缆传输，如使用电缆调制解调器
H04N21/6125	••••	涉及通过因特网的传输
H04N21/6131	••••	涉及通过移动电话网的传输
H04N21/6137	••••	涉及通过电话网的传输，如 POTS
H04N21/6143	•••••	涉及通过卫星的传输
H04N21/615	•••	物理级的信号处理
H04N21/6156	•••	特别适合于传输网络的上行通道
H04N21/631	•••	多模传输，如通过不同的传输通道传输内容的基本层和增强层，或者具有不同的错误校正、不同的密钥或者具有不同的传输协议的的传输
H04N21/632	•••	使用广域网上的客户端之间的连接，如设置通过因特网的点对点通信，以从其他客户端设备的硬盘上取得视频片段

续表

CPC 下分类	点组	含义
H04N21/637	•••	由客户端向服务器或者网络元件发出的控制信令
H04N21/64	•••	寻址
H04N21/6402	••••	用于客户端的地址分配
H04N21/6405	••••	组播
H04N21/6408	••••	单播
H04N21/64307	••••	异步传输模式（ATM）
H04N21/64315	••••	DVB-H
H04N21/64322	••••	IP
H04N21/6433	••••	数字存储介质-命令和控制协议［DSM-CC］
H04N21/6437	••••	RTP［实时传输协议］
H04N21/64723	••••	监控网络进程或者资源，如监控网络负载
H04N21/64738	•••••	监控网络特征，如带宽、拥塞等级
H04N21/64784	••••	网络进行的数据处理
H04N21/64792	•••••	控制内容流的复杂度，如通过丢包
H04L65/4069	••	单向数据流相关服务
H04L65/4076	•••	多播或广播
H04L65/4084	•••	内容点播
H04L65/4092	•••	通过目的地对源的控制，如用户控制服务的流速率

可见流媒体技术涉及的 IPC 分类号较为广泛，包括涉及网络结构的 H04N21/61 和涉及协议的 H04L29/06、H04L65/608 及 H04N21/64 等，而 CPC 分类号集中在 H04L65 及 H04N21 两个分支，分别对流媒体传输架构和协议进行进一步细分。

8.3.2 关键词提取和扩展

流媒体传输技术的关键词如表8-7所示。

表8-7 流媒体技术相关关键词

关键词		关键词	
中文	英文	中文	英文
流媒体	stream media	视频	video

续表

关键词		关键词	
中文	英文	中文	英文
传输	transmit	广播	broadcast
组播，多播	multicast	协议	protocol
单播	unicast	客户端	client
服务器	server	异步传输	asynchronous transmission
实时	real time	组网	networking
回放	replay	寻址	addressing
流式传输	streaming	丢包	packet loss

8.3.3　检索策略选择

流媒体传输技术的专利申请由于分布较广，当涉及流媒体的传输介质时，可优先采用 H04N21/61 下属的分类号进行检索，例如涉及通过因特网的传输的 H04N21/6125，涉及通过移动电话网的传输的 H04N21/6131，并且该领域的技术术语较为准确，适宜采用分类号+关键词的方式来检索相关专利文献；当涉及流媒体的传输控制时，可优先采用 H04N21/64 下属的分类号进行检索，例如涉及控制内容流的复杂度的 H04N21/64784，涉及监控网络特征的 H04N21/647387，还可结合表征技术效果的例如丢包、拥塞的关键词，提高命中相关文献的效率。

8.3.4　案例实践

（1）技术构思简介

随着 IP 视频监控技术的发展，IP 视频监控的部署越来越广泛，监控的组网规模日益庞大，组网也越来越复杂。在视频监控系统中，组播技术有它无可比拟的优势，但同时对组网、对设备有一定的要求。然而在视频监控系统中，上下级域的网络独立规划，每个域内支持组播，但是域间的连接网络设备未必支持组播，此外，独立规划的上下级域组播地址可能存在重叠。

现有技术中，虽然组播技术在单域组网的应用场景下，应用已经较为广泛。但是在多域互联的情况下，一般用单播来替代组播流方案。例如，监控域 A 与监控域 B 跨域组网，因为组播地址规划重叠，或者是连接两个域之间的网络设备不支持组播，导致跨域之间的流量必须使用单播方案。例如在监控域 B 内，解码客户端 B 查看 IPC B 的实时图像时，IPC B 直接发送组播流给解码客户端 B，在另外一个监控域 A 内，解码客户端 A 也需要查看 IPCB 的实时图像时，IPC B 需要专门的发送一条单播流给解码客户端 B。视频流量这样走可以达到在解码客户端 A 查看的基本功能，但明显不是最优方案。对于 IPCB 而言，既要维护单播功能又要维护组播功能，对于海量的终端设备而言，增加的功能越多成本越高，故障率也越高。

针对现有技术的不足，提出一种视频监控系统中跨域组播方法，应用于视频监控系统中的视频管理服务器，接收本监控域内客户端查看其他监控域前端设备的查询消息，向其他监控域的视频管理服务器查询，并根据反馈的通知消息通知本监控域内的流媒体服务器在接收到该其他监控域内流媒体服务器的单播视频流后，将该视频流以组播流方式发送，并通知本监控域内查看该其他监控域内前端设备的客户端接收组播流。该方法能够在只要终端设备支持组播的情况下，即可实现跨域组播。

（2）检索策略分析

首先，对技术构思的发明构思进行分析。在上述技术构思中，视频监控系统中的视频管理服务器接收本监控域内客户端查看其他监控域前端设备的查询消息，向其他监控域的视频管理服务器查询，并根据反馈的通知消息通知本监控域内的流媒体服务器在接收到其他监控域内流媒体服务器的单播视频流后，将该视频流以组播流方式发送，并通知本监控域内查看该其他监控域内前端设备的客户端接收组播流，能够在只有终端设备支持组播的情况下，即可实现跨域组播。

其次，该技术构思的技术要点在于：本监控域内的流媒体服务器在接收到该其他监控域内流媒体服务器的单播视频流后，将该视频流以组播流方式发送给本监控域内查看该其他监控域内前端设备的客户端。并且，根据上文分析，视频传输技术涉及多个 IPC 分类号，如主要为 H047/18、H04N21/64 及其下属的分类号及 CPC 分类号，因此，根据上述技术要点形成检索要素见表 8-8。

表 8-8　组播检索要素表

检索要素		检索要素 1	检索要素 2
关键词	中文	组播	监控域 跨域
	英文	multicast	cross-domain，monitor domain
分类号	IPC	H04N7/18	H04N21/64

（3）检索过程及分析

①简单检索。首先，在 PSS 系统中高级检索的检索式编辑区输入检索式"摘要＝（组播）AND 摘要＝（跨域 OR 监控域）AND 摘要＝（服务器）"，如图 8-11 所示，只得到包含该发明构思的专利文献：CN106210648A。

图 8-11　组播检索结果（1）

其次，仅采用检索要素 1 和 2 来进行检索，在 PSS 系统中高级检索的检索式编辑区输入检索式"摘要＝（组播）AND 摘要＝（跨域 OR 监控域）"，得到 30 篇文献，其中包含相关文献：CN111327534A，其公开了在其他域为单播通信时，将单播转组播，以在本级监控平台内实现组播传输，减少了媒体服务器的工作压力，实现了全网组播。

②分类号结合关键词检索。此外，可以构造分类号＋关键词检索的检索式来获得相关专利文献，如图 8-12 所示。

图 8-12　组播检索结果（2）

当采用多个 IPC 分类号相或进行检索时，可以发现检索结果有 267 条，通过浏览相关文献，可以发现分类号为 H04N21/64 的文献比分类号为 H04N7/18 的文献与该申请的发明构思更相关，并且 H0421/64 下属的分类号 H04N21/6405 表示组播能够更精准地体现该申请的技术构思，因此，考虑使用该分类号来快速命中与主题相关的专利文献，能得到相关文献 CN106851435A。其公开了一种组播流的发送方法，由后端设备接收请求目标前端设备的组播流的消息，当目标前端设备与后端设备不位于同一个平级域中时，判断组播配置表中是否已存储目标前端设备对应的跨域组播信息；若判断结果为否，后端设备通过中继设备向目标前端设备所在平级域的目标后端设备发送包含指定跨域组播信息的组播配置请求。后端设备在接收到目标后端设备发送的组播配置请求对应的成功应答消息时，通过中继设备加入指定跨域组播信息对应的组播组，并接收中继设备发送的目标前端设备对应的组播流。从而减少 IPC 发送媒体流的数量，进而降低 IPC 所在的平级域的网络传输负载。

如图 8-13 所示，当采用该分类号结合跨域、监控域的英文关键词进行检索时，得到 59 篇文献，其中能够得到相关文献 US2016152221A1。其公开了一种内容监视器，从多个客户端接收对内容的请求，如果在第一次之前接收到该请求，则指示每个客户端在稍后的第一次重试其各自的请求，对请求进行计数以确定是否有数量。如果在第二次之前收到请求，则请求的请求超过阈值，如果请求的计数数量没有超过第一阈值，则指示每个客户端在稍后的第二次重试其各自的请求，指示每个客户端加入多播组，当请求的数量超过第一阈值时接收内容，并且在内容的第一部分已经被发送到多播组之后计算加入多播组的迟到的客户端的数量，能够为尽可能多的客户端实现同步的组播流传输。

图 8-13　组播检索结果（3）

8.4 视频编解码技术

视频监控的主要技术对象就是视频数据，大量视频数据不适合网络传输和存储，需要将视频数据进行压缩编码。对于视频压缩标准的选择，主要是在应用需求的导引下，考虑压缩比率、传输带宽、画面质量和算法复杂度等。目前较新的主流产品均采用 MPEG-4 和 H.264 标准。

关于视频压缩编码的算法和标准有很多（图 8-14），ITU-T 与 ISO/IEC 是制定音视频编解码标准的两大组织，由 ISO 和 IEC 联合制定的 MPEG 系列和 ITU-T 的 H.XXX 系列标准占主导地位，ITU-T 的标准包括 H.261、H.263、H.264，主要应用于实时视频通信领域，如会议电视系列；M-JPEG 标准是由 ISO 和 CCITT 为静态图像制定的，主要应用于视频存储（DVD）、广播电视、因特网或无线网上的流媒体等。两个组织也共同制定了一些标准，H.262 标准等同于 MPEG-2 的音视频编解码标准，而最新的 H.264 标准则被纳入 MPEGg-4 的第 10 部分。不同的视频编解码算法，最直观的效果是，同样清晰度的视频流，经过最先进的算法压缩后，网络带宽会成倍缩小，但网络带宽的缩小是以算法计算的复杂度上升为代价的，所以在研究算法改进的同时，也是以硬件计算能力的提升为前提。

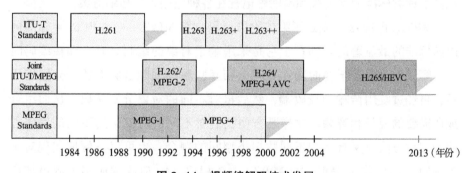

图 8-14 视频编解码技术发展

MPEG 的全名为 Moving Pictures Experts Group，中文译名是动态图像专家组。MPEG 标准主要有以下五个，MPEG-1、MPEG-2、MPEG-4、MPEG-7、MPEG-21。该专家组建于 1988 年，专门负责为 CD 建立视频和音频标准，而成员都是视频、音频及系统领域的技术专家。

MPEG 标准的视频压缩编码技术主要利用了具有运动补偿的帧间压缩编码技术以减小时间冗余度，利用 DCT 技术以减小图像的空间冗余度，利用熵编码则在信息表示方面减小了统计冗余度。这几种技术的综合运用，大大增强了压缩性能。

颁布于 1993 年的 MPEG-1 和 1994 年的 MPEG-2 是 ISO 的运动图像专家组（MPEG）的第一阶段解决方案，MPEG-1 的视频压缩所采用的技术有两种：在空间方向上（帧内），图像数据压缩 1 采用了和 JPEG 类似的算法来去掉空间冗余数据，采用基于 DCT 的变换编码技术，用以减少空域冗余信息；在时间方向上（帧间），视频数据压缩采用移动补偿算法来去掉时间冗余数据。MPEG-1 也被用于数字电话网络上的视频传输，如非对称数字用户线路，视频点播，以及教育网络等。同时，MPEG-1 也可被用做记录媒体或是在 INTERNET 上传输音频。

MPEG-2 被称为"21 世纪的电视标准"，它的基本算法与 MPEG-1 相同，与 MPEG—1 相比，MPEG—2 主要增加了处理隔行扫描的视频信号的能力、场图像的场间预测、帧图像的场间预测等 4 种预测模式、更高的色信号取样模式、可伸缩的视频编码方式等功能。MPEG-2 标准不是 MPEG-1 的简单升级，而是在传输和系统方面做了更加详细的规定和进一步的完善，提供了针对标准数字电视和高清晰电视在各种应用下的压缩方案。

MPEG 于 1998 年制定了第二阶段解码方案 MPEG-4，MPEG-4 标准同以前标准的最显著的差别在于它是采用基于对象的编码理念，即在编码时将一幅景物分成若干在时间和空间上相互联系的视频音频对象，分别编码后，再经过复用传输到接收端，然后再对不同的对象分别解码，从而组合成所需要的视频和音频。这样既方便我们对不同的对象采用不同的编码方法和表示方法，又有利于不同数据类型间的融合，也可以方便地实现对于各种对象的操作及编辑。与 MPEG-1/2 相比，MPEG4 的应用领域更加广泛，包括数字电视、实时多媒体监控、交互多媒体应用、演播电视等领域，具有压缩效率高、内容交互性强、图像质量好等优点。

H.261 是 1990 年 ITU-T 制定的一个视频编码标准，属于视频编解码器。其设计的目的是能够在带宽为 64kbps 的倍数的综合业务数字网上传输质量可接受的视频信号。H.261 使用了混合编码框架，包括了基于运动补偿的帧间预测，基于离散余弦变换的空域变换编码，量化，zig-zag 扫描和熵编码。H. 261 编码时基本的操作单位称为宏块。H. 261 使用 YCbCr 颜色空间，并采用 4∶2∶0 色度抽样，每个宏块包括 16×16 的亮度抽样值和两个相应的 8×8 的色度抽样值。

国际电联于 1998 年颁布 H. 263 甚低比特率视频编解码标准，该标准除了沿用 JPEG 静止图像压缩标准的帧内技术、MPEG-1、MPEG-2 动态图像压缩标准的帧间技术外，还采用了以下无限制的运用运动矢量模式、基于语法的算术编码模式、PB 帧模式等先进技术，它是一种可扩展的算法，针对网络传输速率处于变化的状态，解决了易错网络的容错性。

H. 264 是由 ITU-T 视频编码专家组（VCEG）和 ISO/IEC 动态图像专家组（MPEG）联合组成的联合视频组（JVT, Joint Video Team）提出的高度压缩数字视频编解码器标准，在整体的编码框架方面，H. 264 依然采用了与前期标准类似的结构，即块结构的混合编码框架。在 H. 264 进行编码的过程中，每一帧的 H 图像被分为一个或多个条带进行编码。每一个条带包含多个宏块。宏块是 H. 264 标准中基本的编码单元，其基本结构包含一个包含 16×16 个亮度像素块和两个 8×8 色度像素块，以及其他一些宏块头信息。在对一个宏块进行编码时，每一个宏块会分割成多种不同大小的子块进行预测。相比于早期标准只能按照宏块或者半个宏块进行运动补偿，H. 264 所采用的这种更加细分的宏块分割方法提供了更高的预测精度和编码效率。在变换编码方面，针对预测残差数据进行的变换块大小为 4×4 或 8×8。相比于仅支持 8×8 大小的变换块的早期版本，H. 264 避免了变换逆变换中经常出现的失配问题。

H. 264 作为目前最常用的视频编码方法之一，保留了以往压缩技术的优点和精华，又具有其他压缩技术无法比拟的许多优点。和 MPEG2 和 MPEG4 ASP 等压缩技术相比，在同等图像质量下，采用 H. 264 技术压缩后的数据量只有 MPEG2 的 1/8，MPEG4 的 1/3。显然，H. 264 压缩技术的采用将大大节省用户的下载时间和数据流量收费。并且，H. 264 能提供连续、流畅的高质量图像，具有较强的容错能力，是能够解决在不稳定网络环境下容易发生的丢包等错误的必要工具。同时，H. 264 提供的网络适应层使得 H. 264 的文件能方便地在不同网络上传输。

8.4.1　分类号使用特点

视频编解码技术涉及的 IPC 分类号定义见表 8-9。

表 8-9　视频编解码技术相关 IPC 分类号

IPC 下分类	点组	含义
H04N19/00	无	用于数字视频信号编码，解码，压缩或解压缩的方法或装置
H04N19/10	•	使用自适应编码
H04N19/102	• •	其特征在于由一个元素，参数或选择影响，即通过自适应编码控制
H04N19/103	• • •	编码或预测模式选择
H04N19/124	• • •	量化
H04N19/60	•	使用变换编码
H04N19/91	• •	用于熵编码的，如可变长度编码［VLC］或算术编码
H04N19/93	• •	游程编码
H04N19/94	• •	矢量量化
H04N19/96	• •	树编码，如四叉树
H04N19/97	• •	匹配追踪编码
H04N19/98	• •	自适应动态范围编码［ADRC］
H04N19/99	• •	包括分形编码

视频编解码技术对应的 CPC 分类号定义见表 8-10。

表 8-10　视频编解码技术相关 CPC 分类号

CPC 下分类	点组	含义
H04N19/188	• • •	单位是视频数据包，如网络提取层单元［NAL］
H04N19/1883	• • •	运动矢量的分析，如其大小，方向，方差或可靠性
H04N19/1887	• • •	单位是可变长度码字
H04N19/197	• • • •	包括编码参数的初始值的确定
H04N19/198	• • • •	包括序列编码参数的平滑处理，如通过进行平均，选择的最大，最小或中间值
H04N19/395	• • • •	包括分布式视频编码［DVC］，如 Wyner-Ziv 视频编码或 Slepian-Wolf 视频编码

续表

CPC 下分类	点组	含义
H04N19/427	••••	即时显示，如从解码存储器中同时写入和读出
H04N19/428	••••	再压缩，如通过空间或时间抽取
H04N19/439	••	使用串联的计算装置来执行单一操作，如滤波
H04N19/45	••	进行逆变换失配的补偿，如离散余弦逆变换［IDCT］失配
H04N19/521	••••	用于估计所确定的运动矢量或运动矢量场的可靠性，如用于平滑运动矢量场或用于校正运动矢量
H04N19/619	•••	预测环之外进行的变换
H04N19/649	•••	变换被应用到非矩形图像段
H04N19/865	•••	解压缩视频中细分的原编码块的检测
H04N19/99	••	包括分形编码

由表可见，视频编解码技术的分类号全部集中在 H04N19，IPC 和 CPC 都拓展较为详细，例如 IPC 分类号 H04N19/96、H04N19/97、H04N19/98、H04N19/99 分别表示不同的编码方法，而 CPC 分类号 H04N19/197、H04N19/198 等能对编码的步骤进行进一步细分。

8.4.2　关键词提取和扩展

视频编解码技术的关键词见表 8-11。

表 8-11　视频编解码技术相关关键词

关键词		关键词	
中文	英文	中文	英文
编码	coding	量化	quantify
解码	decoding	运动估计	motion estimation
预测	predict	残差	residual
滤波	filter	变换	transform
纠错	error correction	逆变换	inverse transformation
压缩	compression	采样	sampling
解压缩	decompression	宏块	block

8.4.3　检索策略选择

视频编解码领域的分类号较为详细，IPC 分类号主要针对不同的视频编解码方法进行分类，当检索的技术主题为某一种编码方法时，可以优先采用相应的 IPC 分类号，例如表示游程编码的 H04N19/93，表示树编码的 H04N19/96；CPC 分类号主要针对编码的具体步骤进行分类，当检索的技术主题为对编码步骤进行改进时，可以优先采用相应的 CPC 分类号，例如表示再压缩的 H04N19/428，表示滤波的 H04N19/439。此外，编解码技术的关键词多为难以拓展的技术术语，优先使用最准确的分类号结合关键词进行检索，当技术主题中某一关键词多次出现时，可采用 FREC 的算法对关键词的次数进行限定，进一步提高检索效率。并且，由于视频编解码领域的学术文章较多，除了专利检索外，也需要注重在 CNKI、IEEE 等非专利库的检索，通常可以对作者进行追踪或对关键词进行检索。

8.4.4　案例实践

（1）技术构思简介

随着数字通信、集成电路等技术的飞速发展，移动终端设备之间的视频通信得到了广泛应用，同时催生了如无线监控视频、远程现场指挥等多种新型视频通信服务。然而，针对诸如山区灾害或军事应用等特定环境，其设备普遍具有功耗、存储容量等方面受限的特点。传统视频编码标准采用预测加变换的混合编码框架，具有编码端复杂而解码端简单的特点。分布式视频编码（Distributed VideoCoding，DVC）与传统编码方式不同，它采用独立编码联合解码的方式，将复杂度从编码端转移至解码端。因此，DVC 与传统编码方式的转码为移动终端设备之间的低功耗视频通信提供了一种极为有效的实现思路。

目前学术界对于 DVC 向传统视频标准转码开展了大量工作，并且多数已经取得了较为良好的进展。阿尔伯托·科拉莱斯（Alberto Corrales）等根据 H.264 编码时宏块的分块尺寸大小与 DVC 解码端边信息的残差分布具有较高相似性这一特点，实现了模式选择算法的加速。马第尼斯（Martinez）等利用 DVC 解码时产生的运动矢量减少 H.264 编码时运动估计过程中的计算复杂度。荣松等基于云计算的优势，提出了一种基于云转码的低复杂度端到端的视频通信系统。上述方法都能在一定程度上加速 DVC-H.264 转码过程，但是关于 DVC-HEVC 转码的研究仍处于初步阶段。

针对现有技术的不足，设计提供一种基于朴素贝叶斯的 DVC-HEVC 视频转码方法，主要包括以下过程步骤：①DVC 码流解码后的得到重建帧序列，将重建序列中的非关键帧划分训练帧及测试帧；②对训练帧进行 HEVC 编码，同时提取其 CU 划分结果作为模型训练时的监督信息，结合 DVC 解码过程中获得的预测残差、纹理丰富度及运动矢量作为输入特征，分别建立 64×64、32×32、16×16 训练集，得到各个尺寸的 CU 划分模型；③将测试帧序列的特征信息输入②中各个尺寸的分类模型，得到 CU 是否继续向下划分的结果。通过该方法，可以跳过 HEVC 编码模块中计算复杂度较高的逐层率失真优化过程，从而达到降低 HEVC 编码复杂度的目的。

（2）检索策略分析

根据技术构思可以确定该技术要点在于：对利用 DVC 解码端获得的训练帧对训练帧进行 HEVC 编码，对以预测残差、运动矢量及纹理丰富度建立的 CU 划分模式进行快速决策，申请采用机器学习的方法建立了一种基于朴素贝叶斯的分类器模型，避免了 HEVC 中复杂度极高的遍历迭代率失真优化过程，从而降低其编码端的计算复杂度。本根据视频编解码的分类号应用特定，可以确定较为相关的 IPC 分类号可以为 H04N19/00，通过浏览其下属的分类号，找到与该申请技术构思高度匹配的 CPC 分类号 H04N19/395，其表示分布式视频编码［DVC］，结合关键词的扩展，对检索要素表进行中英文关键词和分类号的扩展表达，见表 8-12。

表 8-12　DVC 检索要素表

检索要素		检索要素 1	检索要素 2
关键词	中文	DVC 视频编解码 分布式视频编码	贝叶斯
	英文	DVC-HEVC	Bayes
分类号	IPC	H04N19	
	CPC	H04N19/395	

（3）检索过程及分析

①简单检索。根据上述检索要素表，在 PSS 系统中高级检索的检索式编辑区输入检索式"摘要＝（分布式编码 OR DVC）AND 摘要＝（Bayers

OR 贝叶斯）"，得到包含该发明构思的专利文献 CN109743575A，如图 8-15 所示。

图 8-15　DVC 检索结果（1）

②分类号结合关键词检索。为了检索到更多的相关文献，考虑到采用贝叶斯或者 Bayers 来限定会导致检索范围被过于限缩，因此，检索思路可调整为仅采用检索要素 1 和 2 来进行检索，能够获得 82 篇文献。得到相关文献 CN106210648A，提出一种基于关键帧编码单元划分模式的 DVC-HEVC 视频转码方法，利用 I 帧的 CU 划分模式与 P 帧的 CU 划分模式之间的统计相关性，能够达到与该申请类似的提高编码效率的技术效果，如图 8-16 所示。

图 8-16　DVC 检索结果（2）

由于 CPC 分类体系从其具体应用和功能方面进行了比较完整和详细的划分，因而在使用 CPC 分类号检索时不仅可以缩小浏览范围，也可以精准表达其含义，快速命中与主题相关的专利文献。因此，可以采用该 CPC 分类号来替代分布式编解码的关键词表达，结合检索要素 2 的中英文表达,，如图 8-17 所示。

检索结果包含 50 篇文献，能够获得与上述技术构思非常相关的专利文献 CN111031303A，其公开了据贝叶斯规则来确 3DHEVC 编码器的最佳编码模式，能够降低 3D·HEVC 深度编码复杂度；专利文献 CN110072113A，其公开了一种基于贝叶斯决策的 3DHEVC 深度图帧间快速算法，能够减少编码器计算开销，在保持编码性能基本不变的情况下，减少编码时间。

图 8-17　DVC 检索结果（3）

8.5　红外成像技术

自然界中的一切物体，只要其温度高于绝对零度，就会不断得到发射辐射能。热成像系统就是通过能够透过红外辐射的红外光学系统将景物的红外辐射聚焦到能够将红外辐射能转换为便于测量的物理量的器件——红外探测器上，红外探测器再将强弱不等的辐射信号转换为相应的电信号，然后经过放大和视频处理，形成可供人眼观察的视频图像，从而使人眼的视觉范围扩展到不可见的红外区，其基本原理如图 8-18 所示。

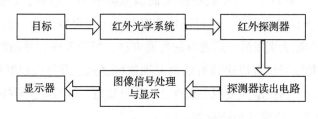

图 8-18　红外成像原理图

采用红外热成像技术探测目标物体的红外辐射，并通过光电转换、信号处理等手段，将目标物体的温度分布图像转换成视频图像的设备被称为红外热成像仪。红外热成像仪输出的图像通常称为"热图像"，由于不同物体甚至同一物体不同部位辐射能力和它们对红外线的反射强弱不同。利用物体与背景环境的辐射差异及景物本身各部分辐射的差异，热图像能够呈现景物各部分的辐射起伏，从而显示出景物的特征。

同一目标的热图像和可见光图像是不同的，它不是人眼所能看到的可见光图像，而是目标表面温度分布图像，或者说，红外热图像是人眼不能直接看到目标的表面温度分布，变成人眼可以看到的代表目标表面温度分布的热图像。

近年来，红外热成像仪被广泛运用于安防视频监控行业，能够对人体、物体等进行实时监控、探测，满足人们对夜晚监控的需求。红外成像仪还能够在烟、雾、雨水、烟云等恶劣状况下持续工作，非常适合夜间侦察、工业安防、设备安防、商业安防等领域，具体应用如下。

（1）夜间及恶劣气候条件下的目标监控

夜晚，需可见光工作的设备已经不能正常工作，如果采用人工照明，则容易暴露目标。若采用微光夜视设备，它同样也工作在可见光波段，依然需要外界光照明。而红外热成像仪是被动接受目标自身的红外热辐射，无论白天黑夜均可以正常工作，并且不会暴露自己。同样在雨、雾等恶劣的气候条件下，由于可见光的波长短，克服障碍的能力差，因而观测效果差，但红外线的波长较长，特别是工作在8~14um的热成像仪，穿透雨、雾的能力较强，因此在夜间以及恶劣气候条件，采用红外热成像监控设备仍可以正常地对各种目标进行监控。

（2）防火监控

由于红外热成像仪是反映物体表面温度而成像的设备，因此除了夜间可以作为现场监控使用外，还可以作为有效的防火报警设备。很多火灾往往是由不明显的隐火引发的。用现有的普通方法，很难发现这种隐性火灾苗头。而应用红外热成像仪可以快速有效地发现这些隐火，并且可以准确判定火灾的地点和范围，透过烟雾发现着火点，做到早知道、早预防、早扑灭。

（3）伪装及隐蔽目标的识别

伪装是以防可见光观测为主，犯罪分子作案时通常会隐蔽在草丛及树林中，由于野外环境的恶劣及人的视觉错觉，容易产生错误判断。红外热成像仪是被动接受目标自身的热辐射，人体和车辆的温度及红外辐射一般都远大于草木的温度及红外辐射，因此不易伪装，也不容易产生错误判断。

8.5.1　分类号使用特点

在红外成像技术领域，其涉及的 IPC 分类号定义见表 8-13。

表 8-13　红外成像技术相关 IPC 分类号

IPC 下分类	点组	含义
G01J5/00	无	辐射高温测定法
G08B17/12	•	靠出现辐射或微粒子作用的，例如红外辐射的、离子的
H04N5/33	• •	红外辐射的转换
H04N7/18	•	闭路电视系统，即电视信号不广播的系统
G08B13/19	• • •	用红外辐射检测系统的
G08B13/194	• • •	用图像扫描和比较系统的
G08B13/196	• • •	用电视摄像机的

红外成像技术的 CPC 分类号见表 8-14。

表 8-14　红外成像技术相关 CPC 分类号

CPC 下分类	点组	名称
G01J5/0003	•	用于感测样品的辐射热传递，例如发射度计
G01J2005/0077	•	成像
G08B17/125	• •	通过使用摄像机来探测火灾或烟雾
H04N5/332	• • •	包括红外区的至少一部分的多谱成像
H04N7/181	• •	从很多远端源点接收图像
H04N7/183	• •	从一个远端源点接收图像

8.5.2　关键词提取和扩展

红外热成像技术的关键词见表 8-15。

表 8-15　红外成像技术相关关键词

关键词		关键词	
中文	英文	中文	英文
红外	infrared	热辐射	heat radiation
热成像	thermal Imaging	伪装	camouflage
探测器	Sensor, detector	夜间监控	night monitoring

续表

关键词		关键词	
中文	英文	中文	英文
火灾	fire	预警，告警	warn
隐蔽	hide, conceal	目标识别	target recognition
应急，紧急	emergency	监测	monitor, surveillance
烟雾	fog, smoke	防盗	anti-theft

8.5.3 检索策略选择

该领域的分类号较为宽泛，文献数目较大，因此优先在摘要库在检索，并且在检索时要侧重于对关键词的扩展，具体的可针对红外成像技术的应用场景进行扩展，例如针对夜间及恶劣气候监控的领域，可以采用监控的分类号 H04N7/18，结合夜晚、夜间、雨雪、大雾等关键词进行检索；针对防火监控领域，可优先采用表示通过使用摄像机来探测火灾的 CPC 分类号 G08B17/125，例如预警、告警的特征关键词进行检索；针对防火监控领域，可优先采用表示通过使用摄像机来探测火灾的 G08B17/125，结合例如预警、告警的特征关键词进行检索；针对伪装及隐蔽目标的监控识别领域，可以采用监控的分类号 H04N7/18，结合伪装、隐蔽的效果关键词进行检索。

8.5.4 案例实践

（1）技术构思简介

在森林的保护工作中，防火是最重要的项目之一。传统的森林事故监测手段仍以人工巡视、群众报告、视频监控等手段为主，受主观因素影响较大，并且当事故发生时无法监控全局状况，信息来源渠道短缺或单一，不能满足快速应急处置的需求。

目前，在森林事故现场过程中，决策人员需要携带 PDA 设备、摄录设备、GPS 导航设备、气体探测仪、计算机等设备到现场，这些设备分别承担事故现场过程中的信息登记、影像信息取证、现场导航、气体探测、应急处理等功能。但是，这几类设备之间无法自动实现有效的关联，通过这些设备也无法完成诸如现场应急知识支持、应急指挥决策等功能，致使现场人员无法准确、快速地完成森林现场事故应急工作，一定程度上降低了现场应急办公效率。

另外，现有的监测技术均只能提供有限的参考信息，对于信息的确认，还需要决策人员携带设备到现场进一步监测确认，这就给决策人员的人身安全带来了极大的隐患。并且，对于大区域的森林，决策人员的工作量大，所需时间长，容易延误最佳处理时机，导致事故失控。

针对现有技术的不足，设计提供一种适针对大区域遥感森林防火视频红外监控系统，包括红外热成像装置、视频服务器和监控中心，红外热成像装置通过红外热成像方式采集森林中的图像，视频服务器对采集到的图像进行压缩处理后并将处理后的图像通过网络发送到监控中心，由监控中心对图像数据进行分析来判断森林中是否有灾情出现。

（2）检索策略分析

根据技术构思可以确定该技术要点在于：通过红外热成像装置采集森林现场图像，并将图像压缩处理后实时传回监控中心以进行图像分析来判断灾情是否出现，为灾情的预防、治理提供第一手资料。根据红外热成像技术的分类号应用特定，可以确定较为相关的 IPC 分类号可以为 G08B17/12，由此优先使用该分类号并根据技术构思，来确定检索要素，见表 8-16。

表 8-16　红外热成像检索要素表

检索要素		检索要素 1	检索要素 2
关键词	中文	热成像 红外成像	火灾 灾情
	英文	infrared imaging，IR imaging	fire
分类号	IPC	G08B17/12	
	CPC	G08B17/125	

（3）检索过程及结果分析

①简单检索。根据上述红外热成像检索要素表，在 PSS 系统中高级检索的检索式编辑区输入检索式"摘要＝（火灾 OR 火情）AND 摘要＝（红外成像 OR 热成像）"，获得 468 条检索结果，如图 8-19 所示。

由于文献数目太多，阅读难度太大，由于检索要素 1 和 2 均为非常常见的关键词，只采用关键词检索会引入大量噪声，为了快速检索到相关文献，加入分类号进行限定。

图8-19 红外热成像检索结果 (1)

②分类号结合关键词检索。根据上述检索要素表，在 PSS 系统中高级检索的检索式编辑区输入检索式"IPC 分类号 = （G08B17/12） AND 摘要 = （火灾 OR 火情） AND 摘要 = （红外成像 OR 热成像）"，如此获得 235 条检索结果，如图 8-20 所示。

图8-20 红外热成像检索结果 (2)

检索结果得到的文献数量还是较多的，且其中部分文献与本技术构思的关联度不大，考虑到技术构思中的应用场景为森林，因此可以加入"森林"这一要素进行限制，得到了 55 篇文献，其中包含该发明构思的专利文献 CN105427513A，以及高度相关的文献 CN210864985U，其公开了一种基于热成像的森林防火监测系统，通过气象气球下方的红外热感应摄像头对森林火情进行监测，监控中心的图像识别模块将判定结果通过气象气球的 LED 灯报警模块展示，提高了图像识别的准确率，降低了监测成本，避免较大的经济财产损失，如图 8-21 所示。

通过浏览检索结果，可以进一步拓展与技术效果相关的关键词，例如防火、探火、林火等，采用拓展的关键词可以结合分类号获得更多相关的文献，在 PSS 系统中高级检索的检索式编辑区输入检索式 "IPC 分类号 =（G08B17/12）AND 摘要 =（林火 OR 防火 OR 探火）AND 摘要 =（红外成像 OR 热成像）"，得到 82 篇文献，其中包含与本技术构思高度相关的文献 CN106504464A，其公开了获取监测区域实时热图像和实时影像后进行图像处理来判断是否存在火灾的非法，能提高森林火灾报警的准确率，如图 8-22 所示。

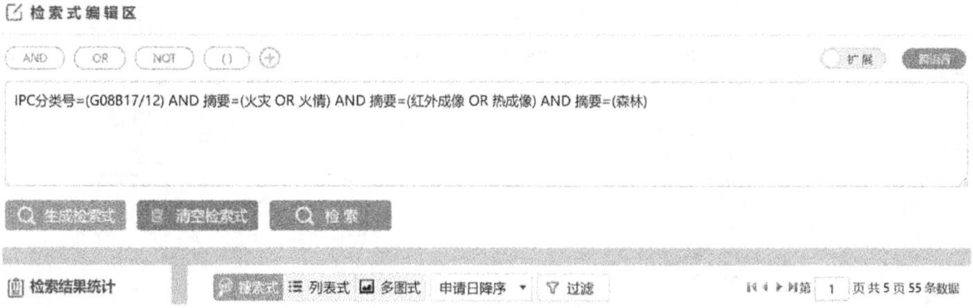

图 8-21　红外热成像检索结果（3）

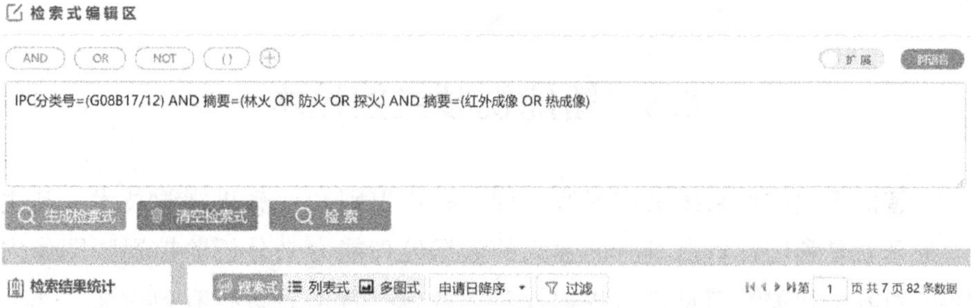

图 8-22　红外热成像检索结果（4）

此外，还可利用与该申请技术构思高度相关的 CPC 分类号 G08B17/125 进行检索，同时结合森林防火的应用场景，能够检索到 148 篇文献，能够得到相关文献 KR20200059520A，其公开了一种林火参数生成装置和包括该林火参数生成装置的林火探测生成装置，林火参数生成装置针对与由林火图像采集单元采集的训练林火图像相邻的 N 帧中的每一帧的图像，将林火发生区域指定为样本区域，使用参数生成单元，为属于指定样本区域的全部或部分像素生成林火特征参数，从而通过分析现有的林火观测数据得出林火参数，能够更加高效率的获得林火预警信息，如图 8-23 所示。

图 8-23　红外热成像检索结果（4）

8.6　智能视频监控技术

　　智能视频监控系统采用图像处理、模式识别和计算机视觉技术，其主要原理就是利用计算所具有的强大的数据处理能力来分析监控视频图像内容，对其中的关键信息进行提取及对无效或干扰信息进行有效过滤，然后以事件或者告警等方式来实现通过数据对视频中的画面进行描述。也就是说，智能视频监控系统不仅仅是对画面进行录制和传输，还可以对其中的数据信息进行分析、计算和处理。在智能视频监控系统通过摄像机和其他外接设备对视频信号进行收集并向控制中心进行传送，然后在控制中心中对数据和图像进行处理、优化和分析的整个过程中，主要对智能监控系统中的以下几个重要结构和关键技术进行应用。

　　①数据采集技术，可以实现视频编码器的频率在 25fps 以上来确保人们视觉的连续性。实现视频编码器的频率在 25fps 以上来确保人们视觉的连续性。

　　②数据编码技术，通过在 MPEG-x 等压缩标准的基础上及内容的压缩

编码基础上来进行灵活的编码，实现压缩比的提升以及图像信息存储传递质量的提高。

③数据传送技术，该技术是对先进的信息传递通道和网络进行利用，不仅要确保信息的完整性，而且要实现信息传递效率的提升。

④数据分析技术，通过运动目标检测以及目标跟踪等技术来全方位分析监控对象的行为，实现对隐蔽和关键信息的有效获取。智能视频监控的数据分析技术的算法包括目标检测、目标跟踪、行为分析等。

⑤多摄像机联合技术，通过多个监控器联合寻踪的方式对目的物进行及时追踪。由于相异类型的摄像机适合的场地和所拥有的功能不一样，所以能够把多个摄像机联动起来进行信息汇总。多摄像机联合技术能够提升工作时效，增强了预警功能和救急功能。

8.6.1　智能视频监控技术的应用

从历年的视频监控白皮书中获悉，视频监控在很多领域都有了广泛应用，过去，智能视频监控技术应用主要集中在政府部门和金融、公安、交通、电力等特殊部门及行业。然而，随着社会信息化的进步，越来越多的行业和领域视频监控的需求大量增加，视频监控技术开始从银行、交通等个别领域向多领域延伸，由传统的安防监控向管理监控和生产经营监控发展。按终端用户分类看，平安城市、智能交通、平安社区、平安校园等城市监控需求增速最快，能源行业和教育行业的应用也逐步增速。

8.6.1.1　在安防领域内应用

安防类的应用是最为常见的应用，包括用于小区、公共商业场所、银行、机场和其他的大型活动中的安全视频监控，智能化技术需求包括高级视频移动侦测、物体追踪、人脸识别、车辆识别、非法滞留等，具体包括如下应用。

（1）住宅安防

住宅安防系统属于一种报警系统，主要具有煤气泄漏预警及消防等作用，其中最为主要的功能就是消防系统。消防预警系统其中包含控制系统，控制器就是该系统内基础设备，可以借助不同设备所检测到的数据信息，对数据信息进行分析整合。一旦住宅小区出现火灾问题，探测设备所检测到的数据会发生变化，控制系统就会对变化的数据进行分析，发出活火灾警报，并且启动住宅小区内消防设备。

（2）小区安防

智能视频监控技术在小区安防内应用，主要包含四个子系统，分别为录像监控、巡更管理、安防报警、自动报警。其中录像监控子系统在实际应用内，可以对监控区域内有关视频信息采集整合；巡更管理子系统在应用内，可以合理对巡更人员及路线进行设计，并且记录有关数据信息；安防报警子系统在实际应用内，核心设备就是智能化图像分析器，可以对视频图像信息识别，进而向联动功能系统发送针对性数据指令。

（3）公共商业场所

公共商业场所在产品销售过程中，专柜内产品丢失或者是盗取等问题时常发生，进而有效推动智能视频监控技术在公共商业场所内应用是有必要的。智能视频监控技术在实际应用中，产品一旦出现非法移动或者是盗走问题，智能视频监控系统可以自动对该动作检测，进而作出针对性响应。拥挤检测功能：智能视频监控系统在应用内具有视频分析功能，可以对公共商业场所内人群流动特点进行分析，从而判断公共商业场所是否存在拥堵问题。智能视频监控系统还可以对不同地区内人群逗留时间进行检测，并且对其进行分析研究，一旦发生对象在区域内停留过长时间，智能视频监控系统就会发出警报，有关人员进行处理。

（4）银行安防

ATM 机作为银行内基础设备，在银行安防有关条例内明确规定，ATM 机在运行内可以自动对违规行为处理。ATM 机在对视频图像分析内，必须具有智能化处理形式落实，操作平台在所采集到的视频图像整合。ATM 机在施工安装内，需要提升对 ATM 机出钞口智能视频监控设备的重视程度。智能视频监控技术在实际应用内，可以有效提升监控系统自动性及实时性，进而应对预警处理。视频分析系统在运行内，还需要具有人脸识别技术，主要用途是为案件取证提供有关材料。ATM 机在应用人脸识别技术之后，可以自动对 ATM 机上操作人员进行检测跟踪。一旦发生视频检测区域内出现人脸异常情况，智能视频监控系统就会自动发出警报，对犯罪问题进行有效遏制。智能视频监控技术也可应用于银行大厅，应用流程为：视频监控单元通过摄像头这对区域内人员图像及大厅图像分离，并且对人员流动进行实时监控，分析区域人员行为跟踪，进而作出针对性反应。一旦银行大厅内出现人员斗殴情况，智能视频监控系统就会自动发出警报，进而对银行大厅内所存在的潜在安全隐患进行预警。

（5）火车站安防

火车站智能视频安全系统的监控模块主要有各区域的监控点、中心监控室、分控室、互联网多媒体系统及一些辅助设备组成。前端的监控点主要分布在售票大厅、候车室、进出站口、电梯，火车站台等区域。大部分采用高速球型摄像机，也有高速枪式摄像机和高清半球型摄像机。在中心监控室一般都设置了高清显示的电视墙，采用多个监控子系统，可以在各监控目标之间实现自由切换。监控系统都有自动录像功能，所有监控视频数据都要求保留一定的时间。中心监控室的安装有大型矩阵控制设备，通过控制台实现对电视墙和各个视频设备以及各种报警系统的控制。

8.6.1.2　在公安领域的应用

随着时代的发展，犯罪手段也变得复杂多样，这也体现了视频监控技术升级的必要性。智能视频监控技术可以排除视频中的影响因素，在影像中提取关键信息，甄别监控画面中的异常情况，并迅速做出触发警报等反应，从而有效进行事前预警、事中处理、事后及时取证。智能视频监控技术可以有效提升公安处理案件的效率，有利于社会的和谐稳定，主要应用如下。

（1）排查干扰要素，跟踪目的路径

随着公安工作在城市中监控器的设置逐渐优化，数量逐渐上升，监控中心实时收到的视频数据量也在飞速增加。作案手段的复杂多变给公安活动带来了很大的阻碍，视频信息数量的剧增也浪费了大量资源进行排查工作。智能视频监控科技的使用，让公安排除这一隐患变成了现实。

智能分析技术能够从繁杂的环境中找出工作需要的信息，进而确定跟踪可疑人物。智能分析技术还能够把目的物运动路径描摹重现，展开深入的分析。有效地区别目标主体和影响因素可以大幅度减少公安部门的工作量，进而保证公安部门工作的高效性。随着智能分析技术的逐渐投入使用，它在将来的公安活动里将起到愈发关键的作用。要使部门人员在调查工作中更有成效，在监控设施上要有所改善，在视频信息的辨认度上要创建模糊图像处理器，用来提升画面的清晰度。此类图像处理器能够对视频图像展开过滤、清晰处理、细节辨认等，用于改良画面的清晰度，经过调试画面视角来侦破案件。

（2）视频数据深入挖掘

随着智能分析技术的不断发展，如何让智能分析技术在海量数据中发挥作用也成为人们热衷于研究的一个方向。将海量数据中不同性质的事物检索、识别、标的出来，可以实现从数据内容中快速查找，减少成本，提高办事效率。并且让一些人力无法完成的任务得到解决。虽然现阶段因为视频源比较复杂，不同的摄像机安装条件不同，所工作的环境也不同，导致目标信息挖掘准确率不够高。但这一技术却仍是公安工作迫切需要的。在公安等特定领域的应用使技术能更好地为社会服务，做到人防、物防、技防的有机结合，形成社会参与和技术装备共同构成的安全防控报警与快速反应网。积极推广视频数据深入挖掘，能够实现预测预警长效机制，真正做到"防治结合，以防为主"的公安工作目标。深入的视频数据挖掘只有通过公安实践的不断完善，才能朝着更加精确和高效的方向不断前进。而技术的不断发展，也将更匹配合公安业务的需要，满足公安工作的需求，从而解决传统视频监控技术的弊端，改变视频监控网络图像分析内容还需要依靠人工的现状，真正实现从海量视频源中迅速提取目标信息，满足公安信息化发展的要求。

（3）实现多级平台联动

随着高清视频监控技术和多摄像机联动技术快速发展和大大增加的系统整合数量，出现了视频图像信息海量储存、检索困难，历史图像查找比对困难，多级视频图像信息共享平台无法实现互联互通，传输网络架构和带宽不足等问题，为侦查破案带来很大的困难。为了满足公安工作调查案件的要求，需要汇总智能分析技术获取的图像信息、公安有关的消息、电子凭证、3D重构的有关图像，还需要与GIS联合。这些摄像机生成的数据文件，可供任何经授权客户机从网络中任何位置访问、监视、记录并打印，而不是生成连续模拟视频信号形式的图像。智能视频监控系统可以使所有摄像机都能够通过有线或者无线技术连接到网络，使公安可以采用现有基础设施查看。并且智能视频监控系统只需要一台工业标准服务器和一套控制管理应用软件就可控制整体的监控系统，为了易于升级与提升可扩展性，可以加入更多摄像机，使用户在中央服务器上即可观看监视图像。因此，公安部门可以在工作系统上准确锁定目标，跨地区进行整合调查以及展开研判、整合，达到一种可视化的指挥形式、集合化的数据整合使用，渐渐实现在综合实践系统上调查情报讯息、工作信息，进而提高公安案件的调查能力，为公安业务侦查案件提供强大的平台支持。

8.6.1.3　在交通领域的应用

作为城市安防的"护城河"，交通监控与城市安全息息相关。过去，由于视频监控系统的智能化程度不足，道路情况的分析基本靠人工完成。但随着视频监控技术的创新升级，这种恨不得手脚并用的工作状态得到了极大改善。通过智能视频分析技术，普通视频采集设备将变身为智能物联网感知器，可以感知很多关键信息。在智能交通系统中，通过对客流统计数据、违规车牌照片、司机疲劳状态等关键信息的再利用，为智能交通中的交通调度、交通规划、交通行为管理及交通安全预防提供了非常优秀的应用，具体应用如下。

（1）交通指挥与诱导系统

智能视频监控最大的优势就是可以实时准确的获取交通状况信息，这一大优势促成了其在智能交通上的另一大应用——交通指挥与诱导。

利用自身的摄影机成像及录像功能，智能视频监控可以对路况进行图像处理与视频分析，并能综合各方面的数据信息得出整体性的道路情况播报，自动完成拥堵、畅通等级的划分。智能监控技术通过对道路上车辆拥堵的情况进行分析，或实现信号灯的最佳控制，以及时疏导交通流。对于通过视频分析的交通流拥堵分析，不以拥堵车辆具体数目为依据，只需定性地确认其拥堵状态，以实现信号灯的自动控制，缩短畅通方向的绿灯时间，将拥堵方向的绿灯时间延长，有效地疏导车流，减少拥堵。

智能视频监控系统还可以自动对市区内的交通工具，如私家车、出租车、公交车等交通工具的运行轨迹进行实时监控。一旦发生交通事故，它能马上评测道路交通状况，给出交通指挥建议，生成和发布交通诱导方案和信息，从而更好地服务于交通指挥者和出行者。

此外，车辆由于故障或其他原因在道路上起火是很严重的事件，会严重阻塞交通，甚至还可能有出现火势蔓延或爆炸的可能，应当在最短时间内进行处理。视频分析技术通过对监控视频的实时分析和检测，可及时发现车辆起火事件，及时报警，大大缩短了交通管理部门的事故反应时间，可及时处理以避免严重后果的发生。

（2）交通违章管理

另外，智能视频监控技术也可以应用于交通违章管理中。其主要检测和跟踪运动车辆，通过对这些信息的掌控，能够准确地判断车辆的驾驶行为，详细记录车辆的违章行为。就目前的情况来看，电子警察系统是视频监控技术中很好的应用案例。

电子警察，又称为"闯红灯自动记录系统"。但是它的功能已不再局限于对闯红灯的记录，还包括对不按导向车道行驶、骑压车道线实线行驶、车辆逆行行驶等违章行为的记录。电子警察系统是利用先进的光电、计算机、图像处理、模式识别、远程数据访问等技术。对监控路面过往的每一辆机动车的车辆和车号牌图像进行连续全天候实时记录。

值得注意的是，传统的关联交通信号灯，利用地感线圈进行违章判断的手段存在一定的局限性和误报率。通过与视频监控系统更进一步的结合，这一问题得到了顺利解决。将视频监控融入智慧交通中，使用视频对信号灯状态进行判断，并在视频中对车辆行为、车辆违章等进行车辆图像抓拍和跟踪，为公安部门有效打击超速、盗抢、黑名单机动车犯罪、查缉交通肇事逃逸案件、分析交通状况、加强治安管理等各种违法行为提供了信息。

8.6.1.4 在工业领域的应用

在工业生产领域中，工厂在安全生产中暴露出的问题层出不穷，各类化工产品及原材料的安全生产、物资管理等均需要进行监控，尤其是对于危险品、化工品、易燃易爆品的生产，智能视频监控的作用更为明显。因此，在化工企业的经营管理中，研发智能化的监控系统对保障化工企业的正常运营有着非常重要的意义。

在工业生产过程中，视频监控系统主要发挥着监控的作用，特别是在自动化车间。工业生产中，生产车间较大，如果采用人工资源来管理将会浪费大量财力、物力和精力。因此，选择在生产车间关键位置安装摄像头，进行视频监控，可以大大减少人力资源的浪费，实现无人自动化车间管理。

视频监控除了具有监控功能外，还可以准确地发现火灾及险情，并及时做出正确的判断，帮助人们做出及时、有效地应急措施，从而避免财产损失及人员伤亡。视频监控系统除了监测功能外，还包括物体追踪、识别、数量统计、错误识别等。对于潮湿、低温、强磁等恶劣环境的工厂，因其安全系数较低，更需要智能视频监控系统。

此外，智能分析系统通过对化学工厂污水处理设备视频、音频及数据的获取和分析，判别设备工作是否正常，如出现污染物超标等异常情况，会自动进行报警，提示环境监测和管理部门注意并及时进行处理，遏制重大污染事件的发生。系统可以很好地掌握企业污染设备有无正常运转，有无偷排现象，便于实时在线监测相关数据。

8.6.2 分类号使用特点

在智能视频监控技术领域，其涉及的 IPC 分类号定义见表 8-17。

表 8-17　智能视频监控技术相关 IPC 分类号

IPC 下分类	点组	含义
G06K9/00	无	用于读出或识别印刷或书写字符的方法或设备，或者用于模式识别，如指纹
G06T7/20	•	运动分析
H04N7/18	•	闭路电视系统，即电视信号不广播的系统
H04N5/232	• • •	控制摄像机的装置，如遥控
G08B13/194	• • •	用图像扫描和比较系统的
G08B13/196	• • •	用电视摄像机的

智能视频监控技术领域的 CPC 分类号见表 8-18。

表 8-18　智能视频监控技术相关 CPC 分类号

CPC 分类号	点组	名称
G08B13/19602	• • • • •	图像分析来检测入侵者运动，如通过逐帧相减
G08B13/19604	• • • • • •	涉及参考图像或背景与时间适应来补偿变化的条件，如基于检测到的光强度变化的参考图像更新
G08B13/19606	• • • • • •	目标运动或关注区域内的运动和其他无意义运动之间的识别，如相机震动或宠物、落叶、旋转风扇运动引起的目标运动
G08B13/19608	• • • • • •	目标运动跟踪，如通过检测预定义为目标的对象，利用目标方向和或速度预测其新的位置

CPC 分类号	点组	名称
G08B13/1961	••••••	不涉及帧减法的移动检测，如基于图像中亮度变化的运动检测
G08B13/19613	••••••	指示盗窃或入侵的预定的图像图案或行为模式的识别
G08B13/19652	••••••	系统使用一个场景内的定义不同处理的多个区域，如外部区域给出预警、内部区域给出报警
H04N5/23218	••••	基于识别对象的摄像机操作控制
H04N5/23219	•••••	基于识别的人脸、面部局部，面部表情或人体其他部位对摄像机操作的控制
H04N5/23299	••••••	用于改变视场的摄像机位置控制，如移动，倾斜或对象跟踪
G06K9/00664	••	识别景物例如能被行人或机器人操控的照相机捕获的，包括用照相机获取的实质上不同范围的物体
G06K9/00711	••	视频内容的识别，如从影片中提取视听特征；提取典型的关键帧；鉴别新闻对比运动内容
G06K9/00771	••	在监控下场景的识别，如以场景活动的马尔可夫模型
G06K9/00778	•••	静态或动态人群图像的识别，如人群交通拥挤的识别
G06K9/00785	••	由静态相机捕获的交通图的识别
G06K9/00791	••	从陆地车辆的透视图感知的景物的识别，如识别道路景物的车道，障碍物或交通标志
G06K9/00798	•••	车道或道路边缘的识别，如线路标记的，或关于从车辆察觉的路线的驾驶员的驾驶图的识别；关于检测道路的汽车轨迹的分析
G06K9/00805	•••	潜在障碍物的检测
G06K9/00812	•••	可到达的停车位的识别
G06K9/00825	•••	车辆或交通灯的识别
G06K9/00832	••	车辆内部的景物识别，如关于占有物，驾驶员状态，内部照明条件
G06K9/00838	•••	座位占有物的识别，如面向前方或者后方的儿童座
G06K9/00845	•••	驾驶员的状态或者行为的识别，如注意力，睡意

智能视频监控技术的 IPC 分类号范围较广，涉及的技术特征也比较宽泛，CPC 分类号更能体现具体的智能监控技术，例如 G06K9/00 下属的 CPC 分类号，能够体现智能监控技术在交通领域的应用，而 G08B13 下属的 CPC 分类号则更能体现视频图像分析的算法，H04N5/232 下属的 CPC 则体现对摄像机的智能控制。

8.6.3　关键词提取和扩展

智能视频监控技术的关键词见表 8-19。

表 8-19　智能视频监控技术相关关键词

关键词		关键词	
中文	英文	中文	英文
智能监控	intelligent monitoring	识别	recognition
运动监测	motion monitoring	目标跟踪	target tracking
图像分析	image analysis	模式识别	pattern recognition

8.6.4　检索策略选择

智能监控领域的文献非常多，当技术主题涉及如运动检测的智能监控视频图像分析的算法，优先采用 G08B13 下属的 CPC 分类号进行检索，例如表示运动跟踪的 G08B13/19608；当技术主题涉及对摄像机的智能控制，优先采用 H04N5/232 下属的 CPC 分类号进行检索，如表示基于识别对象的摄像机操作控制的 H04N5/23218；当技术主题涉及智能监控技术的应用，在使用分类号的同时，还要注意对例如安防、交通的应用场景进行限定。此外，为了提高检索效率，在选定了准确的分类号结合关键词进行检索时，当采用关键词相与噪声较大时，采用同在算符 S 或者邻近算符 W，可以大大减少检索噪声。

8.6.5　案例实践

（1）技术构思简介

随着道路车辆的增多和交通规则细化，车辆发生违反交通规则的情况越来越多。驾驶时候，经常有前面车辆或者后面车辆违反交通法则，如违规变道，在高速公路上乘车人向车外抛洒物品，进入导向车道后不按规定方向行驶，不按规定使用转向灯等，但是有的道路没有摄像头监控，无法监控到车辆违规情况。

针对现有技术的不足，提供一种车辆违章监控方法，包括：步骤 S110，通过前置摄像设备获取前方车辆的视频图像，通过后置摄像设备获取后方车辆的视频图像；步骤 S120，获取前置摄像设备或后置摄像设备的视频图像并识别所述前置摄像设备或后置摄像设备的视频图像中存在的车辆违章视频图像；步骤 S130，截取并保存车辆违章视频图像；步骤 S140，将保存的车辆违章视频图像上传至交通管理机构的服务器。通过上述步骤，能够解决现有技术中在没有监控摄像头的地方无法有效监控车辆违反交通规则的问题。

（2）检索策略分析

根据技术构思可以确定该技术要点在于：通过车载摄像头拍摄的图像来识别是否存在车辆违章的情况。根据智能监控技术的分类号应用，可以确定较为相关的 IPC 分类号可以为 H04N7/18，由此优先使用该分类号并根据技术构思来确定检索要素，见表 8-20。

表 8-20   车辆违章检索要素表

检索要素		检索要素 1	检索要素 2	检索要素 3
关键词	中文	车	违章，违法	视频
	英文	car，vehicle	traffic violation，illegal	video
分类号	IPC		H04N7/18 G06K9/00	
	CPC		G06K9/00791	

（3）检索过程及结果分析

①简单检索。根据上述检索要素表，首先利用关键词结合分类号进行检索，为了提高检索效率，考虑检测车辆违章的技术效果中车和违章通常是连在一起的，因此使用邻近算符 W 来降噪，在 PSS 系统中高级检索的检索式编辑区输入检索式"摘要 =（车 3W（违法 OR 违章））AND 摘要 =（视频）"，如图 8-24 所示。

检索结果包含 370 篇文献，数目较大且具有噪声干扰，为了快速检索到相关文献，需要加入分类号进行限定。

图 8-24　车辆违章检索结果 (1)

②分类号结合关键词检索。根据上述检索要素表可知，IPC 分类号 H04N7/18 表示视频监控系统，G06K9/00 表示视频识别，均与发明构思有关，在 PSS 系统中高级检索的检索式编辑区输入检索式 "IPC 分类号 =（H04N7/18 OR G06K9/00）AND 摘要 =（车 3W（违法 OR 违章）AND 摘要 =（视频）"，如此获得 158 条检索结果，如图 8-25 所示。

图 8-25　车辆违章检索结果 (2)

在检索页面的第一页就能找到相关文献 CN112767710A，其公开了一种车辆违法检测算法，基于实时视频流获取待处理图片，对待处理图片进行分析以实现车辆违法行为的实时检测，且在违法行为具体判定时，结合信号灯的类型、形状及颜色等，从而比单一采用触发线的方式具有更高的准确性。并且检索结果中还有包含该发明构思的专利文献 CN110933360A。

由于 IPC 分类号 H04N7/18 比 G06K9/00 更接近视频监控的技术主题，为了提高检索效率，仅采用最准确的分类号来进行检索，获得 61 篇文献，在前几篇就能找到文献 CN110933360A，此外还能检索到多篇相关文献，例如专利文献 CN112418026A，其公开了一种视频检测的车辆违章检测方法、系统和装置，根据监控视频的标签、监控视频对应的预设视频模板和违章证据图确定对应的违章信息，将违章信息生成显示页面，由此使得交通违章的检测更加高效和便捷；还有专利文献 CN107454467A，其公开了一种汽车违章视频分析系统，可以根据视频录制以后的视频内容分析功能，通过在不同摄像机的场景中预设不同的报警规则来进行违法检测，如图 8-26 所示。

图 8-26　车辆违章检索结果（3）

此外，还可以利用 CPC 分类号结合英文关键词进行检索，如图 8-27 所示，检索结果有 53 篇，在第六篇就能找到专利文献 CN111627215A，其公开了一种基于人工智能的视频图像识别方法，对采集的视频图像进行识别，获得识别结果以及所述车辆途经的交通标线的标线识别结果，根据车辆识别结果以及标线识别结果，获得车辆违法识别结果。以及相关文献 US2020250970A1，其公开了一种图像处理装置，基于成像单元捕获的车辆周围的视频和存储单元中存储的交通规则信息视来确定主体是否交通违章。

图 8-27　车辆违章检索结果（4）

第 **9** 章　即时通信领域检索指引

　　即时通信（Instant Messaging，IM）是指可以在线实时交流的工具，也就是通常所说的在线聊天工具。广义上来说，即时消息包括网络聊天室、网络会议系统等与所有联机的通信；狭义的来说，即时通信是指由一组 IM 服务器控制下的通信。即时通信最基本的特征就是信息的即时传递和用户的交互性，并可将音、视频通信，文件传输，网络聊天及网络游戏等业务集成为一体，为人们开辟了一种新型的沟通途径。与传统通信方式相比，即时通信具有快捷、廉价、隐秘性高的特点，在网络中可以跨越年龄、身份、行业、地域的限制，达到人与人、人与信息之间的零距离交流。从这点上讲，网络即时通信的出现改变了人们的沟通方式和交友文化，大大拓展了个人生活交流的空间。

　　本章节将结合即时通信的不同类型，介绍即时通信技术在不同应用场景中的专利文献检索方法，以助于提高检索效率，便于大家在众多专利申请文献中找到需要或者想了解的专利文献。

9.1　即时通信技术概述

　　随着计算机技术和互联网技术的迅速发展，人们的通信方式发生了翻天覆地的变化，尤其是近年来即时通信工具的迅猛发展，使得人们越来越多地将通信方式从传统语音电话转向网络通信，并逐渐发展成为一种新兴的、时尚的人际交往方式。

即时消息早在 1996 年开始流行，当时最著名的即时通信工具为 ICQ，最初由三个以色列人开发，1998 年被美国在线收购。时至如今，即时通信软件的发展已经有 25 年的历史。在这 25 年中，各种即时通信的产品越来越丰富，应用也越来越广泛，它彻底改变了人们在工作和生活时的沟通习惯，成为一种新兴的人际交流方式，也构建了一种新型的社会关系。

据 2020 年 9 月 29 日发布的第 46 次《中国互联网络发展状态统计报告》，我国即时通信成为新冠病毒肺炎疫情期间发展最快的应用之一，用户规模达 9.31 亿，较 2020 年 3 月增长 3466 万。这些数据表明，即时通信产品已经成为互联网生活中重要的一部分，成为人们日常沟通的最常用工具之一。目前，在网络上颇受用户欢迎的即时通信服务包含了微信、微博、钉钉、企业微信、QQ、GTalk、MSN Messenger、ICQ、AOL Instant Messenger、Yahoo! Messenger、Jabber 等。

9.1.1　即时通信的原理

即时通信是一种基于互联网的通信技术，涉及 IP/TCP/UDP/Sockets、P2P、C/S、多媒体音视频编解码/传送、Web Service 等多种技术手段。无论即时通信系统的功能如何复杂，它们大都基于相同的技术原理，主要包括客户/服务器（C/S）通信模式、对等通信（P2P）模式及混合通信模式。

9.1.1.1　C/S 通信模式

客户/服务器（Client/Server，C/S）结构是一种以数据库服务为中心的通信结构，该结构将网络上的终端分为客户端和服务器端，Client 和 Server 分别承担不同的角色，这种结构可以充分利用 Client 和 Server 的硬件优势，将任务合理地分配给 Client 和 Server，充分利用计算资源。

如图 9-1 所示，在 Client/Server 通信模式中，Server 一直处于打开状态，为来自 Client 的主机请求提供服务器，且 Server 具有固定的、公知的 IP 地址，因此，Client 可以通过访问 Server 的地址来与 Server 进行联系，目前大多数较大型的即时通信系统都由多台服务器组成服务器组或者服务器云，共同向用户提供服务。另外，Client/Server 体系结构中，客户端相互之间不直接通信，所有的控制、消息都需要经过服务器进行集中处理和中转。

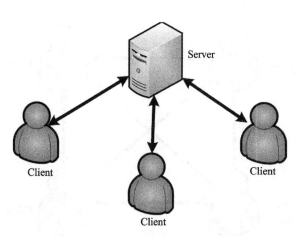

图 9-1　C/S 通信模式结构图

　　Client/Server 结构的优势是由于 Server 对资源进行集中和统一管理，结构比较简单，所有 Client 均以 Server 为中心进行通信，简化了 Client 的配置。Client/Server 结构的缺点也很明显，Server 承担了几乎所有的计算和转发工作，大量的 Client 同时访问 Server 的越多，Server 的负载就会越大，因此，Server 容易出现单点故障，当 Server 或 Server 组出现故障后，其他 Client 就无法访问，Server 无法集中出现和转发 Client 的请求，将会导致整个即时通信服务器瘫痪。另外，这种通信模式会出现多用户控制问题，由于使用即时通信的用户数量太多，当许多个 Client 同时进行操作时，Server 会存在响应变慢、丢失更新等问题。因此，在进行设计时，需要充分考虑信息处理的复杂程度，进而选择合适的系统结构。实际应用中，可以采用三层 Client/Server 结构，三层 Client/Server 结构与中间件模型比较相似，由基于工作站的客户层、基于服务器的中间层和基于主机的数据层组成。在三层结构中，客户不产生数据库查询命令，它访问服务器上的中间层，由中间层产生数据库查询命令。三层 C/S 结构便于工作部署，客户层主要处理交互界面，中间层表达事务逻辑，数据层负责管理数据源和可选的源数据转换。

9.1.1.2　P2P 通信模式

　　对等通信（Peer To Peer，P2P）模式是非中心结构的通信模式，每一个参与通信的客户被称为 Peer，每一个 Peer 在作为服务使用者的同时，也要承担服务的提供者的角色。而节点之间的资源交换和服务都是通过节点来完成，不必要通过服务器进行交换。P2P 通信模式如图 9-2 所示。

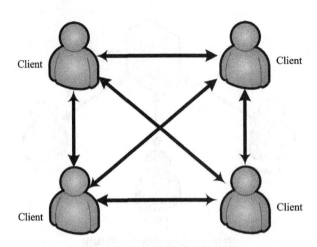

图 9-2　P2P 通信模式结构图

P2P 通信模式可以充分利用网络的带宽资源，减少没有必要的流量中转造成的网络拥塞，Client 和 Client 之间可以直接通信，提高了网络带宽等资源的利用率，同时由于没有中央节点的集中控制，系统的伸缩性较强，也能避免单点故障，提高系统的容错性能。但是，由于不需要进行集中控制，给对等网络带来了分散性、自治性和动态性的特点，也造成了网络所提供的服务是不可靠和不可预见的。比如，一个服务请求可能得不到任何的响应。

在实际的即时通信软件中，纯粹的基于 P2P 模式的即时通信软件比较少，最有名的要数互联网中继聊天（Internet Relay Chat，IRC），它是由芬兰人 Jarkko Oikarinen 于 1988 年首创的一种网络聊天协议。

9.1.1.3　C/S 和 P2P 混合模式

C/S 和 P2P 混合模式综合了 Client/Server 模式与对等通信模式两者的优点。对于用户管理、认证身份等服务一般通过 Client/Server 的方式完成，而对于 Client 之间的通信，主要依靠对等通信的方式完成，Client/Server 仅在 Client 之间无法直接通信时，作为辅助通信手段。即时通信系统通常均采用 Client/Server 和对等通信混合模式，该模式如图 9-3 所示。Client 在向 Server 注册并登录以后，Server 会记录下 Client 的 IP 地址，以及用于通信的端口号。这样，当 Client A 想要与 Client B 通信时，会首先向 Server 查询 Client B 的 IP 地址和端口。然后 Client A 根据 Server 给出的 IP 地址和通信端口，直接向 Client B 发送消息。Client B 在收到 Client A 发送过来的消息后，根据 Client A 的 IP 地址和端口，与 Client A 建立 TCP/UDP 连接。此后，Client A 与 Client B 之间的消息交换不再需要服务器的转发，可以直接采用对等模式方式进行。

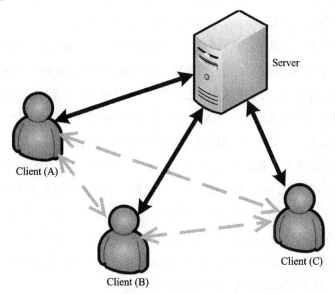

图 9-3　C/S 和 P2P 混合通信模式结构图

这样的结构相当于一个具有管理中心的 P2P 网络。中央服务器存储了所有 Client 的信息，实现对所有 Client 的统一管理。而在消息交换上，由于不需要通过中央服务器进行中转，服务器的负担被大大地减轻。

9.1.2　即时通信的传输协议

目前市场上存在多种多样的即时通信软件，大部分均使用厂商自己定义的私有协议和接口，所以不同厂商的即时通信系统之间无缝进行互通。为了实现不同即时通信系统之间的互联互通及标准问题，互联网工程任务组（The Internet Engineering Task Force，IETF）成立了即时消息协议工作组（IMPP），主要负责研究和开发相关的即时消息协议。

目前 IMPP 提出的比较有影响的即时通信协议有一下四种：

①即时通信通用结构协议（CPIM）：此结构协议定义了通用协议和消息的格式，即时通信和显示服务都是通过 CPIM 来达到即时通信系统中的协作。

②Jabber：Jabber 是一个用于即时通信消息的传输与表示的协议，Jabber 具有基于 XML、开放性等特点。"网关"是 Jabber 系统中的一个观念理念，Jabber 系统与其他即时通信系统的连接主要通过"网关"来实现，"网关"能够支持使用不同协议的即时通信系统用户之间的消息传递，如 MSN Messenger 和 Windows Messenger、AIM 和 ICQ、E-mail 或 SMS。

③即时通信对话初始协议和表示扩展协议（SIMPLE）：SIMPLE 基于 IETF 为语音终端定制的会话初始协议（Session initial protocol，SIP）。SIP 是一种网际电话协议，其主要功能是在终端与终端之间，建立语音通话。IETF 在 SIP 的基础上增加了 MESSAGE 信号和 NOTIFY 信号，分别用于发送和显示即时消息，实现了 SIMPLE 协议支持即时消息的传输。

④可扩展的消息和表示协议（XMPP）：此协议基于 Jabber 协议，并继承了 Jabber 在 XML 环境中灵活发展的特性，因而可扩展性超强，XMPP 是即时通信的一个开放的且常用的协议。XMPP 基于 XML，具有语法清晰、易于实现等特点，专门用于即时通信，具有即时通信必须的一些功能，如群组等。XMPP 主要被用于 Client/Server 架构中，Client 与 Server、Server 与 Server 之间的连接都是通过 TCP 协议进行的。

9.1.3　即时通信的层次结构

由于即时通信技术是一种使用 TCP/IP 的网络通信技术，因此，即时通信技术使用到 TCP/IP 协议中的多种技术手段，即时通信通信协议在 TCP/IP 模型中的具体位置如图 9-4 所示。

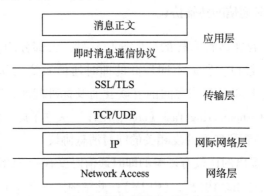

图 9-4　即时通信系统的网络层次结构图

通常来讲，即时通信协议工作在最顶层，即工作在 TCP/IP 模型的应用层，可以基于位于传输层的 TCP/UDP 协议提供即时通信服务，传输层中可以使用 SSL/TLS 或者其他安全协议来保证传输层的安全性，网际网络层中使用 IP 协议提供即时通信服务。

9.1.4　即时通信的应用

随着近几年互联网技术的快速发展，即时通信的功能变得越来越丰富，目前，即时通信软件除了传统的在线聊天功能，在功能上逐渐集成了电子邮件、博客、音乐、电视、游戏和搜索等多种功能；在服务范围上，从为一般的互联网用户服务扩展到为企业客户服务，可以为企业用户提供多种服务，如电子商务、企业资源管理等；在技术方面，即时通信也呈现融合性和跨平台式发展，传统的即时通信提供商已经渐渐向移动通信领域渗透，其用户群体不断扩大，运营商在即时通信产品上研发越来越多的能够吸引用户的增值业务，如移动支付、物联网设备智能控制、自动问答、自动推荐等，这些融合业务将大量用户转入即时通信社区内，有效提升用户的忠诚度，在现有的用户群体的基础上进一步扩大了规模。

因此，即时通信不再是一个单纯的聊天工具，它从功能、服务器范围、技术等多方面均发展成集交流、咨询、娱乐、搜索、电子商务、办公协作和企业客户服务等为一体的综合化信息平台。

经过多年的发展，即时通信产品已经拥有巨大的用户规模，与其他互联网服务器相比，即时通信软件产品的及时性和便利性优势更加的突出。以后，即时通信软件互联互通和整合是必然的发展方向，服务商应用将即时通信产品作为一个整合多种产品和服务的工具或接口，用户登录即时通信产品以后就可以直接使用其他的产品和服务，提供更多的便利性的网络增值服务，更好地满足用户需求和体验，增加用户的黏性。

即时通信技术领域竞争较强的企业主要集中于中国和美国，腾讯、IBM、阿里巴巴、微软和元〔meta 原名为脸书（facebook）〕（均是即时通信软件领域的全球知名企业，随着智能手机终端快速发展，各种购物、支付类手机软件纷纷问世，微信支付、跨平台服务等技术逐步出现，即时通信领域全球知名企业在跨平台服务、集成化服务（移动支付、物联网、定位等）等领域布局了大量专利，下面主要从即时通信的重要应用领域介绍基本检索方法。

9.2　传统社交应用

即时通信产品沟通直接、可以迅速得到对应的反馈，让用户有非常强的亲切感，受到了广大用户的喜爱，也吸引了众多即时通信产品开发的企业，但是不同企业研发出的产品之间不"说话"，只能发展自己的用户来使用，而与其他即时通信产品始终得不到兼容，由于不同企业出于利益等多方面原因考虑，目前的即时通信产品还未实现互联互通和资源共享。但是，近年来，传统聊天软件的功能优化和多个聊天平台的互联互通依然是即时通信技术领域大量企业专利布局的重要方向。

9.2.1　常用分类号

即时通信领域检索过程中，主要使用国际专利分类（IPC）和联合专利分类（CPC），下面就这两个分类体系做简单介绍，国际专利分类（IPC）和联合专利分类（CPC）的详细介绍内容请参考第一章内容。

即时通信领域的分类号较为准确且相对集中，主要为 IPC 分类号 H04L12/58（··消息交换系统）和 CPC 分类号 H04L51/00（在分组交换网络中用于用户到用户消息的装置，例如电子邮件或即时消息）。其中，CPC 分类号进行了进一步细分，划分出了更为准确高效的分类号，较为常用的包括 H04L51/08（·包括附加信息的消息）、H04L51/10（·包括多媒体信息的消息）、H04L51/20（·使用地理位置信息的消息）等。即时通信领域涉及的主要 IPC 分类号见表 9-1。

表 9-1　即时通信主要 IPC 分类号

IPC 下分类	点组	含义
H04L12/00		数据交换网络（存储器、输入/输出设备或中央处理单元之间的信息或其他信号的互连或传送入 G06F13/00）〔5〕〔2006.01〕
H04L12/54	·	存储转发交换系统（分组交换系统入 H04L12/70）〔5, 6, 2013.01〕〔2013.01〕
H04L12/58	··	消息交换系统〔5, 6〕〔2006.01〕

续表

IPC 下分类	点组	含义
H04L12/70	•	分组交换系统〔2013.01〕〔2013.01〕
G06Q50/00		专门适用于特定经营部门的系统或方法，例如公用事业或旅游（医疗信息学入 G16H）
G06Q10/00		行政；管理

即时通信领域涉及的主要 CPC 分类号见表 9-2。

表 9-2　即时通信主要 CPC 分类号

CPC 下分类	点组	含义
H04L12/00		数据交换网络（在存储器，输入/输出设备或中央处理单元之间的信息或其他信号的互连或传送入 G06F13/00）
H04L12/54	•	存储和转发交换系统（分组交换系统见 H04L12/70）
H04L12/58	• •	消息交换系统〔5，6〕〔2006.01〕
H04L12/5805	• • •	具有自动反应或者用户代理，如自动回复或者聊天机器人
H04L12/581	• • •	实时或近实时消息，如即时消息〔IM〕
H04L12/5815	• • • •	消息存在信息的使用和操作处理（存在管理入 H04L29/08684）
H04L12/582	• • • •	和其他应用或服务的交互
H04L12/5825	• • •	基于网络或者终端容量的消息适配
H04L12/583	• • •	具有关于内容的适配
H04L12/5835	• • • •	具有关于格式的适配
H04L12/584	• • •	包括附加信息的消息，如附件
H04L12/5845	• • •	包括多媒体信息的消息（用于多媒体通信的协议入 H04L 29/06176；使用具有非音频部件的自动或半自动电话局的电话通信中的语音消息入 h04m3/5307）
H04L12/585	• • •	具有过滤和选择阻塞能力
H04L12/5855	• • •	具有选择推进的
H04L12/586	• • •	包括会话历史的，如线程

CPC 下分类	点组	含义
H04L12/5865	●●●	使用地理位置信息的消息（适用于关于用户终端位置网络应用的协议 H04L29/08657；专门适用于无线通信网络使用用户或终端位置的服务入 H04W4/02）
H04L12/587	●●●	具有有关获取消息的通知的
H04L12/5875	●●●	具有可靠性检查的，如确认，故障报告的
H04L12/588	●●●	社交网络中的消息传送
H04L12/5885	●●●	具有提供跟踪消息进展的
H04L12/589	●●●	联合消息，如即时消息［IM］的交互，电子邮件或者其他类型的消息，如融合 IP 消息［CPM］
H04L12/5895	●●●	与无线系统组合的（在无线通信网络中的消息传送入 H04W4/12）
H04L51/00		在分组交换网络中用于用户到用户消息的装置，例如电子邮件或即时消息
H04L51/02	●	具有自动反应或者用户代理，如自动回复或者聊天机器人
H04L51/04	●	实时或近实时消息，如即时消息［IM］（实时通信的网络装置或协议入 H04L65/00）
H04L51/043	●●	消息状态信息的使用和操作处理（存在管理入 H04L67/24）
H04L51/046	●●	和其他应用或服务的交互
H04L51/06	●	基于网络或者终端容量的消息适配（用于中间处理转换或者应用内容或格式的适配的网络设备入 H04L67/2823）
H04L51/063	●●	具有内容适配的
H04L51/066	●●	具有格式适配的
H04L51/08	●	包括附加信息的消息，如附件
H04L51/10	●	包括多媒体信息的消息（实时通信的网络装置或协议入 H04L65/00；使用具有非音频部件的自动或半自动电话局的电话通信中的语音消息入 H04M3/5307）
H04L51/12	●	具有过滤和选择阻塞能力
H04L51/14	●	具有选择推进的
H04L51/16	●	包括会话历史的，如线程

续表

CPC 下分类	点组	含义
H04L51/18	•	包括被执行的命令或代码的消息，也可以在中间节点或在接收端执行消息相关的操作（电子邮件的计算机辅助管理入 G06Q10/10；用于远程控制或者远程监视应用程序的网络应用入 H04L67/025；包括软件或配置参数的移动的网络应用入 H04L67/34）
H04L51/20	•	N：使用地理位置信息的消息（适用于关于用户终端位置网络应用的协议 H04L67/18；专门适用于无线通信网络使用用户或终端位置的服务入 H04W4/02）
H04L51/22	•	邮箱有关的零部件(电子邮箱的计算机辅助管理入 G06Q10/10)
H04L51/24	•	具有有关获取消息的通知的
H04L51/26	•	优先的消息（优先考虑服务质量或优先请求的中间处理的网络应用入 H04L67/322）
H04L51/28	•	关于寻址问题的零部件（用于寻址和命名的装置和协议入 H04L61/00）
H04L51/30	•	具有可靠性检查的，如确认，故障报告的
H04L51/32	•	消息用于社交网络的
H04L51/34	•	具有提供跟踪消息进展的
H04L51/36	•	N：联合消息，如即时消息的交互，电子邮件或者其他类型的消息，如融合 IP 消息［CPM］
H04L51/38	•	与无线系统组合的(移动应用业务信令消息，如 SMS 入 H04W4/12)
G06Q50/00		专门适用于特定经营部门的系统或方法，如公用事业或旅游（医疗信息学入 G16H）
G06Q50/01	•	社交网络
G06Q10/00		行政；管理
G06Q10/10	•	办公自动化，如电子邮件或群件的计算机辅助管理（电子邮件协议入 H04L29/06；分组交换网络中的用户到用户消息的安排，如电子邮件或即时消息入 H04L41/00）；时间管理，如日历、提醒、会议或时间核算（组织、策划、安排或分配时间入 G06Q10/06）
G06Q10/107	• •	电子邮件的计算机辅助管理（电子邮件协议入 H04L29/06；分组交换网络中用户到用户消息的安排，如电子邮件或即时消息入 H04L41/00）

CPC 下分类	点组	含义
H04L41/00		分组交换网络的维护、操作或管理设备
H04L41/02		涉及集成化和标准化
H04L41/0246	••	使用互联网来交换或传输网络管理信息，如在网络单元中嵌入网络管理 Web 服务器的相关方面，用于网络管理的网络服务，互联网应用程序、服务或基于 Web 协议的相关方面，简单对象访问协议 [SOAP]（基于 Web 的网络应用协议入 H04L67/02；用于终端设备的远程控制或远程应用数据的监测的基于 Web 的网络应用协议入 H04L67/025；在特殊网络环境下对终端设备进行远程控制的专有应用协议入 H04L67/125；互联网上检索入 G06F17/30861）
H04L41/026	•••	涉及传输管理信息的电子消息，如电子邮件、即时消息或聊天

可以看出，在即时通信领域中，IPC 主要分布在 H04L12/54·存储转发交换系统（分组交换系统入 H04L12/70）〔5，6，2013.01〕[2013.01]，并且在 2013 年 1 月以后新的分组交换系统案件不再分到分类号 H04L12/54 下，而是分到了 H04L12/70 下面，但是，H04L12/70 目前没有与即时通信特别相关的小组。

即时通信领域中的 CPC 分类号比 IPC 更细致，细分较多，与领域关联性更强，如 H04L12/58··消息交换系统，如电子邮件系统、H04L51/00 在分组交换网络中用于用户到用户消息的装置，例如电子邮件或即时消息、G06Q50/01·社交网络、H04L41/026···涉及传输管理信息的电子消息，如电子邮件、即时消息或聊天等。

从上述即时通信领域的常用分类号中进行筛选，得到传统聊天软件的功能优化和多个聊天平台的互联互通涉及的常用的分类号，其中涉及的主要 IPC 分类号见表 9-3。

表 9-3　传统社交应用主要 IPC 分类号

IPC 下分类	点组	含义
H04L12/54	•	存储转发交换系统（分组交换系统入 H04L12/70）〔5，6，2013.01〕[2013.01]
H04L12/58	••	消息交换系统〔5，6〕[2006.01]
H04L12/70	•	分组交换系统〔2013.01〕[2013.01]

传统聊天软件的功能优化和多个聊天平台的互联互通涉及的主要 CPC
分类号见表 9-4。

表 9-4　传统社交应用主要 CPC 分类号

CPC 下分类	点组	含义
H04L12/54	•	存储和转送交换系统（分组交换系统见 H04L12/70）
H04L12/58	• •	消息交换系统〔5，6〕〔2006.01〕
H04L12/581	• • •	实时或近实时消息，如即时消息〔IM〕
H04L12/582	• • • •	和其他应用或服务的交互
H04L12/5845	• • •	包括多媒体信息的消息（用于多媒体通信的协议入 H04L 29/06176；使用具有非音频部件的自动或半自动电话局的电话通信中的语音消息入 h04m3/5307）
H04L12/587	• • •	具有有关获取消息的通知的
H04L12/588	• • •	社交网络中的消息传送
H04L51/00		在分组交换网络中用于用户到用户消息的装置，如电子邮件或即时消息
H04L51/04	•	实时或近实时消息，例如即时消息〔IM〕（实时通信的网络装置或协议入 H04L65/00）
H04L51/046	• •	和其他应用或服务的交互
H04L51/10	•	包括多媒体信息的消息（实时通信的网络装置或协议入 H04L65/00；使用具有非音频部件的自动或半自动电话局的电话通信中的语音消息入 H04M3/5307）
H04L51/24	•	具有有关获取消息的通知的
H04L51/32	•	消息用于社交网络的

其中，IPC 分类号中，与传统社交应用场景最相关的是 H04L12/58 • •消
息交换系统〔5，6〕〔2006.01〕。

CPC 分类号中，与传统社交应用场景最相关的主要有四个分类号，如
下所示：

H04L12/581 • • •实时或近实时消息，如即时消息〔IM〕

H04L12/582 • • • •和其他应用或服务的交互

H04L51/04·实时或近实时消息，例如即时消息［IM］（实时通信的网络装置或协议入 H04L65/00）

H04L51/046··和其他应用或服务的交互

9.2.2　检索策略选择

传统即时通信领域的研究对象大多比较生活化，容易理解，但是也有一些是对处理算法的改进，对协议中的消息内容或消息时序的改进，或者对具体架构的改进，在进行检索时，往往很难对技术构思进行准确的描述，同时，即时通信领域的术语往往有多种表达方式，能够标识同一网络实体或功能的词汇十分丰富。因此，建议找到合适的 IPC 分类号和 CPC 分类号，再结合技术领域、技术手段、技术效果等获取到的准确关键词进行检索，进而快速获取到需要的专利文献。

9.2.3　关键词提取与扩展

对于关键词的提取，应当从检索要素中提取确定性高的特征。检索要素的确定性是指体现基本构思的每一要素中各关键词被目标文献记载的确定程度，确定性越高则说明该关键词越需要被目标文献记载，通过该关键词来检索到目标文献的可靠性也越高。

即时通信领域的术语往往有多种表达方式，能够标识同一网络实体或功能的词汇十分丰富，在检索中不仅需要提取确定性高的关键词，更需要采用多种手段扩展关键词，以确保检索的全面性，针对即时通信领域，在进行关键词提取时，可以考虑从应用场景、具体功能、技术效果、关键手段等多方面提取准确关键词，并进行合理扩展。传统聊天软件的功能优化和多个聊天平台的互联互通涉及的常用关键词较多，总结比较准确的关键词见表 9-5。

表 9-5　传统社交应用主要关键词

关键词	中文扩展	英文扩展
即时通信	即时通信、实时消息、即时消息、社交网络、群聊、聊天	real time message, instant message, social networks, chat
互联互通	交互、跨平台、联合	interact, cross platform

还可以对即时通信进行下位扩展，如微信、QQ、GTalk、MSN 等。

9.2.4　案例实践

下面通过两个实际案例，从技术构思简介、检索策略分析、检索过程及分析对传统聊天软件的功能优化和多个聊天平台的互联互通检索方法进行介绍。

【案例 9-1】

（1）技术构思简介

随着通信技术的发展，如微信、QQ 和微软网络服务（Microsoft Service Network，MSN）等即时通信（Instant Messaging，IM）业务呈多元化趋势。在即时通信业务中，用户可采用即时通信系统提供的显示风格进行一对一通信，也可以加入群组进行讨论。然而，采用即时通信系统提供的显示风格，多用户之间可能存在显示冲突，从而导致发言方的识别率低。

针对现有技术的不足，设计一种显示风格调整系统，适用于即时通信。技术要点为：即时通信群组中包括至少两个终端的关系，根据至少两个终端的关系，确定对所述至少两个终端中部分或者全部终端推荐的目标显示风格，根据预设规则选择所述目标显示风格，以便于在所述部分或者全部终端上以所述目标显示风格显示即时消息。方案流程如图 9-5 所示。

上述技术要点中，在获取到即时通信群组中至少两个终端的关系之后，可以基于该至少两个终端的关系，确定该至少两个终端的显示风格是否存在冲突，进而在该至少两个终端的显示风格存在冲突时，可以根据预设规则为该至少两个终端中的部分或者全部终端中的每个终端选择一个不同于即时通信群组中的其他终端所采用的显示风格的目标显示风格，从而调整在即时通信过程中发生显示冲突的终端所采用的显示风格，提高多人即时通信过程中对不同参与用户的辨识度，实现准确、快速辨别参与通信的多方用户。

（2）检索策略分析

首先，对需要检索的技术构思进行分析。在上述技术构思中，可以看出技术要点在于对即时通信群组中多个终端的显示风格进行调整进而达到统一，以解决多个终端显示风格冲突的问题。因此，根据技术构思，来确定检索要素，见表 9-6。

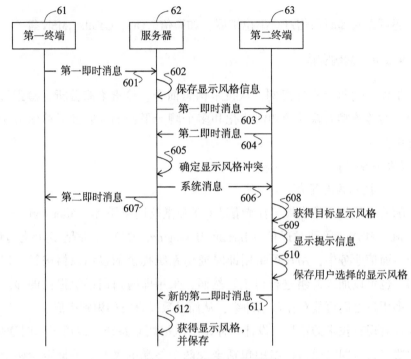

图 9-5　案例 9-1 流程图

表 9-6　传统社交应用检索要素（1）

检索要素	检索要素 1	检索要素 2
关键词	即时通信	调整显示风格

其次，基于上述技术构思和检索要素表，可以看出主要检索思路是检索如何统一调整多个终端的显示风格。技术领域关键词为即时通信，技术手段涉及的是调整、显示风格，其中可对即时通信适当扩展，而关键词"显示风格"比较准确，辨识度较高，无须进行过多的扩展。利用关键词检索时，可以优先选择技术构思中涉及的关键词和表达方式在常规检索中进行检索，以便提高检索效率。在未得到有效检索结果的情况下，可以选择在高级检索中使用扩展关键词进行检索，进一步还可以选择限定"摘要""权利要求""说明书"字段进行检索，在一定程度上避免遗漏相关文献。

除了利用关键词进行检索，还可以采用关键词结合分类号的方式进行检索，通过前面章节相关分类号的介绍可知，IPC 分类号 H04L12/58、CPC

分类号 H04L12/581、H04L51/04 表达的是即时消息，与本案例中的领域即时通信高度相关。结合上述关键词和分类号分析，对检索要素表进行中英文关键词和分类号的扩展表达如表 9-7 所示。

表 9-7　传统社交应用检索要素（2）

检索要素		检索要素 1	检索要素 2
关键词	中文	即时通信、即时通信、群组	调整；显示、展示、风格
	英文	instant message，chat	adjust；display style
分类号	IPC	H04L12/58•• 消息交换系统〔5，6〕〔2006.01〕	
	CPC	H04L12/581••• 实时或近实时消息，如即时消息〔IM〕； H04L51/04• 实时或近实时消息，例如即时消息〔IM〕（实时通信的网络装置或协议入 H04L65/00）	

（3）检索过程及结果分析

①简单检索。确定技术构思和关键词后，开始检索过程。首先使用最常用的常规检索，使用表达两个检索要素的关键词进行检索"即时通信""风格"，将两个基本检索要素进行 AND，得到检索结果如图 9-6 所示。

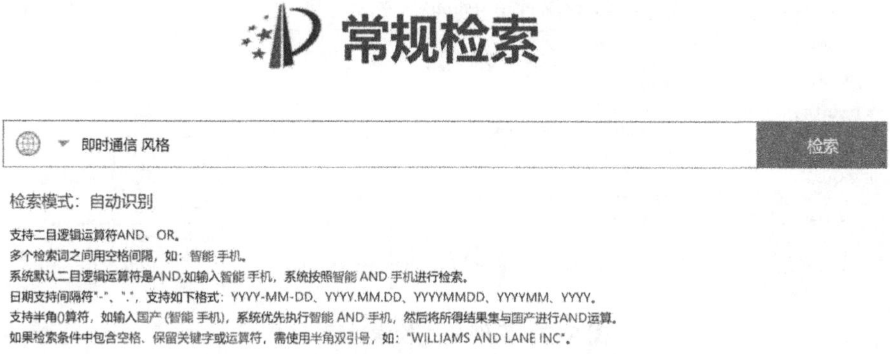

常规检索

| ⊕ ▼ 即时通信 风格 | 检索 |

检索模式：自动识别

支持二目逻辑运算符 AND、OR。
多个检索词之间用空格间隔，如：智能 手机。
系统默认二目逻辑运算符是 AND，如输入智能 手机，系统按照智能 AND 手机进行检索。
日期支持间隔符"-"、"."，支持如下格式：YYYY-MM-DD，YYYY.MM.DD，YYYYMMDD，YYYYMM，YYYY。
支持半角()算符，如输入国产(智能 手机)，系统优先执行智能 AND 手机，然后将所得结果集与国产进行 AND 运算。
如果检索条件中包含空格、保留关键字或运算符，需使用半角双引号，如："WILLIAMS AND LANE INC"。

图 9-6　案例 9-1 检索过程

常规检索结果大多数与上述技术构思相关，涉及显示风格调整或设置，其中有相关文献 CN103618666A：通过配置可使信息系统原有功能使用现有的即时通信工具或新增的即时通信工具，并实现各种不同的即时通信工具的统一风格展现，减少学习成本、维护成本及统过统一的通信管理来增加系统的安全性和可靠性。相关文献 CN101588290A：所述用户能够设置选择登录客户端时不自动登录即时通信，或者不自动接收邮件；客户端的界面风格也能够配置，如果用户主要使用电子邮件，则把客户端配置为标准邮件客户端的界面，如果用户主要使用即时通信，则把客户端配置为标准即时通信客户端的界面。

②分类号结合关键词检索。此外，还可以通过分类号+关键词的方式进行检索，在本案例中，可以使用 IPC 分类号 H04L12/58 来表示表达技术领域是即时通信，用关键词"显示风格"表达体现技术构思的要素，在高级检索界面进行检索，先在"IPC 分类号"文本框中输入 H04L12/58，再在"权利要求"文本框中输入：显示风格。然后，点击页面下方的生成检索式按钮，在界面下方的检索式编辑区中会生成检索式：IPC 分类号 =（H04L12/58）AND 权利要求 =（显示风格），如图 9-7 所示。

图 9-7　案例 9-1 检索过程（1）

最后，系统会列出检索到满足条件的结果，即共检索到 8 条结果，通过分析检索结果可知，即时通信的 IPC 分类号比较准确，使用 H04L12/58 检索到的 8 篇专利申请均是涉及即时通信领域中聊天界面显示风格相关的方案。其中，相关文献 CN102546757A：社交网络系统可包括用于从客户机设备处接收消息的消息接收组件、用于基于所述消息的句法而确定所述消息的消息类型的消息分析组件、专用于所述消息的所述消息类型的消息显示风格而显示所述消息的消息显示组件。

还可以进行英文文献检索，可以使用 CPC 分类号 H04L12/581、H04L51/04 表达即时消息，结合关键词"style"进行检索，如图 9-8 所示。

图 9-8 案例 9-1 检索过程（2）

检索结果中前 3 页文献不太相关，考虑加入关键词"adjust+"进行过滤，得到检索结果 9 条，结果比较相关，其中 US10666695B2：在计算机网络中对群聊会话中的参与者应用声誉评分的方法和装置。群组聊天会话以视觉上可感知的会话的形式显示，由一组网络可访问设备的用户按通信顺序排列。每个用户都具有响应关联用户以前通信的至少一个特征而生成的关联信誉评分。每个网络可访问的设备显示每个通信使用一个视觉标志选择相关的大小的声誉得分为用户产生的通信。

从上述简单检索和分类号结合关键词检索的结果来看，在检索时，使用技术领域关键词和体现发明构思的关键词进行检索，可以快速获取到相关的专利文献。

【案例 9-2】

（1）技术构思简介

现有技术一般提供集中式云服务和私有化云服务。集中式云服务是在现有的公有云平台部署一套中心即时通信服务，全网采用同一个域，集中式云服务存在以下缺点：第一，所有企业或团体的数据都集中在一起，一旦存在泄露会导致大面积影响，存在数据安全和数据不可靠隐患；第二，集中式云服务共享中心服务的资源，虽然可以利用部署多节点负责均衡，但系统出现故障后仍存在影响企业或用户数据安全的风险。私有化云服务下的每个企业或团体的即时通信服务都是一个独立域，虽然降低了企业或团体的数据安全性和可靠性风险，但是不同企业或团体之间的互联互通存在较大的困难。

针对现有技术的不足，设计一种去中心化的即时通信多服务节点互联互通系统。技术要点为：至少两个相互独立的即时通信服务节点，至少两个相互独立的即时通信服务节点通过公网 IP 或域名进行寻址，至少两个相互独立的即时通信服务节点相互发现并通过即时通信管理服务器申请建立互联互通关系。

在上述技术要点中，至少两个建立互联互通关系的即时通信服务节点下的用户，可以发现或查看互联互通关系的不同即时通信服务节点的其他用户，并添加好友实现跨即时通信服务节点的聊天视频、发送文件音频等互通功能。

（2）检索策略分析

首先，对需要检索的技术构思进行分析。在上述技术构思中，可以看出技术要点在于：不同即时通信服务节点下的用户进行跨即时通信服务节点的互通，以解决多个即时通信系统的不能互通的问题。因此，根据技术构思来确定检索要素，见表9-8。

表9-8　传统社交应用检索要素（3）

检索要素	检索要素1	检索要素2
关键词	即时通信	互联互通

其次，基于上述技术构思和检索要素表，可以看出主要检索思路是检索如何实现不同的即时通信系统的互通。技术领域关键词为即时通信，技术手段涉及的是互联互通，其中可对即时通信适当扩展，而关键词"互联互通"比较准确，辨识度较高，无须进行过多的扩展。利用关键词检索时，可以优先选择技术构思中涉及的关键词和表达方式在常规检索中进行检索，以便提高检索效率。在未得到有效检索结果的情况下，可以选择在高级检索中使用扩展关键词进行检索，进一步还可以选择限定"摘要""权利要求""说明书"字段进行检索，在一定程度上避免遗漏相关文献。

　　除了利用关键词进行检索，还可以采用关键词结合分类号的方式进行检索，通过前面章节相关分类号的介绍可知，IPC 分类号 H04L12/58、CPC 分类号 H04L12/581、H04L51/04 表达的是即时消息，与本案例中的技术领域即时通信非常相关。结合上述关键词和分类号分析，对检索要素表进行中英文关键词和分类号的扩展表达见表 9-9。

表 9-9　传统社交应用检索要素（4）

检索要素		检索要素 1	检索要素 2
关键词	中文	即时通信、群组	互联互通、交互、跨平台、联合
	英文	instant message，chat	interact，cross platform
分类号	IPC	H04L12/58 • • 消息交换系统〔5，6〕〔2006.01〕	
	CPC	H04L12/581 • • • 实时或近实时消息，如即时消息〔IM〕； H04L51/04 • 实时或近实时消息，例如即时消息〔IM〕（实时通信的网络装置或协议入 H04L65/00）	

　　（3）检索过程及结果分析

　　①简单检索。确定技术构思和关键词之后，开始检索过程，首先使用最常用的常规检索，使用表达两个检索要素的关键词进行检索"即时通信""互联互通"，将两个基本检索要素进行 AND，得到检索结果如图 9-9 所示。

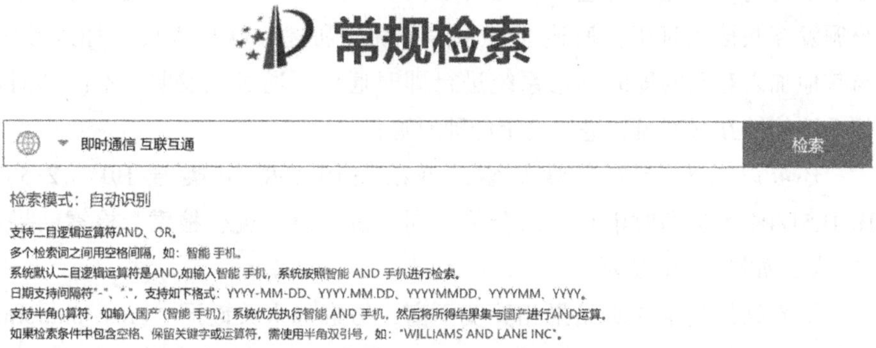

常规检索

⊕ ▼ 即时通信 互联互通	检索

检索模式：自动识别

支持二目逻辑运算符AND、OR。

多个检索词之间用空格间隔，如：智能 手机。

系统默认二目逻辑运算符为AND,如输入智能 手机，系统按照智能 AND 手机进行检索。

日期支持间隔符"-"、".",支持如下格式：YYYY-MM-DD、YYYY.MM.DD、YYYYMMDD、YYYYMM、YYYY。

支持半角()算符，如输入国产（智能 手机），系统优先执行智能 AND 手机，然后将所得结果集与国产进行AND运算。

如果检索条件中包含空格、保留关键字或运算符，需使用半角双引号，如："WILLIAMS AND LANE INC"。

图 9-9　案例 9-2 检索过程（1）

通过上述两个关键词分别表达两个基本检索要素，检索结果按照相关度进行排序，检索结果中的 1/2 文献与本案例技术构思都比较相关，涉及互联互通相关技术。

其中，相关文献 CN109639565A 包括至少两个相互独立的即时通信服务节点，至少两个相互独立的即时通信服务节点通过公网 IP 或域名进行寻址，至少两个相互独立的即时通信服务节点相互发现并通过即时通信管理服务器申请建立互联互通关系；其中建立互联互通的即时通信服务节点下的用户可以互相添加好友或创建群组进行即时互通。该发明的即时通信服务节点的数据安全可靠，又可以进行多个即时通信服务节点之间的互通。

②分类号结合关键词检索。此外，还可以通过"分类号+关键词"的方式进行检索，本案例中，技术领域即时通信可以使用 IPC 分类号 H04L12/58 来表示，用关键词"互联互通"表达体现技术构思的要素，在高级检索界面进行检索，先在 IPC 文本框中输入 H04L12/58，然后在权利要求文本框中输入：互联互通，然后点击页面下方的生成检索式按钮，在界面下方的检索式编辑区中会生成检索式：IPC 分类号 =（H04L12/58）AND 权利要求 =（互联互通）。

随后，点击检索按钮，系统就会列出检索到的满足条件的结果，共检索到 42 条结果，通过分析检索结果可知，即时通信的 IPC 分类号比较准确，使用 H04L12/58 检索到的专利申请均涉及即时通信领域中互联互通相关的方案。其中，相关文献 CN108400932A 即时通信系统向互联管理中心申请互联，并提交申请信息；所述互联管理中心根据所提交的申请信息进行审核，若审核通过，则允许所述即时通信系统的互联申请，并给所述即时通信系统颁发互联接入证书；所述即时通信系统凭所述互联接入证书加入互联，与其他加入互联的即时通信系统进行即时通信。通过该发明，不同即时通信系统能够互联互通，进行安全的即时通信。

还可以进行英文文献检索，可以使用 CPC 分类号 H04L12/581、H04L51/04 表达即时消息，结合关键词"interact"进行检索，检索结果有357 条，如图 9-10 所示。

检索结果的前 3 页结果相关度不高，考虑加入关键词"cross platform"进行过滤，得到检索结果 3 条，结果相关度较高，其中文献US10764384B2：检测用户之间的协作动作，图中节点标识用户，并且节点之间的连接指示用户之间的协作动作，基于节点之间的连接数量，为每个节点生成连接度量。还基于与连接到给定节点的其他节点相对应的连接度量，为每个给定节点生成继承值，并且基于中心性度量生成控制信号以控制用户交互系统。

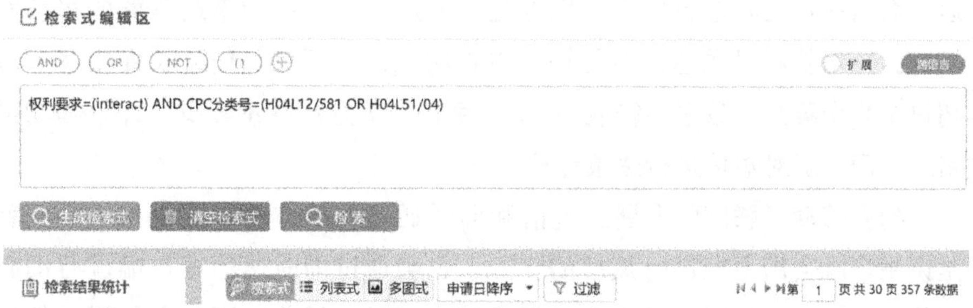

图 9-10　案例 9-2 检索过程（2）

从上述常规检索和高级检索的结果来看，在检索时，使用技术领域关键词和体现发明构思的关键词进行检索，可以快速获取相关的专利文献。

从上述两个案例的检索结果来看，如果发明构思比较明确，使用常规检索获取到的检索结果排序比高级检索的检索结果排序更有效，由于传统聊天软件的功能优化和多个聊天平台的互联互通的技术方案发明构思通常比较明确，因此，检索过程中，建议优先使用常规检索功能。

9.3　跨平台转接

随着互联网的普及，即时通信业务也飞速发展。即时通信业务是指能够即时发送和接收互联网消息等的业务。即时通信业务的提供商是独立于移动网络运营商的，即时通信消息的发送也只能够在即时通信业务的用户之间发送。优点是消息长度不限，信息承载量较多；而缺点是需要双方均接入互联网，并且必须都打开即时通信客户端，如果一方不在线则消息不能及时让对方所知。

随着手机的普及，短信服务（Short Message Service，SMS）也得到了广泛的应用。短信是伴随数字移动通信系统而产生的一种电信业务，通过移动通信系统的信令信道和信令网，传送文字或数字短信息，属于一种非实时的、非语音的数据通信业务。短信可以由移动通信终端（手机）始发，也可由移动网络运营商的短信平台服务器始发，还可由与移动运营商短信平台互联的网络业务提供商 SP（包括 ICP、ISP 等）始发。

由于短信是移动网络运营商提供的数据通信业务，只能够在移动网络运营商的用户之间进行发送。优点是只要用户在移动网络运营商的移动网络内，短信就可以送达；但是缺点也很明显，即短信的信息长度始终不可超过 160 个英文、数字字符或 70 个汉字，即信息承载量较少，并且移动网络运营商一般对短信进行逐条计费。

随着移动互联网的发展，短信和即时通信的载体都移到手机上，也就是说用户既会用手机进行短信的交互，也会通过即时通信客户端进行即时通信的交互。但是用户需要通过两个客户端进行操作，既不方便用户的使用，也会在用户可以通过即时通信进行交流时通过短信进行了交流，提高了用户的交流成本。近年来，多个平台的互联互通，如即时通信、短信、邮件等的跨平台转接是大量企业专利布局的重要方向。

9.3.1　常用分类号

跨平台转接应用领域除了涉及即时通信的分类号，还涉及与即时通信应用通信的其他应用（如短信、邮件等领域）的分类号，涉及的常用的 IPC 分类号见表 9-10。

表 9-10　跨平台转接 IPC 分类号

IPC 下分类	点组	含义
H04L12/00		数据交换网络（存储器、输入/输出设备或中央处理单元之间的信息或其他信号的互连或传送入 G06F13/00）〔5〕〔2006.01〕
H04L12/54	•	存储转发交换系统（分组交换系统入 H04L12/70）〔5，6，2013.01〕〔2013.01〕
H04L12/58	• •	消息交换系统〔5，6〕〔2006.01〕
H04L12/70	•	分组交换系统〔2013.01〕〔2013.01〕
G06Q50/00		专门适用于特定经营部门的系统或方法，如公用事业或旅游（医疗信息学入 G16H）
G06Q10/00		行政；管理

续表

IPC 下分类	点组	含义
H04W4/12	•	消息传送；邮箱；通告［2009.01］
H04W4/14	••	短消息业务，如短消息业务［SMS］或非结构化补充业务数据［USSD］［2009.01］
H04W4/18	•	信息格式或内容转换，如为了向用户或终端无线传送的目的，由网络对发送或接收的信息进行适应修改［2009.01］［2009.01］

其中，IPC 分类号中，与跨平台转接应用场景最相关的分类号，如下所示：

H04L12/58•• 消息交换系统〔5，6〕［2006.01］

H04W4/12• 消息传送；邮箱；通告［2009.01］

H04W4/14•• 短消息业务，如短消息业务［SMS］或非结构化补充业务数据［USSD］［2009.01］

跨平台转接 CPC 分类号见表 9-11。

表 9-11　跨平台转接 CPC 分类号

CPC 下分类	点组	含义
H04L12/54	•	存储和转送交换系统（分组交换系统见 H04L12/70）
H04L12/58	••	消息交换系统〔5，6〕［2006.01］
H04L12/581	•••	实时或近实时消息，如即时消息［IM］
H04L12/582	••••	和其他应用或服务的交互
H04L12/589	•••	联合消息，如即时消息［IM］的交互，电子邮件或者其他类型的消息，如融合 IP 消息［CPM］
H04L12/5895	•••	与无线系统组合的(在无线通信网络中的消息传送入 H04W4/12)
H04L51/00		在分组交换网络中用于用户到用户消息的装置，如电子邮件或即时消息
H04L51/04	•	实时或近实时消息，如即时消息［IM］（实时通信的网络装置或协议入 H04L65/00）
H04L51/046	••	和其他应用或服务的交互
H04L51/22	•	邮箱有关的零部件(电子邮箱的计算机辅助管理入 G06Q10/10)

续表

CPC 下分类	点组	含义
H04L51/36	•	［N：联合消息，如即时消息的交互，电子邮件或者其他类型的消息，如融合 IP 消息［CPM］
H04L51/38	•	与无线系统组合的（移动应用业务信令消息，如 SMS 入 H04W4/12）
H04W4/12	•	消息传送；邮箱；通告
H04W4/14	• •	短消息业务，如短消息业务［SMS］或非结构化补充业务数据［USSD］
H04W4/18	•	信息格式或内容转换，如为了向用户或终端无线传送的目的，由网络对发送或接收的信息进行适应修改

其中，CPC 分类号中，与跨平台转接应用场景最相关的主要有以下分类号，如下所示：

H04L12/58•• 消息交换系统，如电子邮件系统

H04L12/582••• 和其他应用或服务的交互

H04L12/589••• 联合消息，如即时消息［IM］的交互，电子邮件或者其他类型的消息，如融合 IP 消息［CPM］

H04L12/5895••• 与无线系统组合的（在无线通信网络中的消息传送入 H04W4/12）

H04L51/00 在分组交换网络中用于用户到用户消息的装置，如电子邮件或即时消息

H04L51/046•• 和其他应用或服务的交互

H04L51/22• 邮箱有关的零部件（电子邮箱的计算机辅助管理入 G06Q10/10）

H04L51/36• ［N：联合消息，如即时消息的交互，电子邮件或者其他类型的消息，如融合 IP 消息［CPM］

H04L51/38• 与无线系统组合的（移动应用业务信令消息，如 SMS 入 H04W4/12）

H04W4/12• 消息传送；邮箱；通告

H04W4/14•• 短消息业务，例如短消息业务［SMS］或非结构化补充业务数据［USSD］

9.3.2　检索策略选择

为了方便用户的使用，降低用户的交流成本，近年来，多个平台的互联互通，如即时通信、短信、邮件等的跨平台转接专利申请量较多。但是，即时通信领域中的术语往往有多种表达方式，能够标识同一网络实体或功能的词汇十分丰富，在指定检索策略时，可以考虑即时通信领域与跨平台转接的其他领域结合起来检索，如建议找到即时通信领域合适的 IPC 分类号和 CPC 分类号、跨平台转接的其他领域合适的 IPC 分类号和 CPC 分类号、即时通信领域合适的关键词、跨平台转接的其他领域合适的关键词如短信、邮件等，然后结合技术领域、技术手段、技术效果等获取到的准确关键词进行检索，进而快速获取到需要的专利文献。

9.3.3　关键词提取与扩展

对于关键词的提取，应当从检索要素中提取确定性高的特征。检索要素的确定性是指体现基本构思的每一要素中各关键词被目标文献记载的确定程度，确定性越高则说明该关键词越需要被目标文献记载，通过该关键词来检索到目标文献的可靠性也越高。

跨平台转接领域的术语往往有多种表达方式，能够标识同一网络实体或功能的词汇十分丰富，在检索中不仅需要提取确定性高的关键词，更需要采用多种手段扩展关键词，以确保检索的全面性，针对跨平台转接领域，在进行关键词提取时，可以考虑从应用场景、具体功能、技术效果、关键手段等多方面提取准确关键词，并进行合理扩展。跨平台转接应用领域除了涉及即时通信的关键词，同时还涉及与即时通信应用通信的其他应用（如短信、邮件等领域）的关键词，跨平台转接领域涉及的常用关键词较多，总结比较准确的关键词见表 9-12（以短信为例）。

表 9-12　跨平台转接关键词

关键词	中文扩展	英文扩展
即时通信	即时通信、实时消息、即时消息、社交网络、群聊、聊天	real time message，instant message，social networks，chat
跨平台转接	跨平台、多平台、短信、邮件……转接、中转、转移、转发	Cross platform，sms，email…Translate

还可以对即时通信进行下位扩展，如微信、QQ、GTalk、MSN 等。

9.3.4　案例实践

由于跨平台转接应用涉及与即时通信结合的其他领域，而其他领域涉及较多，下面案例以短信为例，从技术构思简介、检索策略分析、检索过程及分析对跨平台转接相关案件检索方法进行介绍。如遇到非短信领域的检索需求，可以用其他领域关键词替代短信即可。

【案例 9-3】

（1）技术构思简介

随着移动通信技术的发展，各种智能移动通信终端的普及，以及功能和性能不断增强，移动终端（如手机）已经成为人们不可缺少的通信工具，手机版本的 IM 客户端也应运而生，实现了人们可以在手机、平板电脑等移动终端上随时随地使用 IM 客户端的目的，实时和好友在线聊天，可以实时掌握好友的动态，可以发送包括文字之外的其他多媒体信息，无须坐在电脑前，大大增加了 IM 的便捷性。但是，目前移动通信终端版本的 IM 系统还是存在以下问题：IM 服务和移动通信服务分别由两个不同的网络系统来提供，二者没有有机地集成于一体，处于割裂状态，导致很多 IM 的消息不能实时接收。

针对现有技术的不足，设计一种客户端在线发送消息离线发短信的方法，主要技术要点为：本地移动终端中的即时通信 IM 客户端选择至少一个即时通信联系人；本地移动终端中的 IM 客户端发送即时消息至服务器平台，所述即时消息的目的地址为所选择的即时通信联系人；服务器平台判断至少一个即时通信联系人是否在线，如果判断结果为在线，则服务器平台发送即时消息给在线的即时通信联系人；如果判断结果为离线，则服务器平台根据即时消息的内容生成短信，并将生成的短信发至短信网关，短信网关将收到的短信发送至联系人移动终端中的系统短信应用模块。

在上述技术要点中，发送方通过即时通信 IM 客户端发送即时消息给接收方，当接收方在线时，服务器将即时消息发送给接收方的 IM 客户端，否则，将即时消息通过短信发送给接收方，从而实现不同平台下的用户互通即时消息，解决跨平台转接的问题。

（2）检索策略分析

首先，对需要检索的技术构思进行分析。在上述技术构思中，可以看出技术要点在于：将传统短信和即时通信功能无缝结合于一个系统之中，使得接收者能够实时接收信息。因此，根据技术构思，来确定检索要素，见表 9-13。

表 9-13　跨平台转接检索要素（1）

检索要素	检索要素 1	检索要素 2
关键词	即时通信	离线后短信发送

其次，基于上述技术构思和检索要素表，可以看出主要检索思路是检索如何实现即时通信客户端在离线场景下通过其他方式将即时消息转发给接收方。技术领域关键词为即时通信，技术手段涉及离线后短信发送即时消息，其中可对即时通信适当扩展，而关键词"离线发送"比较准确，辨识度较高，无须进行过多扩展。利用关键词检索时，可以优先选择技术构思中涉及的关键词和表达方式在常规检索中进行检索，以便提高检索效率。在未得到有效检索结果的情况下，可以选择在高级检索中使用扩展关键词进行检索，进一步还可以选择限定"摘要""权利要求""说明书"字段进行检索，在一定程度上避免遗漏相关文献。

除了利用关键词进行检索，还可以采用关键词结合分类号的方式进行检索，通过前面章节相关分类号的介绍可知，IPC 分类号 H04L12/58、CPC 分类号 H04L51/00、H04L51/046 等表达的是即时消息，与本案例中的技术领域即时通信非常相关。此外，分类号 H04W4/12、H04W4/14 表达的是短信业务。结合上述关键词和分类号分析，对检索要素表进行中英文关键词和分类号的扩展表达，见表 9-14。

表 9-14　跨平台转接检索要素（2）

检索要素		检索要素 1	检索要素 2
关键词	中文	即时通信、群组	离线 短信
	英文	instant message、chat	off line，off-line，sms

检索要素		检索要素 1	检索要素 2
分类号	IPC	H04L12/58··消息交换系统〔5,6〕〔2006.01〕	H04W4/12·消息传送；邮箱；通告 H04W4/14··短消息业务，例如短消息业务〔SMS〕或非结构化补充业务数据〔USSD〕
	CPC	H04L51/00 在分组交换网络中用于用户到用户消息的装置，例如电子邮件或即时消息 H04L51/046··和其他应用或服务的交互 H04L51/22·邮箱有关的零部件（电子邮箱的计算机辅助管理入G06Q10/10） H04L51/38·与无线系统组合的（移动应用业务信令消息，例如 SMS 入 H04W4/12）	H04W4/12·消息传送；邮箱；通告 H04W4/14··短消息业务，例如短消息业务〔SMS〕或非结构化补充业务数据〔USSD〕

（3）检索过程及结果分析

①简单检索。确定技术构思和关键词之后，开始检索过程，首先采用最常用的常规检索，使用表达两个检索要素的关键词："即时通信""短信"进行检索，将两个基本检索要素进行 AND，如图 9-11 所示。

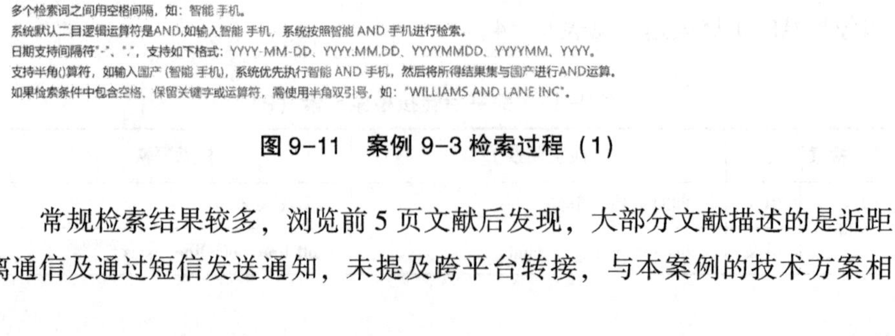

常规检索

即时通信 短信　　　　　　　　　　　　　　　　　　　　　检索

检索模式：自动识别

支持二目逻辑运算符AND、OR。
多个检索词之间用空格间隔，如：智能 手机。
系统默认二目逻辑运算符是AND,如输入智能 手机，系统按照智能 AND 手机进行检索。
日期支持间隔符'-'、'.'，支持如下格式：YYYY-MM-DD、YYYY.MM.DD、YYYYMMDD、YYYYMM、YYYY。
支持半角()算符，如输入国产 (智能 手机)，系统优先执行智能 AND 手机，然后将所得结果集与国产进行AND运算。
如果检索条件中包含空格，保留关键字或运算符，需使用半角双引号，如："WILLIAMS AND LANE INC"。

图 9-11　案例 9-3 检索过程（1）

常规检索结果较多，浏览前 5 页文献后发现，大部分文献描述的是近距离通信及通过短信发送通知，未提及跨平台转接，与本案例的技术方案相差较大，而这些文献中大多数的背景技术中提到的问题，也与技术构思也不相关。因此，需要调整检索策略，在高级检索界面中进行检索。

②类号结合关键词检索。可以通过"分类号+关键词"的方式进行检索，本案例中，可以使用 IPC 分类号 H04L12/58 来表示技术领域即时通信，在高级检索界面进行检索，先在 IPC 文本框中输入 H04L12/58，然后在权利要求文本框中输入：短信，然后点击页面下方的"生成检索式"按钮，在界面下方的检索式编辑区中会生成检索式：IPC 分类号 =（H04L12/58）AND 权利要求 =（短信）。最后点击"检索"按钮，得到检索结果如图 9-12 所示。

图 9-12　案例 9-3 检索过程（2）

检索结果多达 1317 条，浏览前 50 条文献后，发现大部分文献涉及的类型有垃圾短信过滤、信息通知等，不涉及将传统短信和即时通信功能无缝结合于一个系统之中，使得接收者能够实时接收信息的结果。由于表达技术领域基本检索要素的分类号和表达发明构思的基本检索要素的关键词表达均比较准确，检索结果中，排序靠前的文献之所以与本案例发明构思相差较大，应该是 PSS 系统排序规则所致，下面考虑进一步缩小检索结果的范围，以期快速获取到目标文献。

考虑将关键词"短信"的分类号 H04W4/12 加入检索式中，同时将关键词"即时通信"加入检索式中，并对两个检索要素进行适当扩展，如图 9-13 所示。

通过上述检索式得到的检索结果有 23 条，其中有两个比较相关的文献 CN104539526A、CN102624641A，这两篇文献的构思与案例 3 的构思相似。可见，在检索结果较多且存在很多不相关的文献时，可以同时使用检索要素的分类号和关键词进行检索，可以快速过滤掉不相关的文献，虽然这种方法简单直接，但是也会过滤掉分类号不同或者关键词不同但构思相同的文献，为了克服这种缺陷，可以考虑从案例的发明构思角度编辑检索式，如案例 3 的发明构思是发送方通过即时通信 IM 客户端发送即时消息给接收方，当接收方在线时，服务器将即时消息发送给接收方的 IM 客户端，否则，将即时消息通过短信发送给接收方；可以使用即时通信、在线、离线、短信等关键词表达发明构思，如图 9-14 所示。

图 9-13　案例 9-3 检索过程 （3）

图 9-14　案例 9-3 检索过程 （4）

　　通过上述检索式得到的检索结果有 213 条，结果较多，考虑到案例 3 构思是接收方在线时接收即时消息且离线时接收短信，即关键词"在线"和"离线"与关键词"短信"距离较近，可以考虑使用"S"算符过滤不相关的文献，如图 9-15 所示。

　　通过上述检索式得到的检索结果中，存在较多构思与本案例构思相同的文献。其中，相关文献 CN107770053B：包括：在即时通信服务器中预先存储用户的多种联络方式；判断消息的接收方是否处于离线状态；在判断了消息的接收方处于离线状态时，根据预先存储的多种联络方式之一提示用户有新的消息，并在提示消息中嵌入是否启动即时通信工具的选项；如果用户选择启动即时通信工具，则调用并启动即时通信工具，并向用户显示不同类型的验证码以提示用户输入动态登录密码，判断用户输入的动态登录密码是否正确，若正确，则允许用户登录，否则，不允许用户登录，并提示用户登录失败。该发明能够提示离线用户及时查看重要消息或及时接收重要文件，还进一步提高了登录即时通信工具时的安全性和便捷性。

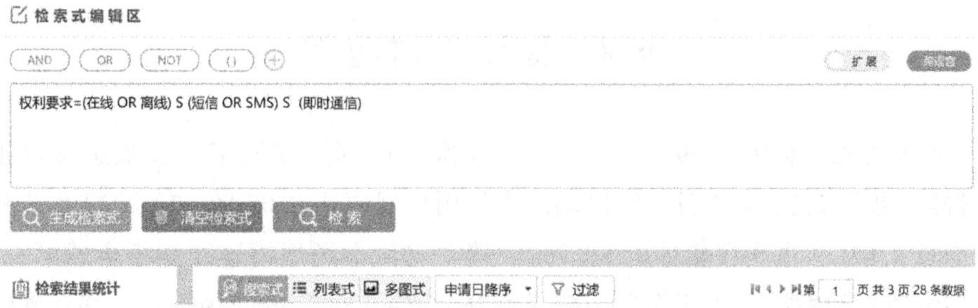

图 9-15　案例 9-3 检索过程（5）

还可以进行英文文献检索，可以使用 CPC 分类号 H04L12/58、H04L51/046 表达即时消息，使用 CPC 分类号 H04W4/12、H04W4/14 表达短信，结合关键词"off line，off-line"进行检索，如图 9-16 所示。

权利要求=(off line OR off-line) AND CPC分类号=(H04L12/58 OR H04L51/046) AND (H04W4/12 OR H04W4/14)

图 9-16　案例 9-3 检索过程（6）

经过浏览，检索结果比较相关，其中 US2018352393A1：消息传送系统包括第一设备上的第一消息传送应用程序和第二设备上的可交换消息（例如，文本消息等）的第二消息传送应用程序，并且第二消息传送可将内容从与第二消息传送应用程序一起操作的第二扩展应用程序传输到与第一扩展应用程序一起操作的第一消息传送应用程序；内容对于消息传送应用程序可以是不透明的，但可由扩展应用程序处理以在会话的消息记录中的消息气泡中显示实时动态内容。

在检索结果较多且存在很多不相关的文献时，可以同时使用检索要素的分类号和关键词进行检索，可以快速过滤掉不相关的文献，虽然这种方法简单直接，但是也会过滤掉分类号不同或者关键词不同但构思相同的文献，为了克服这种缺陷，可以考虑从案例的发明构思角度编辑检索式，并使用临近算符过滤不相关的文献。

9.4　移动支付应用

据 2020 年 9 月 29 日发布的第 46 次《中国互联网络发展状态统计报告》，截至 2020 年 6 月，我国网络支付用户规模达 8.05 亿，较 2020 年 3 月增长 4.8%，占网民整体的 85.7%，移动支付市场规模连续三年全球第一，在疫情期间发挥了重要作用，拓展了更多"+支付"的应用场景。移动支付的发展非常迅速，传统的购物、餐饮、打车等已经在很大程度实现了移动支付，金融行业、医疗行业甚至政务服务等也在积极开发移动支付功能。

随着网络技术的发展，涌现出越来越多的应用可用于社交活动，终端用户之间可通过应用进行信息交互，例如一对一或一对多的信息交互。除了信息交互之外，终端还可通过应用进行具有社交属性的移动支付等操作，该移动支付例如发红包、购物券、贺卡等。近年来，随着使用即时通信和移动支付的用户越来越多，即时通信中的移动支付体系结构、方案或协议是大量企业专利布局的重要方向。

9.4.1　常用分类号

即时通信领域的分类号较为准确且相对集中，主要为 IPC 分类号 H04L12/58（.. 消息交换系统）和 CPC 分类号 H04L51/00（在分组交换网络中用于用户到用户消息的装置，例如电子邮件或即时消息）。其中，CPC 分类号进行了进一步细分，划分出了更为准确高效的分类号，较为常用的包括 H04L51/08（. 包括附加信息的消息）、H04L51/10（. 包括多媒体信息的消息）、H04L51/20（. 使用地理位置信息的消息）等。即时通信移动支付应用领域除了涉及即时通信的分类号，同时还涉及支付领域的分类号，如表9-15 所示。

表 9-15　移动支付常用的 IPC 分类号

IPC 下分类	点组	含义
H04L12/54	•	存储转发交换系统（分组交换系统入 H04L12/70）〔5，6，2013.01〕〔2013.01〕
H04L12/58	• •	消息交换系统〔5，6〕〔2006.01〕
H04L12/70	•	分组交换系统〔2013.01〕〔2013.01〕
G06Q		专门适用于行政、商业、金融、管理、监督或预测目的的数据处理系统或方法；其他类目不包含的专门适用于行政、商业、金融、管理、监督或预测目的的系统或方法
G06Q20/00		支付体系结构、方案或协议（用于执行或登入支付业务的设备入 G07F7/08，G07F19/00；电子现金出纳机入 G07G1/12）
G06Q20/08	•	支付体系结构
G06Q20/10	• •	专门适用于电子资金转账〔EET〕系统的；专门适用于家庭银行系统的
G06Q20/12	• •	专门适用于电子购物系统的
G06Q20/16	• •	通过通信系统解决支付的〔2012.01〕
G06Q20/30	•	以特定设备的使用为特征的
G06Q20/32	• •	使用无线设备的
G06Q30/00		商业，如购物或电子商务
G06Q30/02	•	行销，如市场研究与分析、调查、促销、广告、买方剖析研究、客户管理或奖励；价格评估或确定〔2012.01〕
G06Q30/06	•	购买、出售或租赁交易

即时通信移动支付应用领域，涉及的常用的 CPC 分类号见表9-16。

表 9-16　移动支付常用 CPC 分类号

CPC 下分类	点组	含义
H04L12/54	•	存储和转送交换系统（分组交换系统见 H04L12/70）
H04L12/58	• •	消息交换系统〔5，6〕〔2006.01〕

CPC下分类	点组	含义
H04L12/581	•••	实时或近实时消息，如即时消息［IM］
H04L12/582	••••	和其他应用或服务的交互
H04L12/588	•••	社交网络中的消息传送
H04L51/00		在分组交换网络中用于用户到用户消息的装置，例如电子邮件或即时消息
H04L51/04	•	实时或近实时消息，例如即时消息［IM］（实时通信的网络装置或协议入 H04L65/00）
H04L51/046	••	和其他应用或服务的交互
H04L51/32	•	消息用于社交网络的
G06Q		专门适用于行政、商业、金融、管理、监督或预测目的的数据处理系统或方法；其他类目不包含的专门适用于行政、商业、金融、管理、监督或预测目的的系统或方法
G06Q20/00		支付体系结构、方案或协议（用于执行或登入支付业务的设备入 G07F7/08，G07F19/00；电子现金出纳机入 G07G1/12）
G06Q20/08	•	支付体系结构
G06Q20/085	••	涉及远程收费确认或相关支付系统
G06Q20/0855	•••	涉及第三方
G06Q20/10	••	专门适用于电子资金转账〔EET〕系统的；专门适用于家庭银行系统的
G06Q20/102	•••	账单分布或支付
G06Q20/12	••	专门适用于电子购物系统的
G06Q20/123	•••	购买数字内容
G06Q20/16	••	通过通信系统解决支付的〔2012.01〕
G06Q20/30	•	以特定设备的使用为特征的
G06Q20/32	••	使用无线设备的
G06Q20/322	•••	商业方面使用移动设备［M设备］
G06Q20/3221	••••	通过移动设备访问银行信息
G06Q20/3223	••••	通过移动设备实现银行交易
G06Q20/325	•••	使用无线网络
G06Q20/327	•••	依靠移动设备短距离或近距离支付

CPC 下分类	点组	含义
G06Q20/3274	• • • •	在移动设备上使用图形码显示，如条形码或 QR 码
G06Q20/3276	• • • •	使用移动设备读取图形码，如条形码或 QR 码
G06Q20/3278	• • • •	依靠移动设备的 RFID（射频识别）或 NFC（近场通信）支付
G06Q30/00		商业，如购物或电子商务
G06Q30/02	•	行销，如市场研究与分析、调查、促销、广告、买方剖析研究、客户管理或奖励；价格评估或确定〔2012.01〕
G06Q30/0207	• •	折扣或奖励，如优惠券、返利、优惠或增销
G06Q30/0208	• • •	用于奖励的商品或服务的交易或兑换
G06Q30/06	•	购买、出售或租赁交易

其中，IPC 分类号中，与移动支付应用场景最相关的分类号，如下所示：

H04L12/58··消息交换系统〔5，6〕〔2006.01〕

G06Q20/00 支付体系结构、方案或协议（用于执行或登入支付业务的设备入 G07F7/08，G07F19/00；电子现金出纳机入 G07G1/12）〔8，2012.01〕

G06Q20/12··专门适用于电子购物系统的〔2012.01〕

G06Q20/16··通过通信系统解决支付的〔2012.01〕

G06Q20/32··使用无线设备的〔2012.01〕

G06Q30/00 商业，如购物或电子商务〔8，2012.01〕

其中，CPC 分类号中，与移动支付应用场景最相关的主要有以下分类号，如下所示：

H04L12/58··消息交换系统，如电子邮件系统

H04L51/00 在分组交换网络中用于用户到用户消息的装置，如电子邮件或即时消息

G06Q20/00 支付体系结构、方案或协议（用于执行或登入支付业务的设备入 G07F7/08，G07F19/00；电子现金出纳机入 G07G1/12）H04L51/22·邮箱有关的零部件（电子邮箱的计算机辅助管理入 G06Q10/10）

G06Q20/12··专门适用于电子购物系统的〔2012.01〕

G06Q20/16··通过通信系统解决支付的〔2012.01〕

G06Q20/32··使用无线设备的〔2012.01〕

G06Q20/327···依靠移动设备短距离或近距离支付

G06Q20/3274····在移动设备上使用图形码显示，如条形码或 QR 码

G06Q20/3276····使用移动设备读取图形码，如条形码或 QR 码

G06Q20/3278····依靠移动设备的 RFID（射频识别）或 NFC（近场通信）支付

G06Q30/00 商业，如购物或电子商务

G06Q30/0207··折扣或奖励，如优惠券、返利、优惠或增销

从上述内容可以看出，即时通信在移动支付领域中的应用，大多数相关的分类号集中在 G06Q，在检索时，可以优先选用 G06Q 领域分类号。

9.4.2　检索策略选择

为了方便用户的使用，降低用户的交流成本，近年来，即时通信和移动支付功能的结合专利申请量较多，但是，即时通信领域中的术语往往有多种表达方式，能够标识同一网络实体或功能的词汇十分丰富，在指定检索策略时，可以考虑即将时通信领域与移动支付领域结合起来检索，如建议找到即时通信领域合适的 IPC 分类号和 CPC 分类号、移动支付领域合适的 IPC 分类号和 CPC 分类号、即时通信领域合适的关键词、移动支付领域合适的关键词，如红包、购物券等，然后结合技术领域、技术手段、技术效果等获取到的准确关键词进行检索，进而快速获取到需要的专利文献。

9.4.3　关键词提取与扩展

对于关键词的提取，应当从检索要素中提取确定性高的特征。检索要素的确定性是指体现基本构思的每一要素中各关键词被目标文献记载的确定程度，确定性越高则说明该关键词越需要被目标文献记载，通过该关键词检索到目标文献的可靠性也越高。

该领域除了涉及即时通信的关键词，同时还涉及移动支付领域的关键词。即时通信领域的术语往往有多种表达方式，能够标识同一网络实体或功能的词汇十分丰富，在检索中不仅需要提取确定性高的关键词，更需要采用多种手段扩展关键词，以确保检索的全面性。而移动支付技术领域中

近场支付的关键词表达较为单一，如支付、红包等。总结比较准确的关键词见表 9-17。

表 9-17　移动支付常用关键词

关键词	中文扩展	英文扩展
即时通信	即时通信、实时消息、即时消息、社交网络、群聊、聊天	real time message，instant message，social networks，chat
移动支付	移动支付、电子支付、购买、购物、红包、购物券……	Pay，purchase，buy，red envelope，shopping voucher…

还可以对即时通信进行下位扩展，如微信、QQ、GTalk、MSN 等。

9.4.4　案例实践

在技术方案方面，即时通信领域的专利申请通常改进点都比较小。由于即时通信领域专利申请的技术方案往往贴近实际生活，且多数技术手段已广泛应用，因此申请文件通常通俗易懂，申请门槛也较低。目前，该领域的技术发展已相对成熟，大部分新提出的专利申请会从细节方面对现有技术进行进一步改进，发明点通常比较细小，对检索造成了一定困难。由于移动支付应用涉及与即时通信结合的其他领域，而其他领域涉及较多，下面案例以红包为例，从技术构思简介、检索策略分析、检索过程及分析对移动支付应用相关检索方法进行介绍。如碰到非红包领域的检索需求，可以用其他领域关键词替代红包即可。

【案例 9-4】

（1）技术构思简介

随着通信技术的发展和智能终端的普及，人们越来越习惯于通过网络来完成各种工作和生活事项。例如，在处理需要事先沟通或需要事后与对方继续推进的业务时，用户经常通过即时通信系统与对方联系，在即时对话过程中利用网络完成某个业务。

以通过第三方支付平台转账为例，现有技术中，用户通常在即时对话界面中和转账的对方确认好金额后，再打开第三方支付平台，转入账户和转账金额完成转账，然后再回到即时对话中与对方确认转账结果。上述交互过程中，用户需要多次手动操作和手动输入较多内容，烦琐而低效。

　　针对现有技术的不足，设计一种业务功能的实现方法，应用在即时通信服务器上。技术要点为：接收即时对话参与方发送的即时消息；当即时对话中即时消息的内容满足某个业务类型的预设触发条件时，向即时对话参与方的终端发送显示快捷操作项的指令；所述快捷操作项用于由终端发起所述业务类型的业务任务；所述显示快捷操作项的指令中包括所述快捷操作项在终端上的显示时间，显示时间到时由终端取消所述快捷操作项的显示。所述业务功能包括网络支付功能；所述业务类型包括转账和/或发红包；转账的业务参数包括转出账户、转入账户和转账金额中的一个到多个；发红包的业务参数包括发红包的账户、红包金额中的一个或两个。

　　在上述技术要点中，当通过即时对话中即时消息的内容判断出用户将要使用某种类型的业务时，在用户的终端上显示该业务类型的快捷操作项，供用户快捷启动该业务类型的业务任务，从而减少用户的手动操作和手动输入，提高用户的效率。

　　（2）检索策略分析

　　首先，对需要检索的技术构思进行分析。在上述技术构思中，可以看出技术要点在于：自动判断出用户想要使用的业务类型，然后关联显示出相应的快捷操作项，方便用户快速启动该项业务，解决用户手动操作效率低的问题。因此，要根据技术构思来确定检索要素，见表9-18所示。

表9-18　移动支付检索要素（1）

检索要素	检索要素1	检索要素2
关键词	即时通信	当识别出转账或发红包时显示快捷操作项

　　其次，基于上述技术构思和检索要素表可以看出，主要检索思路是检索如何识别出转账或发红包的时机并且相应的显示快捷操作项。技术领域关键词为即时通信，技术手段涉及的是识别出转账或发红包时显示快捷操作项，其中可对即时通信适当扩展，而关键词"支付转账、红包、购物券"扩展关键词较多，识别度较低。利用关键词检索时，可以优先选择技术构思中涉及的关键词和表达方式在常规检索中进行检索，以便提高检索效率。在未得到有效检索结果的情况下，可以选择在高级检索中使用扩展关键词

进行检索，进一步还可以选择限定"摘要""权利要求""说明书"字段进行检索，在一定程度上避免遗漏相关文献。

除了利用关键词进行检索，还可以采用关键词结合分类号的方式进行检索，通过前面章节相关分类号的介绍可知，IPC 分类号 H04L12/58、CPC 分类号 H04L51/00、H04L51/046 等表达的是即时消息，与本案例中的技术领域即时通信非常相关。此外，分类号 G06Q20/10、G06Q20/32 表达的是支付业务。结合上述关键词和分类号分析，对检索要素表进行中英文关键词和分类号的扩展表达见表 9-19 所示。

表 9-19 移动支付检索要素（2）

检索要素		即时通信	当识别出即时消息中涉及转账或发红包时显示快捷操作项
关键词	中文	即时消息、即时通信	支付、转账红包、购物券
	英文	instant message, chat	Pay Transfer accounts red envelope, shopping voucher
分类号	IPC	H04L12/58··消息交换系统〔5，6〕〔2006.01〕	G06Q20/10··专门适用于电子资金转账〔EET〕系统的；专门适用于家庭银行系统的 G06Q20/32··使用无线设备的
分类号	CPC	H04L51/00 在分组交换网络中用于用户到用户消息的装置，例如电子邮件或即时消息 H04L51/046··和其他应用或服务的交互 H04L51/22·邮箱有关的零部件（电子邮箱的计算机辅助管理入 G06Q10/10） H04L51/38·与无线系统组合的（移动应用业务信令消息，例如 SMS 入 H04W4/12）	G06Q20/10··专门适用于电子资金转账〔EET〕系统的；专门适用于家庭银行系统的 G06Q20/32··使用无线设备的 G06Q20/325···使用无线网络

（3）检索过程及结果分析

由于即时通信移动支付应用领域的分类号较为准确，因此，考虑直接在高级检索中进行检索。下面开始检索过程，可以通过"分类号+关键词"的方式进行检索，在本案例中，可以使用 IPC 分类号 G06Q20/10 和 G06Q20/32 来表示表达移动支付，用关键词"即时通信"表达体现技术构思的要素，在高级检索界面进行检索，先在"IPC 分类号"文本框中输入 G06Q20/10 和 G06Q20/32，然后在"权利要求"文本框中输入：即时通信 和即时通信，再点击页面下方的"生成检索式"按钮，在界面下方的检索 式编辑区中会生成检索式：IPC 分类号＝（G06Q20/10 OR G06Q20/32） AND 权利要求＝（即时通信 OR 即时通信），如图 9-17 所示。

图 9-17 案例 9-4 检索过程（1）

通过上述检索式得到的检索结果有 44 条，其中有几个比较相关的文献 CN111553680A、CN11136924A、CN111091360A、CN110807625A、CN109690584A， 这几篇文献均是通过即时通信应用进行支付操作的，应用场景与本案例相同， 但是均未公开在即时通信应用中显示快捷操作项。可见，上述检索非常有效， 据此推断，中文专利库中存在对比文件的可能性较小，因此，考虑在英文专利 库中进行检索，由于即时通信 CPC 分类号 H04L51/046（和其他应用或服务的交 互）准确诠释了即时通信与其他应用的交互，比较符合本应用场景。因此，选 择 H04L51/046 表达即时通信领域，此外，分类号 G06Q20/10（专门适用于电子 资金转账〔EET〕系统的；专门适用于家庭银行系统的）诠释了涉及移动支付 中资金转账领域的应用，因此选择移动支付领域最常用的 CPC 分类号 G06Q20/ 10 表达移动支付领域，使用 CPC 检索之前，需要配置 CPC 功能，先点击高级检 索右方的"配置"按钮，在显示页面中勾选 CPC 分类号，如图 9-18 所示，再 点击"保存"按钮。

下面就可以进行 CPC 检索了，如图 9-19 所示。

使用 CPC 分类号表达两个检索要素，构造检索式如下，如图 9-20 所示。

通过上述检索式得到的检索结果有 155 条，结果较多，考虑到英文文献阅

设置检索字段　　　　　　　　　　　　　　　　　　　　×

- ☑ 申请号　　　　　　☑ 申请日　　　　　　☑ 公开（公告）号
- ☑ 公开（公告）日　　☑ 发明名称　　　　　☑ IPC分类号
- ☑ 申请（专利权）人　☑ 发明人　　　　　　☑ 优先权号
- ☑ 优先权日　　　　　☑ 摘要　　　　　　　☑ 权利要求
- ☑ 说明书　　　　　　☑ 关键词　　　　　　☐ 外观设计洛迦诺分类号
- ☐ 外观设计简要说明　☐ 代理人　　　　　　☐ 代理机构
- ☐ 申请人邮编　　　　☐ 申请人地址　　　　☐ 申请人所在国（省）
- ☐ FT分类号　　　　　☐ UC分类号　　　　　☐ ECLA分类号
- ☐ FI分类号　　　　　☐ 发明名称（英）　　☐ 发明名称（法）
- ☐ 发明名称（德）　　☐ 发明名称（其他）　☐ 摘要（英）
- ☐ PCT进入国家阶段日期　☐ PCT国际申请号　☐ 摘要（法）
- ☐ 摘要（德）　　　　☐ 摘要（其他）　　　☐ PCT国际申请日期
- ☐ PCT国际申请公开号　☐ PCT国际申请公开日期　☑ CPC分类号
- ☐ C-SETS

　　　　　　　　　　　　　[全选]　[全取消]　[恢复默认设置]　[保存]

图 9-18　案例 9-4 检索过程（2）

读不便，用体现发明构思的关键词"transfer"和"envelope"的英文关键词进行过滤，如图 9-21 所示。

　　通过上述检索式得到的检索结果仅 24 条，与该案例比较相关，快速筛选到文献 US2014207679A1：涉及结合安装在用户设备中并由用户设备执行的即时信使来执行在线汇款操作；在发起在线汇款操作时，第一用户设备可以监视通过即时通信器发送到第二用户设备和从第二用户设备接收的消息；第一用户设备可以在基于监测结果检测到预定服务发起字时获得关于在线转账事件的信息；第一用户设备基于所获得的信息请求服务器执行在线转账操作。可见这篇文献公开了本方案的技术构思。

　　即时通信在移动支付领域中的应用，大多数相关的分类号集中在 G06Q，在检索时，可以优先选用 G06Q 领域分类号。在中文专利库中存在相关文献的可能性较小时，可以使用 CPC 检索英文文献，即时通信的移动支付领域中，

H04L51/046（和其他应用或服务的交互）准确诠释了即时通信与其他应用的交互，比较符合本应用场景。因此，可以优先选择 H04L51/046 表达即时通信领域；此外，G06Q20/10（专门适用于电子资金转账〔EET〕系统的；专门适用于家庭银行系统的）诠释了涉及移动支付中资金转账领域的应用，包含的文献较多，如果不确定技术方案进一步的详细分类位置，可以优先选择 G06Q20/10 表达移动支付领域。

图 9-19　案例 9-4 检索过程（3）

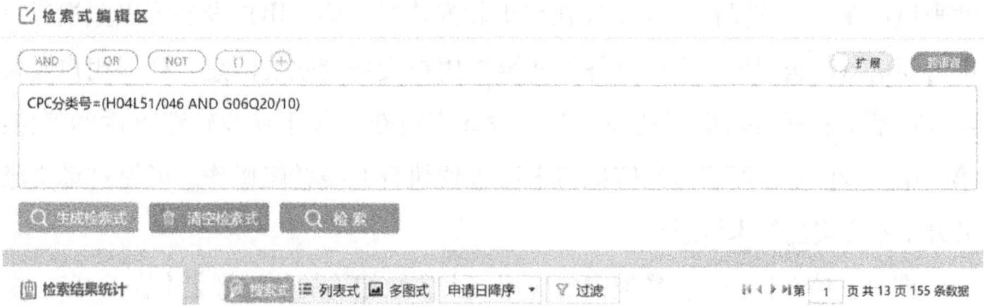

图 9-20　案例 9-4 检索过程（4）

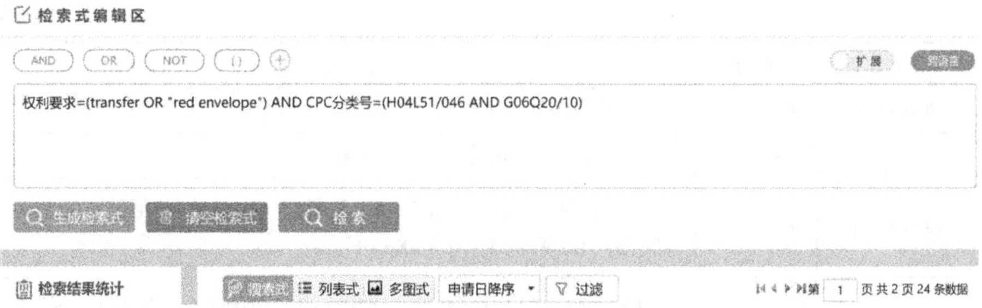

图 9-21　案例 9-4 检索过程（5）

9.5　物联网融合

随着物联网等相关产业的不断发展，智能家居应用也越来越普及，远程控制家用电器、远程控制家庭监控设备等技术不断得到发展和完善，这些控制都是基于人与物、人与设备的交互，使用时一般都要打开专用的网页或应用程序，虽然操作比较简单和直观，但是需打开、运行和登录专门程序，给用户带来不便。如果能将此项功能引入即时通信工具，成为即时通信应用的一项功能，必将给用户带来不一样的体验和感受。近年来，随着使用即时通信和物联网的发展，将两个技术进行融合以提高用户体验及感受的需求越来越强，此应用场景也是大量企业专利布局的重要方向。

9.5.1　常用分类号

即时通信和物联网融合应用领域除了涉及即时通信的分类号，还涉及物联网领域的分类号，涉及的常用的 IPC 分类号见表 9-20。

表 9-20　物联网融合 IPC 分类号（1）

IPC 下分类	点组	含义
H04L12/54	•	存储转发交换系统（分组交换系统入 H04L12/70）〔5，6，2013.01〕〔2013.01〕
H04L12/58	••	消息交换系统〔5，6〕〔2006.01〕
H04L12/00		数据交换网络（存储器、输入/输出设备或中央处理单元之间的信息或其他信号的互连或传送入 G06F13/00）〔5〕〔2006.01〕

IPC 下分类	点组	含义
H04L12/02	•	零部件〔5〕〔2006.01〕
H04L12/24	• •	用于维护或管理的装置〔5〕〔2006.01〕
H04L12/28	•	以通路配置为特征的，如 LAN〔局域网〕或 WAN〔广域网〕（无线通信网络入 H04W）〔5, 6〕〔2006.01〕
H04L12/66	•	用于在不同类型的交换系统网络之间连接的装置，如网关〔5, 6〕〔2006.01〕

即时通信和物联网融合应用领域，涉及的常用的 CPC 分类号见表9-21。

表9-21　物联网融合 IPC 分类号（2）

CPC 下分类	点组	含义
H04L12/54	•	存储和转送交换系统（分组交换系统见 H04L12/70）
H04L12/58	• •	消息交换系统〔5, 6〕〔2006.01〕
H04L12/582	• • • •	和其他应用或服务的交互
H04L12/587	• • •	具有有关获取消息的通知的
H04L12/588	• • •	社交网络中的消息传送
H04L51/00		在分组交换网络中用于用户到用户消息的装置，如电子邮件或即时消息
H04L51/046	• •	和其他应用或服务的交互
H04L51/32	•	消息用于社交网络的
H04L41/00		分组交换网络的维护、操作或管理设备
H04L12/28	•	以通路配置为特征的，如 LAN〔局域网〕或 WAN〔广域网〕（无线通信网络入 H04W）
H04L12/66	•	用于在不同类型的交换系统网络之间连接的装置，如网关
H04L67/12	•	适用于专用的或特定目的的网络环境，如医疗网络，传感器网络，汽车或远程计量中的网络（家庭自动化网络入 H04L12/2803；以网络通信为特征的工业控制入 G05B19/4185；涉及传输游戏系统入 A63F13/30）
H04L67/125	• •	通过网络控制终端设备的应用程序（使用基于 Web 的技术的终端设备控制或监测入 H04L67/025；网络管理的网络设备入 H04L41/00）

其中，IPC 分类号中，与物联网融合应用场景最相关的分类号，如下所示：

H04L12/58··消息交换系统〔5，6〕〔2006.01〕

H04L12/24··用于维护或管理的装置〔5〕〔2006.01〕

H04L12/28·以通路配置为特征的，例如 LAN〔局域网〕或 WAN〔广域网〕（无线通信网络入 H04W）〔5，6〕〔2006.01〕

其中，CPC 分类号中，与物联网融合应用场景最相关的主要有以下分类号，如下所示：

H04L12/58··消息交换系统，例如电子邮件系统

H04L12/582····和其他应用或服务的交互

H04L51/00 在分组交换网络中用于用户到用户消息的装置，例如电子邮件或即时消息

H04L51/046··和其他应用或服务的交互

H04L41/00 分组交换网络的维护、操作或管理设备

H04L12/28·以通路配置为特征的，例如 LAN〔局域网〕或 WAN〔广域网〕（无线通信网络入 H04W）

H04L67/12·适用于专用的或特定目的的网络环境，如医疗网络，传感器网络，汽车或远程计量中的网络（家庭自动化网络入 H04L12/2803；以网络通信为特征的工业控制入 G05B19/4185；涉及传输游戏系统入 A63F13/30）

从上述表格可以看出，即时通信领域大多数相关的分类号集中在 H04L12/58、H04L12/582、H04L51/00、H04L51/046，物联网主要集中在 H04L12/24、H04L12/28。在检索的过程中，可以优先使用这些分类号进行检索。

9.5.2　检索策略选择

即时通信领域中的术语往往有多种表达方式，能够标识同一网络实体或功能的词汇十分丰富，在指定检索策略时，可以考虑即时通信领域与物联网领域结合起来检索，如，建议找到即时通信领域合适的 IPC 分类号和 CPC 分类号、物联网领域合适的 IPC 分类号和 CPC 分类号、即时通信领域合适的关键词、物联网领域合适的关键词，再结合技术领域、技术手段、技术效果等获取到的准确关键词进行检索，进而快速获取到需要的专利文献。

9.5.3　关键词提取与扩展

对于关键词的提取，应当从检索要素中提取确定性高的特征。检索要素的确定性是指体现基本构思的每一要素中各关键词被目标文献记载的确定程度，确定性越高则说明该关键词越需要被目标文献记载，通过该关键词来检索到目标文献的可靠性也越高。

该领域除了涉及即时通信的关键词，同时还涉及物联网领域的关键词。即时通信领域的术语往往有多种表达方式，能够标识同一网络实体或功能的词汇十分丰富，在检索中不仅需要提取确定性高的关键词，更需要采用多种手段扩展关键词，以确保检索的全面性；而物联网领域中的关键词表达较为单一，如物联网、万物互联，或一些下位描述，如智能家居等。总结比较准确的关键词见表9-22。

表 9-22　物联网融合关键词

关键词	中文扩展	英文扩展
即时通信	即时通信、实时消息、即时消息、社交网络、群聊、聊天	real time message、instant message、social networks、chat
物联网	物联网、万物互联	Internet of things、IoT

还可以对即时通信进行下位扩展，如微信、QQ、GTalk、MSN 等。

9.5.4　案例实践

由于物联网融合应用涉及与即时通信结合的其他领域，而其他领域涉及较多，下面案例以家庭中的智能家居为例，从技术构思简介、检索策略分析、检索过程及分析对物联网融合相关检索方法进行介绍。如碰到家庭中的智能家居以外的其他物联网融合领域的检索需求，可以用其他领域关键词替代智能家居相关关键词即可。

【案例9-5】

（1）技术构思简介

目前家庭中的智能家居设备普遍是从用户宽带接入互联网，但是宽带提供的是动态 IP 地址，无法直接通过互联网访问进行远程控制，如果要使即时通信应用程序对宽带内的设备进行控制，就必须解决宽带 IP 动态地址的实时获取问题。

针对现有技术的不足，设计一种即时通信控制宽带用户端设备的方法。技术要点为：用设备识别编码对被控设备进行注册；用可以定制的会话语言与被控设备进行通信；所述会话语言的发送由即时通信服务器发至传感信号收发模块；所述会话语言的返回从数据库获取。

在上述技术要点中，使用户在即时通信客户端以拟人对话的形式与宽带用户端设备进行通信、交流，在即时通信客户端对宽带用户端设备进行注册和绑定，对人机语言进行编辑和设置，同时解决了宽带动态 IP 地址的实时获取问题。

（2）检索策略分析

首先，对需要检索的技术构思进行分析。在上述技术构思中，可以看出技术要点在于：在即时通信客户端对宽带用户端设备进行注册和绑定，对人机语言进行编辑和设置，解决了宽带动态 IP 地址的实时获取问题。因此，根据技术构思，来确定检索要素，见表 9-23。

表 9-23　物联网融合检索要素（1）

检索要素	检索要素 1	检索要素 2
关键词	即时通信	对宽带用户端设备进行注册和绑定

其次，基于上述技术构思和检索要素表，可以看出主要检索思路是在即时通信客户端对宽带用户端设备进行注册和绑定。技术领域关键词为即时通信，技术手段涉及的是对宽带用户端设备进行注册和绑定，其中可对即时通信适当扩展，而关键词"物联网，注册，绑定"扩展关键词较多，识别度较低。利用关键词检索时，可以优先选择技术构思中涉及的关键词和表达方式在常规检索中进行检索，以便提高检索效率。在未得到有效检索结果的情况下，可以选择在高级检索中使用扩展关键词进行检索，进一步地，还可以选择限定"摘要""权利要求""说明书"字段进行检索，在一定程度上避免遗漏相关文献。

除了利用关键词进行检索，还可以采用关键词结合分类号的方式进行检索，通过前面章节相关分类号的介绍可知，IPC 分类号 H04L12/58、H04L12/582，CPC 分类号 H04L51/046 等表达的是即时消息，与本案例中的技术领域即时通信非常相关。此外，IPC 分类号 H04L12/24、H04L12/28，CPC 分类号 H04L41/00 表达的是支付业务。结合上述关键词和分类号分析，对检索要素表进行中英文关键词和分类号的扩展表达见表 9-24。

表 9-24　物联网融合检索要素（2）

检索要素		即时通信	对宽带用户端设备进行注册和绑定
关键词	中文	即时消息、即时通信	物联网注册、绑定
	英文	instant message，chat	Internet of things，IoT，register，bind
分类号	IPC	H04L12/58 • • 消息交换系统〔5，6〕〔2006.01〕 H04L12/582 • • • • 和其他应用或服务的交互	H04L12/24 • • 用于维护或管理的装置〔5〕〔2006.01〕 H04L12/28 • 以通路配置为特征的，例如 LAN〔局域网〕或 WAN〔广域网〕（无线通信网络入 H04W）〔5，6〕〔2006.01〕
	CPC	H04L51/046 • • 和其他应用或服务的交互	H04L41/00｛分组交换网络的维护、操作或管理设备｝ H04L12/28 • 以通路配置为特征的，例如 LAN〔局域网〕或 WAN〔广域网〕（无线通信网络入 H04W）

（3）检索过程及结果分析

①简单检索。确定技术构思和关键词后开始检索，先使用最常用的常规检索，使用表达两个检索要素的关键词进行检索"即时通信""物联网""注册""绑定"，将两个基本检索要素进行 AND，得到检索结果如图 9-22 所示。

常规检索结果大多数与上述技术构思相关，涉及显示风格调整或设置，其中有相关文献 CN104967595B：包括以下步骤：用户终端在局域网内发送广播包，以获取所述局域网内支持约定协议的设备；所述用户终端接收所述局域网内支持所述约定协议的设备发送的设备信息，所述设备信息包括物理标识码；所述用户终端将所述物理标识码发送到所述物联网平台；所述用户终端接收所述物联网平台返回的根据所述物理标识码生成的设备账号和与之对应的设备密码，所述设备账号和设备密码用于所述设备登录所述物联网平台，以使得所述设备与所述物联网平台进行通信；所述用户终端将所述设备账号和设备密码发送给对应的设备。

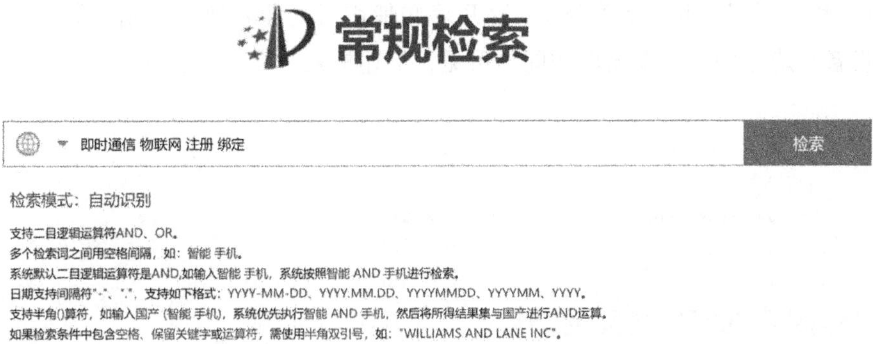

常规检索
即时通信 物联网 注册 绑定
检索
检索模式：自动识别
支持二目逻辑运算符AND、OR。
多个检索词之间用空格间隔，如：智能 手机。
系统默认二目逻辑运算符是AND,如输入智能 手机，系统按照智能 AND 手机进行检索。
日期支持间隔符"-"、"."，支持如下格式：YYYY-MM-DD、YYYY.MM.DD、YYYYMMDD、YYYYMM、YYYY。
支持半角()算符，如输入国产 (智能 手机)，系统优先执行智能 AND 手机，然后将所得结果集与国产进行AND运算。
如果检索条件中包含空格、保留关键字或运算符，需使用半角双引号，如："WILLIAMS AND LANE INC"。

图 9-22　案例 9-5 检索过程（1）

②分类号结合关键词检索。从技术构思可以看出，技术方案中的第二个基本检索要素“在即时通信客户端对宽带用户端设备进行注册和绑定”不好提取表达“用户端设备”的关键词，虽然可以用关键词注册、绑定，但是并不能筛选出物联网设备的文献，因此，可以考虑先用分类号表达两个基本检索要素，使用 H04L12/58 表达即时通信，使用 H04L12/24 和 H04L12/28 表达第二个基本检索要素，根据检索结果情况进一步使用关键词过滤检索结果，检索过程如图 9-23 所示。

检索式编辑区
AND
OR
NOT
()
扩展
IPC分类号=(H04L12/58 AND (H04L12/24 OR H04L12/28))
检索结果统计
列表式
多图式
申请日降序
过滤
第 1 页 共 825 页 9897 条数据

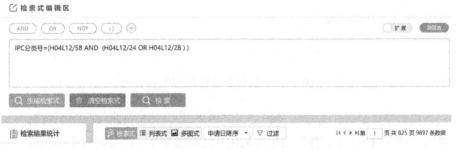

图 9-23　案例 9-5 检索过程（2）

上述检索式检索结果有 9897 条，结果太多，使用第二检索要素的领域关键词“物联网”进一步过滤，得到如下检索结果，如图 9-24 所示。

通过上述检索式得到的检索结果有 16 条，其中有几个比较相关的文献：CN110581781A：（一种基于微信的物联网远程监控方法）、CN108449246A：

（一种基于即时通信软件与物联网通信的智能家居系统）、CN106411592A：（一种物联网实时通信系统）。这几篇文献均通过即时通信应用控制物联网设备，应用场景与本案例相同，可见，上述检索非常有效。

图9-24　案例9-5检索过程（3）

还可以进行英文文献检索，可以使用 CPC 分类号 H04L51/00、H04L51/046 表达即时消息，使用关键词"IoT"表达第二个检索要素进行检索，检索结果有 43 条，如图9-25 所示。

图9-25　案例9-5检索过程（4）

检索结果中部分文献比较相关，其中文献 US2020112529A1：向机器人添加聊天室以用于 IoT 服务器与信使的用户之间的交互；以及响应于通过聊天室从用户输入到机器人的控制输入，指示 IoT 服务器向 IoT 设备发送控制信号。

即时通信与物联网融合领域中，发明构思不好表达，可以优先使用分类号进行检索。即时通信领域的关键词表达方式较多，可以使用分类号 H04L12/58 表达即时通信，另外，物联网领域中的设备不好表达，可以优先采用比较准确的分类号 H04L12/24 和 H04L12/28 表达物联网设备，根据检索结果情况再进一步使用关键词过滤检索结果。

9.6　人工智能融合

随着社会和互联网技术的发展，即时通信（Instant Messaging，IM）已经逐渐成为人们生活的重要组成部分。人们可以把自己的的联系人加入好友名单，通过即时通信的状态呈现技术获知好友的在线离线状态，随时与在线好友发起即时对话，达到信息即时交流的目的。

随着即时通信技术与搜索引擎技术的发展，出现了将两者结合的机器人搜索技术，其表现形式为即时通信中随时在线的机器人好友。即时通信用户通过对话的方式向机器人好友提出问题，该机器人好友对问题经过关键词分析后进行搜索，然后将搜索所得有用信息结果加以整合、过滤，返回给即时通信用户，相对于用户直接在网页浏览器中频繁打开网页去查询，机器人好友的方式不仅符合用户的即时通信使用习惯，具有详尽信息查询功能，而且更加方便快捷。

不仅如此，聊天机器人是结合多个平台的机器人软件系统，具有多种功能，人们不但可以和他天南海北地聊天，对其倾诉心事，而且可以通过他查询各类丰富、及时、准确的信息，预定机票、酒店，下载歌曲、位置定位等，还可以和他一起玩游戏。聊天机器人还可以成为你的私人助手，记录您个人的信息，帮助您安排日程，通知好友上线消息、电子邮件到达消息等。

9.6.1　常用分类号

即时通信和人工智能融合应用领域除了涉及即时通信的分类号，同时还涉及人工智能领域的分类号，涉及的常用的 IPC 分类号见表 9-25。

表 9-25　人工智能 IPC 分类号（1）

IPC 下分类	点组	含义
H04L12/54	•	存储转发交换系统（分组交换系统入 H04L12/70）〔5，6，2013.01〕〔2013.01〕
H04L12/58	••	消息交换系统〔5，6〕〔2006.01〕

即时通信和人工智能融合应用领域，涉及的常用的 CPC 分类号见表 9-26。

表 9-26　人工智能 CPC 分类号（2）

CPC 下分类	点组	含义
H04L12/54	•	存储和转送交换系统（分组交换系统见 H04L12/70）
H04L12/58	• •	消息交换系统〔5，6〕〔2006.01〕
H04L12/5805	• • •	具有自动反应或者用户代理，如自动回复或者聊天机器人
H04L12/582	• • • •	和其他应用或服务的交互
H04L12/5865	• • •	使用地理位置信息的消息（适用于关于用户终端位置网络应用的协议 H04L29/08657；专门适用于无线通信网络使用用户或终端位置的服务入 H04W4/02）
H04L12/588	• • •	社交网络中的消息传送
H04L51/00		在分组交换网络中用于用户到用户消息的装置，如电子邮件或即时消息
H04L51/02	•	具有自动反应或者用户代理，如自动回复或者聊天机器人
H04L51/046	• •	和其他应用或服务的交互
H04L51/20	•	N：使用地理位置信息的消息（适用于关于用户终端位置网络应用的协议 H04L67/18；专门适用于无线通信网络使用用户或终端位置的服务入 H04W4/02）
H04L51/32	•	消息用于社交网络的

其中，IPC 分类号中，与人工智能融合应用场景最相关的分类号，如下所示：

H04L12/58••消息交换系统〔5，6〕〔2006.01〕

其中，CPC 分类号中，与物联网融合应用场景最相关的主要有以下分类号，如下所示：

H04L12/58••消息交换系统，例如电子邮件系统

H04L12/5805•••具有自动反应或者用户代理，例如自动回复或者聊天机器人

H04L12/582••••和其他应用或服务的交互

H04L51/00 在分组交换网络中用于用户到用户消息的装置，例如电子邮件或即时消息

H04L51/02•具有自动反应或者用户代理，例如自动回复或者聊天机器人

H04L51/046··和其他应用或服务的交互

从上述表格可以看出，即时通信领域大多数相关的分类号集中在 H04L12/58、H04L12/582、H04L51/00、H04L51/046，人工智能主要集中在 H04L12/5805、H04L51/02。

9.6.2　检索策略选择

即时通信领域中的术语往往有多种表达方式，能够标识同一网络实体或功能的词汇十分丰富，在指定检索策略时，可以考虑将即时通信领域与物联网领域结合起来检索，如建议找到即时通信领域合适的 IPC 分类号和 CPC 分类号、人工智能领域合适的 IPC 分类号和 CPC 分类号、即时通信领域合适的关键词、人工智能领域合适的关键词，然后结合技术领域、技术手段、技术效果等获取到的准确关键词进行检索，进而快速获取到需要的专利文献。

9.6.3　关键词提取与扩展

对于关键词的提取，应当从检索要素中提取确定性高的特征。检索要素的确定性是指体现基本构思的每一要素中各关键词被目标文献记载的确定程度，确定性越高则说明该关键词越需要被目标文献记载，通过该关键词来检索到目标文献的可靠性也越高。

该领域除了涉及即时通信的关键词，还涉及人工智能领域的关键词。即时通信领域的术语往往有多种表达方式，能够标识同一网络实体或功能的词汇十分丰富，在检索中不仅需要提取确定性高的关键词，更需要采用多种手段扩展关键词，以确保检索的全面性；而人工智能领域中的关键词表达也比较多，如机器人、自动问答、自动推荐、自动客服等。总结比较准确的关键词见表 9-27。

表 9-27　人工智能关键词

关键词	中文扩展	英文扩展
即时通信	即时通信、实时消息、即时消息、社交网络、群聊、聊天	real time message, instant message, social networks, chat

关键词	中文扩展	英文扩展
人工智能	机器人、自动问答、自动推荐	Robot, automatic question answering, auto recommendation

还可以对即时通信进行下位扩展，如微信、QQ、GTalk、MSN 等。

9.6.4　案例实践

由于人工智能应用涉及领域非常广泛，如自动推荐（地图、论坛等）、自动问答、客服、定时执行任务等，因此，可与即时通信结合的技术较多，下面案例以自动搜索和定时提醒为例，从技术构思简介、检索策略分析、检索过程及分析对人工智能融合相关检索方法进行介绍。如其他人工智能应用领域的检索需求，可以用其他领域关键词替代自动搜索和定时提醒相关关键词即可。

【案例9-6】

（1）技术构思简介

在现有群聊过程中，需要对群组内的某个成员进行一些事项提醒或者查询某些事项或者数据时，只能由用户自己手动进行，或者通过其他不同的移动应用功能获取相应信息后再重新加入到群聊中，用户在群聊过程中交互操作较为烦琐，不便于交流与沟通。

针对现有技术的不足，设计一种聊天交互方法。技术要点为：获取用户在聊天对话框中输入的指令语句；所述聊天对话框用于两个或者多个用户的交互；执行所述指令语句，在所述聊天对话框中展示所述指令语句的执行结果。所述指令语句包括搜索指示以及需要搜索的内容；所述执行所述指令语句包括：搜索所述要搜索的内容。所述指令语句包括执行时间；所述执行所述指令语句包括：在执行时间达到时，执行所述指令语句对应的命令。技术方案实施例如图9-26所示。

上述技术要点实质上是在聊天群组内增设了一个独立运行的用户，其可以协助其他用户完成各种不同类型的指令或者操作，如搜索指令或定时提醒指令，其他的群组成员只需要发送相关的指令语句给该独立运行的用户，即可实现自己的需求，不需要多次操作和在聊天群组和其他应用功能中切换，有效地提高了用户在使用聊天群组时的体验。

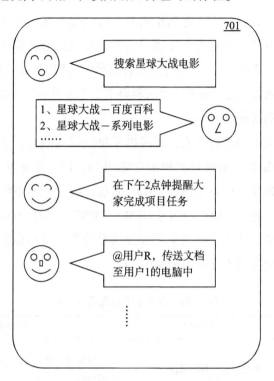

图 9-26　案例 9-6 技术方案示意图

（2）检索策略分析

首先，对需要检索的技术构思进行分析。在上述技术构思中，可以看出技术要点在于：独立运行的用户执行搜索或定时提醒功能，不需要多次的操作以及在聊天群组和其他应用功能中切换，有效地提高了用户在使用聊天群组时的体验。因此，根据技术构思来确定检索要素，见表 9-28。

表 9-28　人工智能检索要素（1）

检索要素	检索要素 1	检索要素 2
关键词	即时通信	独立运行的用户执行搜索或定时提醒功能

其次，基于上述技术构思和检索要素表，可以看出主要检索思路是由独立运行的用户执行搜索或定时提醒功能。技术领域关键词为即时通信，技术手段涉及的是对独立运行的用户执行搜索或定时提醒功能，其中可对

即时通信适当扩展，而关键词"独立运行，搜索，定时提醒"扩展关键词较多，识别度较低。利用关键词检索时，可以优先选择技术构思中涉及的关键词和表达方式在常规检索中进行检索，以便提高检索效率。在未得到有效检索结果的情况下，可以选择在高级检索中使用扩展关键词进行检索，进一步还可以选择限定"摘要""权利要求""说明书"字段进行检索，在一定程度上避免遗漏相关文献。

除了利用关键词进行检索，还可以采用关键词结合分类号的方式进行检索，通过前面章节相关分类号的介绍可知，IPC 分类号和 CPC 分类号 H04L12/58、H04L12/582 表达的是即时消息，与本案例中的技术领域即时通信非常相关，此外，CPC 分类号 H04L12/5805、H04L51/02 表达的是自动搜索和定时提醒。结合上述关键词和分类号分析，对检索要素表进行中英文关键词和分类号的扩展表达见表 9-29。

表 9-29　人工智能检索要素（2）

检索要素		检索要素 1	检索要素 2
关键词	中文	即时消息、即时通信	机器人、自动问答、自动推荐搜索、定时提醒
	英文	instant message、chat	Robot, automatic question answering, auto recommendationSearch, timing prompt
分类号	IPC	H04L12/58 ··消息交换系统 〔5，6〕〔2006.01〕 H04L12/582····和其他应用或服务的交互	
	CPC	H04L12/58 ··消息交换系统 〔5，6〕〔2006.01〕H04L12/582 ···和其他应用或服务的交互	H04L12/5805 ···具有自动反应或者用户代理，例如自动回复或者聊天机器人 H04L51/02·具有自动反应或者用户代理，如自动回复或者聊天机器人

（3）检索过程及结果分析

由于即时通信人工智能应用领域中的分类号较为准确，因此，考虑直接在高级检索中进行检索。首先，提取与发明构思相关的关键词：群组、群聊、聊天、对话框、指令，以及相关的分类号：H04L12/58、H04L12/582、H04L12/5805、H04L51/02，先在高级检索中使用最准确的 CPC 分类号进行试探性检索，如图 9-27 所示。

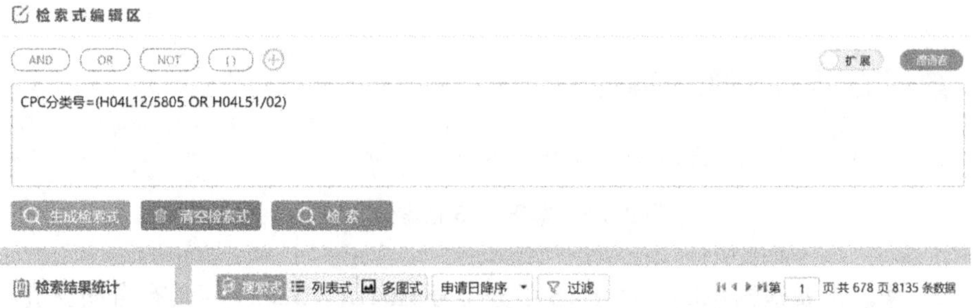

图 9-27　案例 9-6 检索过程（1）

通过上述检索式得到的检索结果达 8135 多条，结果太多，使用技术领域关键词"即时通信"进一步过滤，检索到的文献量很多，噪声较大，未检索体现发明构思的文献。

接下来，调整检索思路，重新审视本案例的技术方案，分析技术背景中记载的"只能由用户自己手动进行"，本技术方案中是由"独立运行的用户"自动执行指令。在上述的常规检索和高级检索过程中，通过对其他文献的浏览，发现关键词：机器人、助手、秘书，站位本领域技术人员，对上述关键词进一步扩展为：自动问答、自动应答。因此，扩展即时通信领域为：群组、群聊、讨论组。扩展"独立运行的用户"为：助手、秘书、机器人、自动应答、自动问答，使用下列检索式进行检索：（聊天 S（窗口 OR 对话框）） AND（自动 5D（搜索 OR 查询 OR 提醒 OR 提示 OR 问答））。如图 9-28 所示。

通过上述检索式得到的检索结果有 10 条，结果比较相关，但是没有检索到体现发明构思的相关文献。

通过对前述检索结果进行分析来看，首先，上述关键词（聊天、群聊、机器人、自动问答）在通信领域中都是十分常见的，识别度不高，检索时噪声很大，不好筛选。其次，基于在专利库中的初步检索，发明构思体现在群组中的"独立运行的用户"执行定时提醒或查询数据功能，很难用关键词表达进行检索。

图 9-28 案例 9-6 检索过程 (2)

考虑扩展检索思路，由于 CPC 分类号 H04L12/5805···具有自动反应或者用户代理，例如自动回复或者聊天机器人、H04L51/02·具有自动反应或者用户代理，例如自动回复或者聊天机器人，准确表达了即时通信领域的聊天机器人，考虑使用这两个 CPC 分类号进行检索，然后使用准确关键词"（自动 10D（搜索 OR 查询 OR 提醒））"进一步限定，因此，高级检索中检索结果如图 9-29 所示：

图 9-29 案例 9-6 检索过程 (3)

通过上述检索式得到的检索结果有 6 条，这几篇文献均是通过即时通信应用进行自动搜索等服务，体现了即时通信应用与人工智能技术的结合，应用场景与本案例相同，如文献 CN107040450A：接收聊天对象发送的聊天消息，确定收到所述聊天消息的时间点为起始时间；基于预先训练得到的分类器，获取所述聊天消息命中的类别；根据预先配置的回复间隔和所述起始时间，配置回复时间；在到达所述回复时间时，调用所述类别对应的回复消息进行所述聊天消息的回复；实现了对聊天应用软件自动回复速度的控制，以贴近人工回复的速度，增强了模拟人工回复的真实度，提升了聊天应用软件的拟人化程度。可见，上述检索非常有效。

还可以进行英文文献检索，可以使用 CPC 分类号 H04L12/5805、H04L51/02，结合关键词 robot、search 进行检索，检索结果有 35 条，如图 9-30 所示。

图 9-30　案例 9-6 检索过程（4）

检索结果中部分文献比较相关，其中文献 US2019378188A1：数据收集模块可以通过网络收集产品数据，识别产品数据与特定产品相关，并将产品数据以及产品数据与特定产品之间的关联存储在数据库中。即时消息引擎可以在产品数据被存储在数据库中之后接收对产品数据的请求，并且解释器模块可以以响应该请求来识别该请求，以对应于特定产品，并且基于特定产品与产品数据之间的关联来检索产品数据。即时消息引擎还可以使用即时消息协议发送对请求的响应，该响应包括产品数据。

即时通信与人工智能融合领域中，发明构思不好表达，可以优先使用分类号进行检索。即时通信领域的关键词表达方式较多，可以使用 IPC 分类号 H04L12/58 表达即时通信，另外，人工智能中的技术术语表达方式众多，可以优先采用比较准确的 CPC 分类号（H04L12/5805 OR H04L51/02）表达，根据检索结果情况再进一步使用关键词过滤检索结果。

参考文献

[1] 颉斌.毫米波在 5G 中的应用[J].电信工程技术与标准化.2021,34(3):87-92.

[2] 张少东.5G 通信大规模天线无线传输技术分析[J].中国新通信.2021,23(2):15-16.

[3] 吴哲夫,杨鑫源,翟文超,等.面向差异化 MTC 场景需求的随机接入方案[J].通信学报 2020,41(11):176-184.

[4] 马莉,王倩竹,吴广富,等.基于 NOMA 的上行 MTC 无线资源分配方案[J].计算机工程与设计.2021,42(4):934-941.

[5] 李晶,张志荣,陈建刚,等.5G URLLC 标准及关键技术研究[J].电子技术应用.2020,46(10):14-19.

[6] 谈潘攀,陈俐谋.物联网体系架构的研究[J].软件,2020,41(4):38-41.

[7] 国家知识产权局专利局专利审查协作江苏中心.热点专利技术分析与运用(第 1 辑)[M].北京:知识产权出版社,2015:333-338.

[8] 商琦,陈洪梅.区块链技术创新态势专利情报实证[J].情报杂志,2019,38(4):24-26.

[9] 工业和信息化部信息化和软件服务业司.中国区块链技术和应用发展白皮书[R/OL].(2016-10-18)[2021-10-09].http://www.199it.com/archives/526865.html.

[10] 曾诗钦,霍如,黄韬,等.区块链技术研究综述:原理、进展与应用[J].通信学报,2020,41(1):134-137.

[11] 韩璇,袁勇,王飞跃.区块链安全问题:研究现状与展望[J].自动化学报,2019,45(1):208-209.

[12] 徐明星,田颖,李霁月.图说区块链[M].北京:中信出版社,2017:97-104.

[13] 葛亮,张亚东.全球区块链技术专利分析[J].中国发明与专利,2019,16(1):44-45.

[14] 袁勇,王飞跃.区块链技术发展现状与展望[J].自动化学报,2016,42(4):484-485.

[15]　国家知识产权局学术委员会．产业专利分析报告(第 66 册)——区块链[M]．北京:知识产权出版社,2019:8-10.

[16]　陈嘉兴,赵华,张书景．现代通信技术导论(第 2 版)[M]．北京:北京邮电大学出版社,2018:228-232.

[17]　杨荣斌,曹磊．信息技术新兴领域趋势[M]．上海:上海科学技术文献出版社,2018:195-201.

[18]　许丽．量子信息的多角度解析[M]．北京:中国农业大学出版社,2018:30-46.

[19]　何萱．斗鱼 TV 发展战略研究[D/OL]．长春:吉林大学,(2021-04-15)[2021-06-15]．https://t. cnki. net/kcms/detail? v=Pi4e6uL0F8wzyKHQzNu-RhPwLS3Lg505Avc9xi4JfhXjr_4wwNk-lVhrJI5GfJ4iJESL3ncqBid4 Bfkeve9RChVO4XO4oQEb3fads2scIHgwj3pFDe6gXg==& uniplatform=NZKPT.

[20]　中共中央网络安全和信息化委员会办公室．第 47 次《中国互联网络发展状态统计报告》[R/OL]．(2021-02-03) [2021-06-15]．http://www. cac. gov. cn/2021-02/03/c_1613923423079314. htm.

[21]　葛佩文．基于 WebRTC 技术的直播系统的设计与实现[D/OL]．北京:北京邮电大学,(2021-05-15)[2021-06-15]．https://t. cnki. net/kcms/detail? v=Pi4e6uL0F8xDCtorRpIxysXONIjy9pJTvqwKYi5EzF87lFR7JSrzE7dNgR78cAArrE-vlJKKOL8xzM5XP94Eajo0G3LnARppHZpXEXV4fKfgWwBb5TcmUw==&uniplatform=NZKPT.

[22]　百度百科．"弹幕"词条[EB/OL]．(2021-01-26) [2021-06-15]．https://baike. baidu. com/item/弹幕/6278416? ivk_sa=1022817p.

[23]　李婕．流媒体中的用户行为分析与应用研究[D/OL]．天津:天津理工大学,(2021-05-15)[2021-06-15]．https://t. cnki. net/kcms/detail? v=Pi4e6uL0F8x9mNLcGezLBoxggp8R7hb5XDIQPLr8vblMr0fm9L_nwSA6WEBs_qICid_ATSs_lIyRYFqM7ouWAP5KXXe_-EYTd__le9y0P1TNPDftd-jE_w==& uniplatform=NZKPT.

[24]　杜蝶蝶．基于 RFM 模型的直播平台个性化推荐方法研究方法研究[D/OL]．广州:华南理工大学,(2021-02-15) [2021-06-15]]．https://t. cnki. net/kcms/detail? v=Pi4e6uL0F8wnRwbKAME2h8pnb8RgX7ziHku4ylmsPrsEGxHoBI0mOO67mLIeYTYt_Le5ymnn1KB7NghPRqDdjdou4ZlE0f8HY8N6KDvCg_0KbsAhZP6Pxg==& uniplatform=NZKPT.

[25]　刘奇．网络直播平台监管模式研究[D/OL]．上海:华东政法大学,(2021-04-15)[2021-06-15]．https://t. cnki. net/kcms/detail? v=Pi4e6uL0F8xlMQxXWIq3ZSjy0y3ofsIq74LZBm4PbXhN2cZtsWxzzAYKC6g1FdeXaTEXvUDwKGqt3wbyXNY540UbpnY29xzST5fE7qPNF5qKMgj8QnW2yA==& uniplatform=NZKPT.

[26]　孙一凡．探析游戏直播平台发展过程中的问题及对策——以斗鱼 TV 为例[D/OL]．开

封:河南大学,(2017-04-15)[2021-06-15].https://t.cnki.net/kcms/detail? v=Pi4e6uLOF8xn7D3iIUQeY9IjGe6gNNOfyt - TTh40y - IwAIFSCY6DrSL2oztu5IdeTUAK9y5WC _ hky0BMHMNu1M-ZyjUkehOlzt4pDI0xFgBWEURsq_F_gA==& uniplatform=NZKPT.

[27]　邓妍.柔性屏能否成为未来屏幕消费主流——浅谈卷轴电视和折叠手机技术[J].家庭影院技术,2019,(2),92-95.

[28]　每日资讯观察.都在讨论折叠屏手机但柔性屏幕的应用不止手机[N/OL].百家号,(2020-03-03)[2021-06-15].https://baijiahao.baidu.com/s? id=1660148354782285152 & wfr=spider & for=pc.

[29]　郭晓冰,等.触控屏专利技术分析[J].河南科技.2016,(9),80-81.

[30]　吕晓光.基于触控技术的 GUI 交互专利技术分析[J].电脑与电信.2017,(9),66-68.

[31]　李麟.智慧银行未来银行服务新模式[M].北京:中国金融出版社,2017.

[32]　李召卿,曹杨语.语音识别专利技术发展现状与未来趋势[J].中国发明与专利.2017,14(S1).

[33]　刘伟.高等院校工业设计类"十二五"规划教材产品交互设计[M].青岛:中国海洋大学出版社,2016,51-60.

[34]　吕晓华,牟茜茜.移动支付方法及技术专利技术综述[J].中国科技信息,2018(17):30-31.

[35]　智信禾知识产权.游戏相关的哪些方案能够申请专利了解一下[N/OL].(2019-09-05)[2021-06-15].https://www.sohu.com/a/338822350_805739.

[36]　王福,陈前斌,李立,等.数字视频监控系统典型方案及分析[J].中国有线电视,2006(23):2289-2293.

[37]　刑越.视频监控系统的发展与应用[J].科技资讯,2019(5):7-8.

[38]　王海涛,付鹰.即时通信原理技术和应用[J].信息通信技术,2010(3):34-40.

[39]　徐俊.即时消息通信系统的安全机制研究与实现[D/OL].上海:上海交通大学,2016 年第 03 期[2014-06-18].https://kns.cnki.net/kcms/detail/detail.aspx? dbcode=CMFD & dbname=CMFD201601 & filename=1015805808.nh & uniplatform=NZKPT & v=HK41gLushp-EwzRw2mNq-zOirENtTqKwrBGleu-CmQ6vQC79GnGWKHyyM0vOxv5j.

[40]　中共中央网络安全和信息化委员会办公室.第 46 次《中国互联网络发展状况统计报告》[R/OL].(2020-09-29)[2022-04-10].http://www.cac.gov.cn/2020-09/29/c_1602939909285141.htm.

[41]　石程前.信息时代网络即时通信软件的发展设想[J].中国新通信,2017,19(1):38.